Annual Report on China's Government Budget Reform and Development (2023)

中国政府预算改革发展年度报告 2023

樊丽明　石绍宾　主编

聚焦　健全现代预算管理制度

Focusing on Modern Budget Management System

樊丽明　孙　超　等著

中国财经出版传媒集团
中国财政经济出版社
·北　京·

图书在版编目（CIP）数据

聚焦健全现代预算管理制度 / 樊丽明等著. -- 北京：中国财政经济出版社，2024. 11. --（中国政府预算改革发展年度报告）. -- ISBN 978-7-5223-3427-1

Ⅰ. F812.3

中国国家版本馆CIP数据核字第2024EG9611号

责任编辑：闫　娟　　　　责任印制：史大鹏
封面设计：陈宇琰　　　　责任校对：胡永立

聚焦健全现代预算管理制度
JUJIAO JIANQUAN XIANDAI YUSUAN GUANLI ZHIDU

中国财政经济出版社 出版

URL：http：//www. cfeph. cn
E-mail：cfeph@ cfeph. cn

社址：北京市海淀区阜成路甲28号　邮政编码：100142
营销中心电话：010-88191522
天猫网店：中国财政经济出版社旗舰店
网址：https：//zgczjjcbs. tmall. com
北京虎彩文化传播有限公司印装　各地新华书店经销
成品尺寸：185mm×260mm　16开　20.75印张　448 000字
2024年11月第1版　2024年11月北京第1次印刷
定价：88.00元
ISBN 978-7-5223-3427-1
（图书出现印装问题，本社负责调换，电话：010-88190548）
本社图书质量投诉电话：010-88190744
打击盗版举报热线：010-88191661　QQ：2242791300

目　　录

上篇　2022 年中国政府预算及改革重点分析

第一章　2022 年宏观经济运行基本情况　3

第一节　2022 年宏观经济运行的国际环境分析　3

第二节　2022 年国内宏观经济运行情况分析　14

第三节　2022 年影响中国经济的重大事件　26

第四节　2022 年中国宏观经济政策分析　33

第二章　2022 年政府预算收支状况分析　50

第一节　2022 年中央和地方一般公共预算收支情况　50

第二节　2022 年中央和地方政府性基金预算收支情况　60

第三节　2022 年中央和地方国有资本经营预算收支情况　71

第四节　2022 年中央和地方社会保险基金预算收支情况　79

第五节　2022 年中央和地方四本预算之间的资金划转情况　85

第三章　近期政府预算改革重点问题分析　89

第一节　构建财会监督协同联动体系　89

第二节　加快建立现代国库制度　103

下篇　聚焦健全现代预算管理制度

第四章　现代预算管理制度的基本问题分析　117

第一节　现代预算管理制度的发展进程　117

第二节　现代预算管理原则　131

第三节　现代预算管理理论　141

第五章　中国式现代化与现代预算管理制度　159
第一节　中国式现代化　159
第二节　建立健全现代预算管理制度与中国式现代化的内在联系　168
第三节　中国式现代化对现代预算管理制度发展的要求　173
第四节　中国式现代化进程中现代预算管理制度的总体目标　179

第六章　我国预算管理制度改革进程回顾　185
第一节　预算管理制度的改革背景与内在逻辑　185
第二节　建立现代预算管理制度的改革脉络与重要内容　186
第三节　建立现代预算管理制度的几点分析　216

第七章　现代预算管理制度存在的问题　221
第一节　全面规范、公开透明的预算管理制度有待健全　221
第二节　标准科学、约束有力的预算管理制度有待健全　228
第三节　全面预算绩效管理制度有待健全　230
第四节　综合统筹、持续安全的预算管理制度有待健全　234

第八章　健全现代预算管理制度的总体目标和改革路径 I　241
第一节　健全现代预算管理制度的总体目标　241
第二节　健全零基预算管理制度　243
第三节　健全支出项目全生命周期管理制度　250
第四节　健全公开透明的预算管理制度　255

第九章　健全现代预算管理制度的改革路径 II　267
第一节　推进预算支出标准体系建设　267
第二节　健全中期财政规划体系　281
第三节　健全全面预算绩效管理制度　286
第四节　健全财政资源的综合统筹制度　294
第五节　健全财政风险防范化解制度　307

主要参考文献　317

后记　326

上篇

2022 年中国政府预算及改革重点分析

第一章
2022年宏观经济运行基本情况

第一节　2022年宏观经济运行的国际环境分析

2022年，全球宏观经济环境充满了动荡和挑战。新冠疫情反复、俄乌冲突及其引发的粮食和能源危机、通胀飙升、债务紧缩，导致全球经济陷入“高通胀和低增长”的两难境地。为了应对通胀预期不断上升的压力，各国央行纷纷采取强有力的加息措施，流动性持续收紧。以美联储为代表的主要发达经济体央行通过同步收紧货币政策，试图遏制不断攀升的通胀，这一行动也给全球经济带来了显著的下行压力。

一、后疫情时代的世界经济复苏

国际货币组织在2022年的《世界经济展望报告》中指出，在通货膨胀高企、激进的货币紧缩政策以及不确定性加剧的背景下，当前全球经济低迷，从新冠疫情危机中复苏的步伐减缓。美国、欧盟等发达经济体增长势头明显减弱，全球其他经济体由此受到多重不利影响。

根据国际货币基金组织的统计数据，2022年全球GDP实际增速3.46%，相较于2021年的6.47%，增速下降3.01%，世界经济复苏势头明显减弱（见图1–1），其中发达经济体GDP增速为2.62%，新兴市场和发展中经济体GDP增速为4.06%（见图1–2）。尽管一些新兴市场经济体的经济增速高于发达经济体，但在全球供应链危机、能源价格高企和发达国家货币政策调整的负面溢出效应下，这些经济体可能面临更大的冲击，经济表现的差异性较大，例如，2022年印度经济增速为6.99%，而俄罗斯的经济增速为–1.2%。

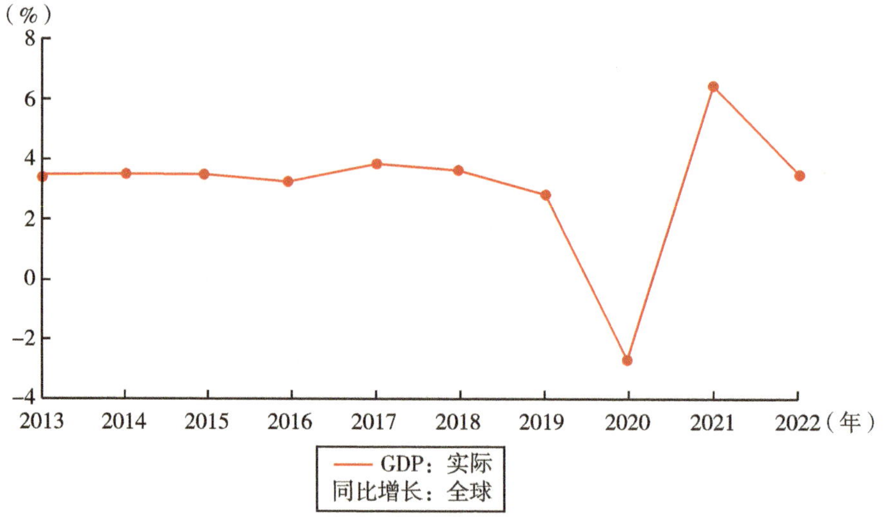

图 1-1　2013—2022 年全球经济增长

数据来源：Wind数据库。

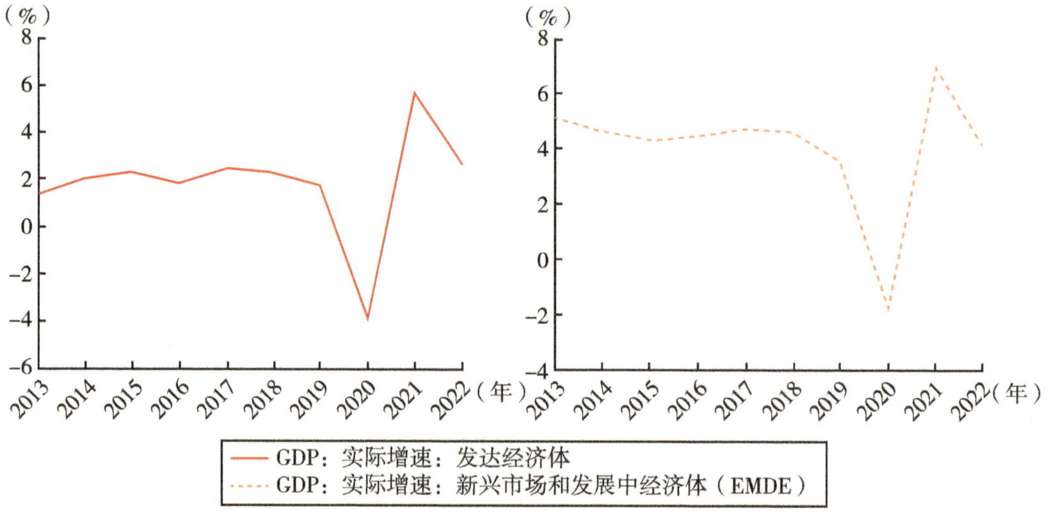

图 1-2　发达经济体与新兴市场和发展中经济体实际增速

数据来源：Wind数据库。

各国经济复苏步伐不一，不同地区增长态势出现分化，囿于动能减退、通胀固化、银行业动荡等因素，经济增速不及预期。2022年，各主要国家经济增速普遍欠佳，与上年相比均呈下降趋势（见图1-3）。美国GDP实际同比增长1.94%，欧元区为3.40%，日本为0.96%，中国为2.99%，俄罗斯出现负增长，增速为-1.2%。

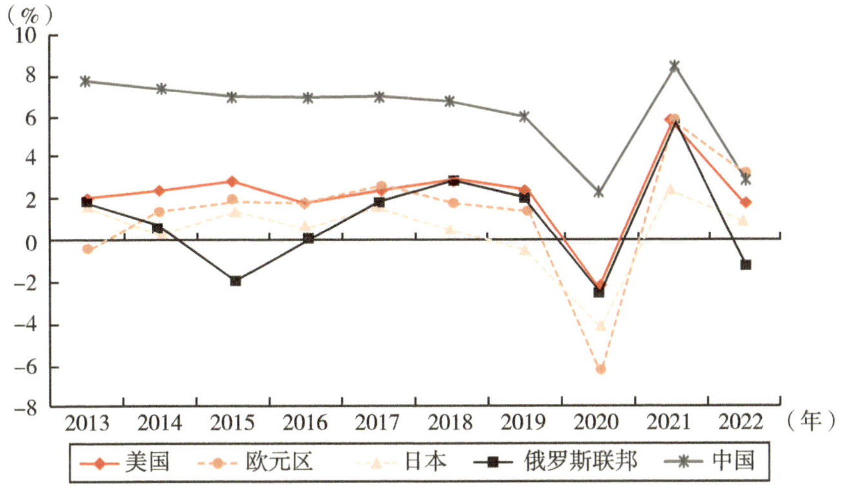

图 1-3　主要国家经济增速

数据来源：Wind数据库。

中国继续发挥全球经济增长引擎的作用，通过全球价值链推动世界经济的发展，与其他经济体之间逐步形成良性经济循环。在世界银行利用汇率法测算的2022年各国对世界经济增长的贡献率中，中国的增长贡献率为17.57%，美国、欧元区、巴西、印度的增长贡献率分别为14.73%、15.84%、1.99%、7.41%，金砖国家为25.82%（见图1-4）。

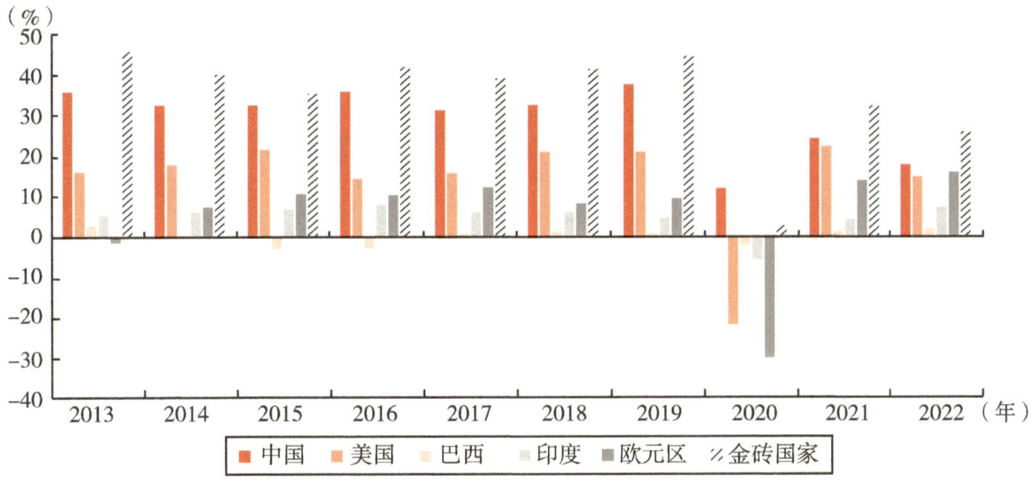

图 1-4　世界主要国家经济增长贡献率

数据来源：Wind数据库。

通货膨胀是2022年世界经济最重要的主题之一，全球占比四分之三的国家通胀率超过5%。世界年通胀率达7.99%，较上年增长4.54个百分点（见图1-5）。

此外，根据IMF估测，2022年发达经济体的通胀率为7.2%，较2021年上涨4.1个百分点，创1983年以来最高水平。为了应对不断攀升的通胀，世界各国央行开启了新一轮加息周期。新兴市场率先启动，在一年的时间里平均加息幅度达到了600点附近；美联储于3月开始加息，全年共加息425基点；欧洲地区加息则平均推迟到了6月，全年平均加息250基点。随着基准利率上调，各地区的金融形势指数（FCI）亦不断上升，在2022年10月下旬接近峰值，达到最紧缩的状态，之后在央行转向预期中有所放缓。

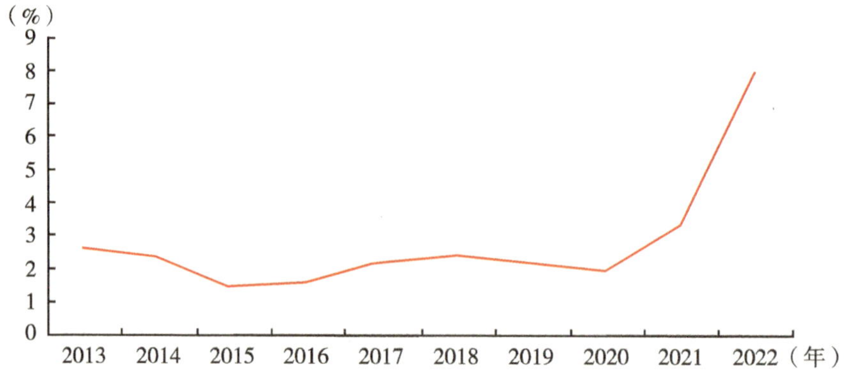

图 1-5 2013—2022 年世界年通胀率

数据来源：Wind数据库。

2022年全球采购经理指数（PMI）为48.6%，呈现继续下探走势，自8月起跌入50的荣枯线以下，意味着全球经济短期偏弱运行，并且全球服务业PMI指数与全球制造业PMI指数同样呈现波动下行趋势（见图1-6）。这一趋势反映了经济需求收缩压力持续加大，经济形势仍不容乐观。

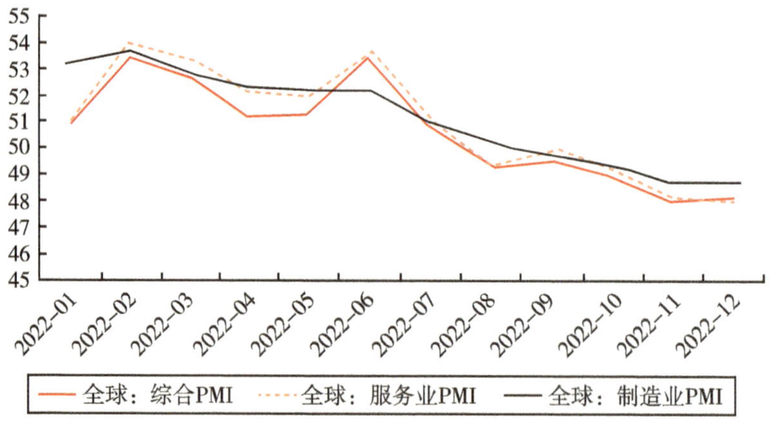

图 1-6 2022 年全球 PMI 指数

数据来源：Wind数据库。

在失业率方面，全球失业率自2020年持续下降（见图1-7），就业形势改善有限，青年失业率仍处高位。国际劳工组织（ILO）报告指出，2022年全球劳动力市场总体持续向好，但仍充满不确定性。同年8月发布《2022年全球青年就业趋势》中预估2022年全球青年（15—24岁）失业率为14.9%，尽管较2021年下降0.7个百分点，但较2019年升高1.4个百分点。其中，中低收入国家和中高收入国家的青年失业率分别为17.0%和16.1%。

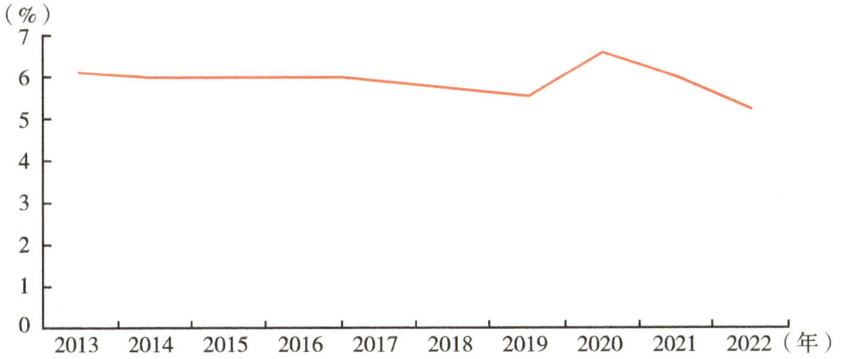

图 1-7　2013—2022 年全球失业率

数据来源：Wind数据库。

二、全球消费与投资

2013—2019年全球消费支出一直呈现逐年上涨的趋势，2020年新冠疫情的冲击，对全球经济产生消极影响，消费支出下降（见图1-8）。2021年以来，全球经济逐年恢复，消费支出不断上涨，2022年达到65.96万亿美元，以期实现消费拉动经济增长的目标。

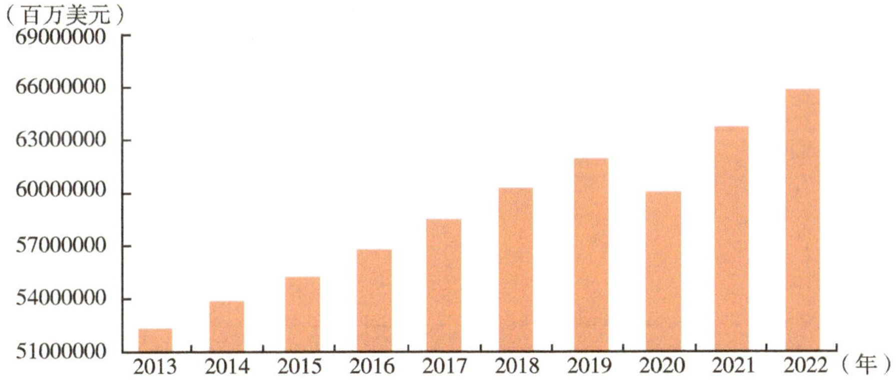

图 1-8　2013—2022 年全球最终消费支出（不变价）

数据来源：Wind数据库。

世界主要经济体的消费者信心指数均呈下降趋势，降幅最大的为中国（见图1–9）。出现这种现象的原因之一是高通胀削弱了消费者的购买力，降低了消费者信心，使得许多家庭选择减少非必要开支，以应对不断攀升的物价。

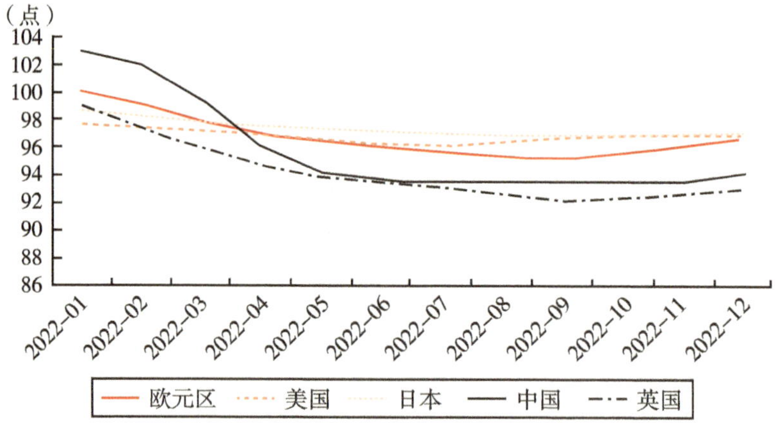

图 1–9 2022 年主要经济体的消费者信心指数

数据来源：Wind数据库。

2022年，全球外国直接投资（FDI）为1.49万亿美元，较上年下降2400亿美元（见图1–10）。全球金融状况的迅速收紧对投资活动产生了不利影响，各国央行大举加息，借贷成本上升，企业融资变得更加困难。这种金融环境的变化令企业在扩大生产、进行技术创新和拓展市场方面变得更加谨慎。此外，俄乌冲突导致的地缘政治不确定性增加，也使得企业投资决策更加保守，投资增长放缓。供应链问题仍然存在，对全球投资环境造成额外压力。疫情后供应链复苏缓慢，俄乌冲突进一步加剧了供应链的紧张状况，使得原材料和零部件的获取更加困难，生产成本上升，企业投资意愿受到打击。

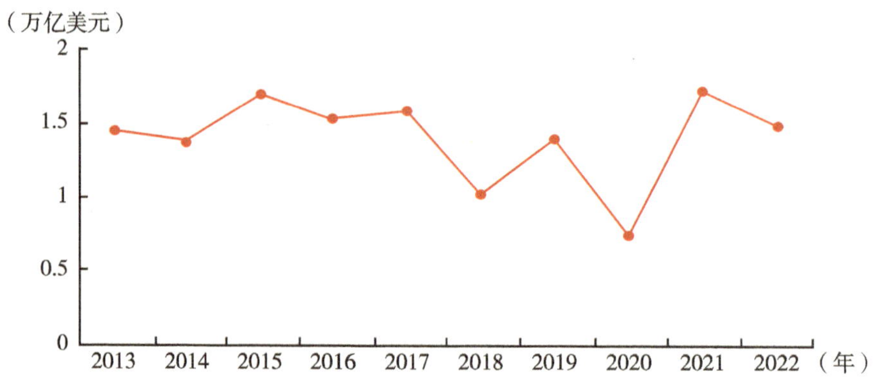

图 1–10 全球外国直接投资

数据来源：UNCTAD。

三、全球贸易情况

受俄乌冲突、通货膨胀、新冠疫情等多重因素的影响，2022年国际贸易在经历2021年的强劲反弹后增长大幅放缓，货物和服务进口同比增长7.26%，出口同比增长6.13%（见图1–11）。

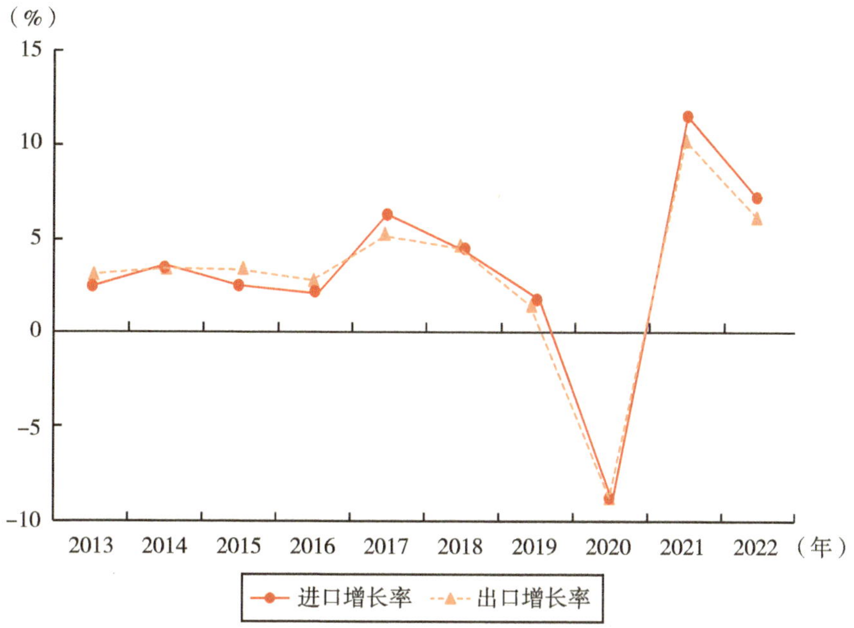

图 1–11　全球进出口增长率

数据来源：Wind数据库。

2022年全球贸易总额创下历史新高，达到32万亿美元。其中，全球货物贸易总额约为25万亿美元，同比增长约10%；全球服务贸易总额为7万亿美元，同比增长15%。联合国贸易和发展会议报告指出，推动贸易增长的因素包括全球运输能力提升和货运费用回落，但是地缘局势紧张、通胀居高不下、多国上调利率以及能源、食品与金属价格高企等因素影响着全球贸易前景。

从世界主要国家货物、服务出口金额来看，货物贸易持续增长而服务贸易大幅下降（见图1–12、图1–13）。可能的原因是疫情限制旅游业的发展，对服务贸易持续产生负面影响。

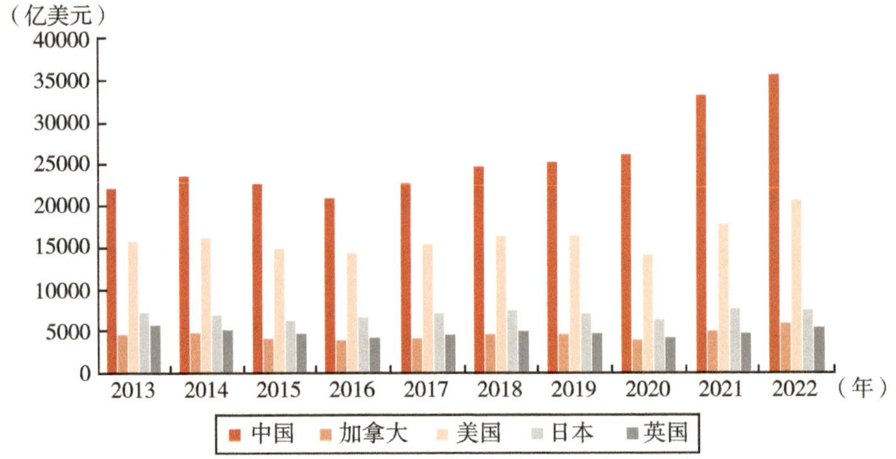

图 1-12　主要国家货物出口金额

数据来源：Wind数据库。

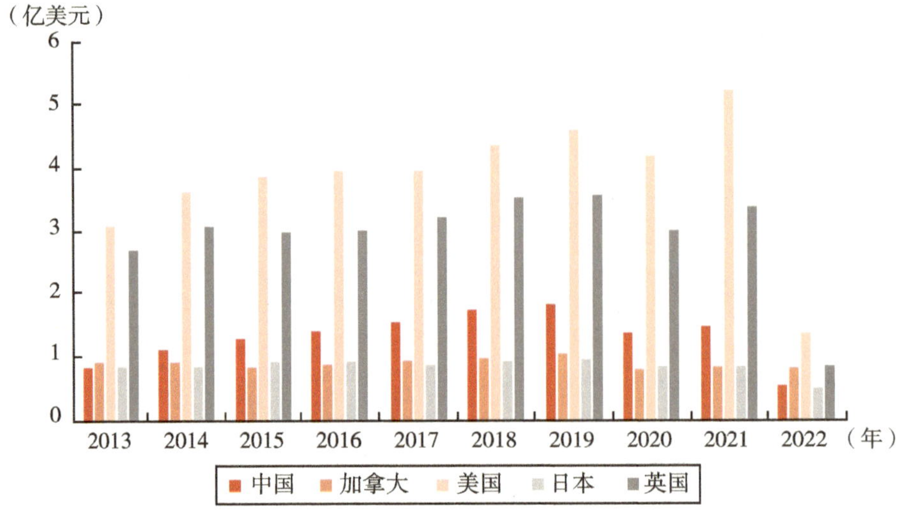

图 1-13　主要国家服务出口金额

数据来源：Wind数据库。

四、大宗商品价格

2022年全球大宗商品市场从总体上看反复波动。一季度，受乌克兰危机、市场预期向好等因素影响，商品市场表现较为强势。在经历了二季度的宽幅震荡后，下半年美联储加息进程显著加快，市场对于欧美经济衰退的预期升温，商品市场全线回落。年末，“强预期”再度占据上风，商品价格有所回升。

（一）能源价格

俄乌冲突以来，以天然气为代表的大宗商品价格飙升，在2022年8月到达了高峰，此后经历暴跌（见图1-14）。这种价格的大幅波动受到多种因素的影响，包括地缘政治冲突、气候变暖导致的能源需求变化以及全球经济的不确定性等。

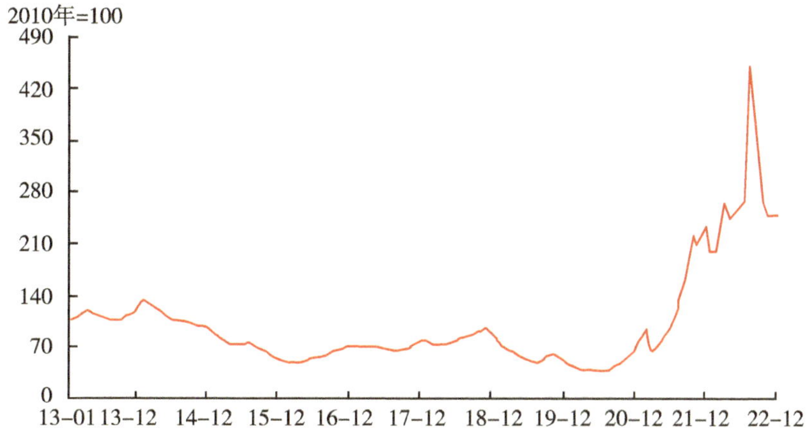

图1-14　天然气商品价格指数

数据来源：Wind数据库。

2022年初，在俄乌冲突爆发和全球避险情绪上升的影响下，原油价格一路飙升，创下了新的高峰。3月至6月，欧盟对俄罗斯的制裁决议进一步推高了油价，而美国释放战略储备石油的措施在一定程度上平抑了油价的上涨。下半年，原油市场上的美国与“欧佩克+”之间的多空博弈走向白热化，导致油价在高位盘整后普遍下跌（见图1-15）。

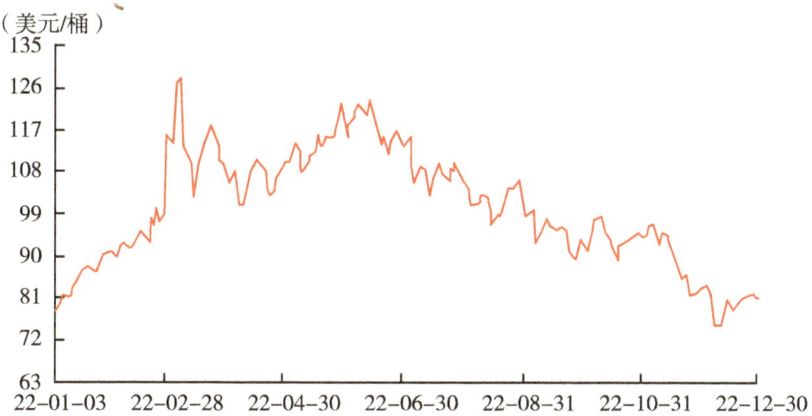

图1-15　2022年OPEC一揽子原油价格

数据来源：Wind数据库。

（二）有色金属

在2022年，有色金属价格经历了高位宽幅波动，受到全球流动性变化、地缘因素以及能源因素的影响，呈现出明显的共振影响。全球主要经济体的货币政策由超预期收紧向加息放缓转变，美元指数从显著走强至冲高回落，导致有色金属价格反向波动变化。能源因素对供给端的冲击，特别是欧洲能源危机等因素影响国际油价偏高运行，带动了有色金属成本上涨，并对有色金属供应带来不同程度的扰动，全球有色金属显性库存持续走低，供给端扰动被持续放大。新能源产业的发展，包括新能源汽车、清洁能源、信息产业的发展对有色金属的需求增加，对有色金属价格远期发展仍有利。尽管在年底12月，国际有色金属价格整体继续上涨，但与年初相比，全年整体仍呈现冲高回落的走势（见图1–16）。

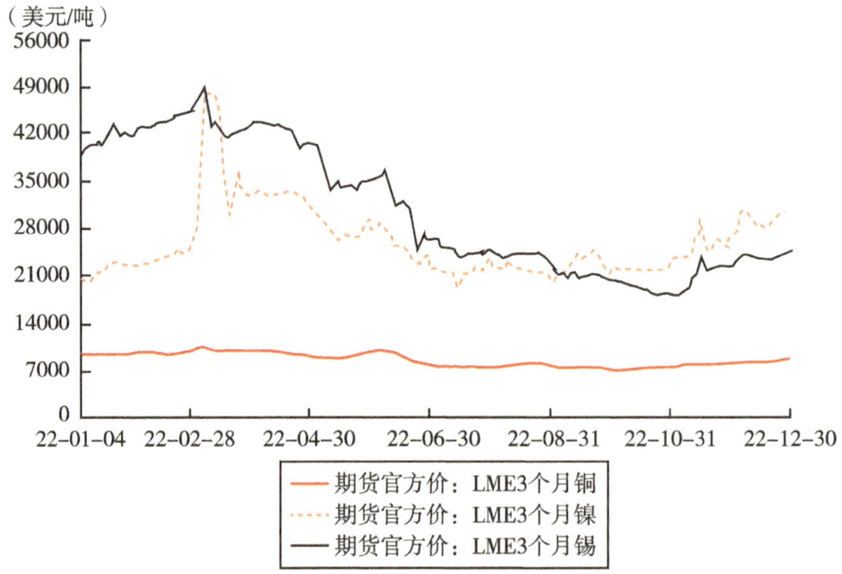

图 1–16 2022 年有色金属期货价

数据来源：Wind数据库。

（三）粮食价格

2022年，国际大宗农产品价格呈现上涨趋势，但年内有所波动。联合国粮食及农业组织（FAO）的报告显示，2022年全球食品价格指数比2021年高出14.3%。这一涨幅给低收入粮食进口国带来了巨大的压力，引发了对粮食安全的关切。此外，不同商品的价格走势有所差异，涨跌互现。例如，大豆价格小幅上涨，玉米、小麦等价格有所下跌（见图1–17）。

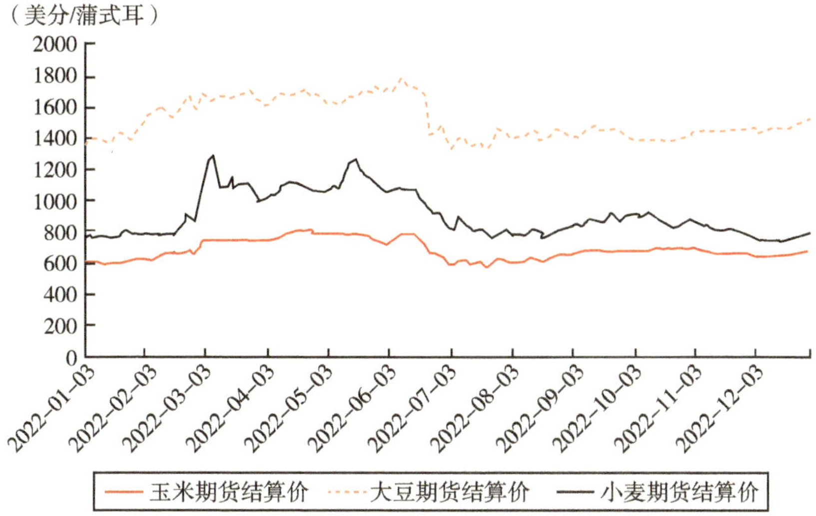

图 1-17　2022 年大豆、玉米和小麦的期货结算价

数据来源：Wind数据库。

五、金融市场

2022年，全球金融市场大幅波动，面临全球经济下行压力增大、货币政策紧缩以及疫情反复等挑战，全球经济增速逐季放缓，美元指数强势，多国长短期国债收益率出现倒挂，部分新兴经济体主权债务风险上升。此外，全球利率中枢趋势性抬升，美元欧元离岸流动性收紧，国际金融市场维持震荡状态。

利率上升和经济增速下行均会对金融市场造成负面影响。长期以来，全球金融市场繁荣和金融资产价格高涨是建立在各主要发达经济体的零利率甚至负利率基础上的。2022年以来，全球负利率资产显著缩小，负利率和零利率环境逐渐向高利率方向转变，再加上经济下行预期甚至衰退预期，引发了全球金融市场大幅度波动。12月中旬，美国纳斯达克指数相比年初下跌了31.6%，标普500指数下跌了19.2%，道琼斯工业指数下跌了9.4%。2022年美国股指跌幅与2020年疫情造成的跌幅相当，而这是在美国已经完全放开疫情控制的情况下出现的。美国股市市值相比年初减少15万亿美元，即使在疫情严重且经历了数次股市熔断的2020年，当年美股市值还增加了接近10万亿美元。同一时间段内，欧元区斯托克50指数下跌11.5%，日经225指数下跌4.4%，大多数发达经济体和新兴经济体出现了不同程度的下跌。全球金融市场财富大幅度缩水。

第二节 2022 年国内宏观经济运行情况分析

一、经济增长放缓，产业转型升级面临挑战

（一）国内外超预期因素冲击，GDP 增长放缓

2022年，中国经济面临需求收缩、供给冲击和预期转弱的三重压力，以及多种超预期因素的挑战。疫情在上海、吉林等地反复大规模暴发，外部环境动荡不安，如俄乌冲突扰动世界能源市场，美联储政策收紧，高温干旱等极端天气频发。此外，房地产市场的深度调整和消费不足进一步导致了经济增长的放缓。面对这些挑战，各级政府出台了一系列稳定宏观经济的措施。例如，中共中央、国务院发布了《关于加快建设全国统一大市场的意见》，党的二十大报告提出了“以中国式现代化全面推进中华民族伟大复兴”等战略方针。这些措施在有效应对超预期因素冲击方面发挥了关键作用，帮助稳定了宏观经济大盘。

2013—2019年，中国经济始终保持稳定增长。2020年受新冠病毒疫情影响，中国经济增长放缓，全年国内生产总值比上年增长2.3%。2021年，中国国内生产总值达到了1149237亿元，同比增长8.1%。尽管疫情持续影响，但受益于基础设施和制造业投资的增加，以及出口的强劲回升，经济增速依然保持在较高水平。2022年全年国内生产总值为1204724亿元，比上年增长3.0%（见图1-18）。增速下降的主要原因是外部环境动荡导致国外需求锐减，而且国内疫情多发，国内需求依然偏弱。受2021年9月恒大财富暴雷影响，房地产市场持续低迷。然而，各项稳经济政策逐步落实，随着疫情形势逐渐好转，防控新政策助力社会复工复产，经济基本面仍将呈现缓慢复苏趋势。例如，政府加大对小微企业的支持力度，推出了减税降费、金融支持等政策措施，帮助企业渡过难关。同时，加快推进新型基础设施建设，提升科技创新能力，推动数字经济发展，成为经济增长的新动能。

总的来说，尽管2022年中国经济面临诸多挑战，但在政府有效政策的引导下，经济基本面仍有望逐步改善，继续朝着高质量发展的方向前进。

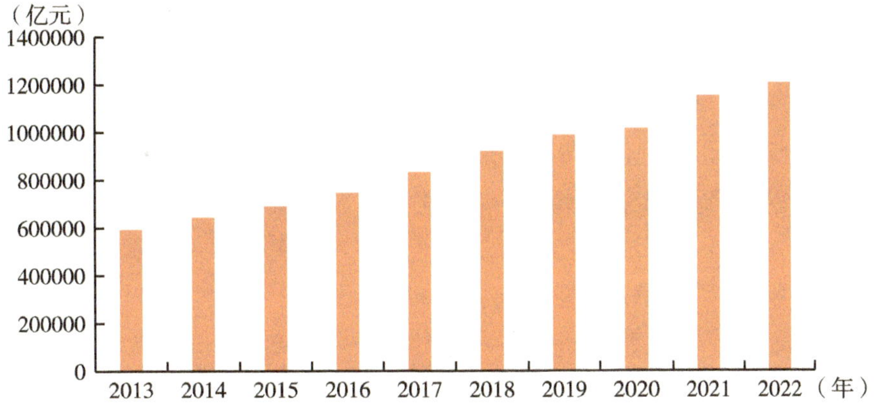

图 1-18　2013—2022 年中国国内生产总值

数据来源：国家统计局。

（二）服务业比重下降，产业转型升级进程受限

自2013年以来，第三产业超过第二产业，成为第一大产业，且增加值差额逐年扩大（见图1-19）。第三产业重点领域蓬勃发展，转型升级成效显著，有力支撑国民经济持续健康发展。这一趋势的原因在于经济由传统工业向现代服务业转型，政府加强对服务业的支持，推动数字经济、文化产业、金融服务等新领域发展，使服务业增速快于第二产业。同时，政府推动制造业转型升级和绿色产业发展，部分劳动密集型产业外移，导致第二产业增速下降，服务业优势逐渐显现。

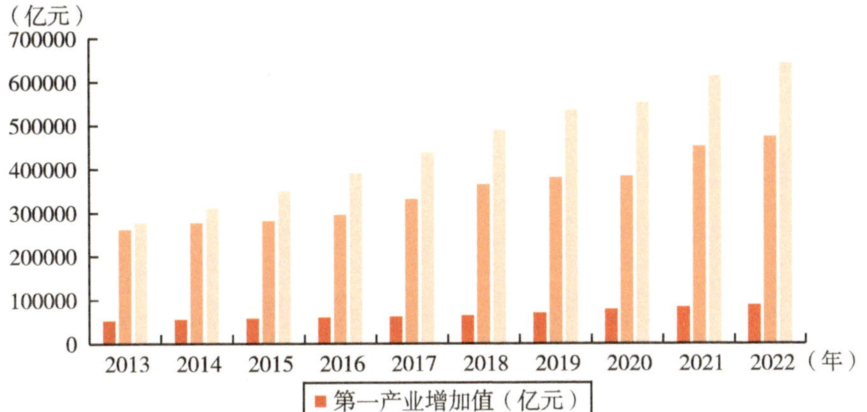

图 1-19　2013—2022 年三大产业增加值

数据来源：国家统计局。

2021年第一产业、第二产业和第三产业占国内生产总值比重分别为7.24%、39.29%、53.47%，到2022年这一比重变为7.32%、39.33%、53.35%。第一产业和第二产业比重略有上升，第三产业比重下降，产业转型升级受到一定限制。这是因为经济增长放缓导致内需不足，消费市场疲软。疫情的反复使得居民消费信心下降，消费支出减少，对服务业和高附加值产业的需求不振，阻碍了第三产业的发展和整体产业转型升级。此外，疫情在上海、吉林等地的大规模暴发，导致供应链中断，企业生产受到影响。特别是在制造业，生产和物流受阻，影响了生产效率和产业链的稳定性，进而制约了制造业向高技术、高附加值方向的转型。外部环境的不确定性也对产业转型产生了负面影响。俄乌冲突扰动世界能源市场，美联储政策收紧，高温干旱等极端天气频发，这些因素共同导致了全球经济环境的不稳定。外部需求的下降对中国的出口和制造业产生了冲击，使得产业转型面临更多挑战。

这一变化显示出，在经济增长放缓的背景下，传统产业的反弹和第三产业的发展瓶颈并存。尽管政府积极推动产业结构优化和升级，但服务业发展面临的挑战依然存在。未来需要进一步加大对现代服务业的支持力度，推动高附加值和高技术含量产业的发展，以实现更加均衡和可持续的经济增长。

二、消费市场承压，居民消费意愿下降

在过去的几年中，中国政府推出了多项政策以刺激内需，提高居民消费能力。例如，增加基础设施投资、提高公共服务水平、调整税收政策以增加家庭可支配收入等。这些措施有助于增加消费者的购买力，从而推动零售总额的增长。因此，2013—2019年，社会消费品零售总额稳步增加，从2013年的232252.6亿元增长到2019年的408017.2亿元，显示出在此期间消费需求和经济增长强劲（见图1–20）。这几年的平均年增长率约为10.2%，反映了消费者信心和购买力的增强。

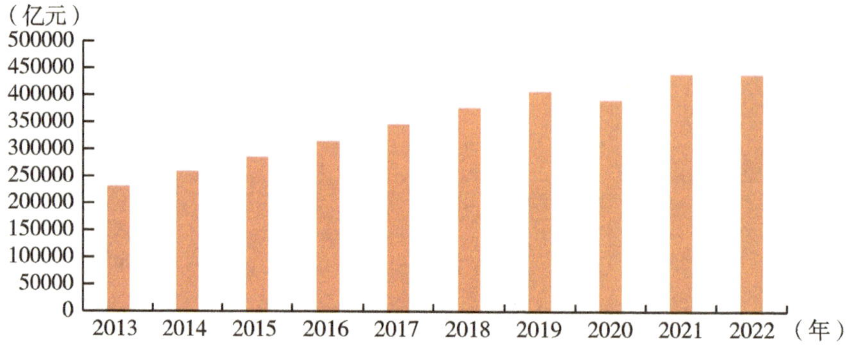

图 1–20　2013—2022 年社会消费品零售总额

数据来源：国家统计局。

2020年受疫情影响，社会消费品零售总额出现下滑，降至391980.6亿元。疫情导致经济活动受限，消费者支出下降。面对2020年的疫情，中国政府实施了严格的封锁措施和旅行限制，短期内对消费市场造成了冲击。然而，政府也迅速采取了多项经济刺激措施，如发放消费券、降低贷款利率、提供小微企业支持等，以缓解疫情对经济的影响。这些政策帮助消费市场在2021年快速恢复，社会消费品零售总额大幅反弹至440823.2亿元。

2022年，受疫情频发的影响，全年社会消费品零售总额为439732.5亿元，比上年下降0.2%。全年整体消费形势受国内疫情局部规模性反弹的影响较大。2022年1月至2月，随着疫情防控措施的成熟和稳增长政策的效果初显，市场消费恢复明显。2022年3月至6月，新一轮疫情的暴发尤其是在经济中心城市如上海、北京和广州造成的严重影响，导致消费市场大幅下滑。尤其是上海在整个4月的封锁，直接影响了消费和零售业的正常运作。从6月开始，随着疫情的相对控制和连续的促消费政策，消费市场开始缓慢回暖。虽然局部地区仍有疫情反弹，但整体市场开始呈现出恢复的趋势。11月以后，由于疫情防控政策的调整和年底疫情的集中暴发，市场再次受到冲击，导致消费增速下降。

总之，受疫情暴发影响，2022年全年社会消费品零售总额同比增速都处在较低的水平上（见图1–21）。

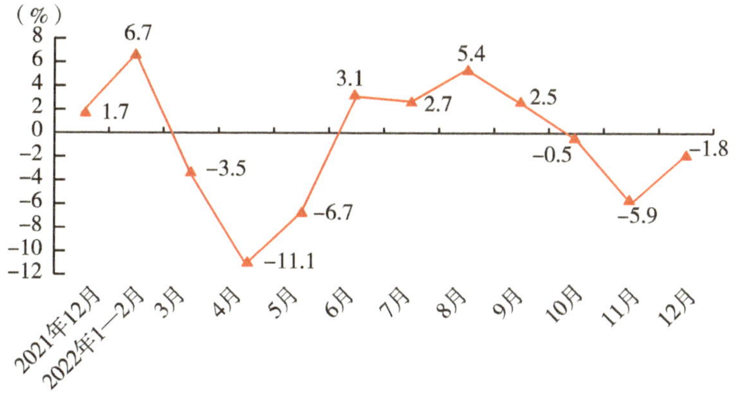

图 1–21　2022 年社会消费品零售总额同比增长

数据来源：国家统计局。

三、固定资产投资拉动经济，房地产市场持续下滑

（一）固定资产投资发挥托底作用，民间投资表现疲软

2022年，全国固定资产投资（不含农户）达到57.2万亿元，同比增长5.1%。

资本形成总额对经济增长的拉动作用为1.5个百分点，投资对经济增长的贡献率超过50%，托底支撑作用显著。然而，民间投资表现疲软，仅同比增长0.9%，占比从2021年的56.5%下降至54.2%。

2022年初（1—2月），政府推出多项政策支持经济复苏，包括加大基础设施投资力度。此外，随着疫情逐渐缓和，市场信心得到一定程度的恢复。固定资产投资和民间固定资产投资（不含农户）累计增长分别达到12.2%、11.4%，是全年增长的最高点。从3月开始，两种投资的累计增长率都趋于下降，但民间投资下降速度更快，民间投资意愿显著降低。这是因为全球市场面临地缘政治紧张局势，特别是俄乌冲突的影响，导致市场不确定性增加。国内疫情反弹，部分地区实施封控措施，对经济活动造成一定影响。政府加大了基础设施投资力度，试图通过固定资产投资拉动经济增长。然而，疫情的反复对企业经营和市场信心造成影响，导致民间投资信心不足，增速显著下滑。政策方面，政府在2022年采取了一系列稳增长的政策措施，增加基础设施建设投资，对固定资产投资形成支撑。而民间投资由于资金成本上升、市场预期不稳等因素，表现出疲软态势（见图1-22）。

总体来看，2022年，中国的固定资产投资发挥了重要的托底作用，在政府政策支持下保持了一定的增长率。然而，民间投资表现疲软，全年增速逐月下降，反映出民间资本在复杂经济环境下的谨慎态度和信心不足。这一趋势需要引起关注，并采取措施激发民间投资活力，推动经济持续健康发展。

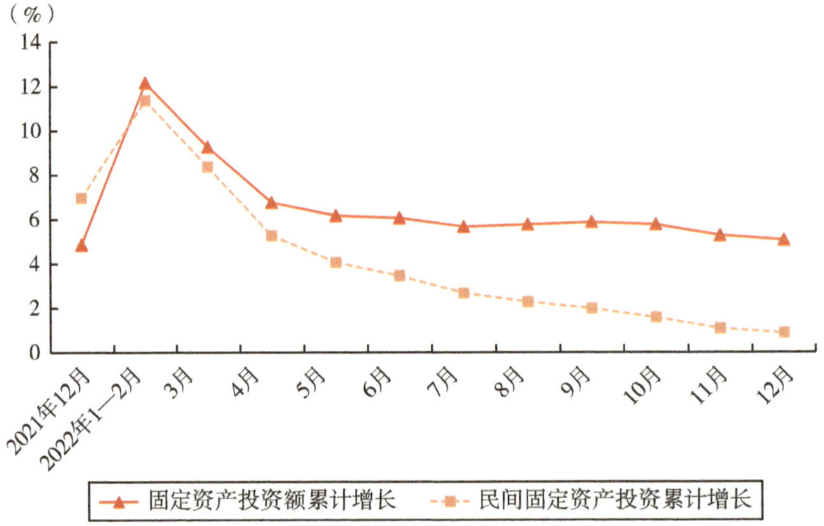

图1-22 2022年固定资产投资和民间固定资产投资（不含农户）累计增长率

数据来源：国家统计局。

（二）房地产市场持续下滑，政策效果有限

2022年，全年房地产开发投资132895.41亿元，比上年下降10.0%。其中，住宅投资100646亿元，下降9.5%；办公楼投资5291亿元，下降11.4%；商业营业用房投资10647亿元，下降14.4%。年末商品房待售面积56366万平方米，比上年末增加5343万平方米，其中，商品住宅待售面积26947万平方米，增加4186万平方米。

2022年初，房地产投资累计增长率为3.7%，受春节前后的销售旺季和地方政府支持政策影响，市场活动相对活跃。然而，房地产企业的资金压力依然显著，市场信心并未完全恢复。到了4月，房地产投资累计增长率降至–2.7%，受疫情反弹影响，尤其是上海等重要城市的封控措施，对房地产市场形成了严重冲击，施工进度受阻，销售活动受限，导致投资增长出现负值。到6月，尽管全国范围内的疫情防控措施逐步放松，部分地区的经济活动恢复，但市场信心恢复缓慢，购房需求未见明显回升，投资增速持续下降，房地产投资累计增长率进一步下降至–5.4%。9月，传统的“金九银十”销售旺季并未如预期般拉动市场回暖，房地产投资累计增长率为–8%。尽管地方政府出台了刺激政策，但购房者和投资者的信心依旧不足，市场表现低迷。年底，房地产投资累计增长率下降至–10%，为全年最低点（见图1–23）。尽管政府出台了一系列支持政策，但市场信心恢复仍需时日。未来，需要更多有效措施来稳定市场，提振投资者信心，以推动房地产市场的健康发展。

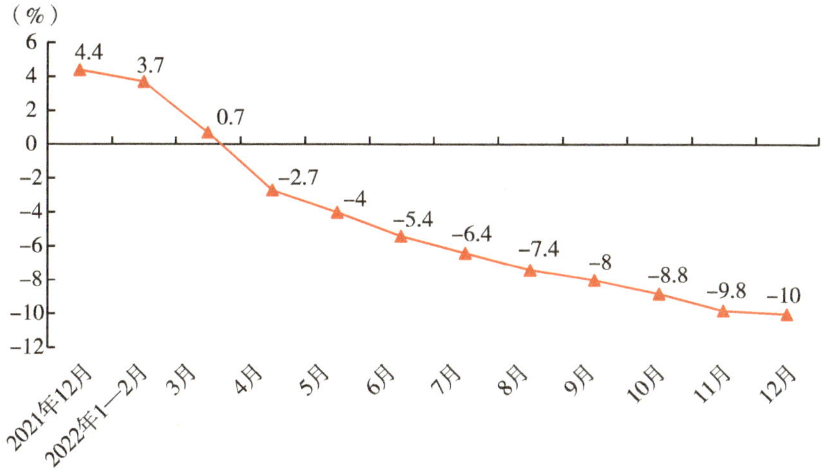

图 1–23　2022 年房地产投资累计增长率

数据来源：国家统计局。

四、进出口贸易持续增长，贸易顺差扩大

（一）进出口保持稳定增长

2013—2022年，中国的进出口总额经历了显著的增长，体现了中国在全球贸易中的重要地位和影响力。2013—2016年，中国进出口总额略有波动。2013年，中国进出口总额为258168.9亿元，2014年增至264241.8亿元，但2015年和2016年分别下降至245502.9亿元和243386.5亿元。这一时期，中国经济面临一定压力，国际市场需求疲软，国内经济结构调整的阵痛显现。

从2017年开始，中国进出口总额逐步回升。2017年为278099.2亿元，2018年突破30万亿元大关，达到305010.1亿元。这一阶段，中国通过“一带一路”倡议和贸易多样化策略，扩大了与新兴市场国家的贸易合作，提升了整体进出口水平。2019年，中国进出口总额继续增长至315627.3亿元。然而，2020年新冠疫情的暴发对全球经济造成严重冲击，中国也不例外。但得益于强有力的防控措施和迅速恢复的生产能力，2020年中国进出口总额仍实现了增长，达到322215.2亿元，显示出较强的经济韧性。2021年，中国进出口总额大幅增长至387414.6亿元，出口总额和进口总额分别为214255.2亿元和173159.4亿元。全球疫情背景下，中国在防疫物资和电子产品出口方面表现突出，推动了整体进出口的快速增长。

进入2022年，尽管面临复杂的国际形势和国内疫情反复的挑战，中国进出口总额继续保持增长，达到418011.6亿元，出口总额为237411.5亿元，进口总额为180600.1亿元。年初，全球地缘政治紧张局势，特别是俄乌冲突，对国际贸易和供应链稳定产生了重大影响。国内疫情反弹，尤其是4月上海等主要港口城市的封控措施，对进出口贸易造成了一定的冲击。然而，随着疫情防控形势的逐步好转，各地经济活动恢复正常，进出口贸易回升，显示出中国外贸的韧性和适应能力。2022年9月，美联储加息等外部因素对全球金融市场产生显著影响，尽管如此，中国出口表现依旧强劲，主要受益于全球市场对中国制造的高需求。

总的来看，过去十年间，中国进出口总额从2013年的258168.9亿元增长到2022年的418011.6亿元，年均增长率为5.1%（见图1–24）。这一增长得益于中国在全球经济中的不断开放和贸易多样化战略。尽管2022年面临诸多挑战，中国仍然通过稳健的政策支持和有效的疫情防控，保持了进出口贸易的增长，显示出较强的经济韧性和适应能力。未来，中国需要继续优化外贸政策，增强供应链韧性，以应对外部环境的不确定性，推动进出口贸易的持续健康发展。

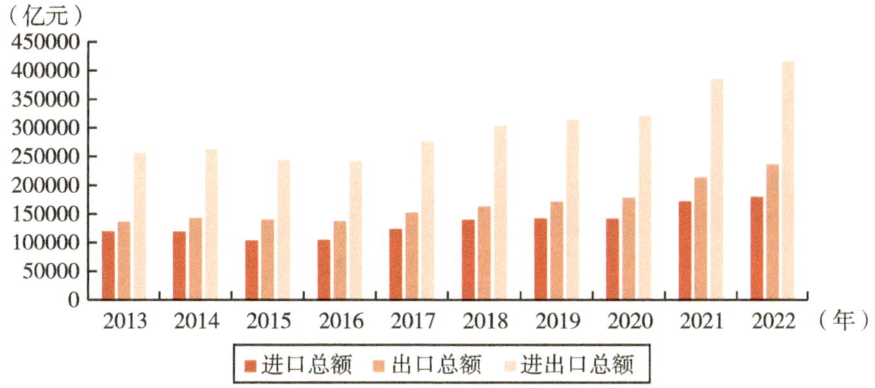

图 1–24　2013—2022 年进出口总额

数据来源：国家统计局。

（二）贸易顺差增加，出口竞争力强

2013—2018年，中国的进出口差额经历了一系列波动，受到多种因素的影响，包括全球经济状况、国内经济政策以及国际贸易摩擦。2013—2015年，进出口差额逐渐扩大，这与全球经济复苏加快和中国出口产品竞争力增强有关。2016年，中国的进出口差额下降至33452.1亿元，但仍保持在较高水平，这表明中国的出口优势依然明显。2017年，进出口差额继续下降至28519.6亿元，可能受到国内经济结构调整和进口需求增加的影响。2018年，差额进一步减少至23247.5亿元，主要原因是中美贸易摩擦加剧，导致贸易差额减少。

2019年，中国的进出口差额略有回升，达到了29119.9亿元，反映出中国在全球贸易中的稳固地位。2020年，尽管新冠疫情席卷全球，中国通过迅速恢复生产和保持供应链稳定，进出口差额显著增加至36342.4亿元。2021年，随着全球对中国制造产品需求的进一步增加，特别是防疫物资和电子产品的出口激增，贸易差额进一步扩大，达到了41095.9亿元。

2022年，中国的进出口差额大幅上升至56811.5亿元，创下历史新高（见图1–25）。这一显著增长主要受到几个因素的推动。首先，随着疫情的逐步缓解，全球供应链逐渐恢复，中国作为全球制造业和供应链中心的地位进一步巩固。其次，电子产品、医疗器械和电动车等高科技产品的出口需求旺盛，带动了整体出口额的提升。国内经济的复苏使得进口需求有所增长，但增速低于出口增长速度，从而导致贸易差额扩大。此外，2022年的地缘政治紧张局势（如俄乌冲突）导致部分国家对中国的依赖增加，扩大了中国的出口市场。最后，中国政府出台了一系列稳定外贸的政策，包括减税降费和优化营商环境等措施，进一步促进了出口增长。总体来看，2022年中国进出口差额的显著增加主要得益于全球需求的恢复、中国制造业的强劲竞争力以及国内外政策的支持。

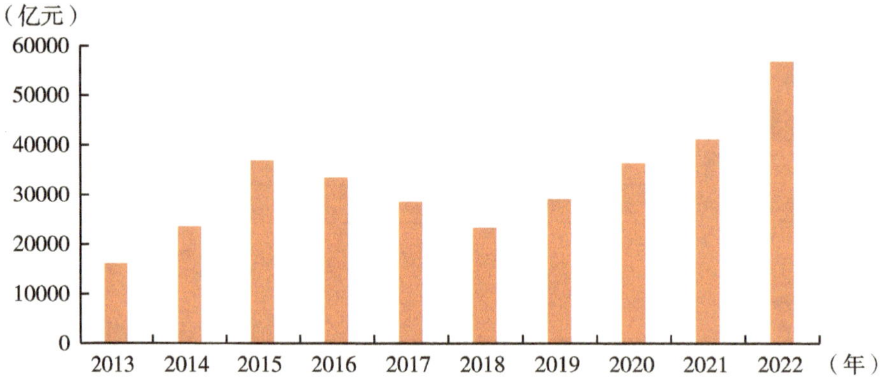

图 1-25　2013—2022 年进出口差额

数据来源：国家统计局。

五、物价水平温和上涨，PPI 增速大幅下降

2022年，中国的居民消费价格指数（CPI）整体呈现出温和上升的趋势。从年初的0.9%开始，CPI同比增速在年内逐步攀升，最高达到2.8%。这种增速反映了全年内消费需求的波动以及食品和能源价格的变化。

在2022年初，CPI同比增速较低，1月和2月均为0.9%，主要原因是春节期间需求较为平稳，但节后消费需求有所回落。随着春季的到来，3月CPI同比增速上升至1.5%，这与节后消费市场的复苏有一定关系。进入第二季度，CPI同比增速进一步上升，4月和5月均为2.1%。这一增长趋势在夏季得以延续，6月和7月分别达到2.5%和2.7%，主要受到食品价格上涨和能源价格波动的推动。特别是在7月，由于高温天气和节日因素，食品价格尤其是鲜果和蔬菜价格显著上升。与此同时，俄乌冲突导致全球能源供应紧张，推高了国内的燃料和电力成本，进一步推动了CPI的上升。到了第三季度，CPI增速在8月和9月分别为2.5%和2.8%。其中9月的增速达到全年最高点，主要是中秋节和国庆节前的消费需求旺盛，推高了整体物价水平。年末，CPI同比增速略有回落，10月至12月分别为2.1%、1.6%和1.8%。尽管冬季取暖需求增加以及年底消费旺季对价格有所支撑，但整体物价水平趋于稳定（见图1-26）。

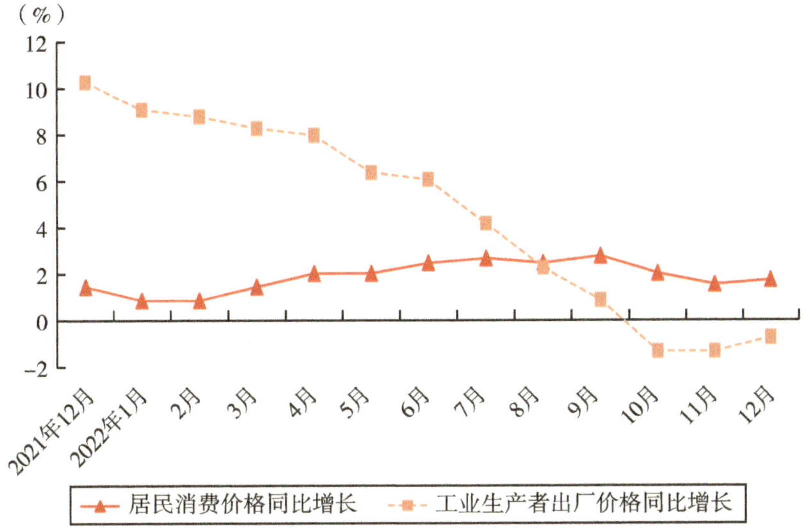

图 1–26　2022 年居民消费价格和工业生产者出厂价格同比增长

数据来源：国家统计局。

与CPI不同，2022年，中国的工业生产者出厂价格指数（PPI）呈现出显著的波动，并在年末出现负增长的现象。全年PPI同比增速从年初的9.1%逐渐下降，并在10月至12月连续三个月负增长，分别为−1.3%、−1.3%和−0.7%。

在2022年初，PPI同比增速依然维持在较高水平，1月为9.1%，2月和3月分别为8.8%和8.3%。这一高增长主要受全球能源价格上涨和供应链紧张的影响。然而，随着国际大宗商品价格的波动和国内需求的放缓，PPI同比增速在第二季度开始逐渐下降，4月和5月分别为8.0%和6.4%。进入夏季，PPI增速继续放缓，6月为6.1%，7月为4.2%。这段时间内，国际油价和金属价格的回落，以及国内工业需求的疲软，都是导致PPI增速下降的主要原因。到8月和9月，PPI增速进一步降至2.3%和0.9%，这表明工业生产者价格压力明显减轻。值得注意的是，在第四季度，PPI同比增速出现了负增长。10月和11月的PPI同比增速均为−1.3%，12月略微回升至−0.7%（见图1–26）。这是全年中唯一出现负增长的一个季度，主要原因是国际能源价格下跌，国内需求疲软，而且疫情反复导致的局部封锁和防控措施，对工业生产和供应链稳定性产生了负面影响，进一步加剧了PPI的下行压力。此外，中国政府在下半年采取了一系列刺激经济的政策，如基础设施投资和减税降费，这在一定程度上缓解了工业品价格的下降趋势。

六、就业市场波动，居民收入增长趋弱

（一）城镇就业情况良好，失业率略有上升

2022年，国际环境复杂多变，俄乌冲突导致全球经济不确定性增加，国际能源和大宗商品价格波动，对中国外贸和相关行业就业产生一定影响。同时，国内疫情反复，防控措施对服务业和制造业产生较大冲击。政府积极推出稳就业政策，加大对中小企业和个体工商户的支持力度，促进就业市场逐步回稳。

2022年，中国的全国城镇调查失业率呈现出先升后降的趋势，全年波动较大，反映了国内经济环境的复杂性以及国际形势对就业市场的影响。年初失业率为5.3%，较2021年12月的5.1%有所上升。2月和3月，失业率分别攀升至5.5%和5.8%，这主要是由于国内多地新冠疫情反复，严格的防控措施对服务业和制造业产生了较大冲击。4月失业率达到全年最高点6.1%，受疫情封控措施影响，企业停工停产，居民生活受到显著影响。随着防控措施的逐步放松，5月和6月失业率分别回落至5.9%和5.5%。

第三季度，7月和8月的失业率分别为5.4%和5.3%，显示出经济活动的进一步恢复。然而，9月失业率再次回升至5.5%，与国际形势变化导致的外贸压力增加有关，也反映了国内经济结构调整中的就业压力。第四季度失业率波动较大，10月和11月分别为5.5%和5.7%。11月失业率的上升可能与秋冬季节疫情反复及消费需求疲软有关。12月失业率回落至5.5%，年底消费旺季和政府稳就业政策的实施对就业市场起到了积极作用（见图1–27）。

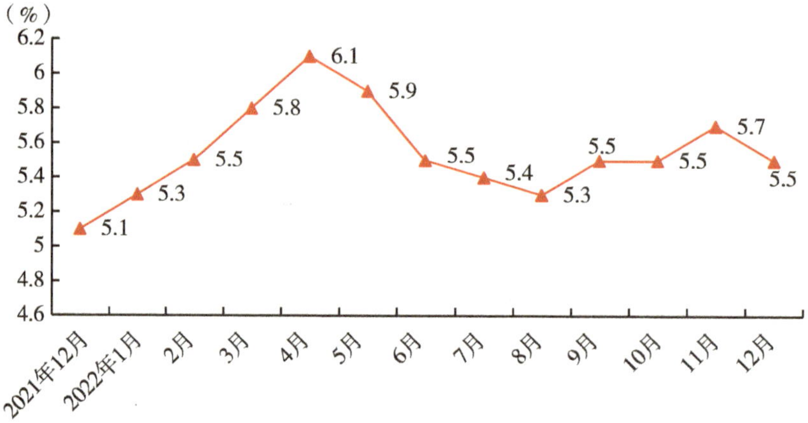

图 1–27　2022 年全国城镇调查失业率

数据来源：国家统计局。

（二）居民可支配收入持续增长，增速有所下降

2014—2022年，中国居民人均可支配收入中位数呈现出持续增长的趋势，但同比增长率则表现出一定的波动。2014年，居民人均可支配收入中位数为17570元，随后逐年增加，到2022年达到31370元。在这段时间内，居民收入持续增加，表明经济增长对个人收入的积极影响。然而，2022年的人均可支配收入同比增长率为4.7%，较2021年的8.8%明显放缓（见图1–28）。这一现象可以归因于多方面的国内环境因素。首先，2022年国内多地出现疫情反复，严格的防控措施对服务业和制造业造成了较大冲击，部分企业停工停产，居民收入增长受到一定抑制。其次，疫情导致的收入不确定性增加，使得居民消费意愿下降，消费市场整体表现疲软，直接影响了相关行业的收入和就业，进而影响了居民整体收入水平。此外，俄乌冲突导致全球经济不确定性增加，国际能源和大宗商品价格波动，对中国外贸和相关行业就业产生一定影响，这也对居民收入产生了间接的负面影响。尽管如此，政府采取了一系列稳定经济和促进就业的政策，如减税降费、加大基础设施投资等，在一定程度上缓解了收入增长放缓的压力。综上所述，尽管2022年中国居民人均可支配收入中位数继续增长，但其同比增长率较前一年有所下降，反映了在复杂的国内外经济环境下，居民收入增长面临的多重挑战和不确定性。

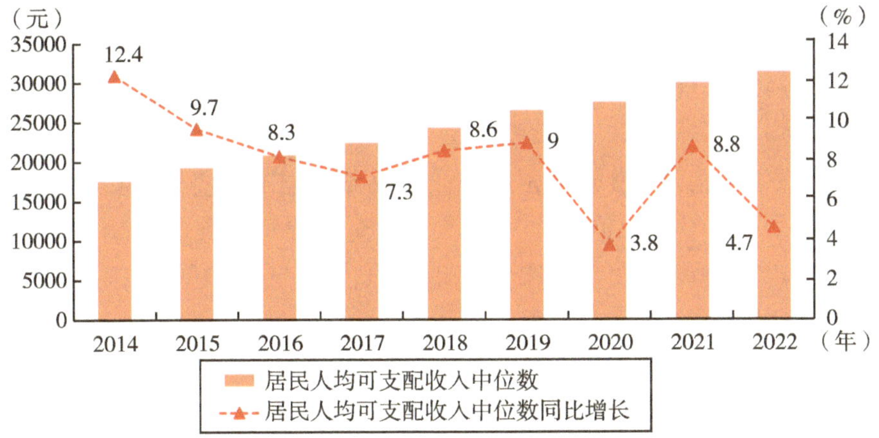

图 1–28　2014—2022 年居民人均可支配收入中位数及同比增长

数据来源：国家统计局。

总的来说，尽管2022年中国经济面临重重挑战，但在政府稳增长措施的有力支持下，经济展现出强劲的韧性和活力。未来，通过推动产业转型升级、提升内需和增强经济的可持续性，中国经济有望实现更加健康和高质量的发展。

第三节 2022年影响中国经济的重大事件

一、房地产行业遭遇重创

（一）“房企爆雷”的连锁反应

2020年8月20日，中国人民银行、住建部召开房企座谈会，约谈了12家房企，明确了资金监测和融资管理规则，即剔除预收款项后资产负债率不超过70%、净负债率不超过100%、现金短债比大于1等“三条红线”。2021年起，超出上述“三条红线”的企业将面临融资限制。随之而来的就是恒大的重组，融创、绿地等头部企业的爆雷，地产圈仿佛迎来了至暗时刻。房地产行业一直是中国经济的重要支柱，不仅在国内生产总值（GDP）中占有重要地位，而且与金融、建筑、家电、原材料等众多行业密切相关。因此，房地产企业的债务问题不仅对自身造成巨大打击，也会对其他相关行业和群体产生连锁反应，甚至可能引发系统性风险和金融危机。

首先，房地产行业自身受到了巨大冲击。从需求方面来看，根据国家统计局的数据，2022年全国商品房销售面积为13.4亿平方米，同比下降24.3%；商品房销售额达到133308亿元，下降26.7%；2022年末，全国商品房待售面积为5.6亿平方米，同比增长10.5%。这些数据表明，市场需求大幅萎缩，房地产市场正经历前所未有的寒冬。从供给方面来看，2022年全国房地产开发投资总额为13.3万亿元，同比下降10.0%；同期，房地产开发企业的到位资金为14.9万亿元，同比下降25.9%；在建设方面，2022年房地产开发企业的房屋施工面积为904999万平方米，同比下降7.2%；新开工面积则为120587万平方米，下降幅度高达39.4%。供需两端的疲软，使得整个房地产市场显得格外低迷。价格方面，根据中国房地产指数系统百城价格指数，2022年下半年以来，市场进入深度调整期，百城新房价格每月环比均在下跌；百城二手住宅月度价格环比持续下跌，且跌幅逐月扩大。

其次，房产项目的停工，首当其冲受到影响的是建筑行业。房地产业的债务危机不仅直接影响了建筑行业的资金流动，还通过上下游的资金链传导，加剧了整个行业的财务风险暴露。建筑企业通常会给予房地产商一定的施工垫资，虽然这些垫资的规模远不如金融机构的融资，但对于建筑企业来说，这些资金或是来自自有资金，或是来自借款。因此，上亿的垫资金额对建筑企业而言，是沉重的财务负担。施工垫资没有担保，建筑企业的权益只能依靠建设工程款优先权来保障。然而，在“保交楼”原则的指导下，建设施工款优先权也难以发挥实际作用。相比之下，背景强大的金融机构有更强的抗风险能力，而民营建筑企业的抗风险能力则相对较弱。自2021年下半年至2022年，建筑行业已有不少企业因房地产爆雷而受到牵连。例如，总产值达万亿的“南通铁军”受创严重；拥有“双特双甲”资质的福建六建集团有限公司被申请人提出破产审查；成龙建设集团有限公司在阿里拍卖平台进行破产清算……这些企业的困境只是冰山一角。不仅如此，建筑配套行业也未能幸免，家电、家具、船舶、汽车等相关行业的企业也出现了大量的倒闭、破产和注销现象。在账款难以收回、商业票据变成废纸的情况下，这些企业不得不选择及时止损，全面退出市场。

最后，房地产债务危机对中国金融体系造成了严重的冲击和风险。一方面，房地产企业的违约会直接导致银行、信托、基金等金融机构的资产质量恶化，增加其坏账和损失；另一方面，房地产企业的违约也会引发投资者、购房者和供应商的恐慌和信任危机，导致资金链断裂和市场混乱。以恒大为例，根据其补发的财报数据，恒大在2021年和2022年的净亏损总额达到8120亿元。截至2022年底，恒大的负债总额为2.44万亿元，剔除合约负债7210.2亿元后仍高达1.72万亿元，较2021年剔除合约负债后的负债规模1.61万亿元，同比增加了1105.9亿元。如此巨额的负债，对金融机构的打击尤为严重。金融机构因对房地产企业的大量借款而面临巨大的损失，这些损失不仅削弱了金融机构的资本实力，也限制了其进一步放贷的能力。此外，房地产企业欠缴的各类税费上千亿元，对税务收入也造成了巨大的影响。

房地产企业无力偿还债务导致多地曝出工程延期或停工的情况，这种局面进一步传导至消费者层面。根据中国消费者协会的数据显示，2022年，关于房屋及建材类的投诉案件共35513件，同比增长6.6%。这一数据反映了消费者对房地产市场的不满情绪不断上升，这将会在很大程度上影响消费者对市场的信心，从而降低消费水平。此外，房屋及建材类投诉量的上升，也反映了建材质量问题的普遍存在。

这一系列的连锁反应，不仅暴露了建筑行业的脆弱性，也凸显了房地产行业债务危机对整个经济生态系统的深远影响。无论是建筑企业和相关配套行业的生存状况，还是金融系统和经济的其他领域，都可能在各种传导机制下形成广泛的系统性风险。要缓解这一局面，既需要相关企业进行自我调整和优化，也需要政府出台相关政策进行有效引导和支持，以防止危机的进一步扩散和深化。

（二）应对措施与格局重塑

在经济下行、疫情蔓延的双重考验下，本就风雨飘摇的房地产行业进一步陷入深度调整时期。作为中国经济的支柱行业，房地产行业在我国国民经济和社会民生中发挥着不可替代的重要作用。从年初开始，在中央“房住不炒”的政策总基调之下，上至国务院、央行、银监会、住建部，下到各省、市、区县，各级监管部门出台的房地产政策呈井喷式爆发。从放松“四限”支持需求端，到“保交楼”，再到房企融资，信贷政策、落户政策、人才政策、人口政策、保障性住房政策等各种救市组合拳接连出台。政策出台频次之多、涉及范围之广、宽松程度之大，均达到十年来之最。这也标志着中国房地产行业进入全面宽松周期。

从年初以来，需求端政策持续调整优化，央行三次降息，5年期以上贷款市场报价利率（LPR）共下调35个基点。5月央行、银保监会明确首套住房商业性个人住房贷款利率下限调整为不低于相应期限贷款市场报价利率减20个基点。9月末央行、银保监会接连释放重磅利好，对部分城市阶段性放宽首套住房商业性个人住房贷款利率下限；时隔7年再次下调公积金贷款利率，5年以上公积金贷款利率下降至3.1%。进入11月，多项重磅政策落地，尤其是供给端政策支持力度明显加大。11日，央行和银保监会联合发布254号文《关于做好当前金融支持房地产市场平稳健康发展工作的通知》，涉及保持房地产融资平稳有序、积极做好“保交楼”金融服务、积极配合做好受困房地产企业风险处置、依法保障住房金融消费者合法权益、阶段性调整部分金融管理政策、加大住房租赁金融支持力度等6方面，共计16条具体举措。政策核心在于：一是给予房企融资支持，支持房企债务展期，缓解企业的资金压力，稳定市场主体预期；二是为个人购房信贷提供支持，带动市场销售恢复；三是“保交楼”，解决期房交付问题，提振市场情绪，稳住购房者信心。未来企业资金压力或将得到一定缓解，实现以时间换空间；需求端政策支持力度有望进一步加强，提高市场销售的活跃度和积极性；“保交楼”资金及政策将加速落位，稳定购房者预期。

二、“新三样”助力中国外贸转型升级

2022年中国外贸顶住了多重超预期因素的冲击，进出口总值突破40万亿元。其中，电动汽车、光伏产品、锂电池新动能引领作用凸显，出口同比分别增长131.8%、67.8%、86.7%。

（一）“新三样”已成为我国外贸出口中坚力量

“新三样”商品出口额快速增长。据海关总署数据，2022年，按美元计价，我国外贸出口额同比增长7.0%。由于受国际市场总需求以及部分商品需求结构性饱和的影响，我国外贸“老三样”和部分消费电子商品出口出现萎缩。与此相反，“新三样”拉动我国出口整体增长1.7个百分点，2023年以来拉动作用将有进一步增大的趋势。2017—2022年，我国“新三样”商品出口额的年均增速达到44.0%。电动载人汽车、锂电池和太阳能电池出口的年均增速分别为138.5%、44.9%和32.5%。

新老三样出口规模之比在快速上升。2017年，我国“新三样”和“老三样”的出口额分别为196.3亿美元和2687.7亿美元，“新三样”与“老三样”出口额的比值为7.3∶100。到2022年，二者的出口额分别为1214.2亿美元和3380.0亿美元，新与老的比值已经增加至35.9∶100。随着外贸“新三样”出口规模的快速增长，“新三样”有望超过“老三样”的出口规模，成为我国外贸出口的重要引领力量。

“新三样”商品出口的国际市场份额大幅提升。从2017年开始，我国“新三样”商品的国际市场份额均得以大幅提升。我国电动载人汽车、锂电池和太阳能电池出口的国际市场份额分别从2017年的0.5%、39.1%和38.8%提升至2022年的10.0%、55.5%和59.7%。我国纯电动载人汽车的国际市场份额则从1.1%提升至20.2%。从出口额来看，当前我国是锂电池和太阳能电池的第一大出口国以及电动载人汽车的第二大出口国。并且，中国有望在2023年超过日本，成为世界汽车出口第一大国。

“新三样”商品的崛起不仅助力我国实现经济高质量发展，也为全球市场提供了更多高效、绿色的产品选择。未来，随着国际市场对绿色产品需求的进一步扩大和我国技术实力的不断提升，“新三样”商品将在全球市场中占据更为重要的地位，继续引领我国外贸出口迈向新的高度。

（二）“新三样”商品未来出口前景

当前，全球对新能源和绿色低碳发展的重视程度不断提高，“新三样”商品的国际市场需求非常旺盛。随着国际社会碳中和目标的加速推进，我国“新三样”商品仍有较大的市场空间。从全球来看，绿色能源对传统化石能源的替代才刚刚开始，新能源汽车对燃油车的替代也是大势所趋。2022年，国际市场原油贸易额达到1.58万亿美元，煤炭贸易额达2863亿美元，汽车贸易额接近1万亿美元。未来这些传统化石能源和燃油车将逐步被绿色新能源和新能源汽车替代。截至2022年底，全球已有130多个国家提出碳中和承诺，这些国家合计覆盖全球80%以上的二氧化碳排放量、GDP和人口。据国际能源署测算，2030年全球动力电池需求量将达3500吉瓦时。面对未来庞大的电池需求，中国外贸“新三样”的发展将在助力全球能源转型事业中发挥重要作用。

总体而言，“新三样”在中国外贸转型升级中的重要性日益显著，不仅推动了我国出口的稳步增长，也在全球绿色低碳发展的进程中扮演了关键角色。未来，随着国际市场需求的不断扩大和我国技术实力的提升，“新三样”商品的出口前景将更加广阔。

三、“数字经济”成为经济复苏的中坚力量

近年来，随着云计算、大数据、人工智能、物联网等技术的飞速发展，数字经济在全球范围内蓬勃兴起，成为推动经济高质量发展的新动能。

（一）数字经济对经济复苏的贡献

在数字经济的带动下，各个数字产业均实现了显著增长。2022年，电子信息制造业实现营业收入15.4万亿元，同比增长5.5%；软件业务收入达10.81万亿元，同比增长11.2%；工业互联网核心产业规模超过1.2万亿元，同比增长15.5%。这些数据表明，数字产业正成为我国经济稳步增长的重要支柱。数字技术与实体经济的融合也在不断深入推进，农业和工业的数字化水平显著提升。农业方面，数字化技术正在加速向全产业链延伸，农业生产信息化率已超过25%。工业方面，全国工业企业关键工序数控化率和数字化研发设计工具普及率分别增长至58.6%和77.0%。这种融合不仅提高了生产效率，也为传统产业的转型升级提供了新的动能。消费模式的数字化转型也取得了显著成果。2022年，全国网上零售额达13.79万亿元，其中实物商品网上零售额占社会消费品零售总额的比重达27.2%，创历史新高[①]。这一趋势不仅便利了消费者，也推动了零售行业的创新和变革。

从历史周期来看，每当我国国民经济面临下行压力时，数字经济产业均表现出较强的增长势头，显示出显著的“逆周期性”。这一特性使得数字经济在引领经济复苏和发展的过程中发挥了重要作用。未来，随着基础研发的加快推进和产业链韧性的增强，数字经济产业将进一步发挥其“逆周期”作用，稳定经济发展。

---

① 国家互联网信息办公室：《数字中国发展报告（2022年）》，中国网信网，2023年05月23日，https://www.cac.gov.cn/2023-05/22/c_1686402318492248.htm。

（二）工业互联网发展迅速

工业互联网作为新一轮工业革命的重要基石，扮演着数字技术与实体经济深度融合的关键角色，是新型工业化的战略性基础设施和重要驱动力量。自工业互联网创新发展战略实施近六年来，我国工业互联网由起步探索逐步转向规模发展。2022年，对中国工业互联网产业而言，是“向下扎根”的一年。在这一年，工业互联网的市场规模首次突破万亿大关，尽管面临特殊的大环境挑战，这一成就充分证明了工业互联网作为信息化建设的重要分支，已经掀起了发展浪潮。

总体来看，2022年工业互联网产业增加值规模持续提升，成为经济稳定增长的有力支撑。数据显示，2022年中国工业互联网核心产业增加值达到1.26万亿元，带动渗透产业增加值3.20万亿元，总体规模达到4.46万亿元，占国内生产总值（GDP）的比重为3.69%。预计到2023年，这一数字将进一步提升至4.69万亿元，占GDP比重上升至3.72%，显示出工业互联网在稳定经济增长中的强劲动力。各地区工业互联网发展深入推进，头部城市的规模优势尤其突出。目前，我国工业互联网产业增加值规模超千亿元的省区市已达17个，其中广东、江苏、浙江位列前三。山西、宁夏、内蒙古、湖北、山东等10个省区市增速超过10%。在头部城市中，北京、上海、深圳等7个城市的工业互联网产业增加值规模已超千亿元，前30个城市的产业增加值总规模占全国比重达到46.19%。工业互联网不仅推动了制造业的发展，还赋能了第一产业和第三产业的发展。2022年，工业互联网带动第一产业增加值规模为0.06万亿元，第二产业为2.28万亿元，第三产业为2.12万亿元，名义增速分别为7.76%、8.60%、6.41%[①]。

2022年，是工业互联网发展的跨时代一年。随着产业支持政策的不断落实，各类技术的深度融合与发展为工业互联网带来了全新的发展局面。未来，在政策的有力支持和技术的持续创新下，工业互联网将继续发挥其重要作用，推动我国经济高质量发展。

四、扩大内需战略稳定经济形势

（一）“外需”不稳

自疫情在全球范围内暴发以来，中国是最早实现生产网络恢复的国家。2021年我国出口保持快速增长，前十个月我国货物出口达到2.7万亿美元，已经超过

① 中国工业互联网研究院：《中国工业互联网产业经济发展白皮书（2023年）》，2023年12月。

2020年全年的出口总额，创历史新高。但是，从短期来看，受新冠疫情反复和国际局势的影响，未来五年的外需环境依然呈现出较为复杂且不太乐观的特征，因此很难对其有所倚重，对外贸易对中国经济增长恢复的拉动能力将会面临下降趋势。2022年，货物和服务净出口对经济增长贡献率为17.1%，拉动GDP增长0.5个百分点。但第四季度随海外高通胀、快加息对需求降温的效应显现，四季度以来外需急剧收缩，外贸明显承压，11月单月增速已下滑至-8.7%，数据表明世界经济增速持续下行，外部需求显著回落。

历史的经验也说明外向型经济发展模式风险挑战明显增多，扩大内需是应对国际环境深刻变化的必然要求。世界百年未有之大变局加速演进，国际力量对比深刻调整，新冠疫情影响广泛深远，世界经济增长不平衡不确定性增大，单边主义、保护主义、霸权主义对世界和平与发展构成威胁。面对复杂严峻的外部环境，外向型经济发展模式风险挑战明显增多，我国占全球出口份额超过15%后，增长空间越来越逼仄。必须坚定实施扩大内需战略，以自身的稳定发展有效应对外部风险挑战。

（二）“内需”不畅

自2008年金融危机以来，我国消费增速便进入了一个长期下滑的通道中，本轮疫情之后，消费端再受重创。疫情前的2019年前11个月，社会消费品零售总额为37.29万亿元；而疫情以来的历年前11个月（即2020—2022年），社会消费品零售总额分别为35.14万亿元、39.96万亿元和39.92万亿元，即疫情三年社会消费品零售总额的年均增速仅为2.30%，远远低于疫情前的7%—8%的水平。从2022年全年看，社会消费品零售总额为439732.5亿元，比上年下降0.2%，消费增速仍处于较低水平。消费疲软已成为制约中国经济平稳复苏的重要因素，提振消费以恢复国民经济势在必行。

投资方面，面对复杂的国内外形势，中央及时将稳投资作为稳增长的重要发力点。据国家统计局公布的数据，2022年全国固定资产投资（不含农户）达到57.2万亿元，同比增长5.1%，资本形成总额拉动经济增长1.5个百分点，投资对经济增长的贡献率超过50%，托底支撑作用显著。尽管投资对经济增长起到了托底作用，但乘数效应（即投资对经济增长的放大倍数）没有发挥出来。而且，考虑到民间投资同比增速仅0.9%，占比从2021年的56.5%下跌至54.2%，房地产开发投资同比下降10.0%，以及基建投资和制造业投资增加，意味着固定资产投资实际上是由政策层面支撑的，市场化的民间投资表现依然偏弱。

（三）“扩大内需”的未来政策方向

当前，我国已经开启全面建设社会主义现代化国家新征程，为牢牢把握以高质量发展全面推进中国式现代化的首要任务，就必须把实施扩大内需战略摆在更为突出的位置，着力满足全体人民的美好生活需要。2021年出台的“十四五”规划部署“深入实施扩大内需战略”，2022年10月召开的党的二十大再次强调“实施扩大内需战略同深化供给侧结构性改革有机结合起来”，赋予扩大内需顶层战略地位。同年12月，中共中央、国务院颁发了《扩大内需战略规划纲要（2022—2035年）》[①]，以全面建设社会主义现代化国家的战略安排，立足新发展阶段，要求各有关部门“定期编制扩大内需战略实施方案，进一步细化实化规划纲要明确的重大任务和重大政策”。

从扩大内需的方向看。消费方面，一是提升衣食住行等传统消费；二是扩大服务消费。支持社会力量提供多层次多样化医疗服务，将符合条件的互联网医疗服务项目按程序纳入医保支付范围等。投资方面，一是加大制造业投资力度，鼓励企业技术改造，创新完善制造业企业股权、债券融资工具；二是推进重点领域补短板投资，主要包括：交通、能源、水利、物流、生态、社会民生等基础设施；三是布局信息、融合、创新等新型基础设施建设。适度超前布局建设重大科技基础设施。

改革开放以来，我国国内市场逐渐发展壮大。当前我国国内生产总值超过120万亿元，已成为全球第二大商品消费市场。值此时局，加快实施扩大内需战略，既顺应外需低迷之势，又抓住了中国市场蕴含的巨大潜力和发展机遇，更契合新时代推动高质量发展和推进中国式现代化的要求，必将增强国内大循环的内生动力，为加快构建新发展格局提供有力支撑，为拓展和深化中国式现代化提供重要基础。

第四节　2022年中国宏观经济政策分析

2022年是党和国家历史上极为重要的一年。党的二十大胜利召开，描绘了全面建设社会主义现代化国家的宏伟蓝图。面对风高浪急的国际环境和艰巨繁重的国内改革发展稳定任务，在以习近平同志为核心的党中央坚强领导下，全党全国人民迎难而上，全面落实“疫情要防住、经济要稳住、发展要安全”的要求，

---

① 中共中央、国务院印发《扩大内需战略规划纲要（2022—2035年）》，《国务院公报》2023年第1号。

统筹国内国际两个大局，统筹疫情防控和经济社会发展，统筹发展和安全，加大宏观调控力度，应对超预期因素冲击，发展质量稳步提升，科技创新成果丰硕，改革开放全面深化，就业物价基本平稳，粮食安全、能源安全和人民生活得到有效保障，保持了经济社会大局稳定。本节将从财政政策、货币政策、金融政策、产业政策、对外投资合作政策、就业政策出发，对2022年国内宏观经济政策进行多视角分析和解读。

一、财政政策

（一）支出政策

2022年，全国一般公共预算支出突破26万亿元，同比增长6.1%。其中，中央一般公共预算本级支出35570亿元，比上年增长3.9%；地方一般公共预算支出225039亿元，比上年增长6.4%。同时，优化财政支出结构，重点保障党中央、国务院决策部署的重大政策、重要改革和纳入国家“十四五”规划的重点项目，加大重点领域的支持力度。2022年，社会保障和就业、教育、卫生健康、交通运输、科学技术支出分别增长8.1%、5.5%、17.8%、5.3%、3.8%[①]。

坚持党政机关过紧日子，提高财政资源配置效率。严控一般性支出，2022年中央部门支出比上年下降3.5%。强化“三公”经费管理，2022年中央本级“三公”经费继续只减不增。严格执行全国人大批准的预算，严格控制预算调整和调剂事项，严禁超预算、无预算安排支出。严格规范盘活资金资产使用，优先用于稳增长、稳市场主体、保就业等支出，提高财政资金配置效率和使用效益。构建过紧日子长效机制，按季评估中央部门过紧日子情况，将评估结果与相关部门预算安排挂钩。同时，指导督促地方财政部门调整优化支出结构，确保宝贵资金用在发展紧要处、民生急需上。中央财政加强财政资源统筹，通过特定国有金融机构和专营机构依法上缴近年结存利润、调入预算稳定调节基金等，保持适当支出强度。

合理确定地方举债规模。2022年全国人大批准新增地方政府专项债券限额3.65万亿元，保持宏观杠杆率基本稳定。提前谋划发行使用工作，经全国人大常委会授权，2021年12月提前下达2022年新增专项债券额度1.46万亿元，较2021年提前3个月，2022年3月底前用于项目建设的3.45万亿元全部下达完毕[②]。督促

① 数据来源于财政部网站。

② 《2022年中国财政政策执行情况报告》，中央人民政府网，https://www.gov.cn/xinwen/2023-03/21/content_5747677.htm。

指导地方提前安排发行时间，加快发行进度，6月底前基本完成发行。做好疫情期间地方债发行代操作工作，指导省级财政部门提前做好信息披露、信用评级等发行前准备工作，力争做到早发行、早使用，确保不因疫情原因影响地方债发行速度。

（二）减税降费政策

一是大规模增值税留抵退税加快实施。加大对小微企业和制造业等重点行业留抵退税力度，2022年3月将所有符合条件的小微企业以及制造业等6个行业纳入政策实施范围，7月进一步扩大到批发和零售业等7个行业，按月全额退还增量留抵税额、一次性全额退还存量留抵税额。大幅提前中型和大型企业存量留抵退税实施时间。其中，微型企业、小型企业存量留抵税额分别于2022年4月30日前、6月30日前集中退还，中型企业存量留抵税额提前至2022年6月30日前集中退还，大型企业存量留抵税额的退还时间提前至6月1日实施、6月30日前集中退还，退税上半年即大头落地[①]。全年累计退到纳税人账户的增值税留抵退税款2.46万亿元，超过2021年办理留抵退税规模的3.8倍。

二是对小微企业和个体工商户扶持力度进一步加大。对小规模纳税人阶段性免征增值税。将“六税两费”减免适用范围扩大至小微企业和个体工商户[②]。对小微企业年应纳税所得额100万—300万元部分，再减半征收企业所得税[③]。在第四季度缓缴耕地开垦费、污水处理费等14项行政事业性收费，不收滞纳金。加大中小微企业设备器具税前扣除力度。对制造业中小微企业延缓缴纳部分税费。全年小微企业和个体工商户新增减税降费及退税缓税缓费超1.7万亿元，占总规模的比重约四成。

三是延续实施阶段性降低社保费政策。延续实施阶段性降低失业保险、工伤保险费政策一年，执行期限至2023年4月30日[④]。

四是实施阶段性缓缴养老、失业、工伤三项社会保险费。对餐饮、零售、旅游等22个困难行业和符合条件的中小微企业等阶段性缓缴社会保险费[⑤]。

---

① 《财政部 税务总局关于进一步加大增值税期末留抵退税政策实施力度的公告》（财政部 税务总局公告2022年第14号）。

② 《财政部 税务总局关于进一步实施小微企业“六税两费”减免政策的公告》（财政部 税务总局公告2022年第10号）。

③ 《财政部 税务总局关于进一步实施小微企业所得税优惠政策的公告》（财政部 税务总局公告2022年第13号）。

④ 《人力资源社会保障部 财政部 国家税务总局关于做好失业保险稳岗位提技能防失业工作的通知》（人社部发〔2022〕23号）。

⑤ 《人力资源社会保障部 财政部 国家税务总局关于做好失业保险稳岗位提技能防失业工作的通知》（人社部发〔2022〕23号）。

五是实施缓缴职工医保单位缴费政策。从2022年7月起，在职工医保统筹基金累计结余可支付月数大于6个月的统筹地区，对中小微企业实施缓缴3个月单位缴费政策。缓缴不影响参保人就医正常报销医疗费用，也不影响参保人个人账户权益。政策实施直达市场主体，免申即享。

二、货币政策

2022年，面对复杂多变的国际环境和艰巨繁重的国内改革发展任务，我国统筹疫情防控和经济社会发展，加大宏观调控力度，应对超预期因素冲击，发展质量稳步提升，就业物价基本平稳，经济社会大局保持稳定。中国人民银行坚持以习近平新时代中国特色社会主义思想为指导，坚决贯彻党中央、国务院的决策部署，主动作为、靠前发力，加大稳健货币政策实施力度，坚决支持稳住宏观经济大盘。

一是保持货币信贷合理增长。全年两次降准释放长期资金超1万亿元①，上缴央行结存利润1.13万亿元，运用再贷款再贴现、中期借贷便利、公开市场操作等多种方式短中长期相结合合理投放流动性；及时召开货币信贷形势分析座谈会，引导金融机构加大信贷支持实体经济力度；调增政策性开发性银行信贷额度8000亿元，指导其投放政策性开发性金融工具资金7399亿元，增强信贷总量增长的稳定性②。

二是发挥结构性货币政策工具精准导向作用。及时接续转换两项直达实体经济的货币政策工具，将普惠小微贷款支持工具的激励资金支持比例由1%提高至2%，推出普惠小微贷款阶段性减息政策；并行实施碳减排支持工具和支持煤炭清洁高效利用专项再贷款，创设施行科技创新、普惠养老、交通物流、设备更新改造专项再贷款。

三是巩固实际贷款利率下降成果。持续释放贷款市场报价利率改革效能，全年公开市场操作和中期借贷便利中标利率均下行20个基点，引导1年期和5年期以上贷款市场报价利率分别下行15个、35个基点③。建立存款利率市场化调整机制，稳定银行负债成本，存款利率市场化迈出重要一步。建立首套住房贷款利

---

① 2022年4月25日，人民银行下调金融机构存款准备金率0.25个百分点（不含已执行5%存款准备金率的金融机构）。12月5日，人民银行下调金融机构存款准备金率0.25个百分点（不含已执行5%存款准备金率的金融机构）。

② 2022年6月29日，人民银行联合有关部门支持国家开发银行、中国农业发展银行分别设立金融工具共3000亿元，用于补充包括新型基础设施在内的重大项目资本金。8月24日，人民银行联合有关部门增加政策性开发性金融工具额度3000亿元以上。

③ 2022年1月17日、2月15日、3月15日、4月15日、5月16日、6月15日、7月15日、8月15日、9月15日、10月17日、11月15日、12月15日，人民银行多次开展中期借贷便利（MLF）操作。

率政策动态调整机制，有序推进长效机制建设。

四是兼顾内外均衡。深化汇率市场化改革，坚持市场在人民币汇率形成中起决定性作用，加强预期管理和流动性管理，增强人民币汇率弹性，发挥其宏观经济稳定器功能。

五是防范化解金融风险取得新成果。稳妥有序推进中小银行风险处置、平台企业金融业务整改等工作，金融稳定保障体系不断健全。

总体来看，稳健的货币政策取得积极成效，有力支持经济回稳向好，为党的二十大胜利召开创造了有利的经济金融环境。货币信贷合理增长，2022年新增人民币贷款21.31 万亿元，同比多增1.36万亿元；年末人民币贷款、广义货币（M2）、社会融资规模存量同比分别增长11.1%、11.8%和9.6%。信贷结构持续优化，年末普惠小微贷款和制造业中长期贷款余额同比分别增长23.8%和36.7%。企业融资和个人消费信贷成本稳中有降，全年企业贷款加权平均利率为4.17%，同比下降0.34个百分点，12月新发放个人住房贷款利率平均为4.26%，较上年12月下降1.37个百分点。人民币汇率双向浮动，在合理均衡水平上保持基本稳定，年末人民币对美元汇率中间价为6.9646元[①]。

（一）灵活开展公开市场操作

2022年，公开市场7天期逆回购操作中标利率两次下行共20个基点，有利于增强市场信心，带动降低综合融资成本，为实体经济提供有力支持。全年银行间市场存款类机构7天期回购加权平均利率（DR007）均值为1.76%，比2021年低41个基点，季末、年末等时点利率运行更加平稳。第四季度，人民银行密切关注国内外宏观经济金融形势变化，在运用降准、中期借贷便利（MLF）、再贷款等多种方式投放中长期流动性的基础上，每日开展公开市场操作，结合一级交易商需求情况灵活精准把握操作力度和节奏，及时调整操作期限品种，对冲财政税收、政府债券发行、年末时点等短期因素的影响，保持银行体系流动性合理充裕。12月中下旬，针对疫情感染人数增多、金融机构到岗人员下降、预防性资金需求上升等情况，人民银行主动、及早供应跨年流动性。12月19日至30日，通过7天期和14天期逆回购累计投放跨年资金1.73万亿元，最后一周日均投放规模超2000亿元，有效满足市场需求，保证了年末流动性和货币市场利率平稳运行。

（二）开展中期借贷便利和常备借贷便利操作

中期借贷便利（MLF）操作充分满足市场需求，既保障中长期流动性合理供

① 《2022年第四季度中国货币政策执行报告》。

给，又发挥中期政策利率信号作用和利率引导功能。2022年，累计开展MLF操作45500亿元，期限均为1年，1—7月利率为2.85%，8—12月利率为2.75%。四个季度分别开展操作 12000亿元、4500亿元、9000亿元、20000亿元，年末余额为45500亿元，与年初持平[①]。

开展常备借贷便利（SLF）操作。对地方法人金融机构按需足额提供短期流动性支持，稳定市场预期，增强银行体系流动性的稳定性，防范流动性风险。2022年，累计开展SLF操作共253亿元，四个季度分别开展操作64亿元、20亿元、22亿元、147亿元，年末余额为123亿元。继续发挥SLF利率作为利率走廊上限的作用，维护货币市场平稳运行。2022年末，隔夜、7天、1个月SLF利率分别为2.85%、3.00%、3.35%，与三季度末持平[②]。

（三）调整金融机构准备金率

2022年，两次下调金融机构人民币存款准备金率，支持实体经济发展，促进综合融资成本稳中有降。4月25日和12月5日，两次全面下调金融机构人民币存款准备金率各0.25个百分点（不含已执行5%存款准备金率的金融机构）。为加大对小微企业和“三农”的支持力度，4月全面降准的同时，对没有跨省经营的城商行和存款准备金率高于5%的农商行，再额外多降0.25个百分点。2022年两次人民币降准释放长期流动性约1.03 万亿元。2022年，两次下调金融机构外汇存款准备金率，加强金融机构外汇流动性管理。5月15日和9月15日两次分别下调外汇存款准金率1个、2个百分点，由 9%下调至6%，共释放外汇流动性约270亿美元。2022年，适时上调远期售汇外汇风险准备金率。为稳定外汇市场预期，人民银行决定自2022年9月28日起，将远期售汇业务的外汇风险准备金率从0上调至20%。

（四）积极发挥结构性货币政策工具作用

积极运用支农支小再贷款、再贴现、抵押补充贷款等工具，引导金融机构加大对国民经济重点领域、薄弱环节和区域协调发展的支持力度。运用支农支小再贷款引导地方法人金融机构扩大对乡村振兴的信贷投放，扶贫再贷款按照现行规定进行展期，支持巩固脱贫攻坚成果。促进区域协调发展，继续引导10个省

---

① 2022年1月17日、2月15日、3月15日、4月15日、5月16日、6月15日、7月15日、8月15日、9月15日、10月17日、11月15日、12月15日，人民银行多次开展中期借贷便利（MLF）操作。

② 2022年1月17日，人民银行下调常备借贷便利（SLF）利率。其中，隔夜利率从3.05%下调至2.95%、7天利率从3.2%下调至3.1%、1个月利率从3.55%下调至3.45%。8月15日，人民银行下调常备借贷便利（SLF）利率。其中，隔夜利率从2.95%下调至2.85%，7天利率从3.10%下调至3.00%，1个月利率从3.45%下调至3.35%。

份地方法人金融机构运用好再贷款等工具增加对区域内涉农、小微和民营企业等经济发展薄弱环节的信贷投放。加大对小微企业纾困帮扶力度，引导地方法人金融机构运用支小再贷款等工具向受疫情影响较大的小微企业和个体工商户发放贷款，降低融资成本。发挥金融支持有效投资的积极作用，运用抵押补充贷款支持开发性政策性金融机构为基础设施重点领域设立金融工具和提供信贷支持。2022年末，全国支农再贷款余额为6004亿元，支小再贷款余额为14171亿元，扶贫再贷款余额为1463亿元，再贴现余额为5583亿元、抵押补充贷款余额为31528亿元①②③。

设立保交楼贷款支持计划，支持金融机构向已售逾期难交付住宅项目发放保交楼贷款。按照国务院常务会议决定，人民银行按照精准滴灌、正向激励和市场化原则，设立保交楼贷款支持计划，额度2000亿元。2022年12月，人民银行印发《关于设立保交楼贷款支持计划有关事宜的通知》，明确专项再贷款采取"先贷后借"的直达机制，按季度发放，支持金融机构于2022年11月1日至2023年3月31日期间发放的保交楼贷款。金融机构自主决策、自担风险发放保交楼贷款后，向人民银行申请资金支持。对于符合要求的贷款，人民银行按贷款本金的100%予以资金支持。

三、金融政策

2022年金融市场整体平稳运行。货币市场利率中枢下行，交易量增加。债券发行利率总体平稳，国债发行量增加，债券市场现券交易活跃。股票市场指数震荡下行，成交量和筹资额同比减少。保险业保费收入同比增加，资产增长加快。

（一）债券市场制度建设

完善债券借贷管理制度。2022年2月，人民银行发布《银行间债券市场债券借贷业务管理办法》（中国人民银行公告〔2022〕第1号），从统一协议文本、推出集中债券借贷、完善违约处置机制等方面完善银行间债券市场债券借贷制度，同时明确了大额借贷报告及披露、风险监测、自律管理等风险防范要求，保护市场参与者合法权益，提高债券市场流动性，促进金融市场功能深化和健康发展。

拓展商业银行金融债券品种。2022年4月，人民银行、银保监会联合发布

---

① 《关于做好2022年金融支持全面推进乡村振兴重点工作的意见》。

② 《关于做好疫情防控和经济社会发展金融服务的通知》。

③ 《关于推动建立金融服务小微企业敢贷愿贷能贷会贷长效机制的通知》。

《关于全球系统重要性银行发行总损失吸收能力非资本债券有关事项的通知》，明确了总损失吸收能力非资本债券的核心要素和发行管理规定，为全球系统重要性银行有序组织发行提供了依据。

推动债券市场高质量对外开放。2022年5月，人民银行、证监会、外汇局发布联合公告〔2022〕第4号（关于进一步便利境外机构投资者投资中国债券市场有关事宜），按照“一套制度规则、一个债券市场”原则，统一和完善境外投资者投资我国债券市场政策要求，统一资金跨境管理，进一步便利境外机构投资者投资中国债券市场。

（二）证券市场改革和制度建设

强化资本市场法治建设。2022年1月，最高人民法院发布《关于审理证券市场虚假陈述侵权民事赔偿案件的若干规定》，提高资本市场违法违规成本，督促市场参与各方归位尽责，畅通投资者权利救济渠道。4月20日，第十三届全国人大常委会第三十四次会议表决通过了《中华人民共和国期货和衍生品法》。该法以服务实体经济、防控金融风险、深化金融改革为出发点和落脚点，坚持市场化、法治化、国际化方向，全面系统规定了期货市场和衍生品市场各项基础制度，有效填补了资本市场法治建设的空白，为打造一个更加规范、透明、开放、有活力、有韧性的资本市场提供了法治保障。

稳步推进注册制改革。2022年4月，证监会发布《关于完善上市公司退市后监管工作的指导意见》，健全上市公司退市机制，推动形成证券市场“有进有出，能进能出”的良好生态。5月，证监会发布《证券公司科创板股票做市交易业务试点规定》，推动科创板引入做市商机制，提升科创板股票流动性、增强市场韧性。5月，证监会、司法部、财政部联合发布《关于加强注册制下中介机构廉洁从业监管的意见》，规范中介机构及其从业人员廉洁从业行为，一体推进惩治金融腐败和防控金融风险，为注册制改革保驾护航。

推进中美审计监管合作。2022年8月26日，证监会、财政部与美国公众公司会计监督委员会（PCAOB）签署审计监管合作协议，为下一步双方在符合各自法律规定和监管要求的前提下对等、高效开展合作奠定了基础。12月15日，PCAOB发布报告，确认2022年度可以对中国内地和香港会计师事务所完成检查和调查，撤销2021年对相关事务所做出的认定，中美审计监管合作取得积极成效。

（三）金融基础设施制度建设

自2017年开通至今五年来，“债券通”实现双向通车，运行平稳高效，便利了境外投资者参与境内人民币利率互换市场，支持构建高水平金融开放格局。

2022年7月4日，中国人民银行、香港金管局、香港证监会连线举办“债券通”五周年论坛暨“互换通”发布仪式，宣布内地与香港利率互换市场互联互通合作（简称“互换通”）启动建设，成为中国金融市场对外开放的重要里程碑。

加强金融基础设施统筹监管与建设规划。2022年12月，人民银行就《金融基础设施监督管理办法（征求意见稿）》（以下简称《办法》），面向社会公开征求意见。《办法》旨在明确金融基础设施监督管理总体制度框架，健全金融基础设施准入管理，推动构建国内国际“双循环”的新发展格局，促进金融更好服务实体经济。

四、产业政策

世界百年未有之大变局加速演进，2022年国际形势的不确定性明显增加，新冠疫情大流行影响广泛深远，经济全球化遭遇逆流。在此背景下，新一轮科技革命和产业革命为各国带来新的发展机遇，各国将数字化转型作为恢复经济的重要抓手，出台战略规划，采取有效措施，深化数字技术与实体经济深度融合。整体看，发达国家产业数字化转型起步早、技术应用强、发展成效明显。党的二十大报告指出，要加快建设网络强国、数字中国。建设数字中国是数字时代推进中国式现代化的重要引擎，是构筑国家竞争新优势的有力支撑。

2022年我国数字经济规模达50.2万亿元，总量稳居世界第二，同比名义增长10.3%，占国内生产总值比重提升至41.5%。数字产业规模稳步增长，电子信息制造业实现营业收入15.4万亿元，同比增长5.5%；软件业务收入达10.81万亿元，同比增长11.2%；工业互联网核心产业规模超1.2万亿元，同比增长15.5%。数字技术和实体经济融合深入推进。农业数字化加快向全产业链延伸，农业生产信息化率超过25%。全国工业企业关键工序数控化率、数字化研发设计工具普及率分别增长至58.6%和77.0%。全国网上零售额达13.79万亿元，其中实物商品网上零售额占社会消费品零售总额的比重达27.2%，创历史新高。数字企业创新发展动能不断增强。我国市值排名前100的互联网企业总研发投入达3384亿元，同比增长9.1%。科创板、创业板已上市战略性新兴产业企业中，数字领域相关企业占比分别接近40%和35%[①]。

（一）国家政策

2022年，国家关于产业数字化发展发布了一系列顶层设计文件。最具代表性的文件是国务院印发的《“十四五”数字经济发展规划》（以下简称《规划》），

---

① 《2022年中国产业数字化政策分析报告》。

明确了“十四五”时期推动数字经济健康发展的指导思想、基本原则、发展目标、重点任务和保障措施。《规划》从加快企业数字化转型升级，加快深化重点行业、产业园区和集群数字化转型，培育转型支撑服务生态等方面要求大力推进数字化转型，成为我国产业数字化发展的重要行动指南。

《中共中央　国务院关于加快建设全国统一大市场的意见》则明确要加快培育数据要素市场，在服务业方面，培育一批有全球影响力的数字化平台企业和供应链企业，加快推动商品市场数字化改造和智能化升级。比较有代表性的文件还有，中央网信办等五部门发布的《数字化绿色化协同转型发展（双化协同）综合试点》，确定在10个地区首批开展数字化绿色化协同转型发展（双化协同）综合试点，加快数字化绿色化协同转型。以及《“十四五”扩大内需战略实施方案》也提出加快推动数字产业化和产业数字化，加强数字社会、数字政府建设，发展普惠性“上云用数赋智”，不断提升数字化治理水平。

数字技术是产业数字化高质量发展的前提。2022年国家相继出台《关于加快场景创新以人工智能高水平应用促进经济高质量发展的指导意见》《虚拟现实与行业应用融合发展行动计划（2022—2026年）》等政策，加速人工智能、虚拟现实等数字技术与产业融合发展。

从行业数字化来看，2022年国家共出台了12项聚焦重点行业数字化的专项文件。其中数量最多的是围绕农业农村的相关政策，分别是《数字乡村发展行动计划（2022—2025年）》《“十四五”推进农业农村现代化规划》《“十四五”全国农业农村信息化发展规划》《2022年数字乡村发展工作要点》以及《数字乡村标准体系建设指南》。制造业作为实体经济的支柱，也有4项围绕制造业数字化转型的政策，分别是《制造业质量管理数字化实施》《数字化助力消费品工业“三品”行动方案》《关于巩固回升向好趋势加力振作工业经济的通知》等。在服务业中，2022年发布的《关于银行业保险业数字化转型的指导意见》《“十四五”航空物流发展专项规划》《“十四五”现代物流发展规划》等也重点为物流、金融等行业数字化转型指明了方向。

（二）地方政策

《“十四五”数字经济发展规划》发布以来，各地陆续出台产业数字化政策，基于当地实际对数字经济发展进行了一系列部署，实现了更加全面具体的顶层设计。宁夏、河南、黑龙江、上海、江西等地出台了“十四五”数字经济发展专项规划①。

① 《宁夏回族自治区数字经济发展“十四五”规划》《河南省“十四五”数字经济和信息化发展规划》《黑龙江省“十四五”数字经济发展规划》《上海市数字经济发展“十四五”规划》《江西省“十四五”数字经济发展规划》。

山西、贵州、湖北、山东等地围绕加速大数据、5G等数字技术产业应用出台了相关政策[①]。具体来看，以宁夏回族自治区人民政府办公厅于2022年1月出台的《宁夏回族自治区数字经济发展“十四五”规划》（以下简称《规划》）为例，《规划》指出：到2025年，数字基础设施基本完善，数字产业化体系初步形成，特色产业、新型材料、绿色食品、清洁能源、文化旅游等重要领域和重点行业数字化转型基本完成，数字经济发展生态体系基本形成，数据资源价值进一步释放，全力建设“西部数谷”，努力建设西部数字经济创新发展新高地。

（三）政策效果

1.数字产业规模稳步增长

2022年，电子信息制造业实现营业收入15.4万亿元，同比增长5.5%。软件业收入跃上十万亿元台阶，达10.81万亿元，同比增长11.2%。其中，信息技术服务收入达到70128亿元，同比增长11.7%，占全行业收入的比重达64.9%；云计算、大数据服务共实现收入10427亿元，同比增长8.7%，占信息技术服务收入的比重达14.9%；集成电路设计收入2797亿元，同比增长12.0%；电子商务平台技术服务收入11044亿元，同比增长 18.5%。电信业务收入达1.58万亿元，同比增长7.5%[②]。全国工业企业关键工序数控化率、数字化研发设计工具普及率变化趋势如图1–29所示。

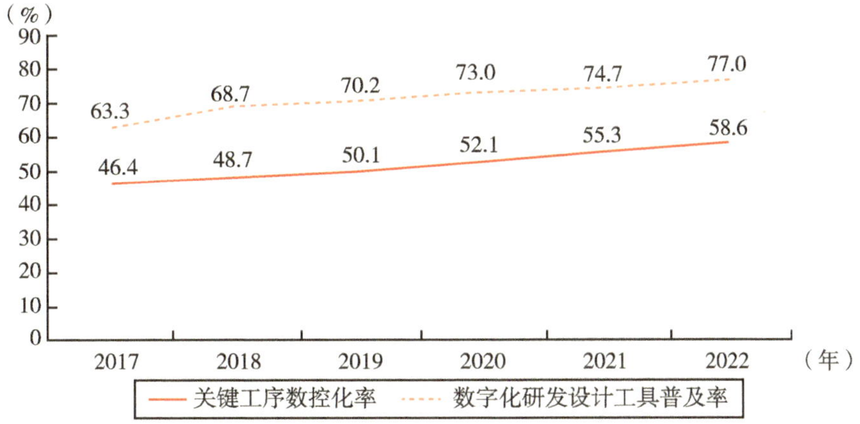

图 1–29　全国工业企业关键工序数控化率、数字化研发设计工具普及率

数据来源：《2022中国产业数字化政策分析报告》。

① 《5G引领数字经济发展壮大2022》《贵州省“十四五”数字经济发展规划》《湖北省5G+工业互联网融合发展行动计划（2021—2023年）》《山东省5G“百城万站”深度覆盖和“百企千例”规模应用2022年行动方案》。

② 《数字中国发展报告（2022）》。

2. 数字企业创新发展动能不断增强

数字企业加大创新研发投入，2022年我国市值排名前100的互联网企业总研发投入达3384亿元，同比增长9.1%（见图1–30）。研发投入前1000家民营企业中，计算机、通信和其他电子设备制造业，以及互联网和相关服务业平均研发强度分别为7.33%和6.82%，位居行业排名前两位。创新型数字企业融资支持力度持续加大，科创板、创业板已上市的战略性新兴产业企业中，数字领域相关企业占比分别接近40%和35%。工业互联网领域新增上市企业53家，首发累计融资规模581.34亿元。

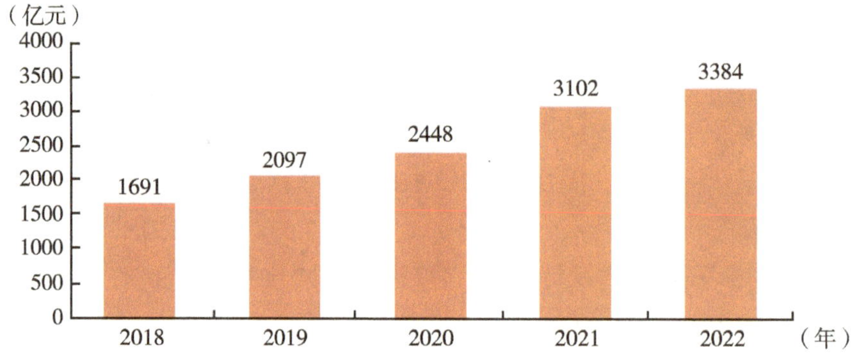

图 1–30　2018—2022 年我国市值排名前 100 互联网企业总研发投入

数据来源：《2022中国产业数字化政策分析报告》。

五、对外投资合作政策

党的二十大报告指出，“十年来，我国成为一百四十多个国家和地区的主要贸易伙伴，货物贸易总额居世界第一，吸引外资和对外投资居世界前列，形成更大范围、更宽领域、更深层次对外开放格局”。党的十八大以来，我国积极推进高水平对外开放，构建开放型经济新体制，不断完善对外投资合作管理体系，跨国企业数量持续增加，对外投资合作量质齐升，为加快建设贸易强国、服务构建新发展格局、推动构建人类命运共同体等发挥了重要作用。从规模上看，2013—2021年，中国对外直接投资流量累计超过1.3万亿美元，年均增长6.5%，稳居世界前三。新冠疫情发生以来，我国统筹推进境外企业项目人员疫情防控和对外投资合作发展，取得积极成效。截至2021年末，对外直接投资存量2.8万亿美元，占当期全球存量的6.7%，比2012年提高4.4个百分点，排名上升到第3位。从布局上看，对外直接投资遍及全球190个国家（地区），设立境外企业约4.6万家，其中在“一带一路”共建国家设立企业超过1.1万家。2013—2021年，对“一带一路”共建国家累计直接投资1640亿美元，“一带一路”共建国家已成为我国企业对外投资的重要目的地（见图1–31、图1–32）。境外经贸合作区高质量发展，成为贸易投资融合发展的重要载体，给当地创造了税收、带动了就业，支持和帮助广大发展中国家加快发展，给当地百姓带来了实实在在的获得感。

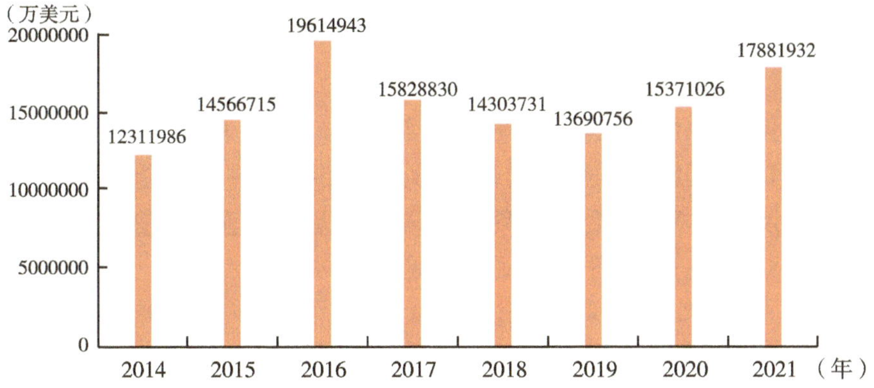

图 1–31　2014—2021 年中国直接对外投资流量

数据来源：国家统计局网站。

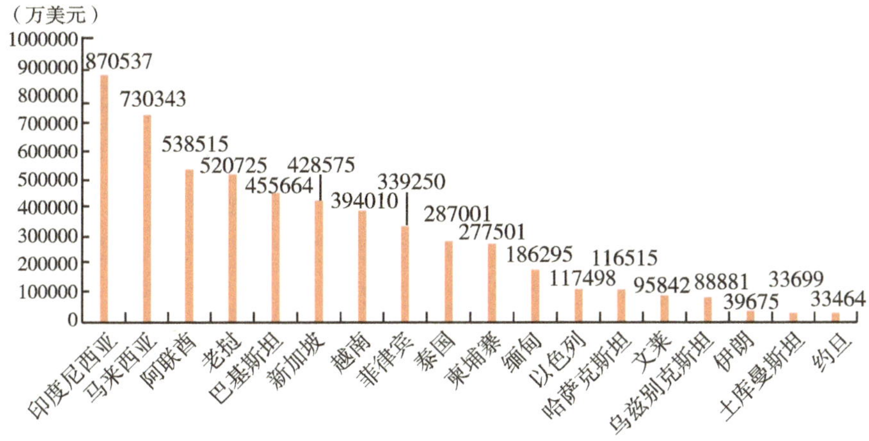

图 1–32　2022 年中国对“一带一路”沿线主要亚洲国家承包工程完成营业额

数据来源：国家统计局网站。

2022年3月25日，国务院发布《关于落实〈政府工作报告〉重点工作分工的意见》（国发〔2022〕9号）。其中，涉及海外投资方面主要内容包括：为进一步扩大高水平对外开放，推动外贸外资平稳发展，要高质量共建“一带一路”；坚持共商共建共享，巩固互联互通合作基础，稳步拓展合作新领域；推进西部陆海新通道建设；有序开展对外投资合作，有效防范海外风险；区域全面经济伙伴关系协定形成了全球最大自由贸易区，要支持企业用好优惠关税、原产地累积等规则，扩大贸易和投资合作。

2022年5月30日，国家移民管理局发布《关于认真贯彻落实服务便利企业生产经营活动若干举措的通知》。文件指出，要深入贯彻落实党中央关于“疫情要防住、经济要稳住、发展要安全”的部署要求，认真落实全国稳住经济大盘电视电话会议精神，国家移民管理局聚焦激发市场主体活力、保障产业链供应链稳定畅通等方面，推出14项便利举措，全力服务稳住经济大盘，促进高水平对外开放。一是简化边检手续服务保障国际物流畅通。在部分陆地口岸边检现场设置“一带一路”专用通道，为执行“一带一路”建设重点工程、重要合作、重大项目的跨境车辆及驾驶人员提供通关便利；一次办妥国际航行船舶入出境手续，减少船舶在港停留时间，降低航运企业经营成本和疫情输入风险；在全国港口口岸实施“7×24”小时国际航行船舶出境通关保障，降低运输企业运营成本，提升运营效率和企业竞争力；为运输防疫物资、进出口商品、鲜活农产品交通工具提供“零等待”边检服务，保障产业链供应链安全稳定。二是积极支持复工复产企业员工“走出去”。优先为复工复产企业员工办理出入境证件，支持相关行业、企业“走出去”。三是提高口岸通关效率。包括实施国际货运船舶到港“零等待”作业、离港“零延时”验放，确保对申请上下外轮许可、搭靠外轮许可等业务做到“随到随办”；在全国空港口岸推行国际货运航班专区验放，保障载运防疫物资、复工复产急需零部件、装备和产品等重要物资的国际货运航班“好来快走”；开设跨境运输车辆快速检查通道，最大限度保障载运重要生产原料物资、政府储备物资、民生保障物资、应急物资等运输车辆安全快捷通行。四是做好中国公民境外突发事件出入境应急处置工作。2021年以来，依托境外中国公民和机构安全保护工作部际联席会议机制，针对乌克兰危机、巴基斯坦恐袭、所罗门群岛首都发生大规模骚乱等情况，及时启动应急处置机制，指导全国移民管理系统做好境外人员身份核查、为家属紧急办证等善后事宜，配合相关部门顺利完成我海外公民接返工作，全力保护我海外利益。

2022年6月20日，中国人民银行印发《关于支持外贸新业态跨境人民币结算的通知》（银发〔2022〕139号），提出加大对外贸新业态支持的系列举措，包括完善跨境电商等外贸新业态跨境人民币业务相关政策，将支付机构跨境业务办理范围由货物贸号、服务贸易拓宽至全部经常项下，并明确银行、支付机构等相关业务主体展业和备案要求。

2022年7月11日，中国银保监会办公厅《关于进一步推动金融服务制造业高质量发展的通知》（银保监办发〔2022〕70号）明确，银行机构要扩大制造业中长期贷款、信用贷款规模，重点支持高技术制造业、战略性新兴产业，推进先进制造业集群发展，提高制造业企业自主创新能力。加大对传统产业在设备更新、技术改造、绿色转型发展等方面的中长期资金支持。围绕高新技术企业、专精特新中小企业、科技型中小企业等市场主体，增加信用贷、首贷投放力度。完善抗疫救灾金融服务，强化重点医疗物资生产供应的金融保障，支持高端医疗器械产业核心技术攻关和创新发展。优化制造业外贸金融服务，支持汽车、家电等制造业企业"走出去"。

六、就业政策

（一）劳动力市场状况

受疫情冲击，2022年全国失业率波动变化较大，但最终回落到5.5%目标范围内，完成全年新增1100万就业人员的预期目标（见图1-33）。其中，青年失业率创历史新高，且高企不下。青年就业意向的行业失衡和服务业发展低迷是造成年轻人就业难的根本原因。保就业措施已初见成效，但未来还有很大发展空间。此外，年度人均收入增速下降，人口流动性复苏不稳，呈现下滑趋势。总体而言，外生冲击下，经济整体呈恢复趋势，但恢复速度较缓。2022年全年失业率整体呈现先增加后下降趋势。受部分经济重要地区疫情暴发影响，今年全国城镇调查失业率最高点6.1%出现在4月。随着疫情高效精准防控措施的落实、复工复产的有序开展，以及国家一系列保就业政策的出台，失业率逐渐波动下降，于10月回落到5.5%，控制在目标范围内。截至9月新增就业人数累计1001万人，完成全年任务目标的91%。尽管在保就业政策下，全年同比降幅最高点从6月的6.3%逐步收窄至4.21%，但仍然低于去年同期，高于2020年同期[①]。

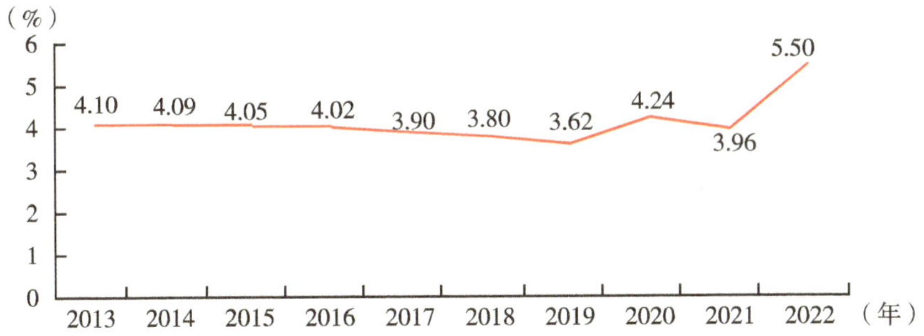

图1-33　2013—2022年中国城镇登记失业率

数据来源：人力资源和社会保障部网站。

① 《中国宏观经济形势分析与预测年度报告（2022—2023）》。

中国PMI（采购经理指数）–从业人员指数[①]年内最高点出现在2月。在疫情冲击下，各PMI指数下降，后逐渐恢复。制造业PMI指标9月、10月基本回落到去年同期水平，随后又有所下降。非制造业PMI波动更大，与去年同期相比下降趋势更加明显。其中，建筑业从业人员指数受疫情冲击波动幅度最大。到10月制造业PMI从业人员指数为48.3%，非制造业为46.1%。其中，服务业PMI从业人员指数为45.8%，建筑业从业人员指数为47.8%，均低于去年同期水平（见图1–34、图1–35）。全国企业就业人员周平均工作时间在4月跌至最低点46.2小时，与年内最高失业率同时出现。疫情之后经济复苏，全国企业就业人员周平均工作时间逐步上升，7月、8月达到年内最高点48小时，分别同比上升0.3小时、0.5小时，11月为47.9小时。

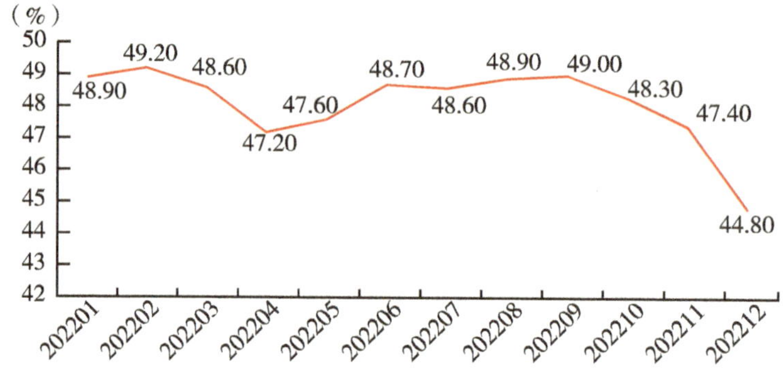

图 1–34　2022 年制造业 PMI 从业人员指数

数据来源：国家统计局网站。

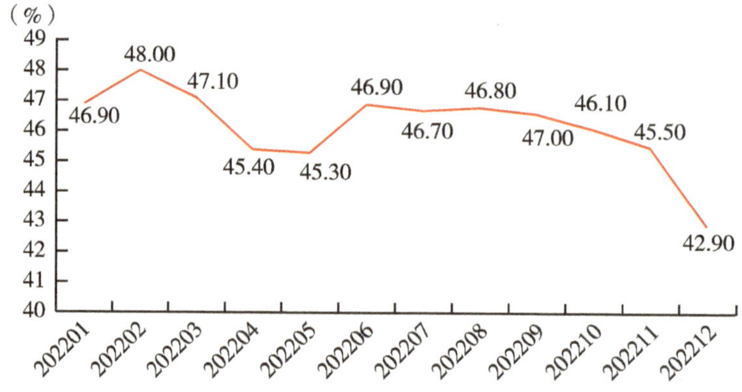

图 1–35　2022 年非制造业 PMI 从业人员指数

数据来源：国家统计局网站。

① “中国 PMI– 从业人员指数”为国家统计局发布的“制造业采购经理指数”细分项，代表制造业企业用工景气度。PMI 取值范围在 0 至 100% 之间，50% 为扩张与收缩的临界点。

(二)强化稳岗支持保就业

一是资金投入统筹力度不断加大。全面实施就业优先政策，2022年中央财政下达就业补助资金617.58亿元，增长9.1%。提前下达2023年就业补助资金432.3亿元，支持各地落实各项就业创业扶持政策。使用超过1000亿元失业保险基金支持稳岗和培训。指导地方统筹用好就业补助资金、职业技能提升行动资金、失业保险基金等，提升资金效能。

二是助企留工政策发力显效。延续实施失业保险稳岗返还政策，将大型企业、中小微企业返还比例分别从30%提至50%、从60%最高提至90%，全年向787万户企业发放497亿元，是2021年的2倍。通过失业保险基金向因疫情严重影响暂时无法正常生产经营的所有参保企业发放一次性留工培训补助，全年向530万户企业发放留工补助资金303亿元。

三是重点群体就业有序保障。创新出台一次性扩岗补助政策、一次性吸纳就业补贴等阶段性政策，鼓励企业吸纳高校毕业生等群体就业。毕业季以来，共向52万户企业发放扩岗资金27亿元，惠及高校毕业生192万人。用好外出务工和就近就业两条渠道，稳定农民工特别是脱贫劳动力就业。配合实施重点群体创业推进行动。继续支持大规模开展职业技能培训，并将个体工商户用工、灵活就业人员纳入培训补贴范围，促进劳动者提技赋能。

第二章

2022年政府预算收支状况分析

第一节 2022年中央和地方一般公共预算收支情况

一、2022年中央一般公共预算收支情况

（一）2022年中央一般公共预算收入情况分析

2022年中央一般公共预算收入94887.14亿元，为预算数的100.0%。与2021年相比，增长3.8%。2022年，中央从稳定调节基金、政府性基金预算及国有资本经营预算向一般公共预算调入12665亿元，2022年中央一般公共预算收入总量达107552.14亿元。

2022年，我国经济恢复势头持续加快。从中央一般公共预算收入情况看，自2020年以来呈上升趋势。其中，税收收入89977.07亿元，上升1.2%；非税收入4910.07亿元，上升96.5%，非税收入中的国有资源（非税收入的大幅度资产）有偿使用收入达2028.13亿元，占非税收入的41%。从税收收入来看，2022年税收收入的构成如图 2-1所示。其中，主体是国内增值税、企业所得税和国内消费税，三税在税收收入总额中占比分别达到26.96%、30.97%、18.56%。具体而言，国内增值税与2021年相比，降低23.6个百分点，完成预算的77.1%。2022年国内消费税与2021年相比，增长20.3个百分点，完成预算的111.6%。企业所得税与2021年相比，增长4.7个百分点，完成预算的97.4%。与2021年相比，个人所得税增长6.6个百分点，在中央税收收入中占比9.95%。2022年中央税收收入中，车辆购置税下降幅度为31.9个百分点，在中央税收收入中占比为2.67%；关税相比2021年有所增长，增长幅度为1.9%，在中央税收收入中占比3.18%。

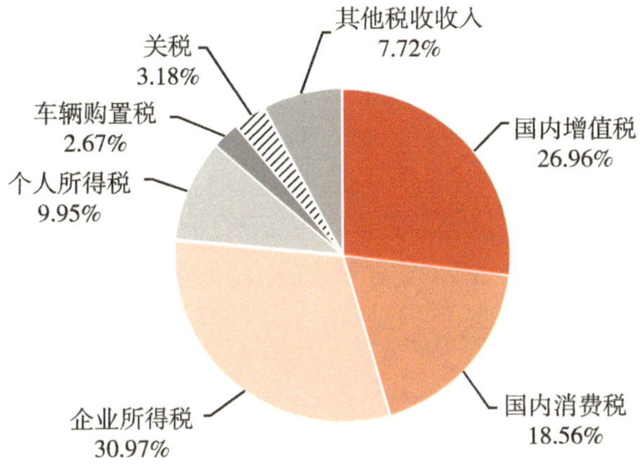

图 2-1　2022 年中央税收收入构成情况

数据来源：财政部预算司官网。

债务收入方面，2022年中央财政发行国债97486.97亿元，其中内债97218.17亿元，外债268.80亿元。发行的内债包括储蓄国债2540.43亿元、记账式国债94677.74亿元。发行的国债主要用于弥补中央财政赤字和国债的到期还本，2022年内债的还本数额为71270.33亿元，内债的付息数额为6468.52亿元。我国国债实施余额限额管理制度，2022年全国人大批准的国债余额限额为267008.35亿元，2022年年末实际的国债余额为258692.76亿元，数额控制在限额规定之内。

（二）2022 年中央一般公共预算支出情况分析

2022年，中央一般公共预算支出为132512.65亿元，加上使用以前年度结转资金367亿元，2022年，中央一般公共预算实际支出总量为132879.65亿元。2022年中央本级一般公共预算支出35570.83亿元，与2021年相比增加3.9%，完成预算的100.0%。图2-2为2018—2022年中央一般公共预算支出规模变化情况，从图中可以看出，2018—2022年中央一般公共预算支出规模分别为10.29万亿元、10.95万亿元、11.83万亿元、11.72万亿元、13.25万亿元，支出规模在2018—2020年逐年增长，2021年略有下降，2022年恢复增长态势，支出规模达到2018年规模的1.29倍，2018—2022年中央一般公共预算支出平均增长率为6.64%。

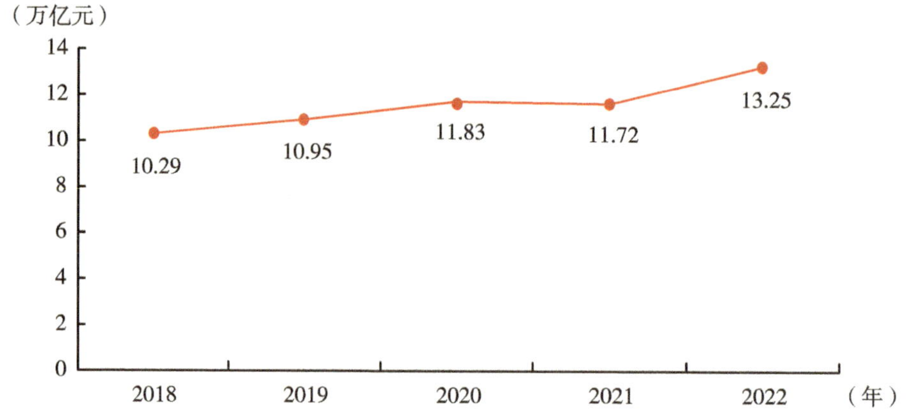

图 2-2　2018—2022 年中央一般公共预算支出规模情况

数据来源：财政部预算司官网。

从中央一般公共预算支出的结构来看，中央对地方的转移支付是中央一般公共预算支出的主要组成部分。2022年中央对地方的转移支付为96941.82亿元，加上使用以前年度结转资金259.24亿元，2022年中央对地方转移支付实际支出为97201.06亿元。从中央对地方转移支付的构成来看，一般性转移支付是主体，占比83.36%，专项转移支付仅占16.64%。2022年中央对地方专项转移支付增加1.5%，主要用于土地指标跨省域调剂收入安排的支出、大气污染防治资金、农村综合改革转移支付、水污染防治资金、重大传染病防控经费等项目。

2022年中央一般公共预算本级支出35570.83亿元，中央一般公共预算本级支出构成项目中，国防安全作为中央政府的单一事权，2022年中央国防支出14499.63亿元，完成预算的100%，在中央本级支出中的占比为40.76%；外交支出488.83亿元，完成预算的97.2%，在中央本级支出中的占比为1.37%；公共安全支出1964.63亿元，完成预算的100.8%，在中央本级支出中的占比为5.52%；一般公共服务支出1578.53亿元，完成预算的104.7%，在中央本级支出中的占比为4.44%。关系民生的支出项目中，教育支出1524.26亿元，完成预算的99.9%，在中央本级支出中的占比为4.29%；科学技术支出3215.52亿元，完成预算的100.9%，在中央本级支出中的占比为9.04%；社会保障和就业支出833.21亿元，完成预算的104.2%，在中央本级支出中的占比为2.34%；交通运输支出634.71亿元，完成预算的130.4%，在中央本级支出中的占比为1.78%。债务付息支出6523.99亿元，完成预算的102.2%，在中央本级支出中的占比为18.34%；粮油物资储备支出1169.34亿元，完成预算的102.9%，在中央本级支出中的占比为3.29%；金融支出、住房保障支出、农林水支出和灾害防治及应急管理支出规模分别为422.76亿元、617.45亿元、249.55亿元、423.50亿元，分别完成预算的107.7%、100.0%、112.8%、101.0%，在中央本级支出中的占比分别为1.19%、1.74%、0.70%、1.19%。图2-3为2022年中央一般公共预算本级支出构成情况。

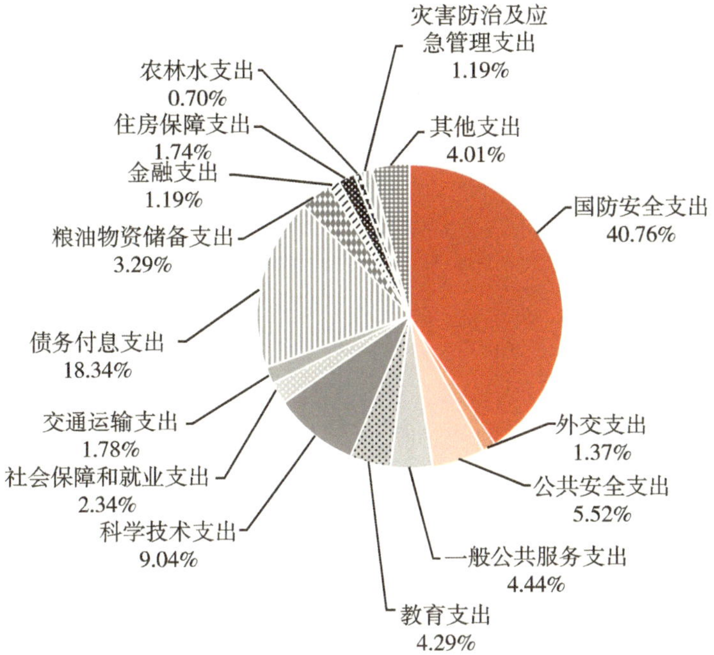

图 2-3　2022 年中央一般公共预算本级支出构成情况

数据来源：财政部预算司官网。

二、2022 年地方一般公共预算收支情况

（一）2022 年地方一般公共预算收入情况分析

2022年，地方一般公共预算收入205703.97亿元，为预算数的96.5%。与2021年相比，增长6%。其中，地方本级一般公共预算收入为108762.15亿元，中央对地方的转移支付96941.82亿元，加上从地方财政调入及使用结转结余的资金12077.32亿元，2022年，地方一般公共预算收入总量为217781.29亿元。图2-4是2018—2022年地方一般公共预算收入规模变化情况，从图中可以看出，2018—2022年地方一般公共预算收入规模分别为16.76万亿元、17.54万亿元、18.34万亿元、19.32万亿元、20.57万亿元，2022年地方一般公共预算收入规模

为2018年规模的1.23倍，2018—2022年地方一般公共预算收入年平均增长率为5.26%。

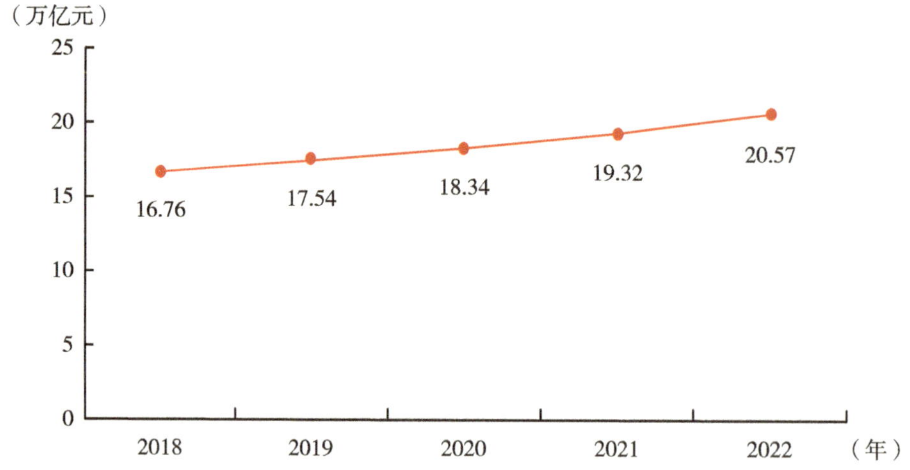

图 2-4 2018—2022 年地方一般公共预算收入规模情况

数据来源：《中国财政年鉴》及财政部预算司官网。

2022年，地方一般公共预算收入的主要组成部分是地方税收收入和中央对地方的转移支付收入，二者的规模分别为76643.03亿元和96941.82亿元，在地方一般公共预算收入中的占比分别为37.26%和47.13%；2022年地方实现非税收入32119.12亿元，在地方一般公共预算收入中占比为15.61%。

税收收入是地方一般公共预算本级收入的重要组成部分。2022年地方税收收入构成如图2-5所示。其中，国内增值税和企业所得税是两项重要收入来源，2022年，地方国内增值税收入为24461.9亿元，完成预算的77.5%，在地方税收收入中占比31.92%，与2021年相比，国内增值税收入下降23%；地方企业所得税实现收入15827.77亿元，完成预算的94.3%，与2021年相比，地方企业所得税收入增长2.5%，在地方税收收入中占比20.65%；个人所得税实现收入5969.07亿元，完成预算的94.7%，收入规模与2021年相比增长6.7个百分点，在地方税收收入中占比为7.79%。土地增值税和契税是地方税主要税种，2022年二者的收入规模分别为6349.11亿元和5793.8亿元，分别完成预算的87.5%和74.4%，与2021年相比，收入水平分别下降7.9%和22%，在地方税收收入中占比分别为8.28%和7.56%。2022年地方税收收入中城市维护建设税、房产税和城镇土地使用税分别实现收入4815.84亿元、3590.35亿元和2225.62亿元，在地方税收收入中占比分别为6.28%、4.68%和2.90%。

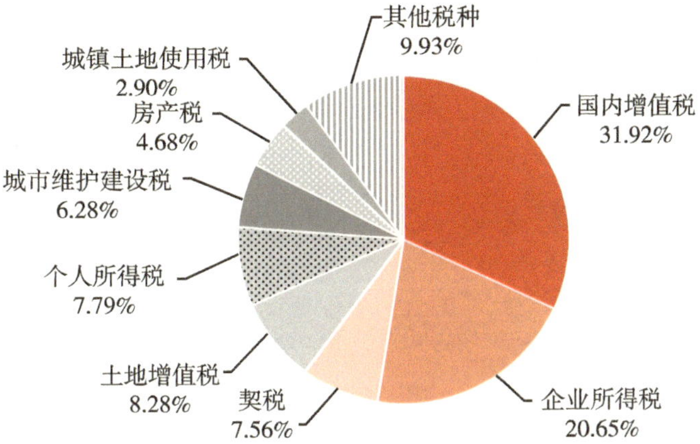

图 2-5　2022 年地方税收收入构成情况

数据来源：财政部预算司官网。

债务收入方面，2022年，地方政府一般债券发行额为22359.77亿元，一般债务还本额16230.46亿元，付息支出4866.67亿元。截至2022年末，全国地方政府债务余额350652.91亿元，包括一般债务余额143961.67亿元、专项债务余额206691.24亿元，控制在全国人大批准的债务余额限额376474.30亿元之内。

（二）2022 年地方一般公共预算支出情况分析

2022年地方一般公共预算支出为224981.29亿元，为预算数的97.4%。与2021年相比，地方一般公共预算支出规模增长6.4%。图2-6统计了2018—2022年地方一般公共预算支出规模的变化情况，图中显示，2018—2022年地方一般公共预算支出规模分别为18.82万亿元、20.37万亿元、21.06万亿元、21.06万亿元、22.50万亿元，2022年地方一般公共预算支出规模为2018年支出规模的1.2倍，2018—2022年地方一般公共预算支出年均增长率达到4.62%。

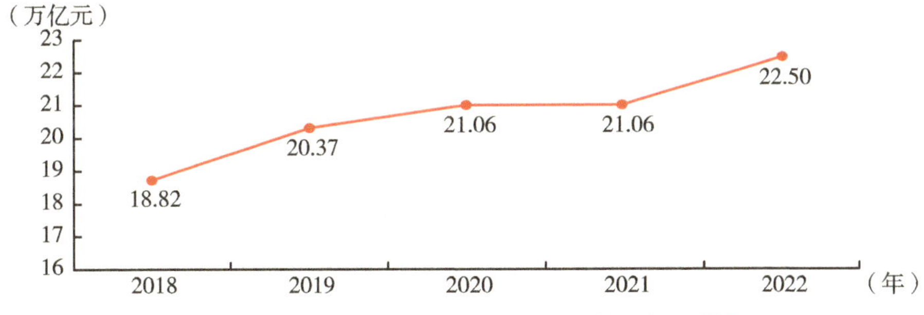

图 2-6　2018—2022 年地方一般公共预算支出规模情况

数据来源：2018—2019年《中国财政年鉴》及财政部预算司统计数据。

2022年，地方一般公共预算支出中，教育支出、社会保障和就业支出、卫生健康支出和农林水支出是支出规模占比位于前四位的支出项目。具体而言，2022年，地方教育支出37923.33亿元，完成预算的94.8%，在地方一般公共预算支出中占比为16.86%，相较于2021年，支出增长5.7%。普通教育是财政教育支出中的主要组成部分，我国的普通教育体系是“以县为主”的教育体系，教育支出责任主要落在地方政府身上，因此，教育支出在地方支出构成中所占比重较高。2022年，地方一般公共预算支出中占比第二位的是社会保障和就业支出，数额为35775.94亿元，完成预算的97.8%，在支出总额中占比为15.90%，与2021年相比，支出增长8.0%。2022年，卫生健康支出和农林水支出的规模分别为22316.16亿元、22250.21亿元，两项支出在支出总额中占比分别为9.92%和9.89%。从上述的统计数据可以看出，2022年，地方一般公共预算支出情况与我国重视发展教育事业、脱贫攻坚、乡村振兴等重大政策的落实是契合的。同时，民生性支出项目中，节能环保支出为5235.84亿元，与上年相比，支出水平下降1.4%，在地方一般公共预算支出中占比为2.33%；科学技术支出6816.50亿元，增长5.4个百分点，在地方一般公共预算支出中占比为3.03%；城乡社区支出19422亿元，与上年相比，下降0.1%，在地方一般公共预算支出中占比8.63%；交通运输支出实现11409.38亿元，增长7.2个百分点，在地方一般公共预算支出中占比为5.07%；此外，增长较快的支出项目包括债务付息支出4828.66亿元，增长5.4个百分点，在地方一般公共预算支出中占比为2.15%；一般公共服务支出19633.88亿元，增长5.2个百分点，在地方一般公共预算支出中占比8.58%；公共安全支出12455.56亿元，增长4.5%，在地方一般公共预算支出中占比为5.54%。2022年地方一般公共预算支出构成情况如图2-7所示。

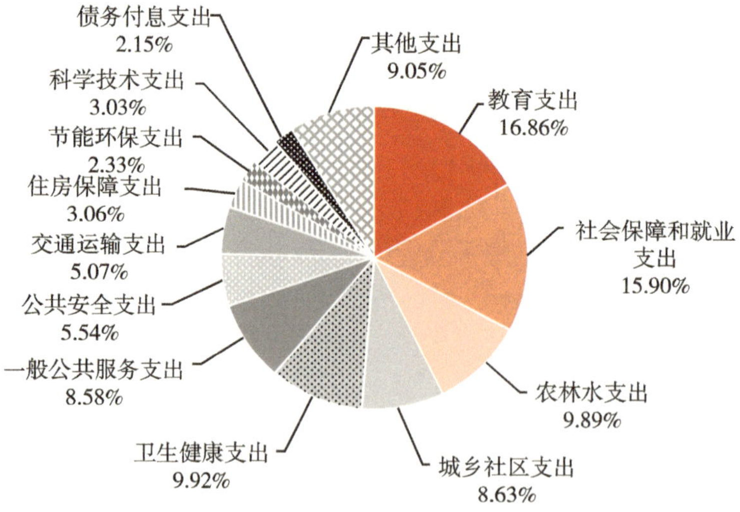

图 2-7　2022 年地方一般公共预算支出构成情况

数据来源：财政部预算司官网。

三、2022年一般公共预算收支情况差异分析

（一）2022年中央与地方一般公共预算收支情况差异分析

从2022年中央与地方本级一般公共预算收入构成来看，税收收入作为主要组成部分，国内增值税是中央和地方的主要税收来源。中央与地方的国内增值税收入在税收收入总额中的占比分别为26.96%和31.92%。从中央与地方一般公共预算支出构成来看，由于中央地方提供公共服务的职能不同，因此，资金投向不同。中央一般公共预算支出中超过一半的资金被用于对地方的转移支付，中央本级支出项目中国防支出占比最高，达到40.76%；地方一般公共预算支出中，资金主要用于更为具体的民生事务，如2022年地方一般公共预算支出中占比最大的前四项的支出，教育、社会保障及就业、卫生健康、农林水支出，占地方一般公共预算支出的比重高达52.57%。

在我国中央与地方存在较多的共同事权，这导致中央与地方之间存在较多的财政资金的往来，主要是中央对地方的税收返还及转移支付。2022年，中央对地方的转移支付为96941.82亿元，在地方一般公共预算收入中占比47.13%，其中，一般性转移支付80811.30亿元，主要用在共同财政事权上；专项转移支付7597.03亿元，主要用于大气、水污染防治、农村综合改革、自然灾害防治等项目。

（二）2022年一般公共预算收支情况区域差异分析

2022年，地方一般公共预算收支情况在规模上仍呈现出较大的区域差异性。图2-8、图2-9和图2-10分别统计了2022年我国东部、中部、西部[①]地区一般公共预算本级收入情况、中央对地方转移支付情况和一般公共预算支出情况的占比差异。从统计情况可以看出，2022年，三大区域的一般公共预算收入支出情况表现出东多西少的总体特征。其中，一般公共预算收入方面，东部地区的收入在地方一般公共预算收入中占比为60.12%；中西部地区占比分别为12.84%和27.03%[②]。从2022年中央对地方转移支付分布看，东部、中部、西部地区获得的

---

① 三大地带划分标准参照国家统计局标准，其中东部地区包含：北京、天津、河北、辽宁、上海、江苏、浙江、福建、山东、广东、海南11个地区；中部地区包含：山西、吉林、黑龙江、安徽、江西、河南、湖北、湖南8个地区；西部地区包含：内蒙古、广西、重庆、四川、贵州、云南、陕西、甘肃、青海、宁夏、新疆、西藏12个地区。

② 东部、中部和西部各地区一般公共预算收支规模及占比根据各省、市、自治区的一般公共预算收支决算数计算得出。各地区一般公共预算收支决算数据来源于各省、市、自治区财政厅（局）或人民政府官网。大部分地区采用全省、市、自治区一般公共预算收支的决算数据，江西省由于缺少全省的一般公共预算收支决算数据，故采用全省的一般公共预算执行情况数据替代。

转移支付占比分别为25.44%、33.18%、41.37%。可以看出中央通过大规模转移支付，对地区间财力进行调节。支出方面，2022年，东部、中部、西部地区的一般公共预算支出在地方一般公共预算支出中的占比分别为44.91%、26.49%、28.60%。可以看出，经过转移支付的调节后，东、中、西部地区间的支出差距有了较大程度的缩小。

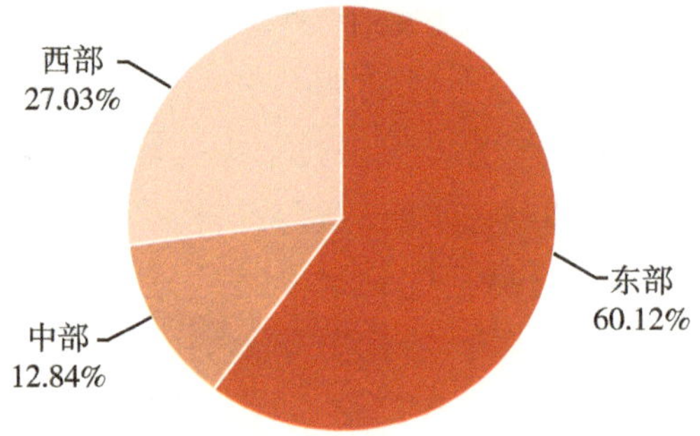

图 2-8　2022 年东中西地区一般公共预算本级收入占比情况

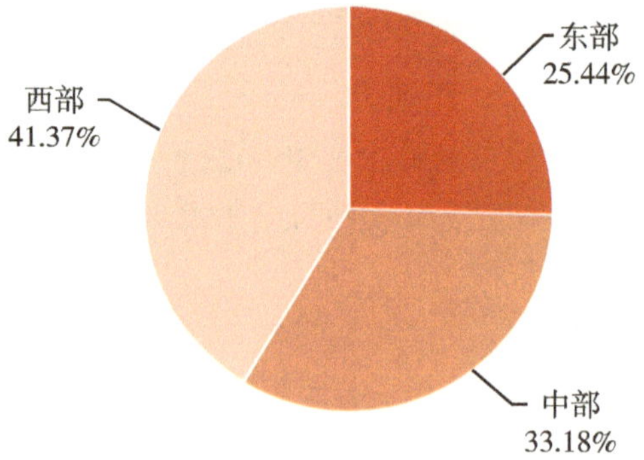

图 2-9　2022 年东中西地区中央对地方转移支付收入占比情况

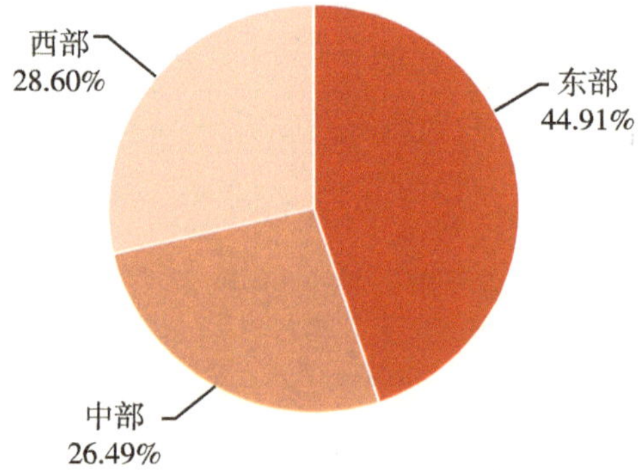

图 2-10　2022 年东中西地区一般公共预算支出占比情况

数据来源：由各省、市、自治区财政厅（局）或人民政府官网数据整理获得。

从2022年各省级行政区人均一般公共预算收支情况看，各省级行政区之间存在明显差异。收入方面，除去西藏、青海由于人口原因出现的人均财政收入的高值外，人均财政收入较高的地区主要分布在东部地区，即上海、北京、天津等地，人均财政收入最低的地区为甘肃省和吉林省；支出方面，人均财政支出的高位值分布情况与人均财政收入情况相似，除西藏、青海地区外，人均财政支出最高的地区依然是上海、北京、天津等地，人均财政支出最低的地区为河南省。图2-11和图2-12分别为各省级行政区人均财政收入和支出的情况。

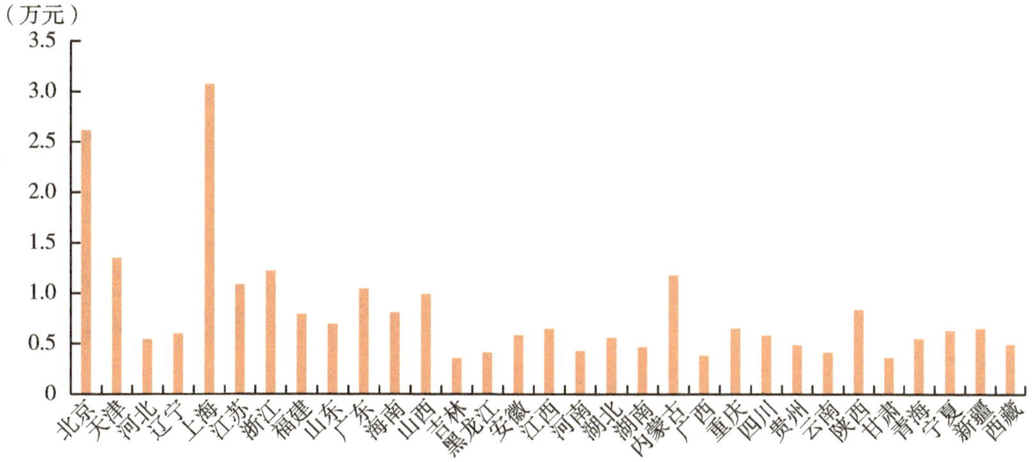

图 2-11　2022 年各省级行政区人均财政收入情况

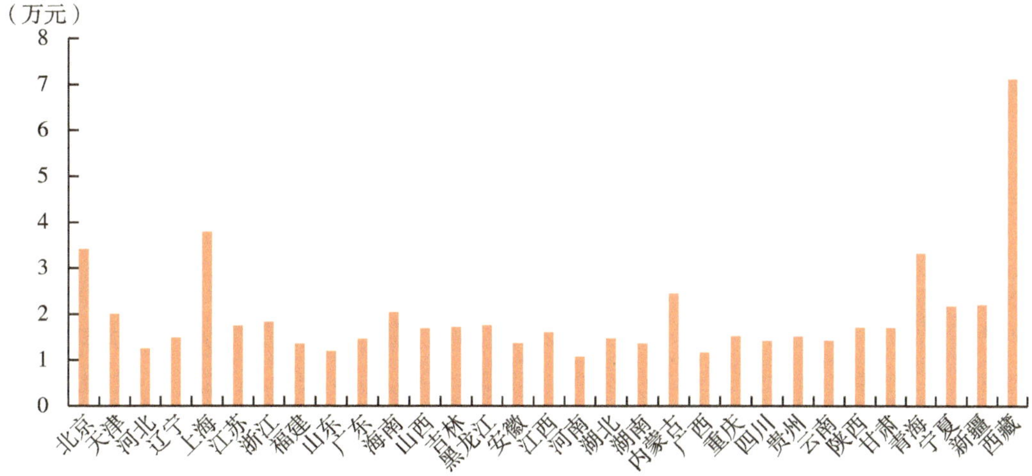

图 2-12　2022 年各省级行政区人均财政支出情况

数据来源：由各省、市、自治区财政厅官网数据整理获得。

第二节　2022 年中央和地方政府性基金预算收支情况

一、2022 年中央政府性基金预算收支情况

（一）2022 年中央政府性基金预算收入情况分析

2022年，中央政府性基金预算收入为4123.99亿元，完成预算的97.8%，与2021年相比，收入增长3个百分点。加上从一般公共预算调入资金150亿元、2021年结转收入354.68亿元、中央单位特殊上缴利润18100亿元和新疆生产建设兵团体制性收入77.04亿元，2022年中央政府性基金预算收入总量为22805.71亿元。

图2-13统计了2022年中央政府性基金预算收入的构成情况。可再生能源电价附加收入、中央特别国债经营基金财务收入、铁路建设基金收入、彩票公益金收入和中央水库移民扶持基金收入是中央政府性基金预算收入的主要组成部分。具体而言，2022年，中央可再生能源电价附加收入1083.72亿元，完成预算的107%，收入与2021年相比增长12.5%，在中央政府性基金预算收入中占比26.28%；中央特别国债经营基金收入632.47亿元，完成预算的100.3%，与2021年相比，收入水平下降0.3个百分点，在中央政府性基金预算收入中占比达到15.34%；中央铁路建设基金收入604.31亿元，与2021年相比增长6.5个百分点，完成预算的107.4%，在中央政府性基金预算收入中占比为14.65%；中央彩票公益金收入539.46亿元，完成预算的98.7%，收入规模与2021年相比增长3.5个百分点，在中央政府性基金预算收入中占比为13.08%；中央水库移民扶持基金收入345.71亿元，完成预算的104.6%，与2021年相比增长6.4个百分点，在中央政府性基金预算收入中占比为8.38%。2022年中央政府性基金预算收入中抗疫特别国债财务基金收入、中央农网还贷资金收入、民航发展基金收入和国家重大水利工程建设基金收入分别实现收入272.35亿元、216.54亿元、154.19亿元和132.65亿元，在中央政府性基金预算收入中的占比分别为6.60%、5.25%、3.74%和3.22%。

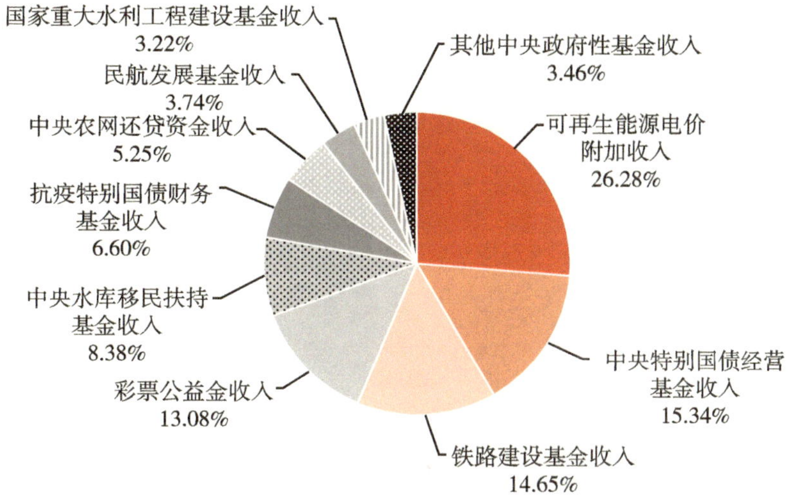

图 2-13　2022 年中央政府性基金预算收入构成情况

数据来源：财政部预算司官网。

（二）2022 年中央政府性基金预算支出情况分析

2022年，中央政府性基金预算支出为6330.48亿元，完成预算的78.4%。其中，中央本级支出为5543.79亿元，完成预算的77.2%，在中央政府性基金预算支出中占比87.57%；中央对地方的转移支付为786.69亿元，完成预算的88.60%，在中央政府性基金预算支出中占比12.43%。

2022年中央政府性基金预算本级支出中，可再生能源电价附加收入安排的支出、铁路建设基金支出、中央特别国债经营基金财务支出、彩票公益金安排的支出是四项主要支出。具体来看，2022年中央可再生能源电价附加收入安排的支出为3020.13亿元，完成预算的66.7%，在中央本级支出中占比达到54.48%，支出相比2021年增长262.1个百分点；中央铁路建设基金支出为744.24亿元，完成预算的125.2%，在中央本级支出中占比13.41%，相比2021年支出规模增长38.7个百分点；中央特别国债经营基金支出632.92亿元，完成预算的100%，在中央本级支出中占比为11.41%，规模与2021年相当；中央彩票公益金安排的支出为446.88亿元，完成预算的87.3%，规模占比为8.06%，与上一年相比，支出规模增长26.8个百分点。图2-14统计了2022年中央政府性基金预算本级支出的构成情况。

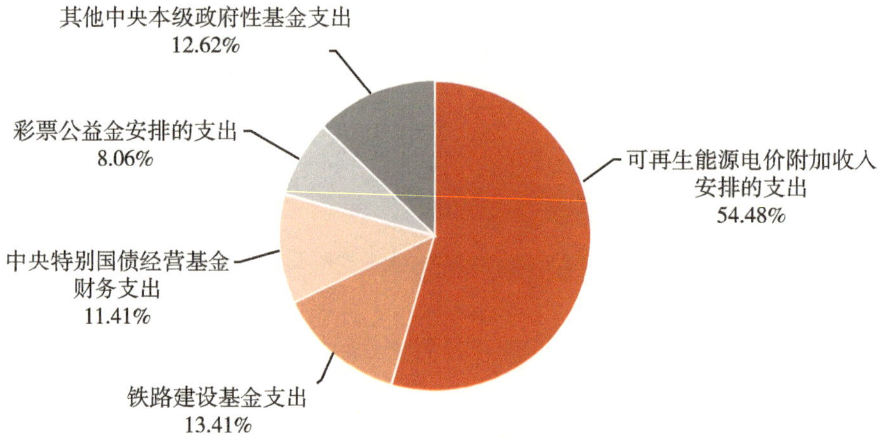

图 2-14 2022 年中央政府性基金预算本级支出构成情况

数据来源：财政部预算司官网。

二、2022 年地方政府性基金预算收支情况

（一）2022 年地方政府性基金预算收入情况分析

2022年，地方政府性基金预算收入为74559.07亿元，完成预算的78.2%，与2021年相比，收入规模缩减21.4%。2022年，地方政府性基金预算收入中本级收入为73772.38亿元，在地方政府性基金预算收入中占比为98.94%；中央对地方的转移支付为786.69亿元，在地方政府性基金预算收入中占比为1.06%。加上2022年地方专项债务收入36500亿元，2022年地方政府性基金预算收入总量为111059.07亿元。

图2-15是2022年地方本级政府性基金预算收入的构成情况。从图中的构成情况来看，国有土地使用权出让金收入是主要组成部分，2022年实现收入65326亿元，完成预算的76.9%，在地方政府性基金预算本级收入中占比为88.55%，与2021年相比，收入规模缩减23.1%。其他地方政府性基金预算收入占地方本级政府性基金预算收入的11.45%。

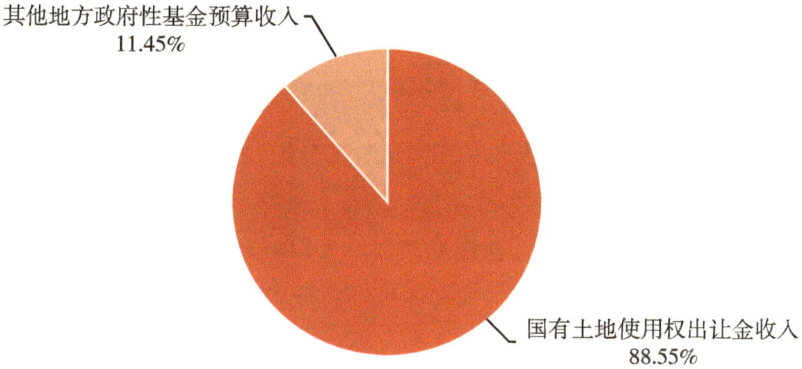

图 2-15　2022 年地方政府性基金预算本级收入构成情况

数据来源：财政部预算司官网。

2022年，地方政府专项债券发行额为51316.02亿元，专项债务还本额为11618.46亿元。2022年年末地方政府专项债务实际余额为206691.24亿元，地方政府专项债务的余额限额为218185.08亿元，实际余额控制在限额之内。

（二）2022 年地方政府性基金预算支出情况分析

2022年，地方政府性基金预算支出为105063.72亿元，完成预算的79.7%，与2021年相比，支出规模下降4.7个百分点。2022年，地方政府性基金预算支出由19项支出构成，其中，国有土地使用权出让金安排的支出是支出的最主要项目，该项目支出金额为62878.48亿元，在地方政府性基金预算支出中占比达59.85%。其他地方政府性基金支出项目总额在地方政府性基金预算支出中占比为40.15%。图2-16为2022年地方政府性基金预算支出构成情况。

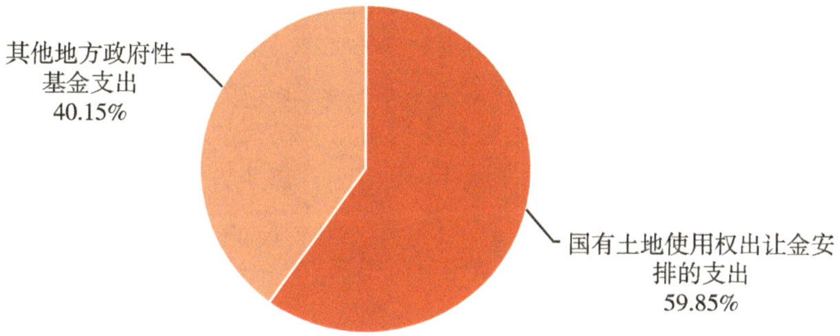

图 2-16　2022 年地方政府性基金预算支出构成情况

数据来源：财政部预算司官网。

2023年8月，财政部综合司对2022年彩票公益金筹集分配情况和中央集中彩票公益金安排使用情况进行公告（见专栏2-1）。

◇ 专栏 2-1

2022年彩票公益金筹集分配情况和中央集中彩票公益金安排使用情况

中华人民共和国财政部公告2023年第40号

2022年，各级财政部门认真贯彻落实党中央、国务院决策部署，与民政、体育等部门密切配合，开拓进取，推动我国彩票事业持续健康发展，彩票公益金筹集分配使用工作进展顺利。现将2022年彩票公益金筹集分配情况和中央集中彩票公益金安排使用情况公告如下：

一、2022年全国彩票公益金筹集情况

2022年，全国发行销售彩票4246.52亿元。分机构看，福利彩票机构发行销售彩票1481.31亿元，体育彩票机构发行销售彩票2765.22亿元。分类型看，发行销售乐透数字型彩票1554.18亿元，竞猜型彩票1809.27亿元，即开型彩票594.47亿元，基诺型彩票288.6亿元，占彩票销售总量的比重分别为36.6%、42.6%、14.0%、6.8%；视频型彩票销售0.0059亿元。

根据现行彩票管理规定，彩票公益金来源于彩票发行销售收入和逾期未兑奖的奖金。彩票发行销售收入中，根据不同彩票品种，彩票公益金提取比例有所不同，主要有以下5种类型：一是乐透数字型彩票。其中，全国性乐透数字型彩票，彩票公益金提取比例约为36%，彩票奖金和彩票发行费提取比例约为51%和13%；地方性乐透数字型彩票，大部分彩票游戏的彩票公益金提取比例为37%，彩票奖金和彩票发行费提取比例为50%和13%。2022年乐透数字型彩票筹集彩票公益金551.24亿元。二是竞猜型彩票。大部分彩票游戏的彩票公益金提取比例为21%，彩票奖金和彩票发行费提取比例为70%和9%。2022年竞猜型彩票筹集彩票公益金381.76亿元。三是即开型彩票。彩票公益金提取比例为20%，彩票奖金和彩票发行费提取比例为65%和15%。2022年即开型彩票筹集彩票公益金118.89亿元。四是基诺型彩票。彩票公益金提取比例为30%，彩票奖金和彩票发行费提取比例为58%和12%。2022年基诺型彩票筹集彩票公益金86.58亿元。五是视频型彩票。彩票公益金提取比例为21%，彩票奖金和彩票发行费提取比例为67%和12%。2022年视频型彩票筹集彩票公益金0.0012亿元。2022年逾期未兑奖奖金14.12亿元。综上，2022年共筹集彩票公益金1152.59亿元。

二、2022年全国彩票公益金分配情况

根据国务院批准的彩票公益金分配政策，彩票公益金在中央和地方之间按各50%的比例分配，专项用于社会福利、体育等社会公益事业，按政府性基金管理办法纳入预算，实行财政收支两条线管理。地方留成彩票公益金，由省级财政部门商民政、体育等有关部门研究确定分配原则。中央集中彩票公益金在全国社会保障基金、中央专项彩票公益金、民政部和体育总局之间分别按60%、30%、5%和5%的比例分配。

2022年中央财政当年收缴入库彩票公益金539.46亿元，加上2021年度结转收入156.14亿元，共695.6亿元。经全国人大审议批准，2022年中央财政安排彩票公益金支出637.68亿元。按上述分配政策，结合上年结余等因素，分配给全国社会保障基金理事会402.4亿元，用于补充全国社会保障基金；分配给中央专项彩票公益金168.22亿元，用于国务院批准的社会公益事业项目；分配给民政部33.53亿元，用于资助老年人福利、残疾人福利、儿童福利等方面；分配给体育总局33.53亿元，用于落实全民健身国家战略，提升竞技体育综合实力，加快推进体育强国建设。2022年执行中共收回结余资金0.19亿元，中央集中彩票公益金实际安排支出637.49亿元。收支相抵，期末余额58.11亿元。

三、2022年中央专项彩票公益金安排使用情况

2022年，中央专项彩票公益金168.22亿元的具体支出安排如下：

（一）乡村学校少年宫项目1.48亿元。该项目由中央文明办组织实施，主要用于脱贫县已开展活动的乡村学校少年宫运转补助。

（二）中小学生校外研学实践活动项目1.9亿元。该项目由教育部组织实施，主要用于支持中小学生研学实践教育基地、营地开展学生研学实践教育活动，以及改善教育教学基本条件。

（三）大学生创新创业教育项目1亿元。该项目由教育部组织实施，主要用于建设国家级创新创业学院和国家级创新创业教育实践基地。

（四）低收入家庭高校毕业生就业帮扶项目0.89亿元。该项目由教育部组织实施，主要用于面向全国低收入家庭高校毕业生开展线上线下就业能力培训。

（五）幼儿普通话教育项目0.31亿元。该项目由教育部组织实施，主要用于对新疆、西藏、内蒙古、四川、甘肃、青海、云南等省份的有关民族地区农村（乡村、镇区、镇乡结合地区）幼儿园教师，开展国家通用语言文字应用能力培训，加快推进幼儿普通话教育工作。

（六）教育助学项目10亿元。该项目由中国教育发展基金会组织实施，主要用于资助中西部地区普通高校家庭经济困难新生入学报到的交通费和入学后短期生活费，资助家庭经济困难教师，资助中西部地区符合条件的县域或乡镇中心学校音乐、体育、美术专业教师到师资力量薄弱的农村学校开展本专业教学工作过程中产生的交通费，支持面向中西部地区教师开展特殊、急需的培训工作，资助遭遇突发灾害、紧急事件或在教育发展过程中遇到特殊困难的学校。

（七）居家和社区基本养老服务提升行动项目11亿元。该项目由民政部组织实施，主要用于为符合条件的经济困难失能、部分失能老年人建设家庭养老床位、提供居家养老上门服务。

（八）法律援助项目1.3亿元。该项目由司法部委托中国法律援助基金会组织实施，主要用于开展对农民工、残疾人、老年人、妇女和未成年人等群体的法律援助。

（九）文化公益事业项目5亿元。该项目由国家艺术基金管理中心组织实施，主要用于支持艺术创作生产、传播交流推广和人才培养等项目。

（十）出生缺陷干预救助项目2.58亿元。该项目由国家卫生健康委组织实施，主要用于出生缺陷检测、出生缺陷救助、出生缺陷防治宣传和健康教育等工作。

（十一）罕见病诊疗水平能力提升项目0.64亿元。该项目由国家卫生健康委组织实施，主要用于疑难罕见病患者多学科诊疗、罕见遗传病患者遗传检测和遗传咨询、医生罕见病诊疗能力培训。

（十二）欠发达革命老区乡村振兴项目20亿元。该项目由国家乡村振兴局组织实施，主要用于支持欠发达革命老区统筹实施必要的农村人居环境整治和公益性基础设施建设、促进脱贫劳动力就业增收、发展农业特色产业等。

（十三）足球公益事业项目1.43亿元。该项目由国家体育总局委托中国足球发展基金会组织实施，主要用于青少年足球人才培养和足球公益活动。

（十四）医疗救助项目19.8亿元。该项目由国家医保局组织实施，主要用于补充城乡医疗救助基金，支持各地资助城乡困难群众参加城乡居民医疗保险，并对其难以负担的个人自负费用给予补助。2022年该项目实际执行中调整收回资金0.04亿元。

（十五）低收入妇女“两癌”救助项目2.87亿元。该项目由全国妇联委托中国妇女发展基金会组织实施，主要用于救助符合条件的患有宫颈癌或乳腺癌的城乡低收入妇女及开展“两癌”防治知识宣传活动。

（十六）“阳光驿站”项目0.2亿元。该项目由全国妇联委托中国儿童少年基金会组织实施，主要用于在安徽、江西、四川三省建设200个“阳光驿站”，为农村留守儿童提供活动场所，并根据需求开展各类主题实践活动，提供家庭教育指导、心理疏导等关爱服务。

（十七）残疾人事业项目25.2亿元。该项目由中国残疾人联合会组织实施，主要用于残疾人康复、残疾人体育、盲人读物出版、盲人公共文化服务等。

（十八）红十字事业项目5.89亿元。该项目由中国红十字会总会组织实施，主要用于大病儿童救助、红十字人道救助救援、红十字生命安全健康教育、中国造血干细胞捐献者资料库、人体器官捐献等项目。

（十九）支持地方社会公益事业发展项目56.73亿元。该项目主要支持社会公益事业发展相对落后的西藏、新疆、革命老区等，以促进全国各地社会公益事业的协调发展。

特此公告。

附件：（略）

财政部

2023年8月27日

资料来源：财政部综合司，转引自中国福利彩票网，https://www.cwl.gov.cn/c/2023/09/01/552090.shtml。

三、2022年政府性基金预算收支情况差异性分析

（一）2022年中央地方政府性基金预算收支情况差异分析

2022年，中央与地方的政府性基金收入来源和支出投向都存在较大差异。2022年，中央政府性基金预算收入中占比最高的是可再生能源电价附加收入，金额为1083.72亿元，在中央政府性基金预算收入中占比为26.28%；地方政府性基金预算收入中占比最高的是国有土地使用权出让金，金额为65326亿元，在地方本级政府性基金预算收入中占比为88.55%；2022年中央本级政府性基金预算支出中占比最高的是可再生能源电价附加收入安排的支出，支出金额为3020.13亿元，在中央本级政府性基金预算支出中占比达54.48%；地方政府性基金预算支出中占比最高的项目是国有土地使用权出让金收入安排的支出，金额为62878.48亿元，在地方政府性基金预算支出中的占比达59.85%。

（二）2022年政府性基金预算收支情况区域差异分析

2022年，东部地区、中部地区和西部地区在政府性基金预算收入（不含专项债务收入）上存在较大差异，这种差异整体表现为东部地区政府性基金预算收入最多，中部地区次之，西部地区最少。从地区分布来看，东、中、西地区的占比分别为62.35%、19.72%和17.93%[①]。尽管西部地区获得的中央转移支付占比为45.17%，中部和东部地区占比分别为30.53%和24.30%，但由于政府性基金转移支付规模的限制，并没有显著改变三地区之间存在的原有收入差异。支出方面，东部、中部和西部的占比分别为54.78%、23.45%和21.77%，同样呈现出东多西少的特点。图2-17、图2-18和图2-19分别统计了2022年东部、中部、西部地区政府性基金预算收入、转移支付收入和政府性基金预算支出的差异情况。

① 东部、中部和西部各地区政府性基金预算收支规模及占比根据各省、市、自治区的政府性基金预算收支决算数计算得出。各地区政府性基金预算收支决算数据来源于各省、市、自治区财政厅（局）或人民政府官网。大部分地区采用全省、市、自治区政府性基金预算收支的决算数据，江西省由于缺少全省的政府性基金预算收支决算数据，故采用全省的政府性基金预算执行情况数据替代。

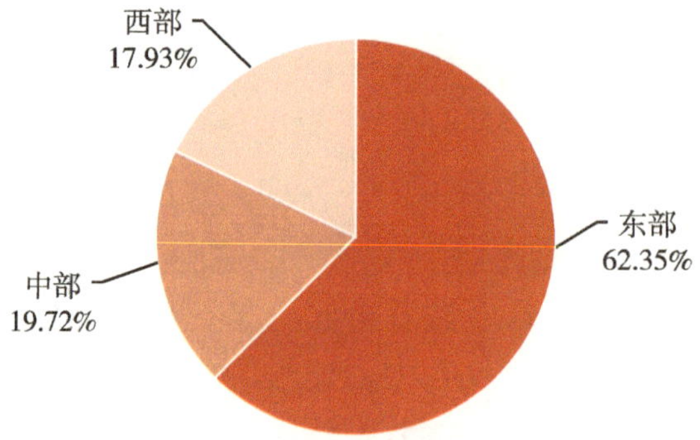

图 2-17　2022 年东中西地区政府性基金预算收入占比情况

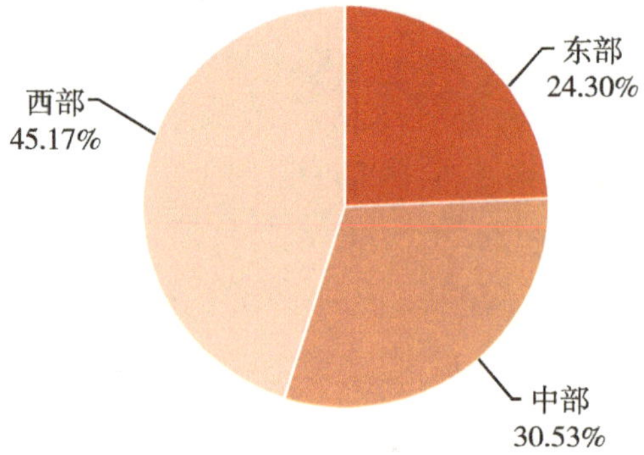

图 2-18　2022 年中央对东中西地区政府性基金预算转移支付收入占比情况

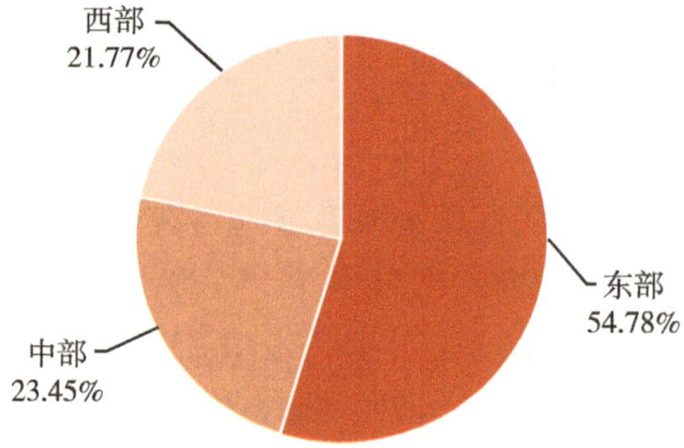

图 2-19　2022 年东中西地区政府性基金预算支出占比情况

数据来源：由各省、市、自治区财政厅（局）或人民政府官网数据整理获得。

地方政府性基金预算收入的主要支柱是国有土地出让收入。根据中国指数研究院发布的《2022年中国300城市土地市场交易情报》，以城市市本级的住宅用地出让金为例，全国排名前20的城市中，东部地区的城市有15个，其中，上海市以2839.5亿元的总量位居榜首，上海市、杭州市、北京市、南京市、成都市位列前五。中西部地区只有成都市、西安市、武汉市、合肥市和长沙市进入前20位。数据表明，东部地区的土地出让收入在规模上远超中西部地区。从城市土地出让金的交易数据来看，2022年，城市土地出让金较2021年同期下降27.73%，二线城市土地出让金同比下降超三成，土地市场供需表现低迷，而一、二线城市楼面均价同比升高。

按照专项债券计入政府性基金预算的规定，图2–20统计了2022年年末各省级行政区政府专项债务余额的情况。从图中可以看出，东部各省级行政区的专项债务余额总量达到103168.97亿元，占地方专项债务余额总量的49.91%；中西部地区的专项债务余额总量分别为51321.94亿元、52200.33亿元，占比分别为24.83%和25.26%。专项债务余额规模排名前三的地区是广东省、山东省和江苏省，余额分别为17766.86亿元、16031.8亿元和13303.06亿元。青海省、宁夏回族自治区和西藏自治区专项债务余额规模排名后三位，余额分别为720.72亿元、506.5亿元和176.57亿元。

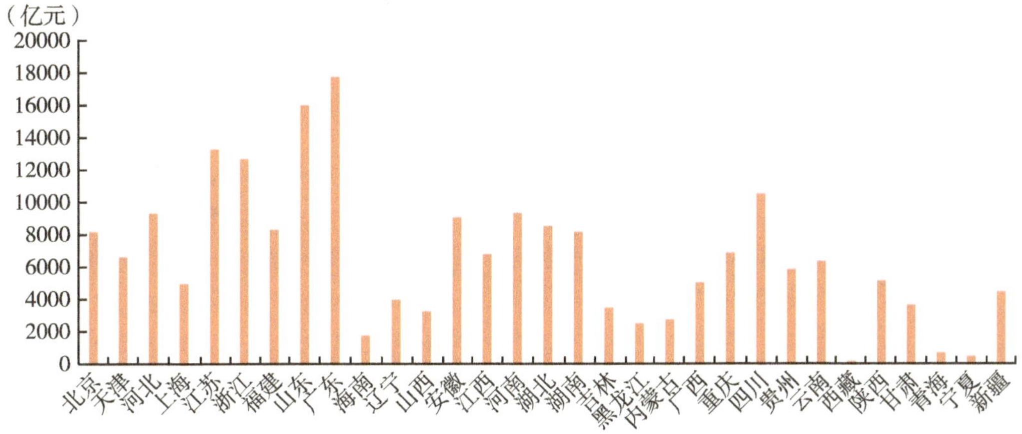

图2–20　2022年年末各省级行政区政府专项债务余额情况

数据来源：财政部预算司官网。

专项债券一方面作为地方政府的主要融资手段，承担着为地方经济社会建设筹集资金的任务；另一方面，发行专项债券给地方政府带来的风险不容忽视。2022年，在持续推进减税降费政策的大背景下，地方政府财政收支压力加大，专项债券的发行规模扩张，国务院多次加强对地方债使用的管理力度。为进一步使用好专项债券，发挥专项债券的作用，防范政府债务风险，财政部副部长许宏才，财政部预算司负责人、政府债务研究和评估中心主任宋其超，财政部国库司司长王小龙等人对当今地方政府专项债券热点问题进行了细致解读（见专栏2–2）。

◇ 专栏 2-2

聚焦重点领域带动扩大有效投资——有关负责人解读地方政府专项债券热点问题

今年（2022年）的《政府工作报告》提出，今年拟安排地方政府专项债券3.65万亿元。去年12月，财政部提前下达地方2022年新增专项债券额度1.46万亿元；3月30日，又向各地下达了剩余的新增专项债券限额。目前，这些专项债券发行使用情况如何？如何进一步加快政府专项债券发行使用？在4月12日国新办举行的国务院政策例行吹风会上，财政部相关负责人对有关问题做了明确解答。

用于项目建设的专项债券额度已全部下达

地方政府专项债券是落实积极财政政策的重要抓手。中央经济工作会议将“保证财政支出强度,加快支出进度”“适度超前开展基础设施投资”作为今年的重要任务。“目前，用于项目建设的专项债券额度已全部下达。各地正抓紧履行预算调整程序，将新下达限额尽快分解至市县。”财政部副部长许宏才表示。

同时，提前下达的专项债券额度大部分已发行完毕。截至2022年3月末，累计发行约1.25万亿元，占提前下达额度的86%；各级财政部门累计向项目单位拨付债券资金8528亿元，占已发行新增专项债券的68%。

“今年的专项债券发行进度明显提前。”许宏才说，“去年12月，财政部提前下达2022年新增专项债券额度1.46万亿元，比去年提早了三个月。已发行的1.25万亿元比去年同期发行额增加了1.23万亿元，这是一个比较明显的指标增加。”

据介绍，在中央财政下达省和省往市县分配时，主要遵循以下几个原则：一是充分考虑各地区财力和债务风险水平，向财政实力强、债务风险低的省份倾斜。二是坚持“资金跟着项目走”，对成熟和重点项目多的地区予以倾斜，重点支持有一定收益的基础设施和公共服务等重大项目以及国家重大战略项目。三是体现“奖罚分明”，对违反财经纪律和资金使用进度慢的地区扣减额度，对管理好、使用快的地区予以适当奖励。四是严格落实专项债券负面清单管理，明确专项债券资金不得支持楼堂馆所、形象工程和政绩工程、非公益性资本项目支出。

专项债券将聚焦重点领域扩大使用范围

财政部预算司负责人、政府债务研究和评估中心主任宋其超表示，2022年专项债券继续重点用于交通基础设施、能源、农林水利、生态环保、社会事业、城乡冷链等物流基础设施、市政和产业园区基础设施、国家重大战略项目、保障性安居工程等9大领域。

各地聚焦重点投向领域，带动扩大有效投资。数据显示，在已经发行的专项债券中，支持市政和产业园区基础设施4157亿元、交通基础设施2316亿元、社会事业2251亿元、保障性安居工程2016亿元、农林水利1004亿元、生态环保468亿元，能源、城乡冷链等物流基础设施251亿元。“这些项目对稳定宏观经济起到十分重要的作用。”许宏才说。

此外，按照《政府工作报告》提出的专项债券“合理扩大使用范围”的要求，财政部也采取了一系列举措。一是加大惠民生、解民忧等领域投资。近期，财政部会同国家发展改革委组织各地补报了一批2022年专项债券项目，指导地方将城市管网建设、水利等重点领域项目作为补报重点。二是支持增后劲、上水平项目建设。主要是围绕新基建等加大支持力度，研究将具有公益性且有一定收益的信息基础设施、融合基础设施、创新基础设施作为支持重点。三是推动"补短板、强弱项"项目建设。要求各地围绕全面推进乡村振兴、加快农业农村现代化，做好农业农村领域项目储备，将粮食仓储物流设施作为专项债券支持重点，支持重要农产品特别是粮食供给，保障国家粮食安全。

进一步加快专项债券发行和使用进度

3月29日召开的国务院常务会议要求，去年下达的专项债券额度5月底前发行完毕，今年下达的专项债券额度9月底前发行完毕。

财政部国库司司长王小龙表示，为贯彻落实该要求，财政部督促各地抓紧编制发债计划，特别是对照有关进度要求抓紧编制好二季度的发债计划，要求各地倒排时间，确保按时完成发债任务。同时结合疫情形势，继续做好地方债发行代操作，指导地方加强地方债的发行与库款管理的统筹协调。

许宏才介绍，为加快专项债券使用，各地高度重视专项债券项目储备，分两批共储备了7.1万个项目，目前正按照"资金跟着项目走"的要求将新增限额对应到符合条件的项目上。同时进一步压实主管部门和项目单位责任，要求加快资金使用，强化资金管理，确保专项债券实际使用形成的投资规模大幅增加，及早发挥作用。

为了加强资金管理，避免资金的闲置和挪用，财政部采取了多项政策措施，包括严格项目审核把关，全面推广穿透式监测，实施支出进度通报预警制度，常态化组织各地监管局开展专项债券资金使用情况核查，推动实现专项债券项目资金使用情况绩效评价全覆盖等，促进专项债券资金安全、规范、高效使用。

资料来源：《聚焦重点领域 带动扩大有效投资》，光明网，2022年4月13日。

第三节　2022 年中央和地方国有资本经营预算收支情况

一、2022 年中央国有资本经营预算收支情况

（一）2022 年中央国有资本经营预算收入情况分析

2022年中央国有资本经营预算收入为2343.31亿元，为预算的103.3%。与

2021年相比，收入规模增长16.7个百分点。加上上年结转收入355.61亿元，2022年中央国有资本经营预算收入总量为2698.92亿元。

2022年，中央国有资本经营预算收入的组成项目有利润收入、股利、股息收入、产权转让收入、清算收入和其他国有资本经营预算收入。其中，利润收入是中央国有资本经营预算收入的主要组成部分，2022年，中央国有资本经营预算收入中利润收入为1744.64亿元，占中央国有资本经营预算收入的74.45%。股利、股息收入是中央国有资本经营预算收入的另一主要来源，2022年中央国有资本经营预算收入中股利、股息收入为590.98亿元，在中央国有资本经营预算收入中的占比达到25.22%。2022年中央国有资本经营预算收入中其他收入总额为7.69亿元，在中央国有资本经营预算收入中占比为0.33%。图2-21为2022年中央国有资本经营预算收入构成情况。

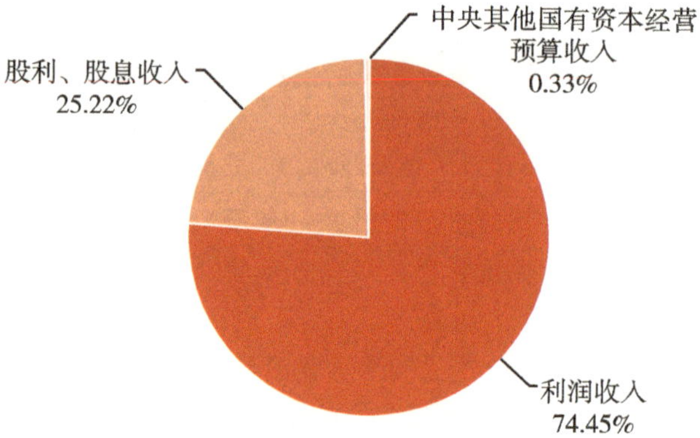

图 2-21　2022 年中央国有资本经营预算收入构成情况

数据来源：财政部预算司官网。

从中央国有资本经营预算收入中的利润收入项目构成情况看，一方面，国有全资企业税后利润的收取比例主要分为五类执行：第一类为烟草企业，收取比例25%，2022年上交收入527.85亿元，为预算的96.3%，在整个利润收入中占比30.26%；第二类为石油石化、电力、电信、煤炭等资源型企业，收取比例20%，2022年上交收入689.35亿元，为预算的107%，在整个利润收入中占比39.51%；第三类为钢铁、机械、贸易、建材、农林牧渔等一般竞争型企业，收取比例15%，2022年上交收入418.15亿元，为预算的101.3%，在整个利润收入中占比23.97%；第四类为转制科研院所、中央文化企业、中央部门所属企业、军工企业等，收取比例10%，2022年上交收入109.29亿元，为预算的92.4%，在整个利润收入中占比6.26%；第五类为政策性企业，为中国储备粮管理集团有限公司，免交当年应交利润。符合小型微型企业规定标准的国有独资企业，应交利润不足10万元的，比照第五类政策性企业免交当年应交利润（见图2–22）。另一方面，烟草企业利润收入、石油石化企业利润收入、电信企业利润收入、电力企业利润收入这四项利润收入在利润收入中的总占比为65.90%，成为2022年中央国有资本经营预算利润收入的主要项目。除上述烟草企业外，石油石化企业利润收入为274.73亿元，比2021年增长83.53%，完成预算的98.8%，在整个利润收入中占比15.75%；电信企业利润收入为178.25亿元，比2021年增长10.85%，完成预算的101.2%，在整个利润收入中占比10.22%；电力企业利润收入为168.71亿元，比2021年增长0.48%，完成预算的129.9%，在整个利润收入中占比9.67%。

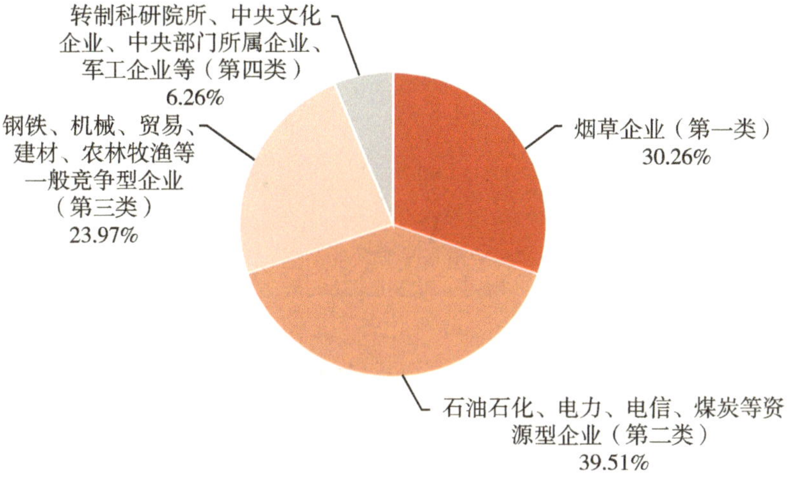

图2–22　2022年中央国有资本经营预算利润收入构成情况

数据来源：财政部预算司官网。

（二）2022年中央国有资本经营预算支出情况分析

2022年，中央国有资本经营预算支出1710亿元，为预算的99.2%。与2021年相比，支出增加了58.66%。其中，中央本级国有资本经营预算支出为1661.02亿元，较2021年增加了77.27%，完成预算的98.2%，在中央国有资本经营预算支出中占比97.14%；中央对地方的转移支付为48.98亿元，完成预算的149.2%，规模为2021年的34.78%，在中央国有资本经营预算支出中的占比为2.86%。2022年，中央国有资本经营预算调出资金900亿元，中央国有资本经营预算结转下年支出88.92亿元，新疆生产建设兵团体制性支出78.30亿元。

图2–23统计了2022年中央本级国有资本经营预算支出构成情况。从图中可

看出，2022年中央本级国有资本经营预算支出主要用于国有企业资本金注入、国有企业政策性补贴、国有资本经营预算补充社保基金支出和解决历史遗留问题及改革成本支出这四项事务。其中，用于国有企业资本金注入的资金为883.12亿元，占中央本级国有资本经营预算支出的53.17%，资金主要用于国有经济结构调整和前瞻性战略性产业发展；用于国有企业政策性补贴的支出为598.12亿元，占中央本级国有资本经营预算支出的36.01%，用于保障铁路运营等；国有资本经营预算补充社保基金支出为100亿元，占中央本级国有资本经营预算支出6.02%；用于解决历史遗留问题及改革成本支出为69.78亿元，占中央本级国有资本经营预算支出的4.20%，主要是部分资金执行中实施主体发生变化，转列地方转移支付。此外，其他国有资本经营预算支出为10亿元，占中央本级国有资本经营预算支出的0.60%。

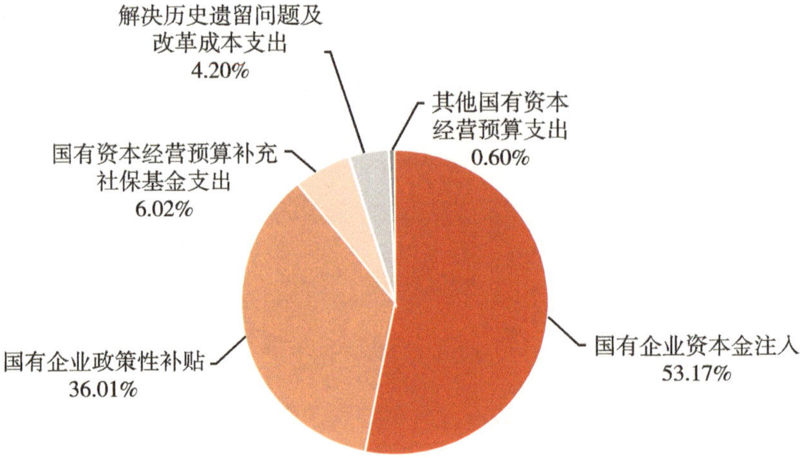

图 2-23　2022 年中央本级国有资本经营预算支出构成情况

数据来源：财政部预算司官网。

二、2022 年地方国有资本经营预算收支情况

（一）2022 年地方国有资本经营预算收入情况分析

2022年，地方国有资本经营预算收入3401.65亿元，完成预算的117.6%，与2021年相比，收入规模增长2.95%。其中，地方本级国有资本经营预算收入为3352.67亿元，完成预算的117.2%，占地方国有资本经营预算收入的98.56%，与2021年相比，地方本级国有资本经营预算收入增长5.99%。中央对地方的转移

支付收入为48.98亿元，完成预算的149.2%，占地方国有资本经营预算收入的1.44%。

2022年，地方国有资本经营预算本级收入由五项收入构成。其中，利润收入1971.67亿元，完成预算129.7%，在地方国有资本经营预算本级收入中的比重为58.81%，2022年的利润收入水平是2021年水平的127.43%；产权转让收入455.76亿元，完成预算的115.3%，在地方国有资本经营预算本级收入中占比为13.59%；股利、股息收入423.68亿元，完成预算120.1%，在地方国有资本经营预算本级收入中的比重为12.64%；清算收入和其他国有资本经营预算收入金额分别为10.82亿元和490.73亿元，在地方国有资本经营预算本级收入中占比分别为0.32%和14.64%。2022年地方国有资本经营预算本级收入构成情况如图2-24所示。

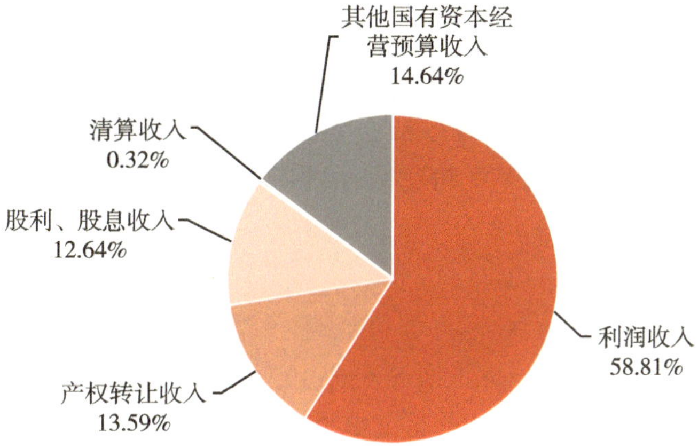

图2-24　2022年地方国有资本经营预算本级收入构成情况

数据来源：财政部预算司官网。

与中央国有资本经营预算中的利润收入来源不同，2022年，地方利润收入主要源于投资服务企业利润收入、煤炭企业利润收入、纺织轻工企业利润收入和其他国有资本经营预算企业利润收入，四项收入分别实现收入321.02亿元、170.41亿元、123.24亿元和915.86亿元，在利润收入总额中的占比分别为16.28%、8.64%、6.25%和46.45%。金融企业利润收入和机械企业利润收入分别实现收入52.71亿元和50.88亿元，在利润收入总额中占比分别为2.67%和2.58%。此外，其他利润收入在利润总额中占比为17.13%。2022年地方国有资本经营预算中利润收入构成情况如图2-25所示。

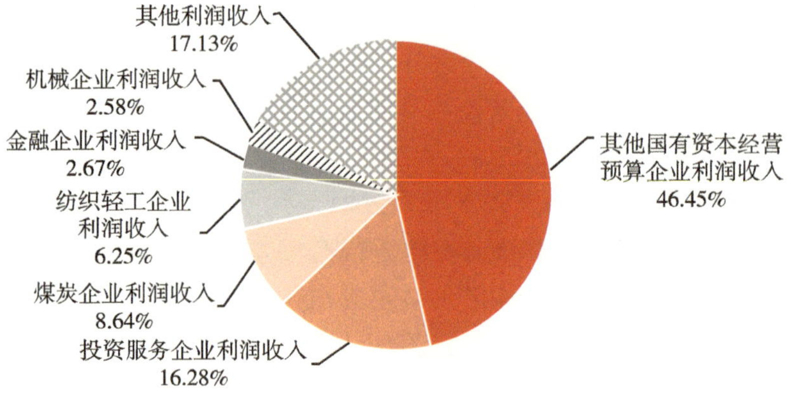

图 2-25 2022 年地方国有资本经营预算中利润收入构成情况

数据来源：财政部预算司官网。

地方产权转让收入主要来源于国有股权、股份转让收入，2022年地方其他国有资本经营预算企业产权转让收入172.63亿元，占地方产权转让收入的37.88%。股利、股息收入主要来源于国有控股公司股利、股息收入，2022年地方实现国有控股公司股利、股息收入199.72亿元，国有控股公司股利、股息收入占股利、股息总收入的47.14%。

（二）2022 年地方国有资本经营预算支出情况分析

2022年，地方国有资本经营预算支出1734.21亿元，完成预算的94.8%，与2021年相比，支出增长2.9个百分点。2022年，地方国有资本经营预算调出资金1743.51亿元。

2022年，地方国有资本经营预算支出由解决历史遗留问题及改革成本支出、国有企业资本金注入、国有企业政策性补贴和其他国有资本经营预算支出组成。其中，占比最高的支出项目是国有企业资本金注入，在地方国有资本经营预算支出中占比达到63.64%，金额为1103.61亿元，完成预算的113.4%，与2021年相比，支出金额减少3.78个百分点。该项目主要用于国有经济结构调整支出、金融企业资本性支出、公益性设施投资支出、支持科技进步支出、前瞻性战略性产业发展支出等事务。地方国有资本经营预算支出中用于解决历史遗留问题及改革的成本支出为173.34亿元，占比10%，主要用于“三供一业”移交[①]补助支出、国有企业退休人员社会化管理补助支出、国有企业改革成本支出等事务。国有企业政策性补贴支出的规模为108.26亿元，在地方国有资本经营预算支出中的

① 指国企（含企业和科研院所）将家属区水、电、暖和物业管理职能从国企剥离，转由社会专业单位实施管理。

占比为6.24%。其他国有资本经营预算支出为349亿元，在地方国有资本经营预算支出中的占比为20.12%。图2-26为2022年地方国有资本经营预算支出的构成情况。

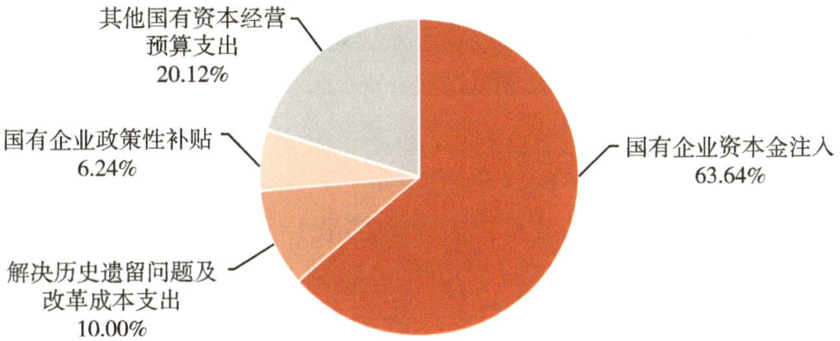

图 2-26　2022 年地方国有资本经营预算支出的构成情况

数据来源：财政部预算司官网。

三、2022 年国有资本经营预算收支情况差异性分析

（一）2022 年中央地方国有资本经营预算收支情况差异分析

从2022年中央与地方的国有资本经营预算收支情况可以看出，二者有明显的差别。一是中央与地方的利润收入来源不同，中央利润收入主要源于烟草、石油石化、电力、电信和煤炭等企业利润；地方利润收入主要源于投资服务企业利润收入、煤炭企业利润收入、纺织轻工企业利润收入和其他国有资本经营预算企业利润收入。二是从国有资本经营预算支出方面来看，中央与地方的资金投向存在差异，相同之处在于，两者国有资本经营预算支出的主要项目均为国有企业资本金注入。不同之处在于，除该项目之外，两者相比，国有企业政策性补贴支出在国有资本经营预算支出的占比，中央高于地方，而解决历史遗留问题及改革成本支出和其他国有资本经营预算支出这两项支出在国有资本经营预算支出的占比，地方高于中央。

（二）2022 年国有资本经营预算收支的区域差异分析

国有资本经营预算收支在东部、中部和西部地区间呈现出差异。2022年，各省级行政区国有资本经营预算收入的数据显示，东部、中部和西部的国有资本经营预算收入的规模分别为1323.11亿元、802.56亿元和797.70亿元，在地方国有资本经营预算收入中的占比分别为45.26%、27.45%及27.29%[①]。数据显示，国有资本经营预算收入在区域分布上表现出东部最多，西部次之，中部最少。其中，东部地区的收入规模在地方国有资本经营预算收入中的占比接近50%，同时，东部地区占比水平约为中部地区的1.65倍，约为西部地区占比水平的1.66倍。

2022年，各省级行政区国有资本经营预算支出的数据显示，东部、中部和西部地区的国有资本支出规模分别为877.99亿元、402.55亿元和374.48亿元，在地方国有资本经营预算支出中的占比分别为53.05%、24.32%和22.63%。与国有资本经营预算收入的区域差异特点相似，国有资本经营预算支出规模和占比在地区分布上同样呈现东部最多，西部次之，中部最少。从占比情况看，东部地区分别是中部、西部的2.18倍和2.34倍。图2–27和图2–28分别为2022年国有资本经营预算收入与国有资本经营预算支出的区域差异情况。

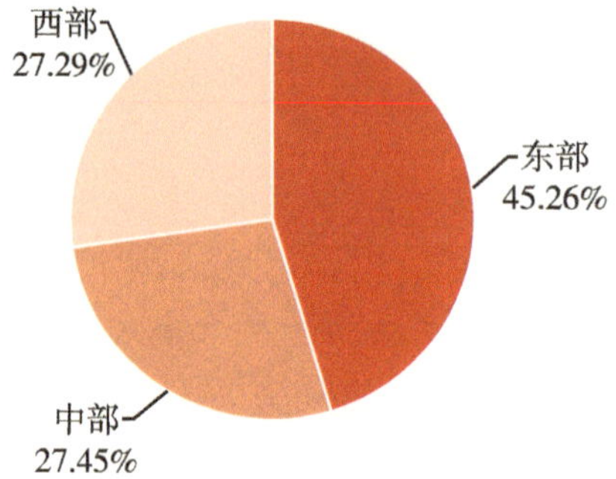

图 2–27　2022 年东中西地区国有资本经营预算收入占比

数据来源：由各省、市、自治区财政厅（局）或人民政府官网数据整理获得。

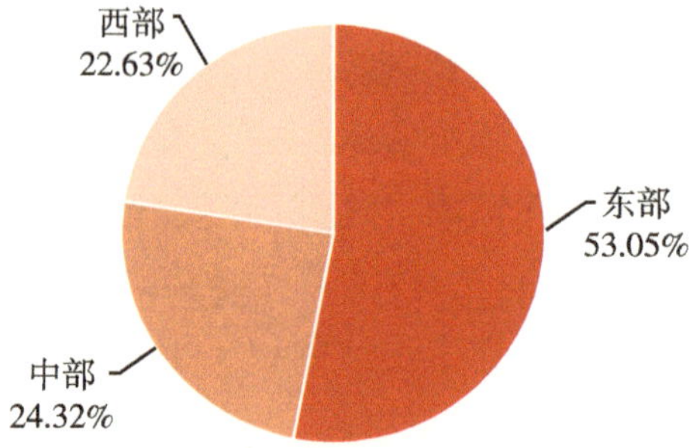

图 2–28　2022 年东中西地区国有资本经营预算支出占比

数据来源：由各省、市、自治区财政厅（局）或人民政府官网数据整理获得。

① 东部、中部和西部各地区国有资本经营预算收支规模及占比根据各省、市、自治区的国有资本经营预算收支决算数计算得出。各地区国有资本经营预算收支决算数据来源于各省、市、自治区财政厅（局）或人民政府官网。大部分地区采用全省、市、自治区国有资本经营预算收支的决算数据，江西省由于缺少全省的国有资本经营预算收支决算数据，故采用全省的国有资本经营预算执行情况数据替代。

第四节　2022 年中央和地方社会保险基金预算收支情况

一、2022 年中央社会保险基金预算收支情况

（一）2022 年中央社会保险基金预算收入情况分析

2022年，中央社会保险基金预算收入349.59亿元，完成预算的82%，与2021年相比，收入降低60.7个百分点。其中，保险费收入212.89亿元，比上年降低61.8%，完成预算的89.7%，在中央社会保险基金预算收入的占比为60.9%；财政补贴收入124.72亿元，比上年下降61.4%，完成预算的79.4%，在中央社会保险基金预算收入的占比为35.68%；利息收入及委托投资收益合计3.11亿元，在中央社会保险基金预算收入的占比为0.89%（见图2–29）。2022年中央社会保险基金收入构成情况如图2–30所示。加上地方上缴的中央调剂基金收入2439.59亿元，2022年中央社会保险基金收入总量为2789.18亿元。

2022年，中央社会保险基金收入由两大险种构成。其中，企业职工基本养老保险基金收入和机关事业单位基本养老保险基金收入是两大主要险种收入，企业职工基本养老保险基金收入72.18亿元，在中央社会保险基金预算收入的占比为20.64%；机关事业单位基本养老保险基金收入277.41亿元，在中央社会保险基金预算收入的占比为79.36%。

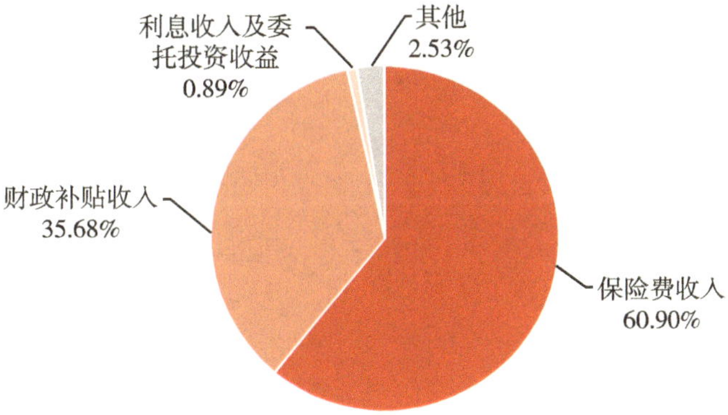

图 2–29　2022 年中央社会保险基金收入构成情况

数据来源：财政部预算司官网。

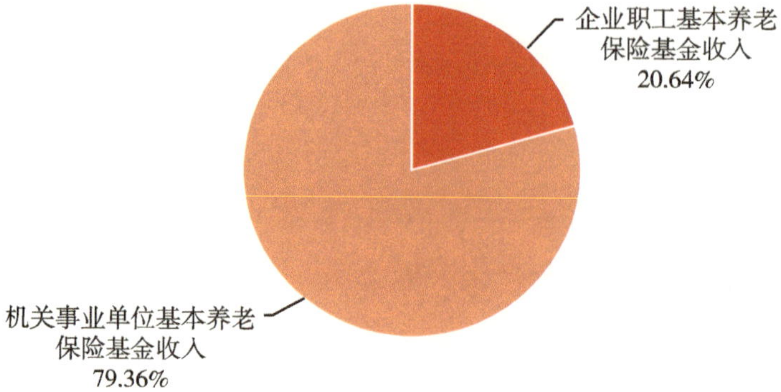

图 2–30 2022 年中央社会保险基金收入险种构成情况

数据来源：财政部预算司官网。

（二）2022 年中央社会保险基金预算支出情况分析

2022年，中央社会保险基金预算支出为372.85亿元，完成预算的75%，与2021年相比，支出下降58.2个百分点。加上2022年中央下拨全国统筹调剂资金2440.44亿元，再计入补助下级支出82亿元，2022年中央社会保险基金预算支出总量为2895.29亿元。

从中央社会保险基金预算支出的险种构成来看，与中央社会保险基金预算收入情况类似，2022年，企业职工基本养老保险基金支出和机关事业单位基本养老保险支出是两项占比最高的支出项目。其中，企业职工基本养老保险基金支出为82.34亿元，在中央社会保险基金支出中的占比为22.08%；机关事业单位基本养老保险支出为290.51亿元，在中央社会保险基金支出中的占比为77.92%。图2–31是中央社会保险基金支出按险种划分的构成情况。

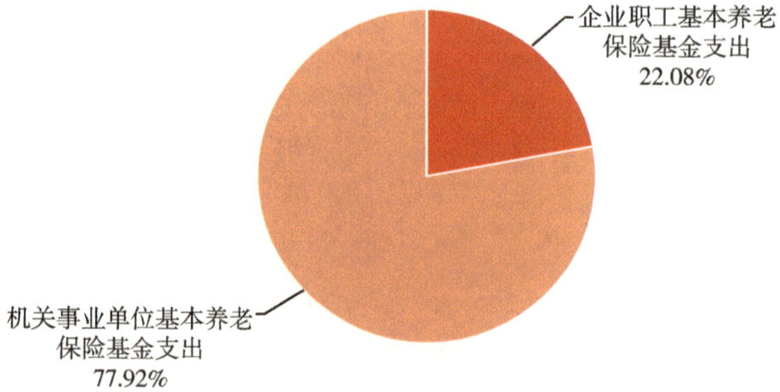

图 2–31 2022 年中央社会保险基金支出险种构成情况

数据来源：财政部预算司官网。

2022年年末中央社会保险基金收支赤字106.11亿元，其中，企业职工基本养老保险基金本年收支结余赤字93.01亿元，机关事业单位基本养老保险基金本年收支赤字13.1亿元。2022年，中央社会保险基金年末滚存结余92.18亿元，其中，企业职工基本养老保险基金年末滚存结余2.05亿元，机关事业单位基本养老保险基金本年收支结余90.13亿元。

二、2022年地方社会保险基金预算收支情况

（一）2022年地方社会保险基金预算收入情况分析

2022年，地方社会保险基金预算收入102098.55亿元，完成预算的102.3%，收入规模比2021年增加了6.4个百分点。其中，保险费收入74769.42亿元，完成预算的105.2%，收入规模与2021年相比，增长9.1%，在地方社会保险基金预算收入中占比为73.23%；财政补贴收入22819亿元，完成预算的95.3%，与2021年相比，规模增长2.4%，在地方社会保险基金预算收入中占比为22.34%；2022年地方社会保险基金预算收入中，利息收入和委托投资收益分别为2096.56亿元、48.61亿元，二者收入之和在地方社会保险基金预算收入中占比为2.10%。2022年地方社会保险基金收入构成情况如图2-32所示。加上安排给地方的中央调剂基金收入2440.44亿元与上级补助收入82亿元，2022年地方社会保险基金预算收入总量为104620.99亿元，比上年增长6.6%。

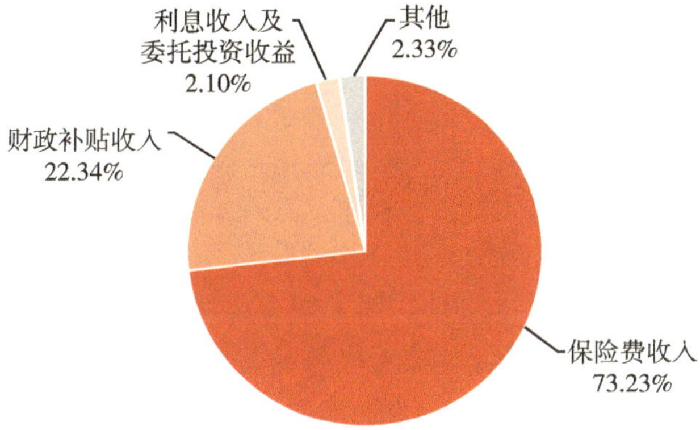

图2-32　2022年地方社会保险基金收入构成情况

数据来源：财政部预算司官网。

2022年，地方社会保险基金预算收入中企业职工基本养老保险基金收入、职工基本医疗保险基金收入和机关事业单位基本养老保险基金收入是最主要的三

项收入项目。其中，企业职工基本养老保险基金收入47860.65亿元，完成预算的102.1%，与2021年相比，规模增长7.8个百分点，在地方社会保险基金预算收入中占比46.88%；职工基本医疗保险基金收入20956.91亿元，完成预算的106.2%，与2021年相比，规模增长10.2个百分点，在地方社会保险基金预算收入中占比为20.53%；机关事业单位基本养老保险基金收入14939.53亿元，完成预算的101.0%，与2021年相比，规模增长0.1个百分点，在地方社会保险基金预算收入中占比为14.63%。城乡居民基本养老保险基金收入、城乡居民基本医疗保险基金收入、工伤保险基金收入和失业保险基金收入这四项险种收入总和在地方社会保险基金预算收入中的占比为17.96%。图2-33为2022年地方社会保险基金预算收入按险种划分构成情况。

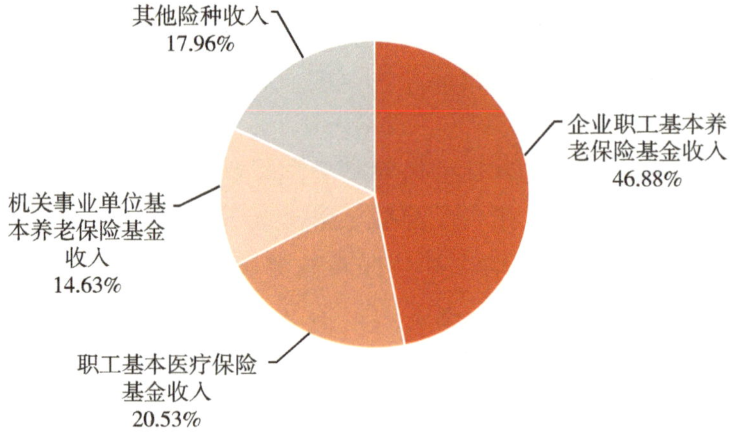

图 2-33 2022 年地方社会保险基金收入险种构成情况

数据来源：财政部预算司官网。

（二）2022 年地方社会保险基金预算支出情况分析

2022年，地方社会保险基金预算支出90230.56亿元，完成预算的98.2%，与2021年相比，支出规模增幅为5.2%。加上地方上解的全国统筹调剂资金2439.59亿元，2022年地方社会保险基金预算支出总量为92670.15亿元。

从地方社会保险基金预算支出构成来看，企业职工基本养老保险基金支出占比最高，在地方社会保险基金预算支出中的占比为48.30%，金额为43579.58亿元，完成预算的97.2%，支出水平是2021年支出水平的107.1%；机关事业单位基本养老保险基金支出、职工基本医疗保险基金支出和城乡居民基本医疗保险基金支出分别为14921.65亿元、15303.74亿元和9352.68亿元，在地方社会保险基金支出中的占比分别为16.54%，16.96%和10.37%。城乡居民基本养老保险基金支出、工伤保险基金支出和失业保险基金支出的规模较小，三项支出总额为7072.91亿元，占地方社会保险基金预算支出的7.83%。图2–34为地方社会保险基金预算支出按险种划分构成情况。

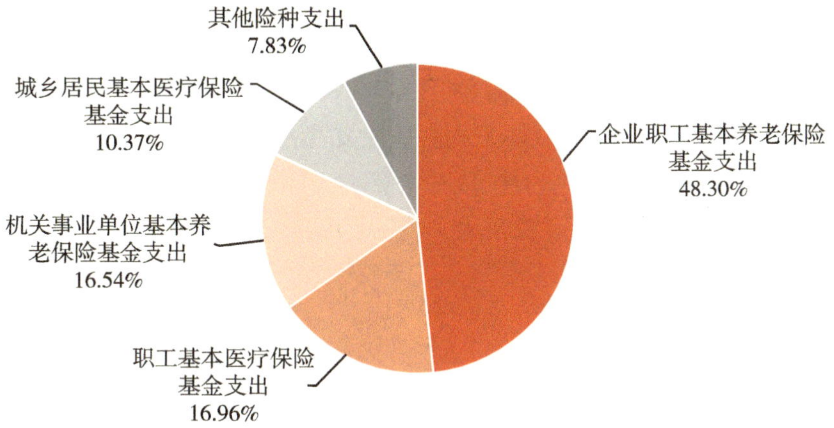

图 2–34　2022 年地方社会保险基金支出险种构成情况

数据来源：财政部预算司官网。

2022年年末地方社会保险基金收支结余11950.84亿元，其中，企业职工基本养老保险基金本年收支结余4363.92亿元，城乡居民基本养老保险基金本年收支结余1491.93亿元，机关事业单位基本养老保险基金本年收支结余17.88亿元，职工基本医疗保险基金本年收支结余5653.17亿元，城乡居民基本医疗保险基金本年收支结余817.71亿元，工伤保险基金本年收支结余27.78亿元，失业保险基金本年收支结余赤字421.55亿元。2022年，地方社会保险基金年末滚存结余116472.14亿元，其中，企业职工基本养老保险基金年末滚存结余52944.88亿元，城乡居民基本养老保险基金年末滚存结余12979.85亿元，机关事业单位基本养老保险基金年末滚存结余3653.45亿元，职工基本医疗保险基金年末滚存结余35033.42亿元，城乡居民基本医疗保险基金年末滚存结余7529.24亿元，工伤保险基金年末滚存结余1439.97亿元，失业保险基金年末滚存结余2891.33亿元。

三、2022 年社会保险基金预算收支情况差异性分析

由于现行社会保障的支出责任主要由地方承担，因此，从2022年社会保险基金收支数据来看，社会保险基金收支表现出显著的区域差异。2022年，东部地区的社会保险基金收入为55520.87亿元，在地方社会保险基金收入中的占比达到53.42%；中部地区社会保险基金收入为24922.07 亿元，占比23.98%。西部地区社

会保险基金收入为23494.43亿元，占比22.60%①。从不同地区数据可以看出，东部地区的社会保险基金预算收入相当于中部和西部收入水平的2.23倍和2.36倍。

2022年，地方社会保险基金支出同样呈现东多、中西部少的特征。从社会保险基金支出的具体情况看，2022年，东部地区社会保险基金支出48548.35亿元，在地方社会保险基金支出中占比52.65%；中部地区社会保险基金支出22950.91亿元，在地方社会保险基金支出中占比24.89%；西部地区社会保险基金支出20706.42亿元，在地方社会保险基金支出中占比22.46%。东部地区社会保险基金预算的支出规模约为中部和西部地区的2.12倍和2.34倍。图2-35和图2-36分别为社会保险基金预算收入与支出的区域差异情况。

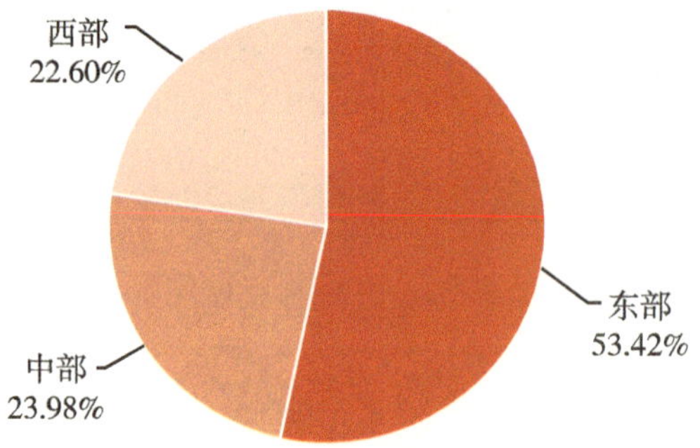

图 2-35　2022 年东中西地区社会保险基金预算收入占比情况

数据来源：各省财政厅官网数据整理获得。

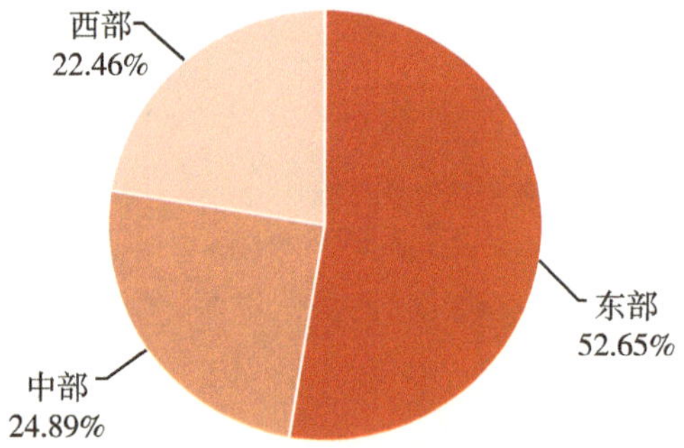

图 2-36　2022 年东中西地区社会保险基金预算支出占比情况

数据来源：各省财政厅官网数据整理获得。

---

① 东部、中部和西部各地区社会保险基金预算收支规模及占比根据各省、市、自治区的社会保险基金预算收支决算数计算得出。各地区社会保险基金预算收支决算数据来源于各省、市、自治区财政厅（局）或人民政府官网。大部分地区采用全省、市、自治区社会保险基金预算收支的决算数据，江西省由于缺少全省的社会保险基金预算收支决算数据，故采用全省的社会保险基金预算执行情况数据替代。

第五节 2022年中央和地方四本预算之间的资金划转情况

一、四本预算之间的资金划转关系相关规定

我国2014年新修订的《预算法》第五条规定，预算包括一般公共预算、政府性基金预算、国有资本经营预算、社会保险基金预算。一般公共预算、政府性基金预算、国有资本经营预算、社会保险基金预算应当保持完整、独立。政府性基金预算、国有资本经营预算、社会保险基金预算应当与一般公共预算相衔接。

《预算法》对四本预算之间的资金划转有明确的相关规定。《预算法》第十条规定，国有资本经营预算是对国有资本收益作出支出安排的收支预算。国有资本经营预算应当按照收支平衡的原则编制，不列赤字，并安排资金调入一般公共预算。第七十二条规定各部门、各单位的预算支出应当按照预算科目执行。严格控制不同预算科目、预算级次或者项目间的预算资金的调剂，确需调剂使用的，按照国务院财政部门的规定办理。除此以外，《预算法》还对预算资金调整的责任追究做出了规定，《预算法》第九十二条规定违反法律、法规规定使用预算预备费、预算周转金、预算稳定调节基金、超收收入的情况，对负有直接责任的主管人员和其他直接责任人员追究行政责任。

《预算法》修正案审议通过1个月后，国务院以国发〔2014〕45号印发《关于深化预算管理制度改革的决定》(以下简称《决定》)。《决定》就完善政府预算体系提出具体要求，明确一般公共预算、政府性基金预算、国有资本经营预算、社会保险基金预算的收支范围，建立定位清晰、分工明确的政府预算体系，政府的收入和支出全部纳入预算管理。加大政府性基金预算、国有资本经营预算与一般公共预算的统筹力度，建立将政府性基金预算中应统筹使用的资金列入一般公共预算的机制，加大国有资本经营预算资金调入一般公共预算的力度。加强社会保险基金预算管理，做好基金结余的保值增值，在精算平衡的基础上实现社会保险基金预算的可持续运行。

除《预算法》的相关规定外，2014年12月9日，财政部发布《关于完善政府预算体系有关问题的通知》(财预〔2014〕368号)提出了完善政府预算体系的具体要求，一方面，加大政府性基金预算与一般公共预算的统筹力度。从2015年1月1日起，将政府性基金预算中用于提供基本公共服务以及主要用于人员和

机构运转等方面的项目收支转列一般公共预算，对继续纳入政府性基金预算管理的支出，加大与一般公共预算支出的统筹安排使用。结合政府性基金预算安排情况，统筹安排一般公共预算相关支出项目。政府性基金预算安排支出的项目，一般公共预算可不再安排或减少安排。对一些一般公共预算和政府性基金预算都安排支出的项目，应制定统一的资金管理办法，实行统一的资金分配方式，避免交叉重复。盘活存量资金，将政府性基金项目中结转较多的资金，调入一般公共预算。另一方面，加大国有资本经营预算与一般公共预算的统筹力度。完善国有资本经营预算制度，提高国有资本收益上缴公共财政的比例。2020年提高到30%，更多用于保障和改善民生。加强国有资本经营预算支出与一般公共预算支出的统筹使用。国有资本经营预算支出范围除调入一般公共预算和补充社保基金外，限定用于解决国有企业历史遗留问题及相关改革成本支出、对国有企业的资本金注入及国有企业政策性补贴等方面。一般公共预算安排的用于这方面的资金逐步退出。

2015年6月，国务院出台了《推进财政资金统筹使用方案》(国发〔2015〕35号文，以下简称《方案》),《方案》对以下内容做出规定：第一，推进政府预算体系的统筹协调。加大政府性基金预算转列一般公共预算的力度，完善政府预算体系，对政府性基金预算中未列入政府性基金目录清单的收入项目，除国务院批准的个别事项外，三年内逐步调整转列一般公共预算，并统筹使用。暂时保留在政府性基金预算管理的资金，与一般公共预算投向类似的，应调入一般公共预算统筹使用，或制定统一的资金管理办法，实行统一的资金分配方式。对政府性基金预算结转资金规模超过该项基金当年收入30%的部分，应补充预算稳定调节基金统筹使用。同时,《方案》指出，要推进国有资本经营预算与一般公共预算的统筹协调。加大国有资本经营预算调入一般公共预算的力度，2016年的调入比例达到19%，并逐年提高调入比例。除调入一般公共预算外，国有资本经营预算支出范围限定用于解决国有企业历史遗留问题及相关改革成本支出、对国有企业的资本金注入及国有企业政策性补贴等方面。一般公共预算安排用于这方面的资金将逐步退出。第二，推进跨年度预算的统筹协调，建立跨年度预算平衡机制。一般公共预算的结余资金，应当补充预算稳定调节基金。一般公共预算执行中如出现超收，超收收入用于冲减赤字、化解政府债务或补充预算稳定调节基金；如出现短收，通过调入预算稳定调节基金或其他预算资金、削减支出等方式弥补，如仍难以平衡，省级以上政府可以在报同级人大或其常委会批准后增列赤字实现平衡，市、县级政府可以向上级政府申请临时救助，并在下一年度预算中予以弥补。

2018年3月，财政部出台《预算稳定调节基金管理暂行办法》(财预〔2018〕

35号文，以下简称《办法》）对规范预算稳定调节基金的设置、补充和动用做出规定。对预算稳定调节基金的设置及补充，《办法》第四条规定，一般公共预算的超收收入，除用于冲减赤字外，应当用于设置或补充预算稳定调节基金。第五条规定，一般公共预算的结余资金应当用于设置或补充预算稳定调节基金。一般公共预算按照权责发生制核算的资金，不作为结余。一般公共预算连续结转两年仍未用完的资金，应当作为结余资金补充预算稳定调节基金。第六条规定，政府性基金预算结转资金规模超过该项基金当年收入30%的部分，应当补充预算稳定调节基金。政府性基金预算连续结转两年仍未用完的资金，应当作为结余资金，可以调入一般公共预算，并应当用于补充预算稳定调节基金。对预算稳定调节基金的动用《办法》第八条规定编制一般公共预算草案时，可以动用预算稳定调节基金，弥补一般公共预算出现的收支缺口，动用的资金应当编入一般公共预算收入。第九条规定，一般公共预算执行中，因短收、增支等导致收支缺口，确需通过动用预算稳定调节基金实现平衡的，各级财政部门应当具体编制本级预算的调整方案，按照预算法规定的程序执行。2018年9月，《中共中央国务院关于全面实施预算绩效管理的意见》指出，除一般公共预算外，各级政府还要将政府性基金预算、国有资本经营预算、社会保险基金预算全部纳入绩效管理，加强四本预算之间的衔接。

2020年8月，国务院公布修订后的《中华人民共和国预算法实施条例》（国令第729号文，以下简称《条例》），自2020年10月1日起施行。《条例》第三条规定社会保险基金预算应当在精算平衡的基础上实现可持续运行，一般公共预算可以根据需要和财力适当安排资金补充社会保险基金预算。第四十九条规定经本级政府批准，各级政府财政部门可以设置预算周转金，额度不得超过本级一般公共预算支出总额的1%。年度终了时，各级政府财政部门可以将预算周转金收回并用于补充预算稳定调节基金。第七十八条规定省、自治区、直辖市政府依照预算法规定增列的赤字，可以通过在国务院下达的本地区政府债务限额内发行地方政府一般债券予以平衡。设区的市、自治州以下各级一般公共预算年度执行中出现短收的，应当通过调入预算稳定调节基金或者其他预算资金、减少支出等方式实现收支平衡；采取上述措施仍不能实现收支平衡的，可以通过申请上级政府临时救助平衡当年预算，并在下一年度预算中安排资金归还。各级一般公共预算年度执行中厉行节约、节约开支，造成本级预算支出实际执行数小于预算总支出的，不属于预算调整的情形。各级政府性基金预算年度执行中有超收收入的，应当在下一年度安排使用并优先用于偿还相应的专项债务；出现短收的，应当通过减少支出实现收支平衡。国务院另有规定的除外。各级国有资本经营预算年度执行中有超收收入的，应当在下一年度安排使用；出现短收的，应当通过减少支出实现收支平衡。国务院另有规定的除外。此外,《国务院关于进一步深化预算管理制度改革的意见》(国发〔2021〕5号)第十六条规定,强化预算对执行的控制,规范预算调剂行为。

党的二十大报告中明确提出要健全现代预算制度。财政部原部长刘昆认为,"全面落实取消一般公共预算中以收定支的规定,应当由政府统筹使用的政府性基金项目转列一般公共预算,合理确定国有资本收益上交比例,稳步提高社会保险基金统筹层次。逐步统一预算分配权,减少交叉重复安排。强化增量与存量资源统筹。完善结余资金收回使用机制,存量资金与下年预算安排紧密挂钩。将依托行政权力、国有资源资产获取的收入等全面纳入预算管理,推动长期低效运转、闲置资产调剂使用。"

由上述内容可以看出,目前所形成的全口径政府预算体系,以一般公共预算为关联节点,"四本预算"勾稽衔接,功能互补,有效推动了"四本预算"有序流动、功能互补,提高了政府财力综合运筹水平,有助于深化我国预算管理制度改革,进一步健全现代预算制度。

二、2022年四本预算之间的资金划转情况

2022年,中央一般公共预算收入中,中央财政调入资金12665亿元,包含从预算稳定调节基金中调入的2765亿元,从中央政府性基金收入中调入的9000亿元以及从中央国有资本经营预算中调入的900亿元。同时,从2022年中央一般公共预算收入支出的情况来看,按照预算法规定,中央一般公共预算收入超收7.14亿元,支出结余1382.35亿元,二者合计1389.49亿元,用于补充中央预算稳定调节基金。此外,中央政府性基金预算收大于支7398.19亿元,包括中央单位特殊上缴利润7100亿元和政府性基金资金298.19亿元。其中,按规定将政府性基金部分结转资金和已取消基金的结余资金共5.1亿元补充中央预算稳定调节基金,分别为船舶油污损害赔偿基金1.55亿元、彩票发行和销售机构业务费3.49亿元、其他政府性基金0.06亿元;其余7393.09亿元结转下年使用。

2022年,地方一般公共预算收入中从预算稳定调节基金调入及使用结转结余资金共12077.32亿元,地方国有资本经营预算调出资金1743.51亿元。2022年中央社会保险基金预算收入中有124.72亿元源于财政补贴收入,地方社会保险基金预算收入中有22819亿元源于财政补贴收入。中央下拨全国统筹调剂资金2440.44亿元,补助下级支出82亿元,地方上解全国统筹调剂资金2439.59亿元。

第三章

近期政府预算改革重点问题分析

第一节　构建财会监督协同联动体系

2023 年2 月，中共中央办公厅、国务院办公厅印发了《关于进一步加强财会监督工作的意见》（以下简称《意见》），强调建立起各类监督主体横向协同，中央与地方纵向联动，财会监督与其他各类监督贯通协调的工作机制。《意见》对新时代财会监督的内涵、定位、体系与工作内容进行顶层设计，财政部在预算报告以及全国人大对预算报告的审查结果意见中也特别提出了加强财会监督工作的要求，这对保障财会监督工作提质增效、提高财政资金使用绩效，强化财经纪律刚性约束、严厉打击财务会计违法违规行为、推进国家治理能力与治理体系现代化等方面具有重要意义。

一、财会监督内涵的理解

党的十九届四中全会提出“必须健全党统一领导、全面覆盖、权威高效的监督体系，增强监督严肃性、协同性、有效性，形成决策科学、执行坚决、监督有力的权力运行机制，确保党和人民赋予的权力始终用来为人民谋幸福”。

2020年1月，习近平总书记在十九届中央纪委四次全会上的讲话，首次将“财会监督”列入党和国家监督体系，提出“促进党内监督与人大监督、民主监督、行政监督、司法监督、审计监督、财会监督、统计监督、群众监督和舆论监督等各类监督有机贯通、相互协调”。

在十九届中央纪委六次全会上，习近平总书记再次强调，审计监督、财会监督、统计监督都是党和国家监督体系的重要组成部分，要推动规范用权，及时校准纠偏，严肃财经纪律。

2022年4月19日，习近平总书记在中央全面深化改革委员会第二十五次会议上再次强调，要严肃财经纪律，维护财经秩序，健全财会监督机制。

2023 年 2 月，中共中央办公厅、国务院办公厅出台了《关于进一步加强财会监督工作的意见》。加强财会监督，有利于保障党中央重大方针政策和决策部署的贯彻落实；有利于强化财经纪律刚性约束，严厉打击财务会计违法违规行为，增强政府公信力；有利于进一步统筹发展与安全，促进经济社会高质量发展。《意见》明确了财会监督的内涵，将财会监督界定为依法依规对国家机关、企事业单位、其他组织和个人的财政、财务、会计活动实施的监督，并且厘清了财会监督是财政监督、财务监督、会计监督三者简单加总的偏误概念，强调财会监督应是三种监督的有机融合与凝练升华。

理解财会监督的内涵，必然会涉及宏观、中观及微观三个层面。一是从财会监督的法律法规及制度规范来说，顶层是《预算法》及《会计法》等，第二层是财务规则、会计准则等，第三层为财务制度、会计制度；二是从财会监督的内容来说，财政监督主要为宏观层面的监督行为，通常指财政部门对财政政策落实、财政资源分配、预算规模及结构、预算收支管理等有关事项进行的监督；财务监督一般为中观层面的监督，指对国家机关、社会团体、企事业单位的财务活动进行监控、管理与约束，旨在确保各类组织或企业的财务活动合法合规、透明高效；会计监督则多为微观层面的监督，指会计机构或会计人员通过会计手段对国家机关、社会团体、企事业单位经济活动的合法性、合规性、合理性进行稽核、检查与反映，以确保会计信息的真实完整、合理有效。也就是说，财政定方向，决定钱往哪儿流；财务定规则，决定钱怎么管；会计定方法，决定账怎么记，可见，三者之间有着天然融合的关系。

由此看出，任何使用财政资金的政府、部门、单位及个人都无法绕开对其资金活动的核算与监督，因此也就无法绕开对其基于财政、财务与会计层面的监督管理，而这种监督是建立在业务活动和财务活动高度融合基础之上的，以保证公共资金使用的合法合规、真实有效、公开透明（见专栏3–1）。

◇ 专栏 3–1

进一步健全财会监督体系

依法履行财会监督主责。各级财政部门是本级财会监督的主责部门，牵头组织对财政、财务、会计管理法律法规及规章制度执行情况的监督。加强预算管理监督，推动构建完善综合统筹、规范透明、约束有力、讲求绩效、持续安全的现代预算制度，推进全面实施预算绩效管理。加强对行政事业性国有资产管理规章制度、政府采购制度实施情况的监督，保障国有资产安全完整，规范政府采购行为。加强对财务管理、内部控制的监督，督促指导相关单位规范财务管理，提升内部管理水平。加强对会计行为的监督，提高会计信息质量。加强对注册会计师、资产评估和代理记账行业执业质量的监督，规范行业秩序，促进行业健康发展。

依照法定职责实施部门监督。有关部门要依法依规强化对主管、监管行业系统和单位财会监督工作的督促指导。加强对所属单位预算执行的监督，强化预算约束。

进一步加强单位内部监督。各单位要加强对本单位经济业务、财务管理、会计行为的日常监督。结合自身实际建立权责清晰、约束有力的内部财会监督机制和内部控制体系，明确内部监督的主体、范围、程序、权责等，落实单位内部财会监督主体责任。

发挥中介机构执业监督作用。会计师事务所、资产评估机构、税务师事务所、代理记账机构等中介机构要严格依法履行审计鉴证、资产评估、税收服务、会计服务等职责，确保独立、客观、公正、规范执业。

强化行业协会自律监督作用。注册会计师协会、资产评估协会、注册税务师协会、银行业协会、证券业协会等要充分发挥督促引导作用，促进持续提升财会信息质量和内部控制有效性。

资料来源：中共中央办公厅国务院办公厅印发《关于进一步加强财会监督工作的意见》（节选）。

二、财会监督横向协同机制的理论基础[①]

（一）相关理论

1. 委托代理理论

委托代理理论由伯利和米恩斯提出，通过对企业内部经营情况进行观察，发现委托人和代理人存在信息不对称，效用函数不一致，可能导致双方之间产生利益冲突，影响企业经营。为解决这一问题，需要制定有效的制度和机制，通过制度监督代理人经营行为，在双方效用最大化之间寻找平衡点。委托代理理论虽然源自于企业观察，但是适用于政府监管行为，通过财会监督这一制度安排，对各类社会主体的财会行为进行监督，确保会计信息的真实可靠，从而消除因信息不对称而产生的各类风险。

2. 分工理论

根据亚当·斯密提出的劳动分工观点，可以将职能作为划分标准，将一段

① 程一江、陈雯雯、杨涵灵：《构建金融业财会监督横向协同机制探讨》，《财政监督》2023 年第 13 期。

复杂的管理过程细分为多个独立的阶段，在每个阶段内进行专业化管理，从而提高效率，现代社会组织构成正是基于这一理论。这一理论也指导着政府部门构成及职责划分，政府的监管过程都可以划分成不同的独立阶段，通过不同部门履行不同职责，专业化地完成不同阶段的监管工作，从而提升公共管理的效率。根据此理论，对“会计信息真实性、准确性、完整性进行监督核查”这个复杂的监管过程，也可以通过划分阶段，由财政、审计、税务等多部门专业化履职，提升监管效率。

3. 协同理论

协同是指系统内的不同要素，在时空、功能等多方面相互协调作用下，从而实现同一系统发展目标的过程。系统内部的各个要素各具差异，但是通过相互协调实现互补整合，增强整体效应，实现共同目标。根据协同理论，对于政府监管过程仅仅依靠分工还不能确保高效实现监管目标，还需要通过多个独立监管主体之间加强协调配合，厘清职能边界，构建良好的协同机制，从而实现监管这一复杂程序的稳定、有序、一致，同步实现个体监管目标和整体监管目标。因此，在财会监督过程中，多监管主体不仅需要分工，更需要加强协作，最大化提升监管效率。从现实角度看，财会监督对各类经济活动、资金活动进行监督，从而涉及经济活动、资金活动中的各类行为监督，是其他各类监督的基础和手段，为其他监督提供参考依据。探索财会监督横向协同机制，有利于形成监管合力，实现监管效率最大化。

（二）财会监督横向协同的机制优势

通过财会监督主体间横向协同，融入其他主体的监督数据与信息，形成以财会监督信息为基础、其他各类监督信息相互补充的大监督体系，增强监督效果。横向协同的财会监督机制优势在于：

1. 打破信息壁垒，节约监督成本

一方面，财会监督建立在信息和数据的基础上，单一的财会监督具有局限性，随着各项经济活动越发复杂，经济问题越加隐蔽，仅通过财务数据或者业务数据无法发现问题、防范风险。财会监督需要其他主体介入，深入探查事前、事中、事后方方面面，在大数据的基础上开展财会监督。通过建立协同机制，可以扩充财会监督内容，拓展财会监督视野，跳出财会监督原有的财会领域框架，多渠道信息数据对比检查，全面深入查找问题、堵塞漏洞、防治风险。另一方面，在政府过紧日子、经济发展承压的大背景下，财会监督主体间横向协同，可以避免重复监督、共享数据信息，实现监督资源的最优配置，有效减少监督成本，节约社会资源。

2.形成良性互动，提升监督效率

一方面，财会监督是基础性监督，其他主体往往也将财会信息作为切入点之一，分析数据、寻找线索；另一方面，不同监督主体均有其监督的侧重点，有的以制度执行规范性监督为主，有的以预算资金效益性监督为主，不同监督之间各有不同。建立协同机制可以使得不同监督之间形成良性互动，在内容、方式上互为补充，有效防止权力监督真空，从而提高监督工作整体效能。

三、财会监督与其他监督协同的实践案例

（一）资本市场财会监督横向协同

1.瑞幸咖啡造假监督

瑞幸咖啡作为中国新兴的连锁品牌，曾经的快速扩张和优异表现使其成为资本市场的明星。然而，2019年末，瑞幸咖啡被曝出财务舞弊丑闻，引起社会广泛关注。据报道，瑞幸咖啡在2019年虚增销售额约21.6亿元，虚增收入约1.5亿元。在瑞幸咖啡造假查处过程中，财会监督与其他监督的横向协同，彰显了加强财会监督横向协同的重要性（见专栏3-2）。

◇ 专栏 3-2

财会监督横向协同——瑞幸咖啡事件

瑞幸咖啡于2017年6月注册成立，截止到2019年年末门店数量超过4500家。瑞幸咖啡于2019年5月17日登陆纳斯达克，是世界范围内从成立到IPO最快的公司之一。知名做空机构浑水于2020年1月31日发布针对瑞幸咖啡的做空报告，直指瑞幸涉嫌财务造假，门店销量、广告费用、其他产品的净收入均被夸大，2019年第三季度的门店营业利润被夸大3.97亿元。2020年4月2日，瑞幸咖啡公司向美国证券交易委员会（SEC）提交公告，承认财务舞弊，涉虚假交易额22亿元。2020年6月27日，瑞幸咖啡发布声明称：公司将于6月29日在纳斯达克停牌，并进行退市备案。2020年7月31日，中国证监会宣布：瑞幸咖啡财务造假调查处置工作取得了重要进展。当天，财政部表示：已经完成对瑞幸咖啡公司境内运营主体会计信息质量检查。在检查中发现，自2019年4月至2019年年末，瑞幸咖啡公司通过虚构商品券业务增加交易额22.46亿元，虚增收入21.191亿元（占对外披露收入51.51亿元的41.16%），虚增成本费用12.111亿元，虚增利润9.081亿元。2020年9月18日，国家市场监督管理总

局对瑞幸咖啡（中国）有限公司、瑞幸咖啡（北京）有限公司不正当竞争违法行为作出行政处罚决定，均罚款人民币200万元。2020年12月16日，美国证券交易委员会（SEC）宣布：瑞幸咖啡同意支付1.8亿美元和解对其会计欺诈指控。2021年2月5日，瑞幸咖啡在纽约申请破产保护。

瑞幸咖啡财务造假事件进一步凸显加强财会监督横向协同的重要性。2020年，瑞幸咖啡财务造假事件曝光后，根据国务院金融委的部署，证监会会同财政部、市场监管总局等部门建立合作机制，其实质上也是一次条块结合、多部门参与的财会联合专项监督。整个专项治理工作有两个突出的特点：一是调查深入全面，三部门分别依据《证券法》《会计法》以及《反不正当竞争法》，对瑞幸关联公司信息披露行为、瑞幸财务造假行为以及瑞幸交易宣传行为开展深入调查，全面覆盖瑞幸公司各类行为，拓宽财会监督视野，深入查找问题。二是建立线索移送机制，强化与公安部门的协同配合，相关责任主体涉嫌犯罪的依法移送公安司法机关进一步追责，强化行政处罚与刑事惩戒过渡衔接，持续加大资本市场违法行为打击力度。

资料来源：胡明霞：《基于财会监督视角防治财务舞弊》，《财务与会计》2021年第18期。

2.普华永道审计恒大地产项目中的违法行为

近日，财政部对普华永道中天会计师事务所（以下简称“普华永道”）及其广州分所在恒大地产集团有限公司（以下简称恒大地产）审计项目中的违法行为作出行政处罚决定。财政部和中国证监会分别根据《中华人民共和国注册会计师法》和《中华人民共和国证券法》等法律法规作出处罚决定，共没收违法所得并处罚款4.41亿元，并给予普华永道警告、暂停经营业务6个月、撤销普华永道广州分所的行政处罚，同时给予汤振峰等4名签字注册会计师吊销注册会计师证书的行政处罚，给予陈耘涛等7名参与编制恒大地产合并财务报表的注册会计师警告或罚款的行政处罚（见专栏3–3）。

◇ 专栏3–3

财会监督横向协同——普华永道事件

2024年1月起，财政部组织检查组对普华永道恒大地产审计项目执业质量开展专项检查。经查，普华永道及其广州分所在恒大地产2018—2020年财务报表审计过程中存在违法问题，主要集中在六个方面：一是2018—2020年对恒大地产收入相关的主要审计程序，设计、实施存在严重缺陷，多项程序得出不实结论；2020年明知恒大地产提前确认收入而不予指明。二是丧失独立性，为恒大地产编制合并财务报表，并在合并财务报表层面编制调整分录以虚增利润。三是明知或应当知道恒大地产存在大量货币资金受限，对财务报表中的重大错报不予指明，并通过各种方式隐瞒或掩盖。四是对恒大地产2020年虚增开发成本、随意确认投资性房地产的重大会计差错不予指明。五是未保持职业怀疑，未发现恒大地产“明股实债”方式融资、合并财务报表范围不准确导致的重大会计差错。六是对恒大地产未按规定披露重大诉讼仲裁事项不予指明，其他应收款及审计抽样、持续经营等审计程序执行不到位，项目质量控制失效等。

据介绍，在检查阶段，中国证监会依法对恒大地产2019年、2020年年报存在虚假记载、欺诈发行公司债券等违法行为进行调查。财政部充分利用中国证监会的调查成果，查实恒大地产的会计责任，在此基础上检查确定了普华永道2019年、2020年的审计责任；结合有关方面反映的问题线索，进一步检查发现了普华永道2018年的审计违法行为，并确定了相应审计责任。在行政处罚阶段，按照行政处罚法第二十九条关于“对当事人的同一违法行为，不得给予两次以上罚款的行政处罚。同一违法行为违反多个法律规范应当给予罚款处罚的，按照罚款数额高的规定处罚”等规定，财政部与中国证监会协同对普华永道进行行政处罚。

此次对普华永道依法作出行政处罚，进一步体现了加强财会监督、遏止会计信息造假的决心，体现了监管部门对提升资本市场会计信息质量的决心。同时，对规范注册会计师行业发展，促进行业法律制度建设、优化执业环境和提高审计质量具有重要意义。财政部和中国证监会的检查和处罚相互独立又相互协调，形成了很好的监管合力。

资料来源：《中国财政》财务与会计栏目，2024年9月13日。

（二）财政资金财会监督横向协同：隐性债务监督

防范化解地方债务风险，规范地方政府举债融资行为一直是近年来财政工作的重点。2014年出台的《关于加强地方政府性债务管理的意见》（国发〔2014〕43号）以及修订后的新《预算法》，明确赋予地方政府依法适度举债权，并实行严格的债务限额和预算管理，同时剥离地方政府融资平台公司的政府融资职能。但令人遗憾的是，2015年后，地方隐性债务问题并没有消失。隐性债务监督成为财政等政府部门协同监督的重要方面（见专栏3–4）。

◇ 专栏 3–4

财会监督横向协同——隐性债务监督

2017年7月14日至15日，第五次全国金融工作会议明确要求各级地方党委和政府要树立正确的政绩观，严控地方政府债务增量，终身问责，倒查责任。7月24日，中央政治局会议提出“要积极稳妥化解累积的地方政府债务风险，有效规范地方政府举债融资”，“坚决遏制隐性债务增量”。此后，财政部、发展改革委、司法部、人民银行、银保监会、证监会联合对地方政府隐性债务开展监督，这次横向协同的财会监督引入信息化技术手段，搭建了隐性债务监测系统，成为其显著特点。一是联合印发《关于进一步规范地方政府举债融资行为的通知》，明确提出建立跨部门联合监测和防控机制，实现债务和长期支出事项全面动态的监控。二是财政部牵头设立地方全口径债务监测平台，与人民银行、国家发展改革委、市场监管总局、银保监会的相关信息系统进行对接，加强信息共享。联合金融系统监管部门指导银行保险机构安装端口，与财政部监测平台联调测试，从资金源头入手获取融资情况及基础信息，开展深入分析，对隐性债务实行穿透式监管，从供需两端共同遏制新增违规举债。

四、财会监督与政府预算管理协同

（一）预算决策与编制阶段

预算的决策与编制是整个预算管理的初始或事前规划阶段，是对有限的财政资金在各种潜在的需求之间如何分配进行有效选择。财政要保证党和国家的重大战略及基本民生政策的实施，政策的导向会转化为对各级政府部门的资金流向和流量，这一阶段财政部门需要了解支出项目的基本情况，结合业务部门的预测制定支出预算，此阶段的关键控制点在于业务部门的预测是否准确。而现实中一些业务部门及单位在预算编制过程中由于缺乏科学有效的分析手段，致使在预算编制时仍采用传统的“基础加增长”方法，在信息不对称的情况下，业务部门容易“头戴三尺帽”要大预算，而财政部门也会在资金分配的博弈中处于劣势，最终导致预算编制前瞻性不足、计划性不强，预决算偏离度较高。如何更加精准、科学、有效地分配资金而不是财政部门与业务部门之间进行“讨价还价”？这些年通过事前绩效评估、绩效目标管理、项目库建设、支出标准建设以及零基预算等手段有所改进，但距离政府过紧日子，优化支出结构，压减低效无效支出、严肃财经纪律、整饬财经秩序的要求还有距离。这其中的主要问题在于实践中，承担各项经济社会发展的业务部门与财政部门融合不够，与财务规则及会计数据融合不够，表现在：业务部门往往从自身角度出发考虑资金的需求，而对财政宏观层面的资金统筹情况考虑不够，在中微观层面对部门及行业的财会约束性要求考虑不够，一方面出现某些领域财政资金紧张情况，另一方面资金的条块分割、资金沉淀的顽疾始终存在。因此，在预算决策编制环节财政部门要了解业务部门的支出需求及支出特点，业务部门要熟知财政政策及管理要求；要进一步加强科学编制预算的基础建设，包括具体部门及行业特点的绩效目标管理、项目库建设，以及指标标准的制定等；上述融合一定要建立在分部门分行业的财务规则及会计数据的细化分析基础之上。在预算编制过程中借助财务与会计信息，能够对各项经济业务及财政资金流进行有效分析，提供基础信息，帮助改进财政管理，有效降低零基预算的编制难度与编制成本，减少预决算偏离程度，并有效简化预算编制与上报流程，完善财政部门与各政府业务部门、单位的沟通协作机制，提高预算编制的效率与质量，从而实现政府业务部门的预算计划建立在科学预测基础之上，合理分配政府财政资源。

（二）预算执行与调整

预算执行是实现预算目标的过程，也是严肃财经纪律、硬化预算约束的过程，是事中控制阶段。这一阶段要在已有预算的基础上，在业务的实际开展过程中，实时监控成本费用开支、支出进度、支出绩效目标是否完成等情况，并结合预算进行对比分析，与业务部门共同分析预算执行过程中存在的问题及改进措施。事中控制的关键是通过财会数据跟踪、分析和反馈，及时发现问题、控制风险、相机抉择、灵活应对。

当前我国预算执行过程中仍然存在诸多问题，根据问题性质以及近年来审计查出问题的类型可具体分为以下几类：第一，预算执行的规范性有待改进问题。具体表现在支出进度缓慢、资金用途随意改变、资金闲置、超规定范围支出等。第二，预算执行中违反财经纪律问题。如违规收费、骗取留抵退税、收入空转、虚列支出、规避审批、违规兴建楼堂馆所、违规挪用及侵占民生资金、违规列支“三公”经费等。第三，预算执行监控效率问题。当前监督主体所获取的预算信息具有一定的滞后性，一些信息只有在各个部门上报后才能获得，缺乏对预算执行情况的实时控制。同时，监督主体在预算监督过程中多关注大额资金使用、政府采购及国库集中支付合规性等重要性事项，一般难以覆盖所有经济业务，难以对部门所有经济业务的实质进行有效监督。在当前经济下行压力增大、国家财政紧张的大背景下，必须尽快采取措施提高我国预算执行的规范程度，而强化财会监督便是重要的推进器。一是强化财会监督有利于对政府各业务部门的预算资金进行基于体现部门业务及行业特点的全生命周期管理与监控，根据业务特征精细化财会制度、内控规范、收支管理、指标标准等，避免“一刀切”，确保财政资金使用的合法合规。二是通过各项财会数据准确掌握各部门单位的支出情况，进而及时追踪、分析、评估各部门单位的预算执行情况，充分发挥财会监督职能，严肃财经纪律，硬化预算约束，避免相关违法违规行为发生。三是在政府预算监督过程中强化财会监督，能够充分发挥财政监督、财务监督、会计监督相互融合的作用，实时追踪预算执行情况，及时识别并解决预算执行中存在的各类潜在风险，避免财务损失并堵住管理漏洞，以提高政府预算执行过程中的风险防控能力。

（三）预算绩效评估与公开

这一阶段属于事后评估阶段，即在支出项目结束后对整个项目的实际数据、预算数据以及绩效目标进行整体对比分析。我国现行预算绩效管理在取得突出成就的同时仍然存在一些制度性基础性的障碍，特别是绩效评价指标及标准不够科学，对绩效评价结果的准确性和公信力产生影响。财会监督则能够充分获取不同行业财会信息并形成不同类别下具有业务特质的绩效信息，从而提高绩效指标体系的系统性、精准性、实用性；同时可以借助业财融合的信息共享机制，打破各部门间的信息壁垒，破除信息孤岛，从而获得完整全面的预算绩效信息，为预算绩效管理提供基础信息保障，为进一步严格绩效目标管理，完善重大政策、项目预算绩效评价机制，充分运用绩效评价结果，将评价结果作为完善政策、安排预算和改进管理的重要依据打下坚实基础。加强财政监督的前提是提高预算的公开度与透明度，但是目前我国预算编制的颗粒较粗，尚未全部细化到具体项目以及项目执行单位；预决算信息的公开程度还不够高，尚未实现部门、单位、项目的全覆盖。因此，在此基础上，强化财会监督有利于及时获取预算调整信息，实时掌握并动态监测各业务部门、单位的财政资金使用与项目执行情况，解决虽然财政部门能够清晰地看到资金流向，但资金背后的经济业务难以有效监管的问题，进而实现对各部门、各单位业务的完整、闭合、严格、有效的监督。

五、财会监督与人大预算审查监督协同①

根据宪法和有关法律规定，人大及其常委会具有立法权、监督权、重大事项决定权和选举任免权。人大监督是国家权力机关对国家行政、监察、司法和法律实施的监督，人大对财会监督、审计监督、统计监督等经济监督工作都具有再监督权。根据宪法、预算法、组织法、监督法等有关规定，人大在财会领域的监督职责主要包括：相应领域立法和执法检查，规范性文件备案审查，听取相关专项工作报告，就有关问题开展询问与质询，就重大问题开展特定问题调查等；在政府预算管理领域，更是直接具有对预算的审查批准权和执行监督权。各级人大及其常委会一般都设立了专门机构负责预算审查监督工作，并具体承担相应领域立法与执法检查。党的十八大以来，以习近平同志为核心的党中央高度重视人

① 主要参考周振：《人大预算审查监督与财会监督协同联动路径探析》，《财政监督》2023 年第 16 期。

大监督工作，要求“加强四个机关建设”，实施“正确监督、有效监督、依法监督”，切实践行全过程人民民主。

（一）人大预算审查监督与财会监督的相同点

人大监督与财会监督都属于党和国家监督体系的重要组成部分，在政治属性上具有习近平新时代中国特色社会主义制度的共同特征：一是指导思想与领导力量相同，都坚持以习近平新时代中国特色社会主义思想为指导，坚持党中央集中统一领导；二是基本原则相同，都坚持以人民为中心，以问题为导向；三是目标任务相同，都是为了加强法治、规范管理、提高效率、严肃纪律，共同推动中国式现代化建设。

（二）人大预算审查监督与财会监督的区别

因在国家治理体系中的定位不同，人大预算审查监督与财会监督具有各自的特点和不同（见表3-1）。

表 3-1　人大预算审查监督与财会监督的异同

		人大预算审查监督	财会监督
相同点	1.指导思想与领导力量相同； 2.基本原则相同； 3.目标任务相同。		
不同点	职能定位不同	国家权力机关的监督；具有政治性、法律性、人民性等特点，一般不开展个案监督。	行政监督、内部监督；具有基础性、支撑性、直接性、专业性、及时性等特点。
	主要任务不同	审查批准预算和监督预算执行、财经领域立法协调与相关执法检查、规范性文件备案审查、开展相关专项工作监督。	法律法规具体起草与立法协调、相关法律法规宣传与执法检查、制度机制建设与实施，以及财政、财务、会计等工作监督。
	监督方式不同	立法、规范性文件的备案审查、执法检查、预算审查监督、听取专项工作报告、询问、质询、特定问题调查等。	审核、监控、督导、核查、检查、调研、评价、执法检查等。

1.职能定位不同

财会监督是国家机关及企事业单位、组织和个人的行政监督、内部监督，具有基础性和支撑性作用，具有直接性、专业性、及时性等特点，能够做到全过程参与、及时纠偏；人大预算审查监督是国家权力机关的监督，具有政治性、法律性、人民性，一般不开展个案监督。在对财政活动的监督方面，财会监督主要体现为财政监督，包括上级财政对下级财政的监督和财政部门对同级政府参与财政活动的相关部门的监督；而人大监督职能主要表现在法律监督（立法、执法检查、规范性文件备案审查）、工作监督（财政收支管理、政府债务管理、国有资产管理等）和预算审查监督（审查批准预算、预算调整和决算、监督预算执行）等方面。在对财务、会计活动的监督方面，根据公司法及其他相关法律法规的规定，财会监督需要扩大到对社会企业（公司，特别是上市公司），主要是通过中介机构（如会计师事务所）的审计业务对其财务、会计活动进行监督，这时中介机构实质上履行了国家审计的职责，是对政府审计的补充；而人大职能则主要表现在法律监督方面，且只是对法律实施的整体情况的检查监督，一般不直接对个案进行执法监督。

2. 主要任务不同

财会监督主要负责相关领域法律法规具体起草与立法协调、相关法律法规宣传与执法检查、财会制度机制建设与实施，以及财政、财务、会计等工作监督；人大预算审查监督主要负责审查批准预算和监督预算执行、财经领域立法协调与相关执法检查、开展专项工作监督。

3. 监督方式不同

财会监督的主要方式有审核、监控、督导、核查、检查、调研、评价、执法检查等；人大预算审查监督的主要方式有立法、执法检查、规范性文件备案审查、审查批准预算并监督预算执行、听取专项工作报告、询问、质询和特定问题调查等。

（三）财会监督与人大预算审查监督的协同

各级人大及其常委会、政府及其主管部门要通过履行法定职责，共同推进财会监督工作，将制度优势转化为治理效能，保障市场在资源配置中起决定性作用，推进财政治理体系现代化。

1. 加强协同，完善财会领域法律制度

目前，我国涉及财会监督领域的主要法律法规有：《预算法》及实施条例、《政府采购法》《会计法》《注册会计师法》《行政处罚法》《财政违法行为处罚处分条例》等，相关规定较为分散，财会监督法治环境尚不健全，亟须完善财会监督领域立法，加强法治建设，做到有法可依、有章可循。

财政等主管部门要认真履行法定职责和要求，发挥专业优势，积极推动、主动参与，承担起相关法律法规草案的起草工作，并加强与人大的沟通协调，推动相关领域立法与法律法规修订工作，探索制定《财会监督法》或《财政监督法》，修订完善《预算法》《政府采购法》《会计法》《注册会计师法》《行政处罚法》《财政违法行为处罚处分条例》等法律法规，明确财会监督法律地位，明晰监督职责、程序、方法、要求，加大违法违规责任追究，真正把财政、财务、会计活动及管理监督纳入法制化轨道。人大预算审查监督机构要结合监督调研工作中发现的突出问题，主动、提前介入相关领域立法起草与法律法规修订工作，防止相关部门在法律法规起草过程中的“部门利益法制化”，切实践行“科学立法、民主立法、依法立法”。

在完善立法基础上，财政等部门要依法建立完善配套管理、监督制度机制，立规定矩，做好政策协同。财政财务部门要梳理完善现行法律法规及制度办法，形成汇编提供工作参考，并加强宣传培训，形成良好的依法依规办事习惯，改进完善内部监督环境，实现财会监督制度化、规范化。

2.坚持法治，联合开展执法检查

执法检查，既是人大监督的重要形式，也是财会监督的重要方式。开展人大主导、政府主管部门配合的联合执法检查，重点检查相关法律法规实施情况、制度机制建设与实施情况，以及依法开展工作情况，深入推动法治建设，树立法治权威。在执法检查顺序上，可以列出财会领域相关的法律法规，进行一次综合性财会领域法治大检查，也可根据重点逐年开展对一部或多部相关法律法规的执法检查。

财政等部门要结合工作中发现的相关法律法规实施问题，主动向人大相关机构提出执法检查计划，争取纳入同级人大常委会年度监督工作安排，形成执法检查联动机制，并积极支持、配合、参与执法检查工作。执法检查中要坚持问题导向，围绕主要矛盾和矛盾的主要方面如实反映存在的问题，执法检查结果要及时向同级人大常委会报告，必要时提出制定或修订相关法律法规的意见和建议，共同推动相关法律法规在本行政区域内的有效实施。

3.积极主动，配合人大预算审查监督

审查批准预算和监督预算执行，是宪法和法律赋予各级人大及其常委会的一项法定职权。各级人大及其常委会通过行使预算审查监督权，审查批准年度预算、预算调整和决算，监督预算执行，监督审计工作及审计发现问题整改情况，监督政府债务和国有资产管理工作，是人大立法权（根据预算法定原则，审查批准预算具有立法性质）、监督权及重大事项决定权的综合体现。

财政等主管部门要牢固树立预算法定意识，严格按照人大审查批准的预算组织和监督预算执行，不得无预算或超预算、超标准支出，严格控制预算调剂。对人大及其常委会提出的预算、决算相关审查意见，要认真组织研究处理并加强监督，及时跟踪反馈处理情况，把人大预算审查监督结果作为履行监督职能的重要依据。

人大也要“依照法定职责、限于法定范围、遵守法定程序，统筹运用法定监督方式”的原则，采取有力措施，推进实质性审查，共同推动现代预算制度建设。

4. 围绕重点，联动监督增实效

党的十八大以来，以习近平同志为核心的党中央作出建立健全现代财政制度、全面实施预算绩效管理、加强政府债务和国有资产管理、统筹发展与安全、推动高质量发展等一系列重大决策部署，同时也对人大预算审查监督工作提出了新任务新要求，包括预算审查监督重点向支出预算和政策拓展、加强对地方政府债务的审查监督、加强对国有资产管理情况的监督等。

财政等主管部门要加强与同级人大预算审查监督机构的协同配合，在监督法律法规实施情况基础上，围绕贯彻落实党中央重大决策部署和各级党委工作安排，抓住重点，有针对性地开展联动监督。探索实施“穿透式联动监督”方式，以人大监督为牵引，综合统计监督、财会监督、审计监督等专业监督力量及监督成果，突出重点、凝聚共识，实现“一体化”全过程联动监督。重点聚焦重大财税政策及财政财务制度贯彻落实情况、收入征管和执行情况、转移支付分配及执行情况、部门预算编制与执行情况、重点支出和重大投资项目执行情况、政府债务管理及违法违规举债融资情况、预算绩效管理情况、国有资产管理使用情况等，充分发挥财会监督的“探头”作用，做到事前、事中、事后监督，及时发现政策堵点、工作难点和群众痛点，推动中央重大财税政策落实，共同促进政府治理效能提升。

5. 信息互通，共同打造监督闭环

加强财会监督信息化建设。财会监督涉及多领域、多部门、多环节，加强信息化建设，实现财会分析、检查、控制和评价的信息化、智能化，是财会监督发展的大趋势。建立大数据财会监管平台，汇聚财政、财务数据，贯通预算管理、债务管理、资产管理、财务管理等信息系统，开发数据比对、筛查、分析和智能预警等功能，提高工作效率，实现全方位各环节无死角监管。目前财政财务信息系统众多，如预算管理系统、直达资金管理系统、全口径债务管理系统、国库集中支付系统等，各级国家机关和企事业单位的财务管理信息系统更是五花八门、类型繁多，要实现大数据财会监管平台，必将是一项浩瀚工程，要加强顶层设计，标准先行，做好制度机制谋划和保障。

向人大共享财会监督数据信息。通过实时联接、自动推送、定期报送等方式，支持配合人大实施预算联网监督。人大要建立自己的预算联网监督系统，实现与同级财政、税务、医保、社保、审计、国资、统计及金融监管等部门的数据信息互通和共享，提升大数据分析能力，提高监督效率。继续推进预算信息公开，保障人民群众的知情权、参与权、表达权、监督权。

建立定期会商沟通机制。探索建立人大预算审查监督与财会监督、审计监督、统计监督和纪检监察监督的联席会议制度，建立“资源共享、问题共商、成果共用”的大监督机制，把各方面的监督要求和建议融入实际工作中，形成工作合力，提高工作效率，防止多头重复检查、重复监督，对发现的问题严格依法依规给予处罚，形成警示作用。

第二节　加快建立现代国库制度

一、财政国库管理制度改革回顾

2000 年启动的财政国库管理制度改革，是继分税制改革后财政管理制度的又一次重大变革。改革建立起全新的预算执行管理机制，从管理制度和运行机制上促进了财税体制改革的深化和现代财政制度的建立，有力保障了国家重大改革与重大政策的有效实施。我国传统的国库管理制度是与计划经济体制和财政体制相适应的，并随着财政改革与发展相应调整和变动。新中国成立初期，党和政府在建立财政体系、稳定物价的同时，十分重视发挥国库的职能作用，提出迅速建立国家金库的要求。1950 年 3 月 3 日，政务院（今国务院）颁布《关于统一国家财政经济管理的决定》，要求各地在规定时间内建立金库。同时，颁布《中央金库条例》，明确“各级金库均由中国人民银行代理，金库主任由各级人民银行行长兼任。尚未设置人民银行之地区，得单独设立金库”。同年 3 月 25 日，财政部印发了《中央金库条例实施细则》，进一步明确金库管理制度。

20世纪80年代初，我国的财政管理体制突破了过去高度集中、统收统支的供给型管理模式，实行了“划分收支、分级包干”的财政管理体制，扩大了地方财权。1985 年 7 月 27 日，国务院颁布了《中华人民共和国国家金库条例》，以法规的形式确立了我国国家预算资金的管理体制，国库机构按照国家财政管理体制设立，原则上一级财政设立一级国库。1989 年 12 月 13 日，财政部、中国人民银行制定了《中华人民共和国国家金库条例实施细则》。1994 年 3 月 22 日第八届全国人民代表大会第二次会议通过了《中华人民共和国预算法》，并于 1995 年 1 月 1 日起实施，这是我国预算管理领域的第一部法律，对组织预算收入、拨付预算资金以及决算编制和批复等预算执行问题作出了规定。2000 年 6 月，财政部国库司成立。2001年2月，国务院第95次总理办公会批准《财政国库管理制度改革方案》，明确要求从根本上改变我国传统的预算执行管理方式，建立以国库单一账户体系为基础、资金缴拨以国库集中收付为主要形式的现代财政国库管理制度。

经过20年的改革探索，财政国库管理框架基本建立；政府采购、政府债券、预决算管理、政府财务报告等方面的各项制度及机制得以完善；预算管理一体化建设推进工作蹄疾步稳；国库管理基础性工作进一步夯实，财政资金运行安全得到有力保障。我国初步建立起符合现代财政改革方向的财政国库管理制度，这项制度也日益成为财政管理领域重要的基本性制度规范（见专栏3-5）。

◇ 专栏3-5

从《财政总预算会计制度》到《财政总会计制度》

2022年11月，财政部印发《财政总会计制度》。总会计与财政管理改革一脉相承，纵观新中国财政发展史，制度名称经历“政府总预算会计”“财政机关总预算会计”“财政总预算会计”等的演化，均以“总预算会计”为基本名称，一直延续至今，这一制度框架在公共财政发展攻坚阶段，对于加强政府预算管理、规范政府预算行为起到了重要作用。进入新时代，政府财政站在两个一百年的历史交汇点。由于传统“预算会计”侧重对预算收入、支出和结余等财政资金流量信息、平衡状态的核算，对政府财政资产负债项目核算不尽科学规范，立足新发展格局，夯实完善以收付实现制为基础的总会计的预算管理功能，建立健全以权责发生制为基础的总会计的财务管理功能，能够更加全面、准确反映政府财政财务情况，有效促进财政经济可持续发展。因此，《财政总预算会计制度》更名为《财政总会计制度》是顺应时代发展要求的。

资料来源：《财政部国库司负责人就颁布实施〈财政总会计制度〉答记者问》，《中国财政》2023年第2期。

二、财政国库管理制度改革的成效

（一）以国库集中收付制度为主体的现代国库框架基本建立，成为我国财政收支运行的核心基础①

1. 国库集中支付制度改革进一步深化，预算支出更加规范透明

一是不断深化国库集中支付制度改革级次，在国库集中支付制度实现对县

① 主要参考财政部国库司：《建立现代财政国库管理制度 推动实现国家治理体系和治理能力现代化》，《中国财政》2021年第10期。

级以上预算单位全覆盖后，从2015年开始大力推进乡镇国库集中支付改革。截至2020年底，中央、省、市、县、乡五级70余万个预算单位实施了国库集中支付制度改革，占全部预算单位的约99%，基本实现了“横向到边、纵向到底”，构建了现代化的国库管理框架。二是着力完善国库集中支付运行机制，深入落实“放管服”改革精神，进一步强化预算单位作为预算执行主体的责任，提高财政资金支付和使用效率。三是深入推进公务卡制度改革，优化公务卡管理使用。截至2020年底，全国95%以上的预算单位实行了公务卡制度，累计发行公务卡超过2500万张。四是利用现代信息技术，加快推进国库信息化建设。截至2020年底，全国有37个省级（包括新疆生产建设兵团）、398个地市、2043个区县财政部门实施了集中支付电子化管理。五是进一步推进预算执行动态监控工作。持续推进地方预算执行动态监控工作，基本建立起覆盖省、市、县三级的预算执行动态监控体系。六是建立财政扶贫资金动态监控机制。目前，监控平台已实现中央、省、市、县上下贯通，具备按日监控预算分配下达、资金支付及绩效目标执行等情况的功能，发现和纠正了一些扶贫资金的使用问题，推动加强扶贫资金监管。

2.收入收缴管理改革加快推进，综合效能更加显现

一是全国40万个执收单位实施了非税收入收缴管理改革，占到全部执收单位的97%以上。同时，推进非税收入收缴电子化管理。中央本级于2016年全面实施非税收入收缴电子化管理，地方非税收入收缴电子化管理也加快实施，截至2020年底，103个中央部门、全国超过24个省级财政实施收缴电子化管理，有效提升非税收入收缴效率和管理水平。二是落实党和国家机构改革方案和国税地税征管体制改革方案，明确税务部门征收非税收入的收缴管理要求，推动实现财税部门系统互联互通、信息及时共享。三是推进财税库银税收收入电子缴库横向联网，进一步扩大财税库银横向联网覆盖范围，加强横向联网数据的分析利用，研究制定财关库银税收收入电子缴库横向联网管理办法。

3.库款管理机制更加科学规范

一是加强中央库款调度管理。合理组织对地方资金调度，推进库款管理与预算执行、国债发行、国库现金管理的衔接，提高库款运行效率和效益。二是强化地方库款监测督导。针对经济下行、更大规模减税降费、地方偿债压力加大等情况，密切监测各地库款运行态势，分析影响库款增减变动的主要因素和需关注的问题，提出相应工作措施和建议。督促库款偏高地区继续加快支出预算执行，合理调节债券发行节奏；按月向有关省级财政部门发函，提示库款保障水平偏低的市县情况，督促科学调度资金，保障重点支出需要。三是切实兜牢基层“三

保”底线。完善“中央到省、省到市县”的监控机制，及时跟踪监测各级库款情况。结合地方收支运行、库款保障水平、县级工资监测预警和风险评估等情况，对地方财政实行差异化资金调度，加强对困难地区的支持，确保“三保”不出问题。

4. 国库现金管理稳步推进

按照国务院相关指示精神，稳步推进国库现金管理。2006 年正式启动中央国库现金管理操作，主要采取商业银行定期存款方式，商业银行以国债或地方政府债券为质押获得存款并向财政部支付利息，定期存款期限在 1 年以内。2014 年财政部会同中国人民银行制定《地方国库现金管理试点办法》，开始地方国库现金管理试点，2017 年地方国库现金管理在省级财政全面推开。

（二）政府债券发行管理制度改革不断深化，规范透明的政府举债筹资机制日益健全

1. 国债管理改革不断深化，发行机制更加健全

一是优化记账式国债期限结构，定期滚动发行关键期限国债，建立健全短期国债滚动发行机制，适当增加中长期国债发行次数和规模。二是不断改进记账式国债招标发行规则，促进国债一级市场价格发现，国债发行定价市场化水平和准确性进一步提高。三是完善续发行制度。根据期限长短适当增加续发行次数，有效增加单只国债可交易规模，提高国债二级市场流动性，促进中国国债纳入国际主流债券指数，促进国债市场对外开放。四是完善储蓄国债发行管理。适应利率市场化趋势合理确定储蓄国债发行利率，完善储蓄国债定价机制。拓宽储蓄国债销售渠道，方便百姓投资购买。五是健全国债市场价格波动监测机制，建立健全国债二级市场做市支持机制，提高国债二级市场流动性，改善国债收益率曲线质量。目前，我国国债发行管理已达到国际先进水平，涵盖短、中、长期较为完整的国债收益率曲线初步建立，国债收益率曲线在金融市场上的定价基准作用日益显现。

2. 地方政府债券发行成效显著，发行渠道更加多样

一是稳步推进发行地方政府债券置换存量债务工作，有效降低了地方政府融资成本，缓解了债务集中偿还压力。二是健全地方政府债券管理制度，逐步优化地方政府债券公开发行、定向承销制度安排，地方政府债券管理规范化水平不断提升。三是不断强化地方财政部门在发债工作中的市场化意识，完善地方政府债券信用评级和信息披露安排，增强市场在地方政府债券发行定价中的决定性作用。四是多渠道促进地方政府债券投资主体多元化。在上海自贸试验区发行地方

政府债券，引入外资银行参与地方政府债券承销工作。启动在上海、深圳证券交易所发行地方政府债券工作，充分发挥交易所市场对券商的动员作用和对个人投资者的辐射作用。成功启动商业银行柜台发行地方债券，进一步拓宽了地方债券发行渠道，较好满足了个人和中小机构投资需求。五是积极培育地方政府债券市场健康发展，不断完善地方政府债券发行、登记托管基础设施，逐步改善地方政府债券流动性。

（三）决算管理和权责发生制政府综合财务报告制度改革稳步推进，现代财政财务报告体系日趋完善

1.财政决算工作实现跨越，反映内容更加丰富

各级财政部门不断加强制度建设，着力提升决算编制工作质量，及时回应社会关切，切实服务各项财政改革。一是健全决算管理制度体系，确保决算管理有规可依、有章可循。二是丰富决算报表反映内容。建立与全口径预算管理相对应的财政决算报表体系，完整反映四本预算收支以及政府债务等情况，为政府统揽全局、科学决策提供了坚实数据支撑。三是深入推进决算公开工作。全国部门决算公开规范化程度不断提升。中央部门决算公开范围稳步扩大，公开内容逐年细化，公开时间和公开形式趋于集中，回应社会关切更加及时主动，舆情评价积极。地方省、市、县三级的部门决算公开同步深化，决算公开的及时性、完整性和规范性均有明显改善。四是不断加强决算分析。中央财政运用决算数据对预算编制的完整性、预算执行的有效性、资产负债变动情况等进行评价，为改进中央部门财务管理水平提供依据。一些地方尝试建立决算数据分析指标体系和数据分析模型，开展更加精准的量化分析，推动形成常态化、规范化、科学化的决算分析机制。

2.政府综合财务报告制度改革扎实推进

根据国务院批转财政部《权责发生制政府综合财务报告制度改革方案》和财政“十三五”规划要求，政府综合财务报告制度改革取得积极进展。一是初步建立起政府财务报告编制制度框架体系。具体包括1个办法和3个指南，即《政府财务报告编制办法（试行）》和《政府部门财务报告编制操作指南（试行）》《政府综合财务报告编制操作指南（试行）》《地方政府综合财务报告合并编制操作指南（试行）》。初步建立起政府综合财务报告分析指标体系，为分析利用政府财务报告数据提供方法。二是不断扩大试点范围。2020年，编报政府部门财务报告的中央部门达到108个，编报政府综合财务报告的地方政府实现全覆盖，总体上看，政府财务报告制度改革已从夯基垒台、立柱架梁进入全面推进、提质定

型的阶段。三是积极开展重点难点问题研究。开展政府财务报告分析应用体系建设、全国和地区政府财务报告合并汇总等课题研究，取得的研究成果已在相关制度制定和试点工作中应用（见专栏3-6）。

◇ 专栏 3-6

《财政总会计制度》出台

2022年11月，财政部印发《财政总会计制度》（以下简称《制度》），自2023年1月1日起施行。财政总会计以国家预算实施为中心，是承接政府预算和执行的桥梁纽带，反映国家预算的执行情况、报告年度国家和地方决算，是国家的“大账本”。财政总会计制度是财政管理重要基础性制度，是加强财政预算管理、提升国家财政治理效能的坚实保障。

党的十八大以来，中国特色社会主义进入新时代，预算管理制度不断改革完善，现代财政制度框架基本确立，财税法律法规体系进一步健全。党的二十大报告要求“健全现代预算制度”，财政部部长刘昆撰文指出要推动预算编制完整科学、预算执行规范高效、预算监督严格有力、管理手段先进完备。财政总会计工作须对标新时代新征程目标任务，与现代预算制度相适应，同步强化发展，对下一步总会计制度体系建设提出了更新更高要求。在推进财政经济高质量发展的历史进程中，总会计要着力解决与预算管理制度改革协调同步、保持核算中立性和逻辑一致性等问题，应通过完善总会计制度设计和实践管理手段，进一步夯实财政管理基础，规范核算流程，明确核算标准，强化财政资金运行及政府资产负债管理，落实好向人民交一本明白账的职责任务，支撑健全现代预算制度，更好发挥财政在国家治理中的基础和重要支柱作用。

财政部对总会计的制度设计可以追溯到20世纪50年代。70年来，我国财政总会计制度一直沿用“预算会计”制度框架，会计核算基础采用收付实现制，聚焦的是预算收入、支出和结余等流量信息的核算管理，对政府财政资产、负债等存量信息核算不够规范科学，不能够准确完整地反映政府家底和运营成本。总会计作为支撑现代财政制度建设的重要基础，一些体制机制障碍亟须破解，修订完善《制度》十分紧迫。2021年《制度》修订工作被列入《国务院关于进一步深化预算管理制度改革的意见》（国发〔2021〕5号）清单。

（一）研究制定《制度》是落实党中央、国务院决策部署的客观要求。2013年党的十八届三中全会确定要“建立权责发生制的政府综合财务报告制度”，2014年国务院批转了财政部《权责发生制政府综合财务报告制度改革方案》（国发〔2014〕63号），明确提出“建立健全政府会计核算体系”“健全完善政府会计制度功能”“完善财政总预算会计制度”，实现财务会计与预算会计适度分离并相互衔接的总体目标。

（二）研究制定《制度》是贯彻实施《政府会计准则——基本准则》的基本要求。2015年财政部制定发布《政府会计准则——基本准则》（财政部令第

78 号），提出预算会计和财务会计“平行记账”核算模式，分别实行收付实现制和权责发生制基础，财政总会计和单位会计均适用。自 2019 年 1 月 1 日起，我国各级各类行政事业单位均开始执行以权责发生制为基础的政府会计准则制度。作为政府会计核算体系的重要组成部分，《财政总预算会计制度》应按照《政府会计准则——基本准则》进行修订完善。

资料来源：《财政部国库司负责人就颁布实施〈财政总会计制度〉答记者问》，《中国财政》2023 年第 2 期。

三、加快建立现代国库管理制度[①]

参考发达国家的国库管理经验，现代国库管理主要包括控制、运营、报告三个层面的基本功能。新时代国库制度建设也应以这三个基本功能为基础，致力于解决财政管理和国家治理面临的新问题、新挑战，全面建立由预算指标、额度管理、政府采购、资金支持、评价与报告形成的完整的预算执行管理链条，实现顺向相互支撑、有效制衡，逆向真实反馈、有效监督的目标。

（一）进一步加强国库基本功能

1. 控制

国库的控制功能是指通过预算指标、账户设置、采购合同、库款资金、会计核算等环节进行有效的预算执行控制，促进财政收支运行更加安全、规范、高效，有力保障政府各项职能履行和政策目标达成。

（1）加强标准化体系建设。标准是经济活动和社会发展的技术支撑，是国家基础性制度的重要方面，标准化在推进国家治理体系和治理能力现代化中发挥着基础性、引领性作用。《国务院关于进一步深化预算管理制度改革的意见》也提出要“推进支出标准体系建设”，现代国库的控制职能也应以“标准化建设”为起点，建立起一整套“控制”的标准体系。财政部门要加快会同中央有关职能部门按程序制定国家基础标准，地方结合公共服务状况、支出成本差异、财政承受能力等因素因地制宜制定地方标准，建立不同行业、分类分档的国库执行标准体系。

（2）切实强化预算约束。国库执行的是国家预算，根据《预算法》规定，“经人民代表大会批准的预算，非经法定程序，不得调整。各级政府、各部门、各单位的支出必须以经批准的预算为依据，未列入预算的不得支出。”《国务院关

① 主要参考向梁欢等：《加快建立现代国库制度的思考》，《预算管理与会计》2022 年第 3 期。

于进一步深化预算管理制度改革的意见》明确要求坚持预算法定的原则，必须强化预算指标对预算执行的约束。在预算编制上，进一步增强完整性、科学性，增强预算约束的公信力；在预算执行方面，要从制度上、技术上建立起切实可行的约束框架，使得财政资金只能按照预算约定的框架执行；要强化绩效管理，加强绩效评价结果与预算安排的有机衔接，对绩效表现差的压减预算资金，对绩效表现优秀的适当予以倾斜，认真将预算约束力落实到位。

（3）加强政府采购控制。政府采购制度是规范政府采购行为的一项公共管理制度，是加强财政支出管理的一项重要制度。必须进一步加强对政府采购的监管，以强化政府采购对财政支出的控制能力，对采购项目的必要性、采购资金来源、采购数量、采购类型、是否进口产品等进行重点审查，通过加强对政府采购方式和组织形式管理、招标文件管理、评审专家管理、政府采购合同管理等方式，落实好政府采购各个环节的工作，强化采购与支出的衔接。

2. 运营

国库的运营功能主要是指根据财政收支运行中调剂资金余缺的需要，有效实施债务管理和现金管理，分别从负债端和资产端优化对政府财务资源的配置运营，并作为财政政策工具发挥相应的宏观调控职能。

（1）提高为国理财为民服务的能力。当前，我国经济正处在转变发展方式、优化经济结构、转换增长动力的关键期，实现高质量发展还有许多短板弱项，“十四五”规划和2035年远景目标纲要提出要“增强国家重大战略任务财力保障”，加强现代化的国库运营，必须胸怀“国之大者”，不仅要有“经济账”，还要有“政治账”“政策账”“社会账”，落实积极的财政政策提质增效、更可持续，保持国民经济整体运行在合理区间的作用，做好重点领域风险化解，促进财政可持续发展。

（2）优化财政支出结构。首先，要充分发挥财政在防范化解风险、支持安全发展方面的重要作用，财政要坚持在发展中保障和改善民生，处理好起点公平、机会公平和结果公平之间的关系，为人民教育、医疗、就业等基本民生保障兜牢底线，引导社会财富第三次分配，促进共同富裕。其次，要优化政府投资支出的结构，坚持服务国家大政方针，在强化国家战略科技力量、加强原创性引领性科技攻关、加快发展现代产业体系、巩固壮大实体经济根基、形成强大国内市场、促进国内国际双循环。再次，在财政紧平衡的状态下，牢固树立“过紧日子”的思想，压缩行政刚性支出膨胀需求。最后，优化转移支付功能，全面推进乡村振兴，推动巩固拓展脱贫攻坚同乡村振兴有效衔接，加快农业农村现代化，在促进地域平衡发展方面发挥积极作用。

（3）切实做好国库现金管理。国库现金管理是积极财政政策和稳健货币政策有机结合的重要政策工具，随着我国经济发展进入新常态和供给侧结构性改革的持续深入，全面深化改革进入关键期。为进一步适应新时代财政管理新要求，要加快构建与现代财政制度相配套的国库现金管理机制。从发达国家的管理经验看，财政库底目标余额管理制度是国库现金管理高级阶段的核心内容，要在国库单一账户体系的基础上，建立健全现金流预测机制、科学设定库底目标余额，同时丰富国库现金管理操作工具并使之与货币政策和债务管理政策相协调，以实现国库留存现金余额最小化、投资收益最大化，提高财政资金使用效益。

3.报告

国库的报告功能通过集成化管理的电子信息系统，及时全面准确地记录并生成政府预算执行信息、综合财务报告信息等，为财政宏观决策、绩效管理和政府履行财务报告责任提供支撑，这是国库逆向真实反馈、有效监督的重要手段。

（1）深入推进权责发生制政府综合财务报告制度改革。权责发生制政府综合财务报告制度改革是基于政府会计规则的重大改革。目前，各级政府部门同时开展政府财务会计与预算会计，编制政府财务报告与财政决算报告。世界范围内，英美等主要发达国家均采用编报政府财务报告的制度。建立政府财务报告制度，通过编制资产负债表和收入费用表，从存量和流量两个方面反映政府整体财务状况和运行情况，并推动制定政府财务报告审计制度和公开制度，进一步加强和规范政府资产、债务和预算管理，合理配置政府资源，科学安排财政收支，实现经济社会的可持续发展（见专栏3–7）。

◇ 专栏 3–7

《财政总会计制度》的基本内容

按照《政府会计准则——基本准则》，新制定的《财政总会计制度》在一个制度下建立“预算会计科目体系”和“财务会计科目体系”，适度区分总会计制度的预算会计和财务会计功能，建立“双功能”（预算会计功能和财务会计功能）、采用“双基础”（收付实现制基础和权责发生制基础）、支撑“双报告”（决算报告和财务报告）开展总会计核算。一是保持“预算会计”科目体系稳定，实行收付实现制核算基础，保留原制度收入、支出，以及与预算结余相关的科目。在此基础上，新增了“资金结存”科目，建立预算结余与库款及专户资金对应关系。

二是增设“财务会计”科目体系，实行权责发生制核算基础，改造原制度会计科目，以资产、负债、净资产、收入、费用为会计要素。在此基础上，进一步强化了股权投资、政府债券等资产负债事项核算。

三是对两套科目实行“平行记账规则”，即对纳入预算管理的现金收支业务，在进行预算会计核算的同时也应当进行财务会计核算。

四是重新设计了会计报表体系，以保证两套科目数据有效衔接，预算会计编制生成预算执行情况表，财务会计编制生成资产负债表、收入费用表、现金流量表、本年预算结余与本期盈余调节表。

资料来源：《财政部国库司负责人就颁布实施〈财政总会计制度〉答记者问》，《中国财政》2023年第2期。

（2）持续加强预算执行动态监控。预算执行动态监控机制是国库集中支付制度顺利实施的重要保障，对于保障财政资金使用的安全性、规范性和有效性起到了积极的作用。财政部门、主管部门、各单位开户银行要各司其职、密切配合、加强协作，严格落实有关法律法规和制度规定，加大对资金支付清算信息进行动态监控，核实监控疑点信息，对发现的违规问题及时纠正处理，以规范预算执行、防范财政资金支付风险。

在新形势下，为做好财政国库管理工作，需要对财政国库管理工作中存在的各种风险高度重视，并且需要不断提高风险防控意识，尽可能将财政国库管理工作中存在的各种风险降到最低。提高财政风险防控意识，首先需要建立动态监测中心，在监测过程中，可以借助现代的科技水平和网络技术，以现代网络技术和信息技术为支撑，充分了解财政国库管理工作过程中的各种动态问题，通过运用网络和信息技术，当财政国库管理工作中存在一定的风险时，工作人员能够通过信息技术及时了解，有助于帮助工作人员尽快解决出现的各种问题，进而降低财政国库管理工作中的风险，确保财政国库管理工作顺利进行。

（3）持续深入推动预算绩效改革提质增效。预算绩效管理是政府绩效管理的重要组成部分，以支出结果为导向，强调预算支出的责任，增强预算绩效管理有助于政府进一步树立预算为民的理念，将党中央、国务院重大决策部署落实到位。尤其要突出绩效评价结果的应用，将绩效评价结果作为适时动态调整财政政策的重要依据，也要将绩效评价结果与下一年度预算安排有效挂钩，优先安排绩效评价优秀的项目，对绩效评价不合格的项目予以取消，同时加大信息公开力度，推动绩效目标、绩效评价结果向社会公开。

（二）强化国库基本功能运行保障

国库的控制、运营和报告功能不是孤立存在的，而是相辅相成、环环相扣的。各项制度、标准、预算指标、合同等控制国库资金运营，通过对国库资金的运营，实现国家财政管理目标，通过对运营结果的评估报告，反馈和监督控制及运营的效果，形成一个闭环的体系。

1.增强信息化手段，实现“一体化”全流程信息化管理

要按照系统思维，充分考虑国库控制、运营和报告的功能，落实财政部预算管理一体化工作思路，充分利用“互联网+”、大数据、云计算等现代信息技术发展成果，贯彻信息化工作理念，加强预算一体化信息系统建设，实现中央和地方预算信息的互通、部门间预算信息的共享。按照统一的原则建立起高质量记录、传递和处理信息的机制，强化国库在预算管理一体化中的作用，推动预算管理制度、国库集中支付制度、政府采购业务管理、资产管理等各个预算管理体系组成部分的有机衔接，运用信息化的手段，实现政府所有财务信息的集中管理，保证信息生产和反馈的同步性，做到“预算编制控制预算执行、预算执行情况反馈并影响预算编制”，实现全流程顺向控制与逆向反馈的闭环管理。

2.强化法治建设，促进国库治理体系和治理能力现代化

法治是治国理政的基本方式，也是国家治理体系和治理能力现代化的内在要求，在法治轨道上建设现代财政制度，不仅需要预算、税收法治化，也同样需要在财政支出、财政监督等领域内的全面法治化。要以落实新预算法及其实施条例为契机，秉承“财税法治”的改革逻辑，围绕建立现代财政制度和国家治理现代化的要求，加快修订国库有关行政法规，以更充分更全面地巩固国库管理制度改革的成果，同时也为国库管理制度改革更坚实地前行打下基础，进一步促进公共财政支出管理法治化。

持续深入推进国库集中收付制度改革，做好国库单一账户体系的制度完善和良性运行，明确国库部门在财政资金的支付、结算、收缴方面的执行义务和监督责任，加大总预算会计在会计核算、报表编制、报表分析方面对部门会计的指导和监督力度，重视国库资金的效率化管理，在保证国库资金流动性充裕的基础上实现运作效益的有力提升。明确法纪、兜牢底线，切实保障国库管理的安全性和严肃性（见专栏3–8）。

◇ 专栏3–8

《财政总会计制度》的积极作用

颁布实施《财政总会计制度》(以下简称《制度》)，建立健全具有现代财政制度特色的总会计制度体系，建立“双功能”、采用“双基础”开展总会计核算，有利于强化新时代财政核算报告、预算监督、风险防范功能，促进财政经济可持续发展，践行了以人民为中心的发展思想，向人民交一本明白账。

（一）推进政府会计标准体系统一。《制度》施行后，除特殊领域外，政府财政和政府单位两个层面会计标准体系基本建成，将进一步夯实决算报告、财务报告等核算基础，为开展政府信用评级、加强资产负债管理、防范财政风险

等提供有力支撑，有利于更好发挥财政在国家治理中的基础和重要支柱作用。

（二）适应政府综合财务报告改革需要。《制度》明确按照权责发生制原则确认政府财政股权投资、投资收益、利息费用、政府债务等事项。政府财务报告编制可以直接从总会计账提取相关数据，不再采用编制调整分录对“股权投资”“投资收益”“政府债务收入”“国有资本经营预算收入”“资本性支出”等事项进行权责发生制转换的方法，有利于实现账表数据衔接，提升报告编制质量。

（三）适应预算管理一体化管理要求。预算管理一体化全面运行实施后，全国各级财政总会计要素统一，相关会计报表数据可实现自动提取，总会计的预算会计和财务会计功能得到充分发挥，进一步提升政府财政资产负债、收入费用信息核算质量，有力地支撑财政预算、执行、决算、负债、资产管理各环节贯通。

（四）进一步理顺资产、负债科目。财务会计的资产或负债，是政府财政作为会计主体开展财政经济活动产生的经济事项，不包含政府部门和单位以及各类国有企业的资产或负债。清晰界定了资产种类，一是可支配的资源，包括国库及现金管理存款、股权投资等；二是具有往来性质的，包括应收及暂付款项、预拨经费等。清晰界定了负债种类，一是具有偿还义务的，包括应付政府债券（包括国债和地方债）及利息、借入款项（外国政府贷款和国际金融组织借款等）、其他负债等；二是具有往来性质的，包括应付国库集中支付结余、应付及暂收款项等。

资料来源：《财政部国库司负责人就颁布实施〈财政总会计制度〉答记者问》，《中国财政》2023年第2期。

下篇

聚焦健全现代预算管理制度

第四章

现代预算管理制度的基本问题分析

第一节　现代预算管理制度的发展进程

预算管理制度的改革建设依照密切关联、相互作用、相辅相成的两条脉络展开。一是建立健全行政管理系统的预算管理制度，二是建立健全立法监督系统的预算管理制度[①]。因此，正确理解预算管理制度，必然涉及两个层面。

广义上，预算管理制度是指针对预算编制、审批、执行、决算等环节的组织、决策、控制、监督等活动的一系列制度规范，涉及各国家机构纵向、横向之间及其与预算单位、公民之间的预算权责关系，主要包括行政管理系统和立法监督系统的预算管理制度。狭义上，预算管理制度仅包括行政管理系统的预算管理制度，反映和协调各级政府之间、财政部门与预算单位之间、政府与企业及公民之间的预算管理权限与层级划分、预算收支的划分原则与方法、预算调节制度与方法等。在预算管理主体方面，各级政府是预算管理的决策主体，各级财政部门是预算管理的具体执行主体，主要负责制定政府预算规章制度，实施政府收支计划，对政府预算活动进行日常管理和统筹。在预算管理对象方面，不仅涉及预算资金的全部运行过程和结果，而且涉及与政府预算分配直接相关的各个领域，如各预算单位、企业等。在预算管理内容方面，包括预算资金的全部运行过程和结果，涉及国民经济和社会发展的各个方面，涵盖政府宏观调控和微观治理的全过程。在预算管理手段方面，大致可以分为经济手段、法律手段和行政手段三大类。经济手段是指按照经济发展规律的要求，通过经济杠杆，对被管理对象进行经济利益调整、控制和约束；法律手段是指政府预算经过立法机构批准、具有法律效力的财政收支计划表，预算管理主体参照财政收支计划表对预算全过程进行约束；行政手段主要是指政府预算机关依靠国家行政命令，采用命令、指示和规定等方式，对财政收支分配活动实施的各种管理。本研究主要关注狭义的预算管理制度。

---

① 樊丽明：《健全现代预算制度：回顾与前瞻》，《财政研究》2022 年第 11 期。

一、现代预算管理制度的历史进程

现代预算管理制度自建立至今共经历了如下四个阶段。

（一）以“控制取向”为特征的制度初创阶段

现代预算管理制度始于英国，英国是世界上最早对预算管理实现“控制取向”的国家。现代预算是政治民主化的产物①，“代议制民主”理论的发展与现代预算管理制度的建立密切相关。13世纪至19世纪60年代，英国现代预算制度主要朝着议会控制收入支出权的方向发展；19世纪60年代的第二次议会改革则由于执政党主导议会下院，导致行政部门的预算控制权有所强化，议会的实质性预算控制权弱化。

首先，阶级矛盾激化使国王的税收权力受到限制，议会初步完成对政府收入的控制。1215年约翰国王在大封建领主、教士、骑士和城市市民的联合压力下被迫签署《大宪章》，把王权限制在法律之下，确立了私有财产和人身自由不可被随意侵犯的原则。《大宪章》以法律形式确定“非赞同毋纳税”原则，规定非经贵族会议的决定，不得征收额外税金，国王的征税权受到形式上的控制。但《大宪章》的历史发展十分曲折，当时并未实际起到重大作用，不久教皇应约翰国王请求宣告作废，于是内战又起。因为它有着限制王权的作用，后来封建贵族在和国王的斗争中曾一再强迫国王重新颁布《大宪章》。15—16世纪时英国王权强化，《大宪章》无人提及。

其次，议会制度的发展完善推动现代预算管理制度的建立，议会基本实现对政府预算收入和支出的控制。“重商主义”政策实行为新兴资产阶级积累大量原始财富，国王权益与新兴资产阶级权益不断冲突，导致1688年“光荣革命”爆发，推动议会颁布《权利法案》，以成文法形式明确议会是英国最高立法机关，议会获得监督政府开支的法定权力。19世纪30年代，第一次议会改革后，议会拥有了与之相配套的责任内阁制度、政党制度和选举制度，“议会主权”达到鼎盛时期。第一次工业革命后，英国由传统农业社会向工业社会转型，基本适应现代市场经济的税收体系逐渐形成，议会在预算收支控制方面取得显著进展。税收收入、王室收入等多项财政收入得到议会统一控制，英国形成系统的拨款制度，逐步取消“非拨款支出”，实施支出责任制度，严格控制政府支出。

最后，格莱斯顿改革确定了英国现代预算管理的制度框架。1852年，格莱斯

---

① 郭小聪、程鹏：《政府预算的民主性：历史与现实》，《东南学术》2005年第1期。

顿担任财政大臣，将法国集中型国库管理体制引入英国。1854年开始，在格莱斯顿的带领下，英国先后通过《公共收入统一基金支用法》[①]《公共税收与统一账户法》[②]《财政审计法》[③]，设立国库收支审核委员会[④]，财政全面规范与预算监督双管齐下。19世纪70年代左右，英国完成财政的全面规范和对预算的有效监督，现代预算管理制度最终成型，并发展成为国家治理的基本制度。19世纪30—80年代是英国议会的"黄金时期"，这一时期议会掌握着真正的实权，政府和内阁只是贯彻议会意志的一个办事机构。如果议会对政府不满，它可以使政府垮台，而不必经过新的大选。从议会对政府预算的控制来看，19世纪下半叶，格莱斯顿（1852—1866年多次担任英国财政大臣）改革使议会的预算控制权达到最高点。

然而，以1867年的第二次议会改革为分界线，包括预算控制权在内的部分政治权力开始实质上由议会向政府行政部门倾斜。1867年和1984—1985年的两次议会改革后，随着选民的增多和政党政治的成熟，任何人要想成为议员必须首先得到政党的支持，而议员进入议会后就必须服从于自己所在党的领袖，因此议会实际上控制在政党手中。通常情况下，执政党在议会下院中都拥有多数席位，因此内阁和政府的提案基本上都能获得通过。到20世纪60年代，政府已经完全控制了议会。在预算程序中，政府和议会形成这样一种权力格局：预算的编制、执行完全由政府负责，议会拥有批准预算的权力。但19世纪末以来，下院往往原封不动地通过政府的预算草案[⑤]。

这一时期，随着"代议制民主"理论的发展，新兴资产阶级逐渐壮大，议会制度不断完善，国王逐渐退出对财政权力的争夺，所有政府收支都被纳入政府预算中，逐渐形成政府向议会递交财政收支计划的预算管理格局，预算管理的"控制取向"目标逐渐形成。格莱斯顿改革奠定了现代预算管理制度体系的主要轮廓，此后百年，尽管预算管理细节有所变化，但主体框架仍然遵循格莱斯顿时期的预算管理制度。

（二）以"绩效导向"为特征的制度改革阶段

美国是绩效预算理论和实践的发源地[⑥]（邹靖等，2015），绩效预算改革是美

---

① 法案规定：国内收入各部、关税部和邮局的所有年度支出预算提交议会，包含征集收入的费用；支出各部向国库上缴所有收入，只有经议会批准才能使用。

② 法案规定：政府必须定期向下议院报告财政总收入和总支出。

③ 法案规定：建立独立的政府收支审计部门，直接对下议院负责，审查政府账目并向国库收支审核委员会报告。

④ 国库收支审核委员会由下议院任命，负责审查政府财政工作。

⑤ 王淑杰：《英国政府预算制度》，经济科学出版社，2014。

⑥ 邹靖、梁永晋、王晓培：《美国政府绩效预算对我国预算绩效改革的启示》，《财政研究》2015年第7期。

联邦政府追求行政效率而形成的一种预算管理方式。20世纪30年代经济“大萧条”后，美国采取国家干预经济的凯恩斯主义政策，客观上要求行政机构在预算管理上更具主动性，传统以控制为目的的投入式预算管理模式已不再有效。1949年，胡佛委员会正式提出“绩效预算”概念，标志着现代预算管理目标从“控制取向”逐渐向“绩效导向”的转变①。“绩效预算”更加注重预算支出后的产出以及预算支出是否严格遵守财经纪律。由于缺乏立法机构支持、预算管理技术落后等原因，“传统绩效预算”改革昙花一现，但为20世纪80年代绩效预算全面发展提供了理论基础和实践探索。

20世纪70—80年代，受全球经济危机和通货膨胀的影响，经济低速增长和社会福利支出大幅增加导致政府债务规模不断扩大，预算管理制度改革迫在眉睫。20世纪80年代，部分国家将市场竞争引入政府管理，在世界范围内掀起了“新公共管理”改革浪潮，绩效预算改革是这次政府改革的重要组成部分，被称为“新绩效预算”（见专栏4-1）。“新绩效预算”强调预算支出的效果，即预算支出能否满足政府目标，是否能够实现社会期望。此时的预算管理制度改革放松了对预算支出的控制，将绩效评价作为削减预算赤字和保障政府部门实现预算目标的工具。例如，英国、瑞典和澳大利亚等国家在预算支出方面几乎授予部门完全的自由裁量权；取消各财政年度之间资金转移的限制，弱化年末突击花钱的动因；引入净拨款制度，允许政府各部门和机构保留全部或者部分费用收入，提供各种手段，激励政府各部门和机构发现并出售过剩资产，由此所得收入可以全部或者部分进入部门账户，以增强政府机构的支出灵活性。

这一时期，“科学管理理论”“新公共管理理论”等管理学理论融入现代预算管理中，政府预算管理开始追求更高的效率②。预算管理目标经历了从“控制取向”向“绩效导向”的转变，以绩效为目的的预算管理使得整个预算管理体系之间的关系更加清晰，预算管理的重点由直接控制支出转向通过放松控制、增加自主性和灵活度以提高支出绩效。管理学的创建和发展，为现代预算管理制度进入全面发展时期奠定基础。

◇ 专栏 4-1

新绩效预算

20世纪80年代初，为了摆脱财政困境、提高政府效率，西方各国逐渐开始了对政府预算的改革。1992年，随着克林顿政府的上台，提出“重塑政府”

---

① 早期预算管理的功能设计是“控制取向”，更加强调古典预算管理原则中的“全面性”要求，注重通过管理政府的全部收支，实现立法机关对行政机关的有效控制。

② 彭健：《政府预算理论演进与制度创新》，中国财政经济出版社，2006。

的目标，绩效预算成为美国政府改革的核心。1993年，美国联邦政府成立国家绩效评估委员会，主要负责绩效预算的监管和执行，绩效改革在美国全面展开。同年，美国国会通过了《政府绩效成果法案（1993）》（GPRA），该法案对政府行政管理的评估由投入—产出模型转变为目标—结果的模式。法案要求各级地方政府必须制定五年期战略规划，每间隔五年进行修订，将战略报告分解成为每年定量化的实施目标，在编制预算时，必须制定相应能综合反映部门业绩，有利于考核的绩效指标，在战略规划期包括年终决算时，国家绩效评估委员会对部门绩效进行监督和评估。这一阶段，美国经济快速增长，财政由赤字状态转变为财政盈余状态。2001年，小布什政府将私营部门的绩效管理理念进一步引入美国联邦政府预算管理领域，将绩效预算的发展推向了一个全新的阶段。

在GPRA框架基础上，2000年，克林顿政府提出包含绩效预算在内的政府改革"总统管理议程"后，管理与预算办公室（OMB）于2002年推出了项目评估工具（Program Assessment Rating Tool，PART），试图系统地、连续地、透明地评价支出项目，用于预算分析和决策。PART是以GPRA为基础并将其具体化于预算决策过程的工具，它按政府部门活动所对应的支出类别提供六种问卷，各部门根据其五年战略计划、年度绩效计划对问卷中的项目填写是或否（分别对应一定的分值），进而得出可作为预算决策依据的结果。在2004年的美国联邦预算中，OMB选择20%的支出项目进行PART评估，并计划在五年内实现对所有项目采用PART进行评估。PART使绩效与预算的联系更加紧密、清晰，新绩效预算真正被运用到预算管理中。

2004年3月，国会通过了《项目评估与结果法案（2004）》（Program Assessment and Result Act，PARA），要求OMB每五年至少对所有政府项目进行一次评估，"评估其目的、设计、策略计划、管理、结果，以及OMB首长认为合适的其他方面"。一般认为，PARA赋予OMB更大权限，可以单独对所有政府部门进行绩效评价，OMB拥有了进一步削减部门预算额度、减少政府支出规模的法律武器。

资料来源：肖鹏：《美国政府预算制度》，经济科学出版社，2014。

（三）以"基础优化"为重点的制度完善阶段

20世纪80—90年代，伴随着全球化、信息化的到来以及预算管理目标的转变，各国政府普遍认识到，现有预算管理制度难以满足新的政治、经济和社会背景的要求。以新西兰、英国、澳大利亚为代表的一批OECD国家开始对现有预算管理制度进行改革探索，改革重点涉及以下三方面：

第一，引入权责发生制会计制度。20世纪90年代以来，权责发生制被OECD成员国[①]引入政府会计核算和预算编制领域。权责发生制能够准确反映政府在预

① 澳大利亚、美国、新西兰、英国和法国等。

算期内提供公共服务的成本，更好地将预算成本与预期绩效成果进行匹配，有利于加强管理者对预算绩效的责任落实。

第二，实施中长期财政规划。传统预算理念强调预算“年度性”，关注短期财政收支平衡，以及经济和社会效应。制定中长期预算，有助于着眼于中长期经济社会发展需求与政府财力保障的统筹规划，增强预见性和科学性，降低财政风险。

第三，以法律形式提高财政透明度。在预算改革过程中，OECD国家普遍将财政透明度作为预算管理制度改革的重要内容之一。1988年，英国制定《财政稳定法》，将公开透明作为政府制定财政政策必须遵守的原则之一；1994年，新西兰通过《财政责任法案》规定，重点预算参数、其他中期财政报告必须具备一定的透明度；1998年，澳大利亚通过《预算诚实宪章》，旨在增强财政政策制定过程和财政结果的透明度。

这一时期，企业管理中的成本—效益理论在预算管理中被普遍应用，要求会计制度能够科学量化指标；公共选择理论的官僚预算最大化模型指出，预算公开透明能够使预算决策最大限度满足公民意愿，有效提高预算管理绩效①。标准科学、公开透明等原则被纳入现代预算管理体系中，权责发生制的会计制度、中期财政框架和信息公开法案等预算管理工具陆续投入使用，现代预算管理制度进入全面发展阶段。现代预算管理内容不断丰富，各国都在不断探索适应本国国情的预算管理模式。

（四）以“风险控制”为重点的制度调整阶段

2008年国际金融危机爆发，世界各国财政压力与日俱增，为了让有限的财政收支发挥最大的效用并尽量规避财政风险，美国、欧盟开始重新审视预算管理制度，新一轮预算管理制度改革启动。

第一，预算绩效改革向“改善项目支出优先次序”方向发展。在财政收支规模缩减情形下，各国开始关注于采用何种方法区分不同政策和项目的优先级别，从而将资金和精力集中于重要领域。从各国的实践经验看，设定优先项目和支出审查是颇具共性的选择。在改善项目优先次序方面，比较有代表性的国家是美国和英国，二者均采用“制定整体规划—选取优先项目”两步模式。各部门首先依据各自职责及国家战略制定部门整体规划，之后在整体规划的基础上，确定优先项目，并在相关文件和网站上公布。支出审查是改善项目支出优先次序的有

① 陈工：《政府预算与管理》，清华大学出版社，2004。

效工具[①]，通过特定的程序，对现有支出项目的实施机构、实施方案等进行审查评估，取消或削减不必要的公共支出和政策，将有限的政府资源重新分配至最佳效益的项目上，降低财政支出规模。

第二，预算管理制度改革更加关注财政风险调控。2008年金融危机爆发后，受经济下行影响，政府控制财政赤字和减少债务负担变得更加困难，养老金以及巨额的债务利息等刚性支出使政府面临巨大的财政压力。为加强对政府债务的风险管理，欧盟开始研究风险来源识别工具，注重财政风险评估。财政可持续性评估[②]是风险识别的重要工具，将强调偿付能力的财政预算分析和强调债务收敛的债务可持续性分析结合，辅之以不同时段的具体指标、不同情景的分析明确财政可持续性所面临风险的具体领域、性质、大小和时间[③]。当前，经过十余年的发展，欧盟已经形成涵盖短期、中期、长期并兼顾定量和定性分析的财政可持续性评估体系。

这一时期，现代预算管理制度改革进入深化拓展时期，改革内容聚焦绩效管理改进和系统性风险防控。可以发现，这一阶段的预算管理制度改革是对上一阶段的补充和延续，通过对预算管理原则、管理内容、管理方式的有益探索，使预算管理制度不断完善，推动了国家治理体系和治理能力的现代化。

回顾现代预算管理制度的发展历程，发现经济、社会的不断发展对预算理念与预算管理技术提出新的要求，推动现代预算管理制度的改革完善。新兴资产阶级力量的不断壮大和议会制度的发展，促使议会通过对政府预算收支的有效控制，实现预算管理的“控制”目标，现代预算管理制度初步建立。受经济大萧条以及政府职能的扩张，以美国为代表的发达国家开始探索预算管理新模式，预算管理的“绩效导向”目标逐渐取代“控制取向”，提高预算绩效以缓解财政赤字压力成为预算管理的首要目的，现代预算管理制度进入“绩效取向”时期。在以提高绩效为目的的现代预算管理制度发展过程中，经济全球化发展，群众民主意识增强，各预算主体意识到已有预算管理方式难以满足预算功能多样性的要求，各国开始寻求预算编制、会计制度和预算公开等层面的新突破，现代预算管理制度进入“基础制度优化”时期。新世纪以来，面对经济增长的不确定性以及日益严重的债务危机，防范化解财政风险以实现经济可持续发展成为预算管理中心，预算管理制度改革内容更加聚焦，项目绩效和风险防控成为预算管理制度改革重点。

---

① Robinson M. Budget reform before and after the global financial crisis. OECD Journal on Budgeting，2016，16（1）：29-63。

② 2006年，欧盟委员会经济和金融事务总局（Directorate-General for Economic and Financial Affairs，DGECFIN）发布欧盟第一份正式的长期财政可持续性报告，对欧盟各成员国的财政长期可持续性进行评估。

③ 李亮、徐怡：《欧盟财政可持续性评估经验及对我国的启示》，《地方财政研究》2022年第2期。

二、典型国家现代预算管理制度改革新动向

当今世界正经历百年未有之大变局，中美贸易争端、后疫情时代影响、俄乌冲突等重大事件对各国经济造成持续冲击，世界经济复苏面临巨大挑战。多重因素相互叠加，使各国财政运行面临巨大风险。为了摆脱财政收支困境，有效利用财政资金，各国政府高度重视预算管理制度改革。典型国家预算管理制度改革最新动向聚焦于夯实预算管理基础、提高绩效管理质量、加强债务风险防控等方面。

（一）夯实预算管理基础的新动向

1. 完善预算公开数据标准

预算信息公开透明是公共预算的本质要求，也是公民参与预算监督的重要依据。预算公开的数据标准直接关系到公民的知情权和参与权能否得到有效保障。近年来，美国不断加强对预算公开数据的标准化管理，提高政府数据供给质量。2014年，美国国会通过《数字问责制和透明度法案》，要求总统管理和预算办公室以及财政部升级联邦支出报告的数据标准，各机构自2017年5月起使用新的数据标准报告预算支出，且数据标准要在可行范围内不断升级。2022年，在国家安全总统备忘录的指导下，美国国家科学技术委员会成功开发标准化的数据字段和信息披露指令，为美国所有联邦科学基金机构制定了信息披露的标准化政策和做法[①]。美国通过制定完善预算信息公开指南，提高政府数据供给质量，使预算信息及时准确公开，保障公民对预算的监督权。国际预算组织2021年公开预算调查报告显示，美国预算透明度得分为68分，虽然得分较2019年略有下降，但在所有调查国家中排名18位（共120个国家），国家预算材料的公开能够满足国际预算组织对预算公开及时性、全面性及可读性的衡量[②]。

2. 建立并完善中长期财政规划体系

为了规避年度预算的短视问题，从中长期视角进行财政运营，许多国家借鉴OECD国家的改革经验，将中长期财政规划引入预算管理体系中。部分国家通过建立独立机构，加强对宏观经济与财政形势预测分析，评估财政目标实现情况，结合国家发展需求不断调整中长期财政规划体系。2010年5月，英国财政大臣宣布成立预算责任办公室作为财政部下属的非政府咨询机构。其主要职责包

① https://www.whitehouse.gov/ostp/news-updates/2022/08/31/an-update-on-research-Security streamlining-disclosure-standards-to-enhance-clarity-transparency-and-equity/。

② https://internationalbudget.org/open-budget-survey/country-results/2021/united-states。

括，预测经济财政变化、评估财政目标进展、审核并修正预算草案、分析财政可持续性，并向议会提交其履行职责的报告（王淑杰，2014）[①]。2022年7月，预算责任办公室就财政可持续发展问题指出，人口老龄化对消费的压力以及取消现有汽车税将使公共债务长期难以持续。2023年，预算责任办公室发布的《财政风险和可持续报告》指出，利率上升给债务可持续性造成的风险是英国当前面临的三大特别风险之一[②]。

中长期财政规划体系及其运用的计量模型随着财政状况和国家发展需求不断调整改进。2009年，日本内阁将《改革与展望》和《内阁府估算》整合为《中长期经济财政预算》，运用"经济财政模型"对未来10年的宏观经济、中央和地方财政以及社会保障进行估算。自2011年起，日本内阁每年向经济和财政政策委员会[③]提交《中长期经济财政预算》（1—2月）及其修订版本（7—8月）（内閣府です，2011）[④]。在严重老龄化背景下，2018年日本对"经济财政模型"进行了第五次更新，充分考虑社会保障对国家经济与财政的影响，新增人口结构与劳动供给板块，大幅增加社会保障变量数。2023年，内阁府第五次经济财政咨询会议提出，要改善中长期经济和财政框架，提高信息供应质量，强化对中长期预算的分析，明确公共部门和私营部门作用，提高私营经济的可预测性[⑤]。

（二）提高绩效管理质量的新动向

在预算绩效管理改革过程中，早期绩效管理关注财政资金的使用效率，但随着政府职能的不断扩张以及财政压力的增大，绩效管理范围从传统项目绩效逐渐向政策绩效、部门绩效延伸，绩效结果应用机制更加完善，财政资金集中于经济和社会发展的关键领域。

1.优化政策部门绩效评价标准体系

美国联邦政府近年来持续优化绩效目标体系。2010年，美国国会通过《政

---

① 王淑杰：《英国政府预算制度》，经济科学出版社，2014。

② 李欣：《英国财政风险和可持续性分析》，https://internationalbudget.org/open-budget-survey/country-results/2021/united-states，访问日期，2023年10月24日。

③ 日本经济和财政政策委员会是由私营部门和公共部门的不同领域的专家，包括经济学家、政策分析师、企业家等组成的机构，旨在为日本的经济和财政政策提供专业的建议和指导。该委员会的设立和发挥作用反映了日本政府对经济和财政政策的重视，以及希望通过多元化视角和专业化建议来促进国家经济的发展和财政政策的优化。

④ 内閣府です：《中長期の経済財政に関する試算》，https://www5.cao.go.jp/keizai2/keizai-syakai/shisan.html。

⑤ 後藤：《第5回記者会見要旨：令和5年 会議結果》，https://www5.cao.go.jp/keizai-shimon/kaigi/minutes/2023/0426/interview.html。

府绩效和结果现代化法案》，全面叫停“项目评级”工具，明确要求联邦政府机构使用“优先绩效目标”工具，使之成为美国绩效管理的核心工具。优先绩效目标改变了过去政府工作人员对项目评级得分的过度关注，减轻工作负担的同时使绩效目标管理的重点回归绩效本身。优先绩效目标主要包括机构优先绩效目标和跨机构优先绩效目标。机构优先绩效目标是指联邦机构层面的、需要优先关注的、数量有限的2年期绩效目标（通常为2—5个）。当政策涉及多个联邦机构时，需要使用跨机构优先绩效目标。特朗普政府和拜登政府都沿用并支持奥巴马政府创建的联邦绩效管理工具，只是在预算管理各环节中更加注重对绩效信息的应用，将绩效信息作为相关机构确定优先事项、制订绩效计划以及进行资源分配的关键。2019年1月，特朗普政府签署《基于证据的政策制定基础法案》，要求联邦机构在决策中加强对绩效信息的应用，以提高政府决策的透明度和公平性。同时，特朗普政府批准成立基金会以支持“跨机构优先绩效目标”工具的发展。拜登政府在上任之初将四项优先绩效目标（应对新冠疫情危机及由新冠疫情造成的经济危机、气候危机和种族平等危机）列入总统议程，并对优先绩效目标做了更细致的规划，要求所有机构负责人签署承诺，优先发展总统议程中的四项优先绩效目标，并于2022年在相关网站公布优先绩效目标具体规划的领导人姓名、照片，要求各机构按季度对优先绩效目标进度进行更新。当前，美国已经构建了一整套由自上而下的绩效目标设定和自下而上的绩效结果评估组成的上下贯通、有机互联的绩效目标体系，并在不断优化完善中。美国《政府与绩效结果法案》与《政府绩效与结果修正法案》内容对比见专栏4-2。

英国政府近年来也着力完善公共部门绩效评价标准，提高数据质量。2017年，英国财政部发布《为公民提供更好的结果：揭示公共价值的实用步骤》的报告，正式提出由追求目标、管理投入、用户及公民参与、开发系统能力等指标构成的公共价值框架，首次系统阐明公共价值框架①如何用来评价政府投入（支出）及其绩效转化为公民需求的过程，建立了一套完整的公共部门绩效评价标准和问题清单，随后该标准在英国内阁办公厅、财政部、卫生部等部门开展试点应用②。2019年，英国财政部发布《公共价值框架补充指南》，对公共价值框架进行了更新与完善，将公共价值评价的主要问题区分为需要定性判断的标题性

① 公共价值框架建立了一套完整的公共机构评价标准和问题清单，将公共价值思想和支出绩效管理相结合。从预算和绩效相融合的角度，将平衡记分卡、公共价值和公私伙伴关系等管理理念融为一体，兼顾了政府治理中的经济、效率、效益、公平、信任、参与、合法性等价值，将公共支出活动纳入整个政府治理过程中予以考察，既关注投入和产出，又关注政府内部管理以及政府与社会、公众的关系，为公共管理者提供了一套将政策转化为成果，最大限度地提高公共价值的思维模型。公共价值框架关注的是产出而不是投入；强调加强财政监督；将预算支出与绩效管理相融合，改变政府投入的方式。

② 曹堂哲、罗淋：《公共价值框架：英国政府预算绩效管理的新发展》，《财政科学》2023年第5期。

问题和辅助上述判断的提示性问题两类，将问题数量由152个削减至35个，重构部分框架，修改对问题的表述，使其能够更加直观、清晰地判断公共价值（HM Treasury，2019）[①]。2020年英国财政部将公共价值框架引入支出审查[②]，助推政府的改革议程。2022年1月，政府科学办公室发布《公共部门研究机构价值框架》[③]，指导各部门有效评估其拨款的公共部门研究机构绩效，并制定部门绩效衡量标准，确保公共部门研究机构有效履行职能。当前，英国中央政府已经将公共研究机构价值框架引入支出审查过程，以确保公共研究机构跨部门审查标准一致。2023年3月，中央数字和数据办公室宣布开展政府数据成熟度评估，以便为应用公共价值框架提供更精准的数据（Central Digital and Data Office，2023）[④]。

◇ 专栏 4–2

《政府绩效与结果法案》与《政府绩效与结果修正法案》内容比较

2010年，国会通过《政府绩效与结果修正法案》(GPRAMA)，是美国预算实践经验与最新科学技术相结合的适应现代社会发展的产物，对1993年颁布的《政府绩效与结果法案》(GPRA)中各项条款进行了补充修订，其内容有了较大变动（见表4–1）。

表 4–1　GPRA 与 GPRAMA 政府绩效管理内容比较

内容	GPRA	GPRAMA
战略规划	1.期限：战略规划应该覆盖从它应该递交的那一财政年度算起不少于五年的整个时期，而且应该至少每三年更新或修改一次。 2.内容：大致为对主要职能和工作的陈述；完成该部门工作的总目标；如何完成目标的相关信息及指出其他能够影响该目标完成的相关影响因素。	1.期限：自其提交的财政年度起至少向后覆盖四年且至少每三年修订一次（国防部战略规划为每四年修订一次），发布在部门公共网站的时限不超过总统任期的第二个财政年度二月份的第一个星期一。 2.内容：（左栏的基础上增加）对任务、大致目标和长期目标的完整描述；详细地描述设立的任何一个部门目标是怎样服务于政府的宏观优先目标，并且这些部门目标是怎样与国会和受影响的单位的观点、建议相结合的。

① HM Treasury. Public Value Framework and supplementary guidance，https://www.gov.uk/government/publications/public-value-framework-and-supplementary-guidance。

② 支出审查是英国财政部有效管理公共资金、实现预算目标的重要制度安排。支出审查的主要功能包括：一是在宏观经济形势下确定财政政策；二是实现预算总量控制；三是为部门设定绩效目标；四是提高资源配置效率。支出审查的主要内容包括政府目标和优先事项、财经形势和支出计划、部门和项目绩效等。

③ 该框架旨在通过评估任务、评估影响、评估附加价值以及评估 PSRE 在部门中的应用四个步骤，帮助各部门制定绩效衡量标准，评估 PSRE 在部门发展过程中的绩效和发挥的价值，并确定其下一步。

④ Central Digital and Data Office. Data Maturity Assessment for Government，https://www.gov.uk/government/publications/public-value-framework-and-supplementary-guidance。

续表

内容	GPRA	GPRAMA
绩效规划	1.内容：涵盖每一个项目活动的部门预算，每一项计划应当包括部门年度绩效目标和实现战略目标进度的相关措施。 2.流程：递交至管理与预算办公室（OMB），经共同商议，并修改计划以使其与总统的政府预期预算一致，最终递交至国会。 3.绩效目标：规划中罗列出下一财政年度的绩效目标。 4.术语定义：成果衡量、产出衡量、绩效目标、绩效指标、项目方案、绩效评价。	1.内容：（在左栏的基础上增加）（1）为实现联邦政府每一个优先目标建立的相关绩效目标；（2）明确不同的机构、组织、项目活动、行为规范、税收政策等其他政策是有助于实现政府优先目标的；（3）确认实现每一个政府优先目标的负责部门和主要负责官员；（4）建立评估项目进度的绩效指标；（5）明确政府和各横向职能部门所面临的挑战和解决挑战的措施。 2.流程：递交至管理与预算办公室（OMB），经共同商议，修改计划以使其与总统的美国政府预期预算一致。最终向国会递交一份完整的预算副本，并公之于众。 3.绩效目标：规划中罗列出上一财政年度和下一财政年度两年的绩效目标。 4.术语定义：（左栏的基础上增加）顾客服务评估、效率评估、座右铭。
绩效报告	1.提交方式：在限定期限内上交至总统和国会。 2.报告及时性：没有明确设置条款规定报告的更新等相关信息。	1.提交方式：在限定期限内上交至总统和国会，并在部门网站上对绩效报告必须进行及时有效的更新。 2.报告及时性：对报告及时性做了明确规定，要求该报告至少一年更新一次，最迟不能超过该财政年度末的150天。并且对报告及时进行更新的内容做了明确限定。

首先，关于战略规划，GPRAMA将战略计划期限进行了修改，使其与总统任期相匹配，避免政府更迭给战略规划带来的消极影响；对联邦政府战略规划做了更细致的描述，以便各联邦机构更好地服务于政府宏观优先目标。其次，关于绩效规划，新增优先绩效目标相关内容，确认相关部门负责人职责，评估项目进度；建立跨机构优先绩效目标，理清部门间绩效关系。最后，关于绩效报告，对原法案条款做进一步细化。GPRAMA要求部门领导必须在各部门网站上对绩效报告进行及时有效的更新，以增强社会公众对政府的信任度；各部门必须及时更新绩效指标的相关信息，包括部门成功实现绩效目标的相关信息，证明评估绩效目标实现进度数据有用性和可靠性的有关信息等；改变早期法案只向总统和国会提交报告的规定，要求向预算和管理办公室提交解释报告。

资料来源：何文盛等：《美国联邦政府绩效立法演变分析：从GPRA到GPRAMA》，《兰州大学学报》2012年第2期。

2.优化公共政策评估制度

公共政策评估主要针对政策和项目的工作计划是否满足国民需求、能否达到预期成果以及是否需要优先实施等进行评估。2001年，日本建立行政评价局①，行使公共政策评估和独立行政法人评价的工作职责，内阁和总务省颁布系列法规和操作手册指导公共政策评估制度的施行②，旨在增进政策评估工作的标准化和可信度，强化对行政机关绩效目标的监督。此后，行政评价局不断完善公共政策评估制度。2012年，该局统一重大政策事后评价报告格式，以便对各部门的评价报告进行分析比较。2014年，该局为政策评估工作制定统一准则，并建立政策评估信息公开网站。2015年，该局提出要完善专门化评估指南，并要求相关部门对政策评价结果进行资料补充和辅助说明。2023年日本内阁对《政策评估基本方针》进行大幅修改，变化要点是，重视政策评估结果在决策中的应用；政策评估过程要注重政策有效性；整合政策评估制度和行政事业评审制度。

（三）加强债务风险防控的新动向

1.控制政府财政赤字和债务规模

当前，美国应对财政可持续性困难的手段如下。一是增加财政收入。拜登政府尝试采取开征“富人税”和提高企业税税率等税收手段，增加财政收入。2022年8月，拜登签署《通胀削减法案》，规定将对部分大企业征收15%最低税，致力于在未来十年内增加近7400亿美元财政收入。拜登在公布的2024财年预算中提及，对美国亿万富人征收最低25%的个人所得税，将企业所得税税率提高至28%，以实现未来十年降低3万亿美元财政赤字的目标。二是削减财政支出。2023年，财政支出减少1370亿美元，财政支出占国内生产总值比重由24.8%下降至22.8%。三是降低债务融资成本。新增的中长期国债主要由美联储持有，美联储的大规模资产购买计划进一步控制了中长期美债利率，压低了中长期的债务融资成本。四是提高联邦政府债务上限。2023年6月，美国国会参议院通过关于联邦政府债务上限和预算的法案，旨在避免政府违约并通过借新债缓解财政赤字。

2.发挥政府债务管理办公室职能

英国财政部下设债务管理办公室，负责执行政府债务管理和现金管理政策，

---

① 20世纪末，日本进行全面行政体制改革，合并总务厅、邮政省、自治省三个机构为新设的总务省，原隶属于总务厅的行政检察局（负责行政评价和受理国民投诉并予以解决的行政相谈）改为行政评价局。行政评价局的工作职责除了行政检察局原有职责以外，新增了政策评估和独立行政法人评价，以强化对行政机关绩效目标的监督。

② 2001年6月《政府政策评估法案》颁布后，日本内阁陆续出台《执行政府政策评估法案的内阁命令》《关于政策评估的基本方针》《执行政府政策评估法案的条例》（2007年）等相关法规，总务省先后发布《实施政策评估的基本指南》（2007年）、《政策评估的信息公开指南》（2010年）等操作手册。

旨在降低长期融资成本和现金流动成本，缓解不断增加的债务压力。在债务管理办公室成立前，财政部和英格兰银行共同发布《债务审查报告》，明确了债务发行额度的测算方法、债务结构及发行期限等，统一债务管理口径，基本确立了英国债务管理框架[①]。债务管理办公室履行职能时，根据不断变化的经济和社会环境，及时微调融资计划，保持适当的政策灵活性。每年在《春季预算声明》公布后，债务管理办公室会同时公布《债务管理报告》和《融资计划》，之后《秋季预算声明》再行修订《融资计划》。2022年9月，债务管理办公室预测，相较于4月份发布的《融资计划》，2022—2023财年的净融资需求将增加724亿英镑，额外的借款将通过增加发行624亿英镑中长期英国国债和100亿英镑国库券予以筹集。英国通过调整债务结构，以中长期国债为主，允许向未来分摊债务负担，为经济发展营造了宽松、稳定的社会环境。

3.加强地方债务的分类监测和管理

为了防范地方政府债务积累可能导致的金融风险，2009年，日本正式实施《地方政府财政健全化法》，以法律手段监控地方政府财政状况和处理地方财政危机[②]。法案内容包括以下三点。第一，明确将实际赤字率、综合实际赤字率、实际债务偿付率和未来债务负担率四项指标设定为地方政府财政指标[③]。第二，根据财政指标将地方政府的财务状况划分为财政健全阶段、财政预警阶段和财政重建阶段。第三，依据不同的财务状况，提出相应的债务处理方案。针对地方政府差异化的财务状况，设置不同的债务发行条件予以约束，若地方财政指标严重超过预警线，中央政府可能采取代管等举措确保地方财政可持续运行。日本债务融资方式多元化[④]，地方政府根据《地方政府财政健全化法》要求，选择不同的债务融资方式。例如，仅有少数规模较大的地方政府，可以在资本市场发行公募债券进行融资，2018年全日本仅有55个地方政府在资本市场公开发行债券融资，一些规模较小、财政较弱的地方政府只能主要依靠间接融资。

---

① https://www.dmo.gov.uk/media/ofgpmxsr/report95.pdf。

② https://www.soumu.go.jp/main_content/000078982.pdf。

③ 实际赤字率是指一般会计中实际赤字占标准财政规模（标准税收额与普通交付税之和）比重；综合实际赤字率是指综合实际赤字（包含医院等公共部门）占标准财政规模的比重；实际债务偿付率是指一般会计中公债本息偿还金占标准财政规模的比重；未来债务负担率是指一般会计中将来应负担的实际债务占标准财政规模的比重。

④ 日本地方债募集资金的来源主要包括以下四种方式：财政基金贷款、地方公共团体金融机构贷款、公开募集资金以及银行贷款。

第二节 现代预算管理原则

预算管理原则是制定预算管理制度的根本性准则，是政府选择预算形式和体系应遵循的指导思想。一方面，预算管理原则源于实践，是在总结不同历史时期预算管理经验的基础上形成和发展的；另一方面，它又发挥着指导和约束预算管理实践的作用。根据时代背景和预算管理需求不同，依其发展过程，可以分为古典预算管理原则和现代预算管理原则，但前者是后者的渊源，后者是前者的发展。

一、现代预算管理原则的渊源：古典预算管理原则

（一）古典预算管理原则产生的背景[①]

西方古典预算管理原则产生于18世纪末和19世纪初的欧洲。在此之前，尽管英国13世纪至17世纪经历了《大宪章》、光荣革命等运动，率先由封建王朝逐步过渡为资本主义社会的君主立宪制度，预算控制权由国王转至议会，但大部分欧洲国家基本处于君主专制时期，预算控制权掌握在君王手中。这种君主专制的财政管理有以下特征：①连续性（continuousness）。即没有年度预算的概念，政府根据资金流量和资金的可获得性来进行管理。②分权化（decentralization）。即没有中央财政控制，由各种不同的收入获得者和支付者分别进行收支。③私有化（privatization）。即大量的政府财政管理由私有商人（包税商[②]）承担，私人账户和国家账户经常是混淆在一起的。④权宜性（expediency）。即由于政府经常陷于资金短缺，加之民众对于政府的收入汲取行为常常不予合作，所以，各种各样的权宜手段经常被用来筹集收入，例如，短期债务等。⑤财政管理不规范。具体表现为：政府收支不受任何其他机构和部门制约，代表政府集中统一管理财力分配的财政部门要么没有，要么形同虚设；不能有效监督政府各个部门的收支，导致政府可以随意地征税和支出，政府部门也可以随意地支出；由于财政管理私有化

---

① 这一部分主要参考李燕：《政府预算》，经济科学出版社，2012。

② 包税商是与包税制密切联系的概念。包税制是一种古老的税收制度，起源于古代罗马时期，并在多个历史时期和地区得到应用。在这种制度下，政府将税收的征收权承包给私人或公司，以换取一定的税收减免或其他形式的利益。包税商是指在特定地区代为征收税款的人或公司，他们通常与政府签订合同，负责在一定期限内为政府征收特定税款，作为回报，包税商可以免除自己应缴纳的部分或全部税款，并可能获得征税过程中产生的额外收益。

的存在，许多财政活动常常游离于政府财政管理的控制之外。

如上节所述，随着欧洲国家逐步过渡到民主政府，预算资源不再由君主或某一政治团体垄断，预算资源的分配权通常由议会和政府来分享，并主要控制在议会手中，对预算收支进行控制往往是议会控制政府部门的重点。在这种情况下构建一种加强预算控制的预算体制势在必行。而且，为了更好地实现议会对于政府的预算控制，也有必要加强政府内部的预算控制。同时，19世纪的工业革命和经济发展所带来的金融和技术上的进步，也大大地降低了实行严格预算控制所面临的交易费用。正是在这样一种新的时代需要和技术条件下，学者们提出一系列古典预算管理原则，致力于将政治上的可靠性和有效的行政控制引入到政府预算管理之中，古典预算管理原则逐渐发展起来。

（二）古典预算管理原则的内容

欧洲学者在古典预算管理原则形成过程中居于相当重要的地位。其中具有代表性的学者和观点如下①。

1. 尼蒂（Nitti）的预算管理原则

尼蒂是19世纪意大利财政学者。他所提出的预算管理原则包括六个方面的内容：①公开性原则。②确定性原则。③统一性原则。④总括性原则。⑤分类性原则。⑥年度性原则。

2. 纽玛克（Neumark）的预算管理原则

德国学者纽玛克（1927）划分了静态和动态的预算管理原则。具体内容如图4–1所示。

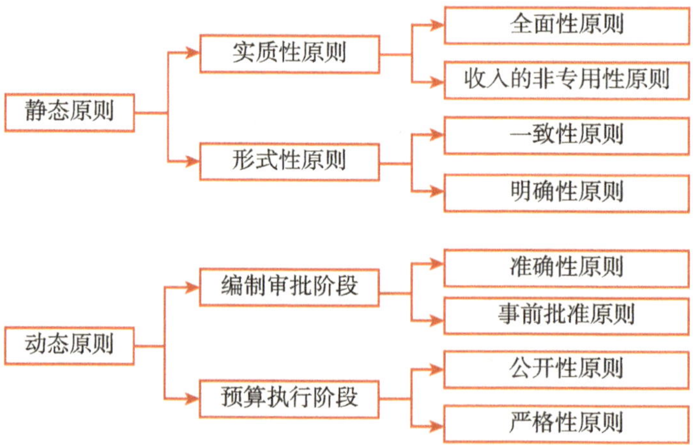

图 4–1　纽玛克的静态与动态预算管理原则

① 这一部分主要参考陈工：《政府预算与管理》，清华大学出版社，2004。

3. 舍德（Seidel）的预算管理原则

另一位德国学者舍德（1933）将预算管理原则重新进行了分类。他认为，预算管理原则有四个基本问题，作为对这些问题的回答，每个问题下又分别形成了一些预算管理原则。图4–2列出了这四个问题，以及分别与之相对应的预算管理原则。

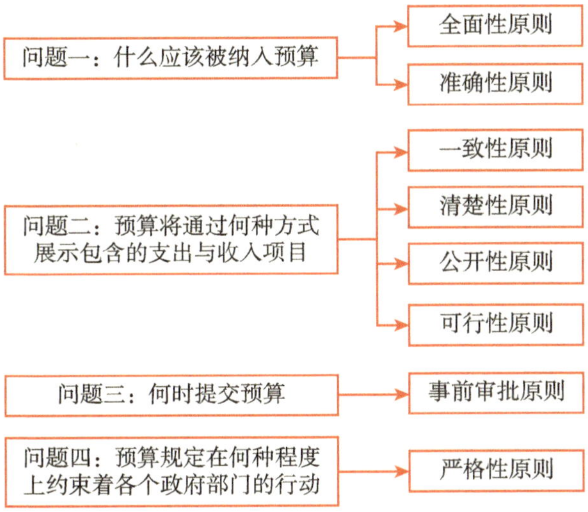

图 4–2 舍德的预算管理原则分类

美国公共预算专家希克（Allen Schick）指出，政府预算有三种主要功能，进而有三种预算取向：控制取向、管理取向和计划取向。从古典预算管理原则的内容来看，古典预算管理原则都是以“控制”为取向的[①]。第一，年度性原则意味着政府部门每年都要到议会去争取政治支持，从而为议会控制政府部门的预算创造了条件。在政府部门内部，年度性原则也意味着各个政府机构每年都必须接受预算办公室或财政部门的审查，从而加强了政府部门内部的预算控制。第二，全面性原则要求所有的政府收支都必须放进预算内，也是以实现预算控制为目的。仅年度性原则并不能保证议会能够有效地控制政府部门的预算，也不能保证财政部门能有效地控制各个政府机构的预算。如果政府或政府各部门有其独立的不受议会或财政部门监督的预算外资金来源，而且它们的支出也没有包括在预算内，那么，议会对政府的预算控制和财政部门对于各个政府部门的预算控制就会形同虚设。第三，一致性原则也是以预算控制为目的的。如果预算体系内存在某些收入或支出是按照某种不同于其他收入和支出的方式来处理的，那么，即使这些收入和支出已经被列入预算内，对它们的预算控制也会相对弱化。第四，严格

① 马骏：《公共预算原则：挑战与重构》，《经济学家》2003 年第 3 期。

性原则的控制导向就更加明显。在预算过程中，政府部门常常有不按预算规定的目的和方式使用资金的倾向，为了控制政府或支出机构的这种机会主义行为，就逐渐发展出了预算的严格性原则。

19世纪现代预算管理制度产生之前，由于政府收支缺乏有效制约和监督，政府预算陷入碎片化、私有化、无效化泥潭中，由此催生了19世纪以“控制取向”为目标的公共预算改革和古典预算管理原则。古典预算管理原则是与自由资本主义时期的“健全财政”的最高原则相一致的，即制定预算管理原则的指导思想是控制预算收支以达到预算平衡。这些传统的预算管理原则对实现政府对预算收支的计划管理与执行，以及立法机构对政府财政活动的控制与监督这两大传统预算目的都具有重要的指导意义。

二、现代预算管理原则：发展及内容

（一）现代预算管理原则发展的背景

20世纪30年代世界经济大危机后，凯恩斯主义盛行于西方国家，各国政府对经济进行了全面和深入的干预，与此相适应，西方各国政府在预算管理上表现出明显的主动性。古典原则并不能完全适用于20世纪中期兴起的“绩效导向”的预算管理制度改革。不同国家的政治经济体制存在差异，预算实践偏离古典预算管理原则的原因也是复杂的，但其主要原因有二。

第一，预算管理的重点由“控制”转向“管理”和“计划”。传统预算主要是以控制为主的，这样的预算体制虽然有力地约束了预算领域内的腐败、资金滥用和误用，但是，过度强调预算控制也在很大程度上限制了支出机构的自主性和积极性，从而降低行政效率，影响资金使用效果。从20世纪30年代开始，随着政府职能范围的扩大，通过不断的预算改革，现代政府的预算活动越来越强调“计划取向”和“管理取向”。例如在美国，从1935年开始，特别是在“罗斯福新政”时期，政府预算开始转变为“管理取向”，并在绩效预算改革时期达到高峰。从20世纪60年代开始，随着“规划—项目—预算（PPB）”的引入，政府预算开始强调计划性。当政府预算的重心转向管理绩效和计划目标的合理性时，传统的以控制为主的预算管理原则就不再能够满足预算者的全部需求。

第二，预算承诺的不确定性。预算环境和预算过程的不确定性常常使得这些预算承诺难以兑现。预算环境和过程的不确定性主要来源于经济和政治上的原因。从政治的角度讲，“政治产权的不确定性”将使得每一个政治家都无法确保他所支持的预算合同将会得到未来具有控制权力的政治家的支持。政治市场上的高强度激励和竞争将诱导政治家采取机会主义行为，正如在经济市场上将交易"非市场化"可以克服机会主义行为和降低交易费用一样，在政治市场上将预算交易"非政治化"将有助于克服政治家之间的机会主义行为。在预算领域，有很多预算制度安排都是为了克服政治家之间的机会主义行为。以"专款专用"的基金的设立为例。"专款专用"的基金是单独以一种特殊的预算模式来管理，违反了政府预算的一致性原则。但从交易成本政治理论来看，基金收支的存在可以减少政治不确定性，也能降低制定预算合同的事前交易费用，以及确保预算承诺具有时间延续性的事后交易费用。此外，由于预算环境和预算过程存在着不确定性，财政部门承诺划拨给支出机构的资金可能难以兑现，为了减少这种不确定性，支出机构就会建立起独立的、由自己支配的资金——预算外资金，从而违反了政府预算的全面性原则。由于这些制度安排的出现，预算实践就开始逐渐偏离古典预算管理原则。

（二）现代预算管理原则的发展

前文回顾了19世纪产生于欧洲的预算管理原则，这些以"控制"为取向的预算管理原则往往被称为古典预算管理原则。然而，随着政府职能与规模的扩张，国家干预经济成为一种社会思潮，要求行政机关在预算管理上拥有更多的主动性，古典预算原则不再适应社会经济环境的变化。由此，在20世纪50年代前后，现代预算管理原则产生。

1944年，美国联邦政府预算局局长哈罗德·史密斯根据美国行政机构谋求预算主动权的倾向，提出8项现代预算管理原则①：①反映行政计划原则。②加强行政责任原则。③以政府预算报告为依据原则。④执行中的弹性原则。⑤适度权力原则。⑥预算程序多样化原则。⑦适当加强行政部门的主动性原则。⑧机构协调原则。史密斯预算管理原则开"现代"预算管理原则的先河②，赋予了政府行政机构更多的预算管理权限和灵活性。

20世纪70年代后，美国预算学家凯顿（1989）曾对现代预算表现出的形式特征作了如下概括③，主要揭示了现代预算存在的若干问题及其对古典预算管理原则的挑战。首先，预算的刚性（budgetary inflexibility）。古典预算管理原则强调的预算年度性原则在实践中受到挑战，越来越多的预算项目具备了连续性的特

① Smith, Harold D. "The Budget as an Instrument of Legislative Control and Executive Management." Public Administration Review, vol. 4, no. 3, 1944：181 - 88.

② 神野直彦：《财政学》，彭曦等译，南京大学出版社，2012。

③ Caiden, Naomi. A new perspective on budgetary reform. *Australian Journal of Public Administration*, 1989,48（1）: 53–60.

征，例如各种社会保障项目，往往不能随意变更乃至终止，许多预算支出变成必须连续安排的。其次，预算的不可预测性（budgetary unpredictability）。预算刚性支出范围不断扩大，具有连续性特征的预算项目不断增加，受限于上一年度的预算决策、代表不同利益主体的预算部门以及经济波动等不可控制因素，预算编制变得越来越难以预测，凯顿将其称之为“预算的不可预测性”。再次，预算的碎片化（budgetary fragmentation）。20世纪70年代以来，预算外资金数量逐渐增加，大量预算外项目和基金的存在以及复式预算的引入，预算的完整性原则逐渐被打破。最后，预算的私有化（budgetary privatization）。为了引入市场竞争机制，提高公共服务供给效率，各种商业组织和非营利组织介入到公共品和服务的生产中，如采取服务外包、使用者付费或私有化方式，导致公共部门和私人部门的界限越来越模糊，甚至部分预算决策权转移给私人部门，但却不受或弱化了政府预算控制。

美国学者迈尔斯（Meyers，1996）对预算过程进行探讨，认为预算过程应该包含以下特征[①]：①全面性，包含政府所有财政资源；②诚实性，公正地反映政府收支；③预测性，预算过程应该既考虑长期也考虑短期；④约束性，限制政府获得的资金数量；⑤效率性，寻找以最小的成本获得最大效果的方法；⑥协调性，预算与其他管理和决策责任相协调；⑦及时性，严格按照预算计划执行预算安排；⑧透明性，预算应该公开且便于理解；⑨合法性，预算程序按照统一的法律政策执行；⑩偏好性，预算安排符合公众偏好。

1998年，英国通过《财政稳定法典》，规定财政管理应遵循透明原则、稳定原则、责任原则、公平原则、效率原则。

日本学者神野直彦（2002）以适用的领域为基准，将预算管理原则大致分为两类：一类是关于预算的内容与形式的原则，包括预算内容的完整性和预算形式的统一性、明确性；另一类是预算过程原则，包括预算编制的严密性和事先性，预算执行的约束性以及对于整个预算过程都适用的公开性原则。根据日本《宪法》和《财政法》的相关规定，日本预算制度需遵循议会表决原则、年度收入和支出分别核算原则、预算年度独立原则、总计预算主义原则、预算公开原则等[②]。

我国学者对预算管理原则也做了研究探讨。王雍君（2002）认为，现代预算管理应遵循如下原则，即全面性、年度性、未来导向性、遵循法定程序性、透明性和绩效导向性。李燕（2012）借鉴各国预算精华并结合中国实践提出，预算

① Meyers, R.T. Is there a key to the normative budgeting lock?. *Policy Sci*，1996（29）：171－188.

② 杨华：《日本政府预算制度》，经济科学出版社，2016。

管理应遵循科学性、完整性、透明性和平衡稳健性原则[①]。马蔡琛（2018）认为，中国预算管理应遵循完整性、统一性、可靠性、公开性和年度性原则[②]。邓淑莲（2022）基于古典预算管理原则并结合现代财政制度的要求提出，现代预算应遵循全面完整与具体细化原则、真实可靠与公开透明原则、规范约束与易懂原则、量力而行与讲求绩效原则、年度性与及时性原则。我国2014年修订的《预算法》规定，预算应当遵循统筹兼顾、勤俭节约、量力而行、讲求绩效和收支平衡的原则[③]。

（三）现代预算管理原则的内容

公共预算专家凯顿（1989）指出，政府预算是一个历史现象，与特定的时间和地点相联系，而不是某种一成不变的制度[④]，现代财政的运行状况已经与古典预算原则相抵触，必须根据现代财政的运行变更预算程序。但正如学者神野直彦（2002）指出的那样，“现代预算原则只能算是对古典预算管理原则的修正和补充”[⑤]。因此，根据现代预算制度的一般要求，结合我国建立健全现代预算制度的实践需要，吸收中外学者们关于现代预算管理原则的主张，本节将现代预算管理原则归纳为两部分内容，第一至第六项的部分是对已有古典预算管理原则的延伸和发展，第七至第九项的部分是基于预算管理形势变化和目标调整而补充的新预算管理原则。

1. 全面性原则

该原则要求政府预算管理应该包括政府的全部收入、支出和债务，全面体现政府活动范围和方向，以保证呈现在监督者面前的是一幅完整的预算全景图。预算管理全面性是确保预算约束有力、监督有效的重要前提，因而建设现代预算制度首先要从保证预算管理的全面性入手，将政府收支、债务及其风险等全部纳入预算管理。政府预算收入不仅包括各种税收收入，而且要包括政府其他来源的收入，如各种收费、出售资产收入等非税收入。预算支出应按照部门、功能和经济性质对全部政府支出进行分类，明确各部门的支出目标以及为实现目标而配置的资源，确保政府的各项支出都包含在政府预算以及与预算相关的文件中。债务及其风险主要包括年度内发行债务额、累计债务额、债务结构、债务利率、债务

① 李燕：《政府预算》，经济科学出版社，2012。

② 马蔡琛：《政府预算》，东北财经大学出版社，2018。

③ 参照《预算法》第一章第十二条。

④ Caiden, Naomi. A new perspective on budgetary reform. *Australian Journal of Public Administration*, 1989,48（1）：53–60.

⑤ 神野直彦：《财政学》，彭曦等译，南京大学出版社，2012。

期限以及当前政府承担的各项财政风险等。

2.统一性原则

统一性原则要求预算口径、预算科目以及预算程序等应按照统一规范的法律、制度、政策执行。具体而言，一是全国性的预算方针政策和财务制度由中央统一制定，各地区、各部门根据统一的方针政策和会计准则记录和公布预算执行情况。二是要求各项财政收支必须依据其性质明确分类，设立统一的预算科目，每个科目按照统一的方法、口径计算和填列，使预算编制数据尽可能贴合实际情况，即制定统一的预算支出标准。预算支出标准体系建设是提高财政资金使用绩效的重要手段，在保证各级政府支出需求的同时，通过制度化、标准化定额标准设置，减少预算安排过程中的博弈，降低交易成本，提高财政资金的配置效益和使用效益。三是中央和地方预算要由专业人员按照统一、公开的程序编制、执行，不得随意更改，预算调整应按照法定程序进行。预算管理的统一性有利于保证财政信息的一致性，并保证区域间财政数据的可比性，全域财政数据的可加总性，从而保障财政分配秩序。

3.真实性原则

真实性原则要求政府预算管理应依据可靠的计量方法和数据来源，确保预算数据的真实性和准确度。预算编制过程中，明确区分各项预算收支的性质，充分考虑各种风险因素和不确定性，依照真实可靠的数据、资料，预测估计宏观经济发展情况和各项预算收支数字，不得假定或编造，提高政府预算编制的质量，尽可能减少预算与决算的偏差。在预算会计核算过程中，以实际发生的经济业务或者事项为依据进行会计核算，及时、如实反映各项会计要素的情况和结果，保证会计信息真实可靠，全面反映政府财政的预算执行情况和财务状况。在预算执行过程中，定期对预算执行情况进行审计，检查预算数据的真实性和可靠性，及时进行整改和纠正，减少预算调整，提高预算执行效果。只有真实可靠的政府预算收支规模和内容才能提供客观、准确的预算信息，有利于决策者正确决策和有效监督。

4.年度性原则

年度性原则不仅要求政府按照法定的预算年度编制、审批执行、调整预算，而且要求经济周期内资源配置的合理性，以期实现政府资源总量的跨年度合理分配和平衡，保障经济长期平稳健康运行。预算的年度性源于人类对自身行为的确定性要求、计划性安排以及预算能力的有限性。首先，设立预算年度能够明确立法责任。立法机关按照预算年度审核政府预算，为财政收支的合法性确定时间界限。虽然部分国家在编制年度预算的同时，也编制多年期预算，但只有1年期预算需要提交立法机关审批。其次，满足统计的需要，若忽视时间因素，所有的统计数据都没有实际意义，数据间也不存在可比性。最后，作为年度预算在时间序列上的拓展，中长期预算着眼于宏观经济、财政发展趋势及周期性平衡目标，提供更长时间框架内的财政规划，从而更好地应对经济周期的波动，实现资源的跨期合理分配。同时，中长期预算的实施要落实在各年度预算中，通过中期财政框架、政府债务管理等，使财政收支计划与中长期经济发展战略有效衔接。

5. 法治性原则

将法治思维贯穿现代预算管理全过程，坚持科学立法、有效执法、严肃问责。在预算管理过程中，要明确“预算即法律，预算过程即立法过程”的理念，确保财政资源使用的合规性以及法律实施的有效性。政府预算的形成过程实际上是国家立法机构审定预算内容并赋予政府预算执行权的过程，因此，政府必须将所编预算提交国家立法机构批准后才能据以进行财政活动。要制定并完善相关法规，坚持遵循规范预算编制、严格预算执行、完善预算监督、强化预算绩效管理、优化预算管理体制等要求，确保预算管理、债务管理工作有法可依、有章可循。预算问责是依照法律规章对代理人的预算行为进行评价并以此为基础进行奖励或处罚的过程，预算问责的对象包括个人和预算部门，问责的过程贯穿整个政府预算的方方面面，预算问责的形式包括立法问责、司法问责、行政问责、社会问责等。

6. 民主性原则

民主性原则要求在预算管理全过程中体现人民的知情权、参与权和决定权。预算公开是保障公民知情权、参与权和决定权的必要前提。在预算编制过程中，保持公开透明的态度，向公众披露预算信息，使公众能够知其然并知其所以然，提高公众对预算的了解和监督能力。同时，要通过各种渠道广泛征求公众意见，如公开听证会、民意调查、座谈会等，保障公众对预算的参与权，形成符合民众需求和意愿的预算。在预算审批过程中，公众通过其选出的代表对政府提交的预算进行审查、批准，防止政府滥用权力，以确保预算安排的合法性和合规性，保障公民的决定权。在预算执行过程中，应当严格依据代议机构批准的预算进行预算收支，依法进行预算调整。预算全过程应当遵从人民意愿，依据民主程序进行，并且接受人民及其代议机构的监督。预算民主性原则促使现代预算功能从偏重合规性控制，逐步拓展为向公民赋权的公共治理工具，进一步维护了人民利益，提升现代政府的合法性。

7. 绩效性原则

预算是对众人之财和众人之事的提前安排，是对政府决策偏好的表达，预算绩效导向有利于确保公共资源得到最有效的使用。绩效性原则要求构建全方位、全过程、全覆盖的预算绩效管理体系，把有限的财政资金分配好、管理好、使用好。扩大绩效管理范围，将政府预算、部门和单位预算、政策和项目预算全部纳入绩效管理的范畴。完善绩效评价指标体系，提高绩效管理质量。完善绩效结果应用机制，改变预算资金分配的固化格局，提高预算管理水平和政策实施效果，实现预算安排、项目决策和绩效评价结果紧密衔接。通过建立健全绩效评估机制，强化绩效目标管理，做好绩效运行监控，为事前资金分配提供重要依据，为事中预算执行控制提供可靠参照，为事后奖励和问责提供必要反馈，提高财政资源配置效率和使用效益。

8.可持续原则

可持续原则要求政府预算管理在经济增长不确定性以及债务危机日益严重的背景下，防范债务风险，化解财政收支矛盾，实现经济可持续发展、各级政府持续履行公共责任。在预算管理过程中，一是完善债务立法，健全政府依法适度举债机制，统一债务管理口径，以法律形式规范政府债务的举债主体、举债方式、用途、偿还方式等，规范政府债务管理行为，确保债务资金的使用合规、安全、有效。二是要运用现代化信息技术，建立多级联动的财政等级评估体系和债务风险预警机制，摸底排查政府债务存量，针对各级政府差异化的财政等级，设置不同的债务上限和发债条件，全面把控政府债务的期限和规模，动态调整债务结构以及资金使用进度。三是把牢预算管理关口，确保财政收入能够及时足额入库，严格控制财政支出，优化财政支出结构，降低债务融资成本，坚决防止违规、无效使用财政资金。

9.科学性原则

科学性原则要求政府预算管理要充分运用现代化的数理方法和信息技术，提升政府决策质量、完善预算编制程序、优化预算支出结构、强化预算绩效管理，为精准调控政府预算、提升预算管理效率提供新思路、新选择。在现代信息技术和统计技术迅速发展的背景下，政府治理模式正经历着深刻变革，世界各国正在通过大规模数字化转型，以解决预算管理过程中存在的信任、道德和透明度等核心问题。一方面，通过现代化的信息技术减少政府财务部门搜集、整理数据及相关信息的工作量，有效提升工作效率，使得预算编制更加高效、可靠；另一方面，现代技术的发展，加强了政府部门间的协作与沟通，同时公众和媒体能够及时进行信息反馈，缓解了政府内外的信息不对称情况，为政府预算制定及实施提供合理依据。现代科学技术的发展与普及，为政府预算管理制度改革指明方向，未来的政府预算管理必将更加科学高效。

第三节　现代预算管理理论

现代预算管理制度的发展经历了一个较长的历史过程。19世纪70年代，现代预算管理制度在英国诞生，伴随着现代预算管理制度的产生，政府预算管理理论也随之成为一个专门的研究领域。但政府预算管理理论并不像税收理论那样，有着明确的主流理论和完整的理论框架。正如美国预算专家罗宾（1988）所述，“接受某一学科训练的人很可能从其本学科所涉及的范围和学科内部对预算加以研究……这些研究均无法形成有意义、完整连贯的预算研究”[①]。不同学科、不同流派的学者对预算管理理论都有着独特的见解，从而形成政治学、经济学、管理学等不同学科视角的现代政府预算管理理论。在此重点介绍部分代表性理论。

一、政治学中的现代预算管理理论

政治学强调，预算改革应该从政治改革入手，影响预算最有效的方式是引入基本的政治变革。因此，研究政府预算应该从政治制度和政治行为如何影响预算过程和预算结果入手，考察二者之间的因果关系。从政治学领域研究政府预算管理制度，大致形成以下观点。

（一）渐进预算理论

20世纪60年代，阿伦·威尔达夫斯基的代表性著作《预算过程中的政治》发布，该书提出一种描述预算过程与政府官员预算行为的渐进主义理论，重点探讨了人类决策能力的局限性对预算过程的影响[②]，对美国政治科学和公共管理产生了革命性的影响。2006年《预算过程中的新政治》第五版出版[③]。当前，渐进主义理论已成为最具影响力的政府预算理论。渐进预算理论的基本观点如下。

1.预算具有政治性，预算参与者通过多种策略，寻求政治支持，以争取更高的预算

自美国“进步时代”开始，预算改革者将预算视为技术问题，试图将完全

---

① 艾伦·罗宾：《公共预算中的政治：收入与支出，借贷与平衡》，叶丽娟、马骏译，中国人民大学出版社，2001。

② Wildavsky Aaron. The Politics of the Budgetary Process，Boston：Little Brown，1964.

③ 艾伦·威尔达夫斯基、内奥米·凯顿：《预算过程的新政治学（公共管理学经典教材原版影印丛书）》，北京大学出版社，2006。

理性引入预算过程，认为政治决策缺乏效率，因而在预算决策过程中都试图回避政治过程。但瓦尔达沃斯基认为，全面而又理性的预算，对于人类行为和政治而言纯属乌托邦，是不可能实现的，预算过程是政治框架中的人类决策行为，预算决策是通过政治过程做出的，预算改革不仅仅是预算制度的变化，而且必然会包括在政治系统的变化。预算改革只有通过改变政治过程，从而改变预算份额在不同预算项目之间的分配，才能真正对预算结果产生影响。如果预算决策中没有政治理论，就无法回答科伊的问题，“究竟以什么作为依据，决定将X美元分配给A活动，而不是B活动”。在预算实践中，预算决策受多元政治因素的影响，宪法、政治家的立场、官僚与利益集团的压力以及社会公众意见等政治因素都会对预算决策产生影响。预算参与者在争取预算过程中，会使用不同的策略实现各自的预算目标，瓦尔达沃斯基对各政府部门在确保本部门预算拨款时所运用的策略进行分析发现，各预算单位为取得政治支持所采取的策略大致可以分为三种类型：①培养一个积极的委托人。这反映出在现行的政治体系中寻求支持的需要。②信任策略，即与其他预算参与者，尤其是预算委员会建立信任关系。预算委员会对一个政府部门越信任，给它的预算会越好。信任策略包括培养预算委员会对政府官员个人的信任和对该部门的实际工作成果的信任。③暂时性策略，即政府部门对某个预算项目进行解释，从而说服国会对其进行拨款。通过这一策略，政府部门可以维持拨款水平，从而确保其预算基数；或是获得更多的拨款，从而增加其预算基数。

2.预算具有渐进性，主要表现为预算支出的渐进性

渐进主义理论认为，支出机构决不会在每个预算年度里根据现有项目的价值和替代项目的价值来积极地评估所有的方案。相反地，支出机构的预算要求都是建立在上一年的预算基础之上，并特别关注边际上的增加和减少。对于政府及其主要支出机构而言，预算拨款数额一般是渐进递增的。从一个预算周期到另一个预算周期，预算拨款数额只会发生较小的变动，瓦尔达沃斯基通过对37个部门为期12年的观察发现，3/4的部门预算数额变动小于30%。

3.基于人类决策能力的有限性，预算参与者在预算过程中会采用“简化”的预算策略

预算可以理解为决策制定过程，预算规模庞大，而人的决策能力有限，因此当预算参与者在面对预算决策的复杂情形时，往往会采取相应策略简化预算决策过程。例如，在预算决策过程中，仅考虑部分信息而非支出部门的全部信息。简化决策过程的策略大致分为两种，政治环境中运用的一般策略和预算过程中运用的特殊策略。一般策略包括运用各类指标、基于经验来进行决策、选

择一个较为满意的决策（而不是最为满意的）以及在一个有限的范围内做出决策选择等。特殊策略包括“公平分享”和“预算基础”这两个相关概念，以及在预算过程当中进行职能分工，形成一个互相补充和互相制衡的预算体系。“预算基础”和“公平分享”这两个概念可以使预算决策制定者做出如下假定：大部分政府部门的预算可以不用重新考虑，预算支出数额的变化将在各部门之间以一些共同的基础来分配。一个职能分工的预算体系通过将预算决策职能分配给不同的政府机构，从而降低了预算决策的难度。同时，在这样的预算体系中，根据预算参与者所处的部门，将其预算行为限定于有限的范围之内，并使预算参与者也知道其他预算参与者的作用与行为，从而使得整个预算决策进一步简化。

在预算理论研究过程中，应该将预算置于多学科相互融合的视角。渐进预算理论最重要的价值在于将政治学理论、经济学理论等运用到预算研究中，为未来预算研究提供统一视角。在政治学领域，预算渐进理论注重政治与政府预算之间的关系，将政治组织以及与其相关的政治程序引入预算研究中，预算组织包括立法机构、行政机构、利益集团和政治党派等，政治程序主要包括政治组织对于预算支持的争取和党派间关于利益的相互调整；在经济学领域，对于预算决策的分析、制定和执行过程非常倚重经济学分析方法的应用。在理论研究过程中，虽然对渐进预算理论仍存在批判，但其对政治与政府预算之间的关系的关注，为未来的预算研究提供了一个较为现实的框架和合理可信的研究角度。

（二）政策过程理论

基于政治与经济环境的难以预测性以及预算参与者目标的多样性，预算理论模型必须具备灵活性，能够实时将预算参与者的不同要求以及预算环境的变化纳入预算决策中。渐进预算理论和公共选择理论都对预算决策的过程和结果进行研究与解释，但随着各种赋权型预算的出现，渐进主义预算模型在对当代的预算过程与预算结果进行解释也存在一定的局限性。为了弥补上述理论的不足，一些学者开始从政策过程的角度解释预算过程与结果，鲁宾是其中的代表人物。1997年，鲁宾在其著作《公共预算中的政治：收入与支出，借贷与平衡》（The Politics of Public Budgeting：Getting and Spending，Borrowing and Balancing）中，基于预算的政治属性，综合考虑宏观预算和微观预算对政策的影响，提出“政策过程模型”[①]。政策过程理论的重点在于预算决策行为，这种决策具有“弹性、适应性和灵活性”的特征。政策过程模型主要包含两方面的重要内容。

---

① ［美］爱伦·鲁宾：《公共预算中的政治（第四版）》，叶娟丽译，中国人民大学出版社，2001。

1.将预算决策过程分为预算收入、预算过程、预算支出、预算平衡以及预算执行5个决策束

在每个预算决策束中，需要考虑环境的开放程度、目标相异的多元行为主体、纳税人与预算决策者的分离程度、预算文件定义公共责任的有效程度以及公共预算受到的各种限制与约束对预算决策结果的影响。

（1）预算收入束。收入束中的预算决策主要是对下一年的收入进行技术评估。在鲁宾的模型中，关于预算收入的决策主要涉及能否和怎样通过税收政策变化改变收入基数，具体包括以下一系列问题：税收将增加还是减少？是否应该进行税收减免，如果应该的话，应该给谁？应该注重哪些税源？税收政策将对不同地区、不同经济阶层和不同年龄群体产生什么影响？税收负担程度如何？预算环境、经济形势，以及利益集团都会对预算收入决策产生较大影响。

（2）预算过程束。预算过程束主要涉及如何做出预算决策以及由谁做出预算决策的问题。在预算过程中，预算决策主要涉及相对独立的各部门（立法部门和行政部门）之间、纳税人与决定资源配置的政府官员之间权力的均衡问题。鲁宾认为，参与预算的个人和团体都会对预算结果产生影响，其中在影响预算结果的团体中，行政机构和议会在其中起着最为关键的作用。同时，有效的预算过程束能够充分反映社会成员对政府项目的评价。

（3）预算支出束。在对预算支出的决策中，主要涉及对预算项目的选择以及对各项支出的预测，即预算参与者通过影响预算资源的配置，对预算项目支出进行排序或维持现有优先次序。预算支出的决策往往与政策相关，在政策的引导下，选择对哪些项目进行资助，对项目的资助程度，谁将从项目中获益等。在预算支出束中，政府机构往往发挥更大的作用。

（4）预算平衡束。预算平衡涉及一个基本的问题，即每一财政年度的预算收入和预算支出是否必须平衡，或者借债是否可以用于预算平衡，如果可以，应该能借多少债，举债期限为多久，以何目的进行举债？预算平衡与预算收入和支出是一个相互作用的过程。财政赤字是政府为解决经济危机而对经济进行干预的结果，财政赤字通常与失业政策相互联系。因此，从根本上讲，关于预算平衡的决策与政府的范围和作用相关，政府的职能范围与税收水平是否适当，政府在缓解失业中发挥多大的作用都是各政党以及利益集团在考虑预算平衡问题时关注的重点。

（5）预算执行束。本质上，预算执行被视为技术性更强的工作。在预算执行过程中，主要涉及如何准确执行预算计划，哪些执行偏差是被允许的，哪些预算政策需要被严格执行等。政策环境的改变影响预算执行情况，预算调整幅度取

决于政策环境的变化，且预算调整可能会引起政治上的争论，预算的重大调整甚至会对下一年度预算基数产生影响，同时影响对于预算收入和预算支出的决策。行政部门在预算执行过程中发挥重要作用，立法部门的作用极其有限，各利益集团基本不发挥作用。因此，在预算执行过程中，需要慎重考虑对于预算的重新调整，着重考虑各行政机构的影响。

2. 解释政策制定过程中宏观预算与微观预算的关系

宏观预算主要涉及预算过程和预算环境，微观预算主要关注预算参与者及其实现目标的策略。政策过程模型中，关于宏观预算与微观预算的关系，如图4–3所示。预算环境、预算过程和预算参与者的预算策略都会对最终的预算决策结果产生影响。首先，预算环境会影响预算过程、预算参与者的策略运用以及最终的预算结果。一般情况，预算环境通过预算过程和预算策略间接影响预算结果，但当遇到紧急情况，如战争或严重自然灾害，预算环境会直接影响预算结果。其次，预算过程和预算参与者的预算策略相互影响。若在预算决策过程中，需要公众和利益集团进行公开详细的预算听证，那么任何想对预算决策结果产生影响的预算参与者，都会有针对性地修改预算策略使自己在听证会上取得主动权；若预算决策结果与利益集团偏好发生冲突时，利益集团会试图改变预算过程以获得期望的结果。最后，预算策略影响预算结果。不同的预算策略对于预算结果的具体影响是难以衡量的，但不考虑预算环境和预算过程的预算策略一定难以取得期待的预算结果。

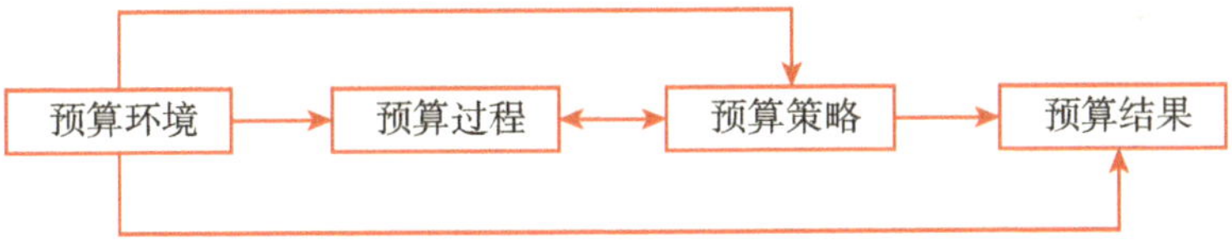

图 4–3　预算决策制定：预算环境、预算过程和预算策略

政策过程模型中五个预算决策束是相互作用的，但在一定程度上也需要保持相互独立性。按照理论上的决策模式，有些决策需要率先做出并成为分析其他决策的框架，例如，关于收入和支出的决策应该成为预算平衡决策的分析条件，在预算平衡决策之后再进行预算执行决策。但在预算制定过程，预算决策束并不是完全按照时间顺序进行，且整个预算过程处于不断变化的经济和社会环境中，纷繁复杂的环境使影响预算决策的信息不断更新，各个预算束不断调整，使得预算决策过程不能完全按照理想状态进行，需要各预算束在一定程度上保持相对独立性。尽管由于不同国家在政治体制方面的差异，政策过程理论难以解释所有国家的预算决策模式，但也能合力回应预算过程中的诸多问题，政策过程理论的形

成与发展对于预算决策的研究具有重要意义。

二、经济学中的现代预算管理理论

经济学的核心思想是资源的稀缺性及其有效利用，因此，如何将有限的预算发挥最大效应是经济学者最为关注的问题。从经济学角度对预算进行研究有着较早的历史，亚当·斯密在《国富论》中对税收原则以及政府支出的论述引出经济学对预算的讨论，随后边际分析方法的产生为经济学者研究预算奠定基础。政府预算范围、预算规模以及如何通过政府预算实现社会经济目标等诸多问题都是经济学领域的学者重点关注的问题。从经济学视角研究政府预算管理制度，大致形成以下观点。

（一）理性预算理论

19世纪70年代，以威廉姆·斯坦利·杰文斯、卡尔·门格尔以及里昂·瓦尔拉斯为代表的边际效用学派产生，边际效应分析方法由此产生。根植于效用最大化以及边际效应相等两个经济学基础，经济学家认为，在完全理性的假设下，涉及政府不同支出领域的资源分配问题时，应该使作用在不同用途上的资源边际满意度相等①，以此作为依据对稀缺资源进行分配，从而实现社会效用最大化的目标。

边际效应分析方法被应用于预算分配领域，各种预算支出的边际效用相等是政府资金的分配准则②。Walker（1930）将边际效用理论应用到对预算决策的研究中，认为预算决策应遵从无差异曲线，最后一美元无论投在哪个项目上所带来的效用都是相等时，整个社会福利是最大的，并且将社会当前的经济发展水平作为预算支出分配的标准③。Lewis（1952）对边际效应分析方法进行拓展研究，指出政府在进行预算决策时考虑项目的相对价值、相对有效性和增量分析，在此基础上结合不定额预算法、限额预算法、工作负荷量衡量法、单位成本计算法、预算增减分析法、优先性清单法和逐项控制法等方法进行预算决策。理性预算理论主导了美国的预算改革过程，绩效预算、项目预算、零基预算和新绩效预算等改革将预算焦点由投入转到产出再到结果的衡量，均是在理性预算

① Key, Valdimer O, "The lack of a budgetary theory." *American Political Science Review*, 1940, 34（6）: 1137–1144.

② Pigou, A. C., Producers' and consumers' surplus. *The Economic Journal*, 1910, 20（79）: 358–370.

③ Mabel L. Walker., *Municipal Expenditures*, Baltimore: The Johns Hopkins Press. 1930: 32–33.

的引导下寻求预算资金分配效益最大化的努力[①]。随着现代信息技术的迅猛发展，政府越来越多地使用现代决策技术和工具来辅助决策，还增设信息分析机构来帮助预算机构搜集和分析数据，提高政府进行理性计算和决策的能力[②]。

理性预算理论将预算过程中的政治因素看作公共预算缺乏效率的根源，试图用理性决策分析取代政治过程[③]，通过计算成本和收益来实现预算资金的最优配置。但单纯通过理性预算理论，用精细化的计算进行预算决策似乎是不合适的[④]，原因有三：首先，想要实现预算资金效用最大化，就要求在各个项目之间进行选择，早期理性预算的研究主要探讨影响预算总额的因素，而没有解决如何在不同项目之间进行分配的问题。其次，预算决策是与政治博弈结合在一起的，需要全面考虑决策过程中的各种力量。因此，预算分配的问题不仅需要从经济学的视角来探讨，还需要从政治学等其他视角来开展研究。最后，理性预算理论中的理性人假设遭到质疑。在现实生活中，决策者并非独立存在，而是依存于各种利益集团中，预算决策往往与政治斗争相结合，需要全面衡量不同群体的利益，并且决策者的时间、精力以及知识储备有限，面对规模庞大的政府预算，在诸多组织规章制度、效率准则的限制中难以做出最优决策。

（二）公共选择理论

20世纪60年代，以詹姆斯·布坎南和戈登·图洛克为代表的公共选择学派诞生。公共选择学派着重于运用经济学的研究方法研究政治问题，并从中探究其深层次的原因。政府预算行为遵循一定的政治程序和规则，是一种采取非市场方式进行资源配置的集体决策行为。因此，政府预算管理也属于公共选择理论的研究范畴。公共选择学派的学者，从公共品需求和供给领域形成两个重要的预算模型，分别是中间投票人模型和官僚预算最大化模型。

1. 中间投票人模型[⑤]

在西方民主制度发展过程中，形成了以公民直接参与投票得到最终决策的直接民主决策机制和由少数人作为代表进行投票得到最终决策的间接民主决策机制。在大多数国家的政治生活中，实际发挥作用的主要是间接民主决策机制。但

① 马骏：《中国公共预算改革：理性化与民主化》，中央编译出版社，2005。

② Reddick, C. G., Testing Rival Theories of Budgetary Decision-making in the US States. *Financial Accountability & Management*, 2003，19（4）：315-339.

③ Donald F. Kettl.，*Deficit Politics*，Macmillan,1992.

④ 邝艳华：《公共预算决策理论述评：理性主义、渐进主义和间断均衡》，《公共行政评论》2011年第4期。

⑤ 刘宇飞：《当代西方财政学》，北京大学出版社，2003。

无论是直接民主决策机制还是间接民主决策机制，都是一种集体决策机制，都需要公民通过投票反映自身对于公共品供给即预算支出的偏好。在集体决策机制中，无论是全体一致同意还是个人独裁的决策规则，都会因成本过高而很少被接受或者采纳，更为常见的是各种多数表决机制。最为基本和常见的多数表决机制是简单多数表决制，即对提案进行赞成或反对的投票，若有一半以上的人投票赞成，则提案被通过。与全体一致同意机制相比，简单多数表决机制更容易实施，且能够避免相对多数原则下可能发生的相互矛盾的提案被通过。但简单多数投票机制也可能发生另一种典型的相互矛盾的结果，即投票悖论。美国经济学家阿罗（1951）通过研究并用数学方法证明，不存在一种既满足民主制度的需求，又能将不同投票人偏好顺序整合为统一社会偏好顺序的民主决策规则①。

假设有三个人，分别为A、B、C；在三个方案x、y、z中进行选择，由1、2、3分别表示三人的偏好程度由强到弱，三人各自的偏好次序如表4–2所示。按照简单多数表决机制的规则，两两投票。当投票在x和y间进行时，由于A和B都更偏向x，因此，通过简单多数原则决定的社会偏好次序为x胜于y。当投票在y和z之间进行，由于A和C都偏向于y，所以得到的社会偏好次序为y胜于z。至此，通过传递性公理可知，x与z的社会偏好次序应该是x胜于z。但是，当投票在x和z之间进行，由简单多数原则决定的社会偏好为z胜于x。简单多数投票原则与传递性公理发生矛盾，出现投票循环：x胜于y，y胜于z，z胜于x。

表 4–2 投票悖论

个人 / 方案	x	y	z
A	1	2	3
B	2	3	1
C	3	1	2

为什么会出现投票悖论，有没有办法可以解决投票悖论？1948年，布莱克在《群体决策原理》一文中通过数理模型对投票悖论和中间投票人定理做出经典分析。1957年，唐斯在其出版的《民主的经济理论》中对中间投票人模型予以完整表达，即“如果在一个多数决策模型中，个人偏好都是单峰的，则反映中间投票人意愿的政策会最终获胜，因为该政策不仅使中间投票人获得的收益最大，而且使其他人的损失最小”。在中间投票人模型中，预算决策被转化为中间投票人的效用最大化问题。中间投票人模型能够兼顾民主决策与预算支出偏好，

① ［美］肯尼斯·约瑟夫·阿罗：《社会选择与个人价值》，陈志武译，四川人民出版社，1987。

简化对预算支出的决策过程，是经济学家研究公共支出决策时广泛采用的一种方法。

根据布莱克（1948）的证明，如果个人的偏好顺序在几何图形上表现为单峰，则简单多数表决机制就存在最终结果，不会出现投票悖论[①]。回顾前例，见表4-2，将三人对三种方案的偏好反映到图4-4中。在图4-4中，A和C的偏好曲线分别为AA和CCC，都只有一个峰值。B的偏好曲线BBB呈先下降后上升趋势，有两个峰值，这与不存在投票悖论的情形不同。若上述三人对三种方案的偏好次序发生改变，考虑将B的偏好顺序改为y>x>z，依照简单多数表决制，在x和y之间投票，y胜于x；在x和z之间投票，x胜于z；依据传递性公理可推出y>z，与在y和z之间投票结果相同，投票悖论消失。这时，B的偏好曲线反映在图中也是单峰的，如图4-4中的虚线BB’所示。

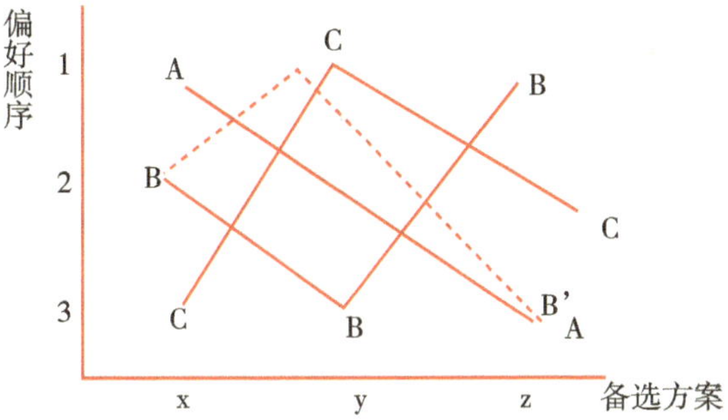

图4-4　多峰偏好与投票悖论

理论上，所有人的偏好曲线都呈单峰是可能的，这主要是基于以下两点认识：首先，所有人的偏好曲线呈现单峰说明社会成员在某一问题上有广泛的认同，有学者称之为文化一致；其次，用脚投票使社会群体实现人与群分，即特定社区内可以实现社会成员在某一问题上形成基本共识。但是，在现实中，所有人的偏好都实现单峰基本上是不可能的，因此，彻底消除多数表决机制可能出现的投票悖论是不可能的。但单峰偏好为摆脱投票悖论提供了充分条件，并且由单峰偏好所得出的确定性结果反映的是中间投票人的偏好。

由上可知，单峰偏好使多数投票表决机制必有最终结果。布莱克进一步指出，单峰偏好的投票者在面对各种备选方案时，必然选择中间投票人所偏好的结果，如图4-5所示。

① Black D., On the rationale of group decision-making, *Journal of political economy*, 1948, 56 (1): 23-34.

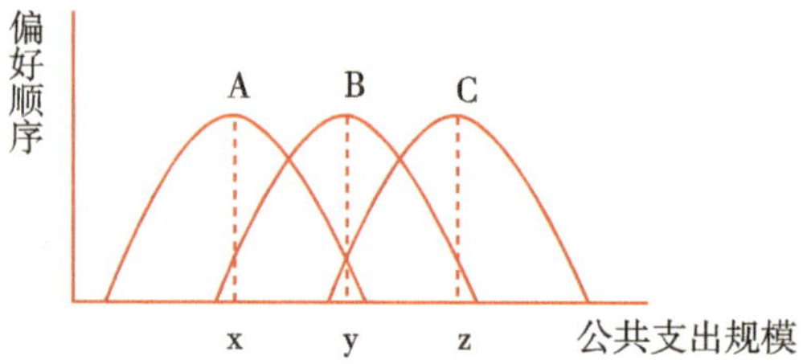

图 4-5　中间投票人与多数投票表决制最终结果

x、y、z表示公共支出规模由低到高的三种备选方案，个人A偏好较低的公共支出规模，C偏好较高的公共支出规模，B为中间偏好者，即中间投票人。假设个人投票时遵循的原则是，如果不能选择使其效用最大化的备选方案，那么他将选择满足程度离它最近或下降最小的方案。当投票在x和y或y和z之间选择时，中间投票人B所偏好的y方案都会成为社会偏好方案；稍微特殊的是，当投票在x和z之间选择时，A和C都能选择使其效用最大化的方案，虽然最终结果难以由简单多数表决机制确定，但对最终结果起决定作用的仍然是中间投票人偏好。

20世纪60年代后期，中间投票人模型被广泛应用于预测和解释联邦政府和州政府的预算行为。该模型的最大优势在于将公共品供给决策转换为中间投票者的偏好，简化对预算支出的分析。正如英曼（1978）指出的，在中间投票人理论中，预算决策被转化为中间投票人的效用最大化问题，仅仅分析中间投票人的收入、税收价格和偏好即可[①]。此外，中间投票人模型所需要的资料也易于获得和分析，这使得该模型非常适合于实证统计分析[②③④]。

但该模型仍然存在一定的局限性。第一，中间投票人定理的假设较为严格，需要严格满足一维决策以及单峰偏好的假设，但在现实条件下，这些假设是很难满足的。第二，中间投票人定理的适用范围较窄，仅适用于能够通过投票程序进行决策的预算行为，且投票前需要准确衡量各预算行为的效应。第三，中间投票人模型考虑因素较为单一，仅考虑投票者的偏好，对于政治决策程序、决策中的权力配置以及社会发展状况等其他因素有所忽略。

① Inman, R. P. "Testing political economy' s 'as if' proposition: is the median income voter really decisive?" *Public Choice*,(1978), 33（4）, 45 - 65.

② Barr, James L., and Otto A. Davis. "An elementary political and economic theory of the expenditures of local governments." *Southern Economic Journal*, 1966: 149–165.

③ Henderson, James M. "Local government expenditures: A social welfare analysis." *The Review of Economics of Statistics*, 1968: 156–163.

④ Rubinfeld, Daniel L. "Voting in a local school election: A micro analysis." *The Review of Economics and Statistics*, 1977: 30–42.

2. 官僚预算最大化模型[①]

为什么政府机构越来越臃肿，为什么政府预算规模越来越大？1971年，尼斯坎南在《官僚制组织与代议制政府》一书中，对政治家与官僚在预算中的关系做出详细描述。其中，政治家是指选举任职的民意代表，如议员或者总统等，其最终目的是力争当选或谋求连任；官僚是指提供公共产品或服务的政府部门人员。官僚预算最大化模型以微观经济学中的理性人假设为逻辑起点，认为个人是效用最大化的追求者，官僚与经济市场中的消费者和厂商相似而又略有不同，消费者和厂商追求个人预期效用的最大化，而官僚的目的是希望获得权力（power）声望（prestige）、报酬（pay）、特权（perquisites）等[②]，这一目标使官僚行为也具有鲜明特点，追求部门预算规模最大化。由此，尼斯坎南提出官僚预算最大化模型，大致可以概括为以下内容。

第一，官僚一直在争取预算最大化。首先，官僚利用所掌握的信息和经验说服或争取政治家（议员），使他们相信，支持扩大自己所在机构的预算是维护公共利益的迫切需要。例如，国防部官员会宣传国家在安全方面受到威胁，而其他提供公共服务的部门官僚则试图使政治家们关注贫困问题。进一步，利用预算问题只是决策者需要关注的众多问题之一这一特点，向政治家提供“要么全要，要么全不要”的抉择，只要所提出的方案让决策者感到符合公共利益，那么，在聊胜于无的考虑下，官僚的方案很有可能得到批准。其次，即使所提出的要求未能完全得到满足，官僚也自有办法变相地实现自己的目标。如图4–6所示。设D为社会对官僚所提供的公共品的需求，利用微观经济学关于需求曲线导出的知识，D为公共品—私人品空间里不同公共品价格水平下，无差异曲线与预算线切点的轨迹线转换到公共品价格—产量空间的产物，本应结合供给曲线确定最优产量，但是，从官僚目标出发，他将追求G_b的产量，因为在这一点，需求弹性等于1，他可以得到最大化的预算规模（P_b*G_b），即，图4–6中E点对应的总支出水平。但如果得不到他所追求的理想价格P_b，那么，官僚将会通过降低工作效率，使公共品实际的价格趋向P_b。官僚提供公共服务的垄断性以及官僚绩效难以衡量，为官僚们降低工作效率之后的自我辩解提供了较大余地。

---

① 威廉姆·A. 尼斯坎南：《官僚制与公共经济学》，王浦劬译，中国青年出版社，2004。

② 官僚的追求与其所在部门规模呈正相关。

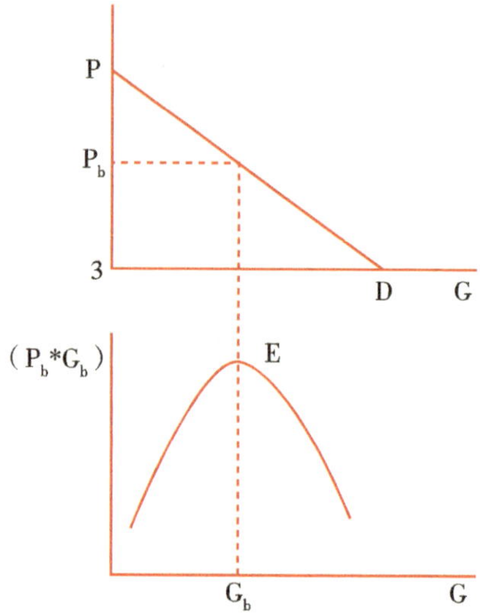

图 4-6 官僚追求机构预算最大化模型

第二，官僚通常能实现预算最大化。在官僚预算最大化模型中，官僚与政治家之间呈现一种双边垄断关系，官僚通过提供公共产品换取预算，政治家利用预算从官僚“购买”产品，二者之间的信息不对称帮助官僚实现预算规模最大化的目标。虽然政治家拥有立法权以及法律赋予的其他职权，但他们在很大程度上依赖于官僚提供的信息进行判断，包括公共服务的供给状况、公共品供给成本以及公共品需求等其他信息。相较于政治家，官僚对公共品的生产函数和成本函数拥有更多的信息，在预算博弈过程中能够占据优势地位，从而实现预算最大化目标。

在官僚预算最大化模型中，政治家提供的预算（B）与官僚提供的公共品数额（Q）满足：

$$B = aQ - bQ^2$$

其中，$0 \leqslant Q \leqslant a/2b$，$a$、$b$ 均为参数，$b>0$

预算—支出函数可以用图4-7来表示：

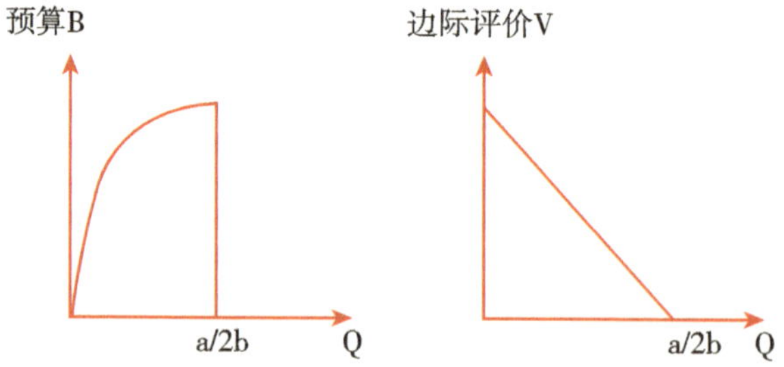

图 4-7 预算产出函数与边际评价函数

增加一单位产出所增加的预算称作政治家对产出价值的“边际评价”（V），

它也是预期产出量的函数：

$$V=\frac{dB}{dQ}=a-bQ$$

如图4-7所示，边际评价与产出成反比。即产出愈低，政治家的边际评价愈高；产出愈高，政治家的边际评价愈低：边际评价曲线也服从收益递减规律。

假定官僚所面临的线形需求曲线（中间投票人的平均收益曲线）为：

$D=a-bQ$

其中，Q为官僚机构的产出预期数量，a、b为参数，都大于0。

相应的，官僚面临的预算额（总收益）、边际收益、总成本、边际成本分别为（见图4-8）：

预算额（B）＝总收益（TR）$=PQ=aQ-6Q^2$

边际收益 $(MR)=\dfrac{dB}{dQ}=a-2bQ$（即政治家的边际评价等于官僚的边际收益）

总成本 $(TC)=cQ+dQ^2$（c、d均为参数，均大于零）

边际成本 $(MC)=c+2dQ$

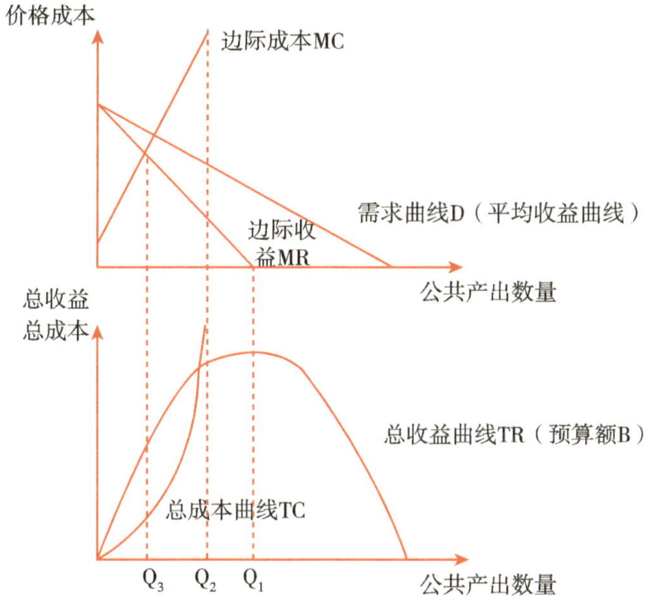

图4-8　尼斯坎南官僚预算最大化模型

官僚的目标是使预算额（B）最大化，其约束条件是$B\geqslant TC$。因此，B最大化的一阶条件是$dB/dQ=0$，即$a-2bQ=0$。此时，$d^2B/dQ^2=-2b<0$（$b>0$），最大化的二阶条件得到满足。

如果不考虑预算约束条件（$B \geqslant TC$），根据预算最大化的一阶条件，

$Q_1=a/2b$

如果考虑预算约束条件，$B \geqslant C$，则

$aQ-bQ^2=cQ+dQ^2$时，Q值最大，即：

$$Q^2=\frac{a-c}{b+d}$$

相反，追求利润最大化的垄断厂商是使利润P最大化，利润最大化的条件是$MR=MC$。则有：$a-2bQ=c+2dQ$，所以：

$$Q_3=\frac{a-c}{2(b+d)}$$

比较Q_2和Q_3不难发现，预算约束条件下官僚提供的公共品数量恰好是完全垄断条件下垄断厂商的均衡产量的两倍。由此说明，在满足中间投票人的偏好和政府官员追求利益最大化的驱动下，官僚提供的公共品数量比中间投票人（消费者）所愿意消耗的数量大得多，由此虽然造成福利损失，但为官僚实现了预算最大化目标。

尼斯坎南官僚预算最大化模型为从经济学角度研究预算行为提供了重要起点，但大部分的经验研究都倾向于反对这个模型，这意味着这一理论尚待进一步完善。但其最大的学术价值并不在于预算最大化模型本身，而在于他推导这一理论模型的分析方法。尼斯坎南运用经典的经济学分析方法，从理性经济人假设出发，像分析生产要素所有者和消费者行为那样，分析官僚机构和官僚行为，从而提出官僚预算最大化模型。这一分析方法，突破了传统行政管理理论的研究方法，对20世纪80年代的西方改革产生了重要影响①。

三、管理学中的现代预算管理理论

管理学主要强调政府预算的功能性特征，通过预算的控制、管理、规划等功能，提高政府资源配置的效率以及公共决策效能。随着管理学的建立和发展，预算理论界和实际管理部门都主张将更多的管理学理论和方法融合到政府预算管理中。从管理学领域研究政府预算管理制度，大致形成以下观点。

（一）科学管理理论②

19世纪末期，美国经济蓬勃发展，工业化进程接近尾声，面对日益增加的

① 李燕：《政府预算》，经济科学出版社，2012。

② 丁煌：《西方行政学说史》，武汉大学出版社，2017。

生产规模以及迅速增加的社会物质财富，缺乏管理现代化大工业的方法和技术成为企业家面临的重要问题。20世纪初，以泰勒为代表的美国学者提出科学管理理论，主要是以提高生产效率为目的，以建立制度化、规范化、科学化的企业管理标准为手段，来解决美国工业化革命完成后企业生产效率低下、组织管理混乱的问题，特别是其提出的分工思想，对企业生产走上科学发展的道路起到了至关重要的作用。科学管理理论认为：①科学管理的核心问题是提高效率；②为了提高劳动生产率，必须为工作挑选"第一流的工人"；③要使工人掌握标准化的操作方法，使用标准的工具、机器和材料，并使作业环境标准化；④实行刺激性的计划工资报酬制度；⑤把计划职能同执行职能分开，变原来的经验工作法为科学工作法，等。尽管泰勒提出的科学管理理论最初是针对企业管理提出的，但它也为政府的行政管理改革提供了线索和方法，一些行政学家开始重视通过科学管理提高政府行政效率。美国政府预算规模大、范围广、预算管理经验丰富，且美国作为科学管理理论的发源地，科学管理理论发展更成熟，科学管理理论的发展对美国预算管理实践的影响尤为突出。

一方面，泰勒认为，通过科学的方法来提高效率的关键，是由受过良好教育的经理人负责规划和监督工作，而不是像以前那样采取权威式的管理方式。这种思想在政府预算管理中得到了体现，即以法律形式明确总统和国会的职能，通过科学的方法和部门来制定和控制预算。1921年，美国国会通过《预算和会计法案》，法案明确了总统和国会的职能，并要求成立预算署（Bureau of Budget，BOB）和审计署（General Accounting Office，GAO），分别负责协助总统编制联邦政府预算以及协助国会检查监督政府预算支出的合理性和合法性；对联邦政府预算程序进行了明确规定，将逐项预算制度[①]引入预算管理，对州政府的预算程序产生影响，使联邦政府和州政府的预算程序逐渐科学化、规范化。另一方面，科学管理理论的发展对于"绩效导向"的预算管理制度产生具有直接的指导意义。1940年后，美国预算管理制度逐渐步入正轨，财会人员的专业化程度不断加深，基于科学管理理论对效率的追求，美国预算管理开始由以"控制"为目的的逐项预算向以"效率"为目的的绩效预算转变，管理与预算办公室（OMB）开始制定预算的绩效评价制度，不断完善预算的管理职能。1949年，第一届胡佛委员会在其报告中首次提出绩效预算（Performance Budgeting），政府开始关注财政资金的产出效果，并能够通过工作量、生产能力、工作成果等指标对预算执行的效果进行量化评估。这一时期的预算管理主要注重的是各部门的预算效率提升问题，

① 逐项预算制度，又称传统预算制度，是指根据每个支出对象的成本来分配公共资源的一种预算制度。其基本表现形式是在预算表中，每行的左边编列政府购买的商品或服务名称，右边依次为数量、单价以及按照数量和单价计算的总额。

然而各部门之间缺乏具体的比较，导致各部门专注于提高自己的效率，而缺乏部门之间的沟通联系。

科学管理理论的产生对政府预算管理的发展有着深远的影响，美国预算管理制度更加标准化、科学化，使美国的预算支出得到集中控制。同时对于效率的追求使得美国预算管理目标发生转变，减轻行政管理权的滥用，对于提高政府行政效率和财政资源配置效率发挥积极作用，为政府预算管理提供了重要的理论基础和实践指导。

（二）新公共管理理论

20世纪70年代末，西方社会乃至整个世界发生了根本性变化。公众的价值观念、需求多元化发展，民主意识、参与意识增强，对政府提出了更高的要求。而传统公共管理体制僵化、迟钝导致行政机构规模和预算赤字激增，高成本、低效率问题日益突出[①]。在此背景下，西方国家在行政管理方面掀起新公共管理改革浪潮，新公共管理改革的核心内容主要包括以下方面：①在公共部门之间建立竞争性的环境，更加关心公共服务效率、效果和质量。②分权的管理环境取代高度集权、等级制的组织结构。③灵活选择绩效的量化评估方法。④提高国家核心竞争力，引导国家能够自动、灵活、低成本地对外界的变化以及不同的利益要求作出反应。

一方面，新公共管理理论将绩效理念引入预算管理。预算管理的重点转向对预算支出效果的关注，即预算支出能否满足政府目标，能否实现社会期望，改变了传统预算管理制度以控制预算投入以及预算支出是否符合程序式的合规性考核为重点的预算管理模式。另一方面，新公共管理特别强调企业和市场导向，注重从私人部门管理中借鉴理论和技术，对公共部门和公共管理进行了一系列改革。新公共管理运动的内在动因在于提升政府绩效，通过在政府体系中推进分权改革、引入市场机制、强化预算管理、实行结果导向的绩效管理等措施，提高公共管理效率。相应的政府预算的编制方法、政府预算制度、财政管理体制、政府预算收支规模及使用方向都受到了重大的影响，从而促成了以绩效为导向的预算管理模式的产生[②]。作为评估政府效率的重要方式，绩效预算成为新公共管理理论的关键问题，在新公共管理运动中得以不断改进[③]。

20世纪70年代以来，新公共管理改革不断推进，绩效管理成为各国普遍采

① 李璐：《新公共管理运动对美国政府绩效审计的影响及其启示》，《管理世界》2009 年第 10 期。

② 王会金：《国外新公共管理运动与我国政府绩效审计发展创新研究》，《会计研究》2014 年第 10 期。

③ 李雯睿：《新公共管理运动与绩效预算改革的互动：一个国际比较的视角》，《四川师范大学学报（社会科学版）》2017 年第 3 期。

用的政策工具。20世纪80年代，里根政府时期采用授权治理模式，给予州和地方政府使用联邦资金的充分权力，以增加财政资金使用的灵活性，降低政府运行成本。20世纪90年代的克林顿政府实施新一轮以结果为导向的授权改革，简化部门采购程序，减少对下级行政干预，建立以结果为导向的预算制度和具有激励动力的人事制度[①]。新西兰是将市场运行方法应用于政府治理的先行者，采用合约治理模式以实现政府既定目标，并通过私人部门管理方法来推进竞争、外包、私有化和消费者服务导向。1988年，新西兰颁布"国家部门法案"和"公共财政法案"，采取以下措施将私人部门管理实践引入政府管理：其一，将政策制定权与执行权分离；其二，政府部门通过签订"顾客—供应者"合同，采购有助于达成政策目标的产品；其三，取消常任制，政府部门领导任期按绩效合同执行；其四，调整激励机制，政府部门需要为部门拥有的行政管理资金和资产支付利息，保证资金使用效率[②]。2001年，法国颁布新《财政组织法》，是法国新公共管理改革的重要体现。新《财政组织法》赋予了管理者在分配使用国家财政资源时具备更大灵活性，提高公共支出效率，并根据结果和绩效导向，强化绩效评估和监督在预算工作中的作用，改革公共财政制度[③]。澳大利亚在1999年颁布了新《公共服务法》，将私人部门管理方法和竞争机制引入公共管理，重视公共服务的产出和结果，倡导实行更加灵活的政府内部运行机制。绩效预算作为公共管理改革的核心内容之一，采纳以结果为导向的绩效预算模式，提高政府公共服务效率[④]。

（三）其他理论

1.科层组织理论

20世纪初，韦伯在其著作《社会组织与经济组织理论》提出科层组织理论（Bureaucracy Theory，官僚组织理论），将劳动分工、职权等级、正式选拔、正式的规章和制度、非人格化以及职业定向等概念引入政府管理。科层组织理论为美国政府组织结构调整提供切实可行的途径和理论依据。1939年，美国颁布《重组法》，将许多小机构合并为大机构。在预算管理方面，将预算署（BOB）由财政部调整至总统办公室[⑤]，人员规模扩大，重新调整预算局的职责，实行新的预

---

① 胡晓东、刘兰华：《美国联邦政府公务员绩效评价及其启示》，《中国行政管理》2012 年第 2 期。

② Pallot, June. "New public management reform in New Zealand: the collective strategy phase", *International Public Management Journal*，1998，1（1）: 1–18.

③ 黄严：《新 LOLF 框架下的法国绩效预算改革》，《公共行政评论》2011 年第 4 期。

④ 陈志斌：《澳大利亚政府绩效预算管理及借鉴》，《中国财政》2012 年第 9 期。

⑤ 1970 年，预算局（Bureau of Budget，BOB）更名为管理和预算办公室（Office of Management and Budget，OMB）。

算统计协调方法和分配方式。预算局的主要职责包括，协助总统编制预算；对预算管理进行监督和控制；进行行政管理和计划改进方面的研究；协助总统寻求提高政府工作效率的方法；协助总统清理和协调各部门制定法规的建议；协助处理有关行政命令的建议；协助开展统计服务；协助总统随时了解政府各部门各项活动的进展情况。预算署的职能和工作方式调整使其能够更好地协调不同政府部门的工作，以最优方式配置和使用议会的预算拨款，防止项目重叠和重复性管理。

2.行政决策理论

第二次世界大战后，部分管理学家成为实际管理者，他们发现传统管理理论在实践中存在局限性，只说明应该如何分工而不说明实际应该怎样分工。管理学家赫伯特·西蒙提出行政决策理论，将“有限理性”[①]、决策过程和决策类型引入行政管理中[②]，为预算管理制度的发展提供了新思路。“有限理性”意味着，管理者无法在预算决策中通过获取全部信息而做出完美精确的决策，但这并不意味决策者不需要为获取完整、高质量的预算而努力，预算公开透明仍然是决策者追求的目标。组织的基本功能是决策，决策过程包括情报、设计、抉择和审查四个阶段。在预算决策中，这四个阶段同样适用，情报活动要求对财政状况、政策目标和外部环境进行全面了解；设计活动涉及制定多种预算方案；抉择活动则是从这些方案中选择一个最令人满意的方案；审查活动则对已选择的方案进行评估和调整。

依据决策对未来的影响方式，西蒙将决策分为两种类型：一是现实决策行为会对未来事物发展产生限制；二是现实决策可能会对未来决策起指导作用。基于对当前决策产生影响的重视，西蒙将现代化技术，如运筹学、概率论等数学工具以及电子计算机模拟等电子数据处理技术引入决策中，要求管理者在预算决策时必须重视长期预算工作，通过现代技术对政府未来的职能范围变化趋势、公共服务供给量等进行预测分析。行政决策理论的发展对预算公开透明、标准科学以及长期预算的发展具有重要指导意义。

---

① ［美］西蒙：《管理行为—管理组织决策过程的研究》，杨砾等译，北京经济学院出版社，1991。

② ［美］西蒙：《管理决策新科学》，李柱流等译，中国社会科学出版社，1982。

第五章

中国式现代化与现代预算管理制度

中国式现代化是世界范围内现代化的组成部分，是中国立足于自身国情、历史和实践，探索出的适合中国的现代化道路。预算体现党和国家的意志，服务保障党和国家的重大方针、重大方略、重大决策、重大工作。党的十八大以来，我国现代预算管理制度基本确立。党的二十大要求健全现代预算制度，党的二十届三中全会部署新一轮预算制度改革，这是党中央立足国情、着眼全局、面向未来的重大部署，开启了现代预算管理制度建设的新征程。本章主要梳理中国式现代化的特征以及其与建立健全现代预算管理制度的内在联系，分析中国式现代化对现代预算管理制度的要求，并对现代预算管理制度的总体目标进行归纳总结。

第一节　中国式现代化

本节从发展和治理的角度深入分析现代化的一般进路，在此基础上梳理我国现代化的历史进程，并进一步探讨中国式现代化的特征。

一、现代化的一般进路

国家发展和国家治理是国家现代化的两个重要维度，它们共同构成了国家整体现代化进程的关键要素。国家发展主要关注经济增长、社会进步和人民生活水平提高，而国家治理则侧重于制度完善、法治强化以及治理能力的提升，两者相辅相成，缺一不可。

（一）国家发展现代化

国家发展现代化是指国家在农业、工业、国防以及科学技术等方面从传统状态向现代状态转变的过程。国家发展现代化主要从生产力和物质基础的层面探索现代化，着重关注生产、生活、科技和军事等方面，期盼创造更多的物质财富，增强国家硬实力，满足国民“强起来”的愿望。

国家发展现代化对国家现代化具有多方面的深远影响。第一，国家发展现代化有助于促进经济增长。通过促进产业升级、优化资源配置、推动科技创新以及提高人力资本质量，为国家带来持续的经济增长；通过推广环保技术和可持续发展策略，如使用清洁能源、推广节能减排技术、保护生态环境等措施，保障环境的健康，满足未来经济的发展需要。第二，国家发展现代化有助于促进社会发展。现代化进程中，政府将更多资源投入到教育、医疗卫生、社会保障等领域，进一步缩小城乡、区域间的教育差异，提高国民的健康水平，减轻社会成员面临突发状况时的经济压力，提高社会整体的生活安全感和幸福感。第三，国家发展现代化有助于文化繁荣。现代化不仅带来了技术和经济的变革，同样也为文化的繁荣与发展提供了新的机遇，通过政策扶持和文化教育等多方面的努力，有效地激发文化创造活力，保护和传承文化遗产，以及提升国民的文化素质和审美能力。第四，国家发展现代化有助于保障国家安全。现代化还包括提升国防和军事现代化水平，保障国家安全与领土完整，且随着信息技术的广泛应用，有助于加强网络和信息安全的防护能力。可以看出，从经济增长、社会发展，到文化繁荣、国家安全等，每一个方面都是国家发展现代化重要性的具体体现。

国家发展现代化是一个多维度、多方面的复杂过程。第一，国家发展现代化包括经济增长。经济基础为一个国家的全面发展提供物质条件，经济发展意味着国民经济总量的增加，更重要的是提高人均收入水平，缩小贫富差距。第二，国家发展现代化依靠科技进步推动。科学技术是推动经济社会持续进步的重要力量，在当前的国际环境下，科技创新已成为各国竞争的核心领域，对提升国家的综合实力具有不可替代的作用。第三，国家发展现代化包括社会进步。社会进步是现代化发展的重要标志之一，它体现在社会结构、社会制度、社会观念、社会生活方式等多个方面的变革和提升。第四，国家发展现代化包括国防现代化。一个强大的国防能够确保国家在国际舞台上保持独立和自主，不受外来势力的干涉和威胁，为国家发展创造稳定的外部环境。国防现代化不仅能够提升国家的军事实力，还能够带动相关科技、工业等领域的发展，促进国家综合实力的提升。此外，文化繁荣和生态环境等都是国家发展的重要方面，这不仅意味着国家发展进程涵盖了社会、政治及文化等诸多领域，且各个领域协调发展，提高了国民的生活质量和幸福感，为国家的长期发展打下坚实基础。

（二）国家治理现代化

国家治理现代化是实现国家现代化的另一个重要维度，注重各方的积极性、参与性，政府、市场和社会的良性高效互动，通过法治、德治、共治、自治，实现各项事务治理的法治化、民主化、科学化、有效化。国家治理现代化主要从上层建筑层面探索现代化，包括国家治理组织体系和制度体系现代化，国家治理主体的素质能力及方式方法的现代化，强调国家治理体系和治理能力的国家软实力。

国家治理现代化对于实现国家现代化具有重要的推动作用。第一，国家治理现代化有助于提升治理效能。加强制度建设，实现各项事务的规范化管理；明确和规范各层级、各领域的职责和流程，提高政策执行的有序性和效率；推进法治化建设，确保所有政策和行为都在法治轨道上运行，从而提升治理的公正性和权威性。第二，国家治理现代化有助于保障经济发展。国家治理现代化为创新引领发展提供了良好的环境和制度保障；可以更合理地配置资源，提高资源使用效率；有利于打造公平竞争的市场环境，吸引更多投资，促进经济长期健康发展。第三，国家治理现代化有助于实现社会和谐稳定。着力解决民生问题，不断提高人民群众的生活质量，并完善公共安全应急响应体系，及时排除各类风险隐患，确保国家安全和人民安居乐业。第四，国家治理现代化有助于实现文化繁荣发展。加强文化资源的保护与利用，促进文化创新和产业发展；可以更好地构建价值体系，提升国民的思想道德水平。第五，国家治理现代化有助于提升国际竞争力。通过积极参与全球治理体系改革和建设，促进对外开放和国际合作，提高国家的国际影响力和竞争力。国家治理现代化不仅是实现国家现代化的重要维度，也是推动国家整体现代化进程的关键驱动力。

国家治理现代化是个多层次、多角度的系统工程。第一，国家治理现代化提供制度保障。国家治理体系和治理能力是一个国家制度和制度执行能力的集中体现，通过深入推进国家治理现代化，将制度优势更好地转化为治理效能，确保国家现代化沿着正确方向行稳致远，这种转化不仅提升了国家的治理水平，也为社会经济发展提供了坚实的制度保障。第二，国家治理现代化提供法治支撑。通过构建系统完备、科学规范、运行有效的国家治理法律体系，强化国家安全法治保障，增强维护国家安全能力，以新安全格局保障新发展格局，并提高依法行政水平，加强司法公正，深入开展法治宣传教育，促使社会公平正义进一步彰显。第三，国家治理现代化提供强大动力。通过深入推进国家治理能力现代化，增强按制度办事、依法办事意识，善于运用制度和法律治理国家，才能充分激发推进国家现代化的强劲动力。同时，强化制度执行力，通过引导干部提高运用制度干事创业能力，严格按照制度履行职责、行使权力、开展工作，加强对制度执行的监督，从而确保国家治理现代化的有效实施。第四，国家治理现代化有助于实现共建共治共享。推动多主体参与，构建和完善政府、企事业单位、市场主体、社会组织、公民个人等不同治理主体既各司其职、各尽其能，又取长补短、优势互补的治理格局，充分调动激发各方面的积极性、创造力。通过制度保障、法治支撑、强大动力、共建共治共享等多个方面的努力，可以有效推进国家治理现代化，确保国家现代化进程更加稳健和高效。

（三）国家发展现代化与国家治理现代化的关系

国家发展现代化和国家治理现代化是相互关联、相互促进的双轮驱动过程，他们共同构成了国家现代化的两个维度。

首先，国家发展现代化是国家治理现代化的基础和前提。国家发展现代化涉及经济、政治、文化、社会等多个领域，通过推进这些领域的现代化建设，为国家治理现代化提供了更好的物质基础。

其次，国家治理现代化是国家发展现代化的重要保障。国家治理现代化意味着政府治理体系和治理能力的不断提升，能够更好地应对各种挑战和问题，保障国家发展的稳定性和持续性。同时，国家治理现代化还能够促进政府与社会各界的良性互动，增强社会对政府的信任和支持，从而为国家发展创造更加有利的社会环境。国家发展现代化和国家治理现代化是一个相辅相成的过程。

最后，国家发展现代化和国家治理现代之间并不是孤立的，而是相互交织的。在推进国家发展现代化的过程中，需要不断加强对国家治理现代化的探索和实践，以实现二者的良性循环和共同发展。各国在现代化进程中，需要充分考虑自身的国情和实际情况，制定符合自身特点和发展需求的现代化战略和规划。

二、中国式现代化的历史进程

新中国成立以来，中国共产党领导中国人民积极探索自己的发展道路，先后提出了适合我国发展的“两步走”“三步走”等战略，并为之作出了巨大努力。

首先，“四个现代化”宏伟目标和“两步走”战略。毛泽东主席从1945年《论联合政府》开始提出工业、农业现代化问题，到1959年末至1960年初在学习苏联《政治经济学教科书》笔记中，提出了工业、农业、科学文化、国防现代化的“四化”。1964年周恩来总理在全国人大三届一次会议《政府工作报告》中正式将“四化”表述为“全面实现农业、工业、国防和科学技术的现代化”，并提出“两步走”的设想，即“第一步，建立一个独立的比较完整的工业体系和国民经济体系；第二步，全面实现农业、工业、国防和科学技术的现代化，使我国经济走在世界的前列”。毛泽东主席还把“四化”上升到一个新的高度，即通过“四化”，要“把我国建设成为一个社会主义的现代化的强国”，由此形成了“社会主义现代化国家”的总目标[1]（见表5–1）。

表 5–1　　历史上的“现代化”演变

时间	内容			
1954年9月23日	现代化工业	现代化农业	现代化交通运输业	现代化国防
1959年末至1960年初	工业现代化	农业现代化	科学文化现代化	国防现代化
1964年12月21日	农业现代化	工业现代化	国防现代化	科学技术现代化
1975年1月13日	农业现代化	工业现代化	国防现代化	科学技术现代化

资料来源：许耀桐：《“第五个现代化”独特内涵与历史轨迹》，《人民论坛》2014年4月1日。

其次，小康社会的提出与“三步走”战略。小康社会是由邓小平同志在20世纪70年代末80年代初在规划中国经济社会发展蓝图时提出的战略构想。基于社会主义初级阶段的基本国情，中国的经济发展需要经历较长的时间，小康社会建设也要分阶段进行。1987年党的十三大正式提出“三步走”发展战略，即“第一步，从1981年到1990年实现国民生产总值比1980年翻一番，解决人民的温饱问题；第二步，从1991年到20世纪末，使国民生产总值再增长一倍，人民生活达到小康水平；第三步，到21世纪中叶，人均国民生产总值达到中等发达国家水平，人民生活比较富裕，基本实现现代化。”2000年，我国人民的生活总体达到了小康水平，实现了从温饱到小康的历史性跨越。在此基础上，党的十五大对实现“三步走”战略的第三步进行了安排和部署：“第一个十年实现国民生产总值比2000年翻一番，使人民的小康生活更加宽裕，形成比较完善的社会主义市场经济体制；再经过十年的努力，到建党100年时，使国民经济更加发展，各项制度更加完善；到21世纪中叶新中国成立100年时，基本实现现代化，建成富强民主文明的社会主义国家。”

再次，“全面建设小康社会”。党的十六大提出了“全面建设小康社会”的奋斗目标，从经济、政治、文化、党的建设等方面勾勒了蓝图。党的十七大从新的发展实际出发，提出了实现“全面建设小康社会”奋斗目标的新要求，按照中国特色社会主义事业总体布局对经济建设、政治建设、文化建设、社会建设和其他建设进行了全面部署。党的十八大报告首次正式提出全面“建成”小康社会，提出了经济持续健康发展、人民民主不断扩大、文化软实力显著增强等更高要求。党的十八大站在历史和全局的战略高度，对推进新时代“五位一体”总体布局作出全面部署，从经济、政治、文化、社会、生态文明五个方面，制定了新时代统筹推进“五位一体”总体布局的战略目标。党的十八届三中全会首次提出推

① 许耀桐：《“第五个现代化”独特内涵与历史轨迹》，人民论坛，2014年4月1日，https://theory.gmw.cn/2014-04/01/content_10857839.htm。

进国家治理体系和治理能力现代化，将其作为全面深化改革的总目标，将对现代化的认识提升到国家制度、国家治理体系和国家治理能力的战略高度，并以其引领国家制度和社会政治建设，具有特别重要的意义[①]。

最后，“两个阶段”战略安排。党的十九大报告对实现第二个百年奋斗目标作出分两个阶段推进的战略安排，明确提出到2035年基本实现社会主义现代化，到本世纪中叶把我国建成富强民主文明和谐美丽的社会主义现代化强国。这个战略安排，把基本实现现代化的时间比原先提前了15年，首次提出“全面建成社会主义现代化强国”概念，战略目标上增加了“美丽”这一代表生态文明的内容，使现代化的内涵更加全面，并与“五位一体”总体布局相对应。党的十九届四中全会通过的《中共中央关于坚持和完善中国特色社会主义制度推进国家治理体系和治理能力现代化若干重大问题的决定》，覆盖13个方面的制度，提出了推进国家治理体系和治理能力现代化的行动纲领，勾勒出新时代中国特色社会主义制度体系的宏阔格局（见专栏5-1）。在全面建成小康社会、实现第一个百年奋斗目标的基础上，党的二十大报告对全面建成社会主义现代化强国“两步走”战略安排进行宏观展望，细化了实现第二个百年奋斗目标的步骤和路径。

回顾我国现代化建设的历程，我们党坚持一张蓝图绘到底，对建设社会主义现代化国家战略目标，在认识上不断深化，在内涵上不断丰富拓展，在战略安排上层层递进，推动现代化建设的蓝图一步一步变为现实。随着现代化建设的推进，人民在经济、政治、文化、社会、生态等方面日益增长的需要将得到更好满足，国家“硬实力”和“软实力”全面提升，人民物质富足、精神富有，充分彰显了中国共产党矢志不移为中国人民谋幸福、为中华民族谋复兴的初心使命。

◇ 专栏 5-1

《中共中央关于坚持和完善中国特色社会主义制度 推进国家治理体系和治理能力现代化若干重大问题的决定》（2019年10月31日中国共产党第十九届中央委员会第四次全体会议通过）（节选）

一、坚持和完善中国特色社会主义制度、推进国家治理体系和治理能力现代化的重大意义和总体要求

中国特色社会主义制度是党和人民在长期实践探索中形成的科学制度体系，我国国家治理一切工作和活动都依照中国特色社会主义制度展开，我国国家治理体系和治理能力是中国特色社会主义制度及其执行能力的集中体现。

① 欧阳康：《中国式现代化视域中的国家制度和国家治理现代化》，《中国社会科学》2023年第4期。

二、坚持和完善党的领导制度体系，提高党科学执政、民主执政、依法执政水平

中国共产党领导是中国特色社会主义最本质的特征，是中国特色社会主义制度的最大优势，党是最高政治领导力量。必须坚持党政军民学、东西南北中，党是领导一切的，坚决维护党中央权威，健全总揽全局、协调各方的党的领导制度体系，把党的领导落实到国家治理各领域各方面各环节。

三、坚持和完善人民当家作主制度体系，发展社会主义民主政治

我国是工人阶级领导的、以工农联盟为基础的人民民主专政的社会主义国家，国家的一切权力属于人民。必须坚持人民主体地位，坚定不移走中国特色社会主义政治发展道路，健全民主制度，丰富民主形式，拓宽民主渠道，依法实行民主选举、民主协商、民主决策、民主管理、民主监督，使各方面制度和国家治理更好体现人民意志、保障人民权益、激发人民创造，确保人民依法通过各种途径和形式管理国家事务，管理经济文化事业，管理社会事务。

四、坚持和完善中国特色社会主义法治体系，提高党依法治国、依法执政能力

建设中国特色社会主义法治体系、建设社会主义法治国家是坚持和发展中国特色社会主义的内在要求。必须坚定不移走中国特色社会主义法治道路，全面推进依法治国，坚持依法治国、依法执政、依法行政共同推进，坚持法治国家、法治政府、法治社会一体建设，加快形成完备的法律规范体系、高效的法治实施体系、严密的法治监督体系、有力的法治保障体系，加快形成完善的党内法规体系，全面推进科学立法、严格执法、公正司法、全民守法，推进法治中国建设。

五、坚持和完善中国特色社会主义行政体制，构建职责明确、依法行政的政府治理体系

国家行政管理承担着按照党和国家决策部署推动经济社会发展、管理社会事务、服务人民群众的重大职责。必须坚持一切行政机关为人民服务、对人民负责、受人民监督，创新行政方式，提高行政效能，建设人民满意的服务型政府。

六、坚持和完善社会主义基本经济制度，推动经济高质量发展

公有制为主体、多种所有制经济共同发展，按劳分配为主体、多种分配方式并存，社会主义市场经济体制等社会主义基本经济制度，既体现了社会主义制度优越性，又同我国社会主义初级阶段社会生产力发展水平相适应，是党和人民的伟大创造。必须坚持社会主义基本经济制度，充分发挥市场在资源配置中的决定性作用，更好发挥政府作用，全面贯彻新发展理念，坚持以供给侧结构性改革为主线，加快建设现代化经济体系。

七、坚持和完善繁荣发展社会主义先进文化的制度，巩固全体人民团结奋斗的共同思想基础

发展社会主义先进文化、广泛凝聚人民精神力量，是国家治理体系和治理能力现代化的深厚支撑。必须坚定文化自信，牢牢把握社会主义先进文化前进方向，围绕举旗帜、聚民心、育新人、兴文化、展形象的使命任务，坚持为人民服务、为社会主义服务，坚持百花齐放、百家争鸣，坚持创造性转化、创新性发展，激发全民族文化创造活力，更好构筑中国精神、中国价值、中国力量。

八、坚持和完善统筹城乡的民生保障制度，满足人民日益增长的美好生活需要

增进人民福祉、促进人的全面发展是我们党立党为公、执政为民的本质要求。必须健全幼有所育、学有所教、劳有所得、病有所医、老有所养、住有所居、弱有所扶等方面国家基本公共服务制度体系，尽力而为，量力而行，注重加强普惠性、基础性、兜底性民生建设，保障群众基本生活。创新公共服务提供方式，鼓励支持社会力量兴办公益事业，满足人民多层次多样化需求，使改革发展成果更多更公平惠及全体人民。

九、坚持和完善共建共治共享的社会治理制度，保持社会稳定、维护国家安全

社会治理是国家治理的重要方面。必须加强和创新社会治理，完善党委领导、政府负责、民主协商、社会协同、公众参与、法治保障、科技支撑的社会治理体系，建设人人有责、人人尽责、人人享有的社会治理共同体，确保人民安居乐业、社会安定有序，建设更高水平的平安中国。

十、坚持和完善生态文明制度体系，促进人与自然和谐共生

生态文明建设是关系中华民族永续发展的千年大计。必须践行绿水青山就是金山银山的理念，坚持节约资源和保护环境的基本国策，坚持节约优先、保护优先、自然恢复为主的方针，坚定走生产发展、生活富裕、生态良好的文明发展道路，建设美丽中国。

十一、坚持和完善党对人民军队的绝对领导制度，确保人民军队忠实履行新时代使命任务

人民军队是中国特色社会主义的坚强柱石，党对人民军队的绝对领导是人民军队的建军之本、强军之魂。必须牢固确立习近平强军思想在国防和军队建设中的指导地位，巩固和拓展深化国防和军队改革成果，构建中国特色社会主义军事政策制度体系，全面推进国防和军队现代化，确保实现党在新时代的强军目标，把人民军队全面建成世界一流军队，永葆人民军队的性质、宗旨、本色。

十二、坚持和完善“一国两制”制度体系，推进祖国和平统一

“一国两制”是党领导人民实现祖国和平统一的一项重要制度，是中国特色社会主义的一个伟大创举。必须坚持“一国”是实行“两制”的前提和基础，“两制”从属和派生于“一国”并统一于“一国”之内。严格依照宪法和基本法对香港特别行政区、澳门特别行政区实行管治，坚定维护国家主权、安全、发展利益，维护香港、澳门长期繁荣稳定，绝不容忍任何挑战“一国两制”底线的行为，绝不容忍任何分裂国家的行为。

十三、坚持和完善独立自主的和平外交政策，推动构建人类命运共同体

推动党和国家事业发展需要和平国际环境和良好外部条件。必须统筹国内国际两个大局，高举和平、发展、合作、共赢旗帜，坚定不移维护国家主权、安全、发展利益，坚定不移维护世界和平、促进共同发展。

十四、坚持和完善党和国家监督体系，强化对权力运行的制约和监督

党和国家监督体系是党在长期执政条件下实现自我净化、自我完善、自我革新、自我提高的重要制度保障。必须健全党统一领导、全面覆盖、权威高效的监督体系，增强监督严肃性、协同性、有效性，形成决策科学、执行坚决、监督有力的权力运行机制，确保党和人民赋予的权力始终用来为人民谋幸福。

十五、加强党对坚持和完善中国特色社会主义制度、推进国家治理体系和治理能力现代化的领导

坚持和完善中国特色社会主义制度、推进国家治理体系和治理能力现代化，是全党的一项重大战略任务。必须在党中央统一领导下进行，科学谋划、精心组织，远近结合、整体推进，确保本次全会所确定的各项目标任务全面落实到位。

资料来源：中国政府网，https://www.gov.cn/zhengce/2019-11/05/content_5449023.htm。

三、中国式现代化的特征

中国式现代化既有各国现代化的共同特征，更有基于自己的特色。党的二十大报告对中国式现代化作了系统全面的阐述，指出中国式现代化是人口规模巨大的现代化、是全体人民共同富裕的现代化、是物质文明和精神文明相协调的现代化、是人与自然和谐共生的现代化、是走和平发展道路的现代化。中国式现代化的五个特征，展现出广泛性、人民性、协调性、共生性、开放性[①]。

第一，人口规模巨大，体现了中国式现代化的广泛性。人口规模巨大的现代化，是中国式现代化的显著特征。人口规模巨大，能为现代化建设提供充足的人力资源和超大规模市场，同时巨大的人口规模使我国推进现代化建设的艰巨性和复杂性前所未有，发展途径和推进方式也必然具有自己的特点。推进人口规模巨大的现代化，要锚定人民群众对美好生活的向往，充分挖掘人力资源潜能，深入挖掘超大规模市场潜力，为现代化建设提供强大的人力资源保障和内需支撑。

第二，全体人民共同富裕，体现了中国式现代化的人民性。全体人民共同富裕的现代化，是中国式现代化的本质特征，也是区别于西方现代化的显著标

① 郭春丽：《中国式现代化的中国特色和世界意义》，《经济日报》2023 年 11 月 29 日，http://theory.people.com.cn/n1/2023/1129/c40531-40127897.html。

志。推进全体人民共同富裕的现代化，要始终把人民对美好生活的向往作为奋斗目标，既要通过全国人民共同奋斗把“蛋糕”做大做好，又要通过合理的制度安排把“蛋糕”切好分好，自觉主动解决地区差距、城乡差距、收入分配差距等问题，让现代化建设成果更多更公平惠及全体人民。

第三，物质文明和精神文明相协调，体现了中国式现代化的协调性。既要物质富足、也要精神富有，是中国式现代化的崇高追求。推进物质文明和精神文明相协调的现代化，要将物的全面丰富和人的全面发展统一到现代化建设实践中，更好满足人民日益增长的精神文化需求，建设具有强大凝聚力和引领力的社会主义意识形态，发展社会主义先进文化，推动形成适应新时代要求的思想观念、精神风貌、文明风尚、行为规范，不断丰富人民精神世界，提高全社会文明程度，推动人的全面发展，提升中华文化影响力。

第四，人与自然和谐共生，体现了中国式现代化的共生性。尊重自然、顺应自然、保护自然，促进人与自然和谐共生，是中国式现代化的鲜明特点。推进人与自然和谐共生的现代化，要牢固树立和践行绿水青山就是金山银山的理念，坚持山水林田湖草沙一体化保护和系统治理，推进生态优先、节约集约、绿色低碳发展，加快发展方式绿色转型，提升生态系统多样性、稳定性、持续性，积极稳妥推进碳达峰碳中和，以高品质的生态环境支撑高质量发展。

第五，走和平发展道路，体现了中国式现代化的开放性。坚持和平发展是中国式现代化的突出特征。推进走和平发展道路的现代化，要始终高举和平、发展、合作、共赢旗帜，奉行互利共赢的开放战略，弘扬全人类共同价值，推动构建人类命运共同体，通过激发内生动力与利用外部资源相结合的方式来实现国家发展，不断以中国新发展为世界提供新机遇。

中国共产党团结带领中国人民经过长期不懈奋斗，成功走出中国式现代化道路，取得举世瞩目的发展成就，不仅为世界发展提供新机遇新动力，而且为人类社会现代化理论和实践创新作出新贡献。

第二节　建立健全现代预算管理制度与中国式现代化的内在联系

中国现代预算管理制度的发展完善嵌入在中国式现代化进程中。一方面，建立健全现代预算管理制度是中国式现代化的重要组成部分，社会主义现代化建设的不断推进为预算管理现代化理论体系的发展和完善奠定了基础，指明了方向；另一方面，建立健全现代预算管理制度是推进中国式现代化的重要抓手，在推动国家治理现代化和国家发展现代化的历史进程中发挥着坚实保障作用（见图5–1）。深刻解析两者的内在联系，有助于进一步把握中国式现代化中的现代预算管理制度的发展目标。

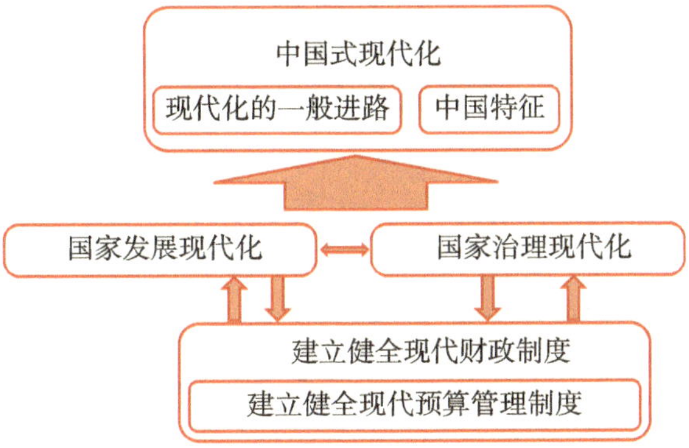

图5–1　中国式现代化与现代预算管理制度关系

一、建立健全现代预算管理制度与国家治理现代化

（一）建立健全现代预算管理制度是国家治理现代化的重要组成部分

党的十八届三中全会从“推进国家治理体系和治理能力现代化”和“财政是国家治理的基础和重要支柱”的战略高度，将财政职能定位于“优化资源配置、维护市场统一、促进社会公平、实现国家长治久安”。财政职能的这一转变表明，新时代的财政作用不仅限于经济领域，更要深入到政治、文化、社会、生态文明等各领域，要实现这些职能，现代财政制度就必须作为国家治理体系的重要一环来构建。

财政作为国家通过政治权力对公共资源进行汲取、支出和管理的制度安排，随着经济社会的变化不断发展。1994年财税体制改革的基本目标是“建立与社会主义市场经济体制相适应的财税体制基本框架”。1998年，随着财税体制改革由零敲碎打型的局部调整转入整体体制机制的构建，逐步建立公共财政基本框架。2013年以来的财税改革目标是建立现代财政制度。从对应市场经济、属性标识的改革目标发展为对应现代化国家、国家治理现代化、时代标识的改革目标，在关注属性特征的基础上进一步强化其时代特征，是新一轮财税体制改革之灵魂所在（高培勇，2014）。党的十九大报告要求“加快建立现代财政制度”，同时指明了建立现代财政制度的方向，“建立权责清晰、财力协调、区域均衡的中央和地方财政关系。建立全面规范透明、标准科学、约束有力的预算制度，全面实施绩效管理。深化税收制度改革，健全地方税体系。”党的二十届三中全会站在新的历史起点，深入分析了推进中国式现代化面临的新形势，明确了进一步全面深化改革的总目标，作出了《中共中央关于进一步全面深化改革 推进中国式现代化的决定》，其中，深化财税体制改革是全面深化改革总体部署的重要组成部分，包括深化预算制度改革、税收制度改革和财政体制改革三项内容。可见，建立健全现代预算管理制度是建立现代财政制度的关键之一。

预算是财政的核心，现代预算管理制度是现代财政制度的核心内容。建立健全现代预算管理制度是国家治理现代化改革目标的内在要求，是财政全新定位的要求，也是预算管理问题导向改革的必然选择。现代预算管理制度通过科学规范的预算编制和执行，确保财政资源得到高效配置；通过法治化的预算管理，增强预算的约束力，确保财政支出更加合理有序；通过统一预算管理流程和规则，确保财政政策在各个层面上得到有效执行，等等。因此，建立健全现代预算管理制度是建立现代财政制度的重中之重，是国家治理现代化的重要内容，是实现中国式现代化的重要组成部分。这也进一步决定了现代预算管理制度应在中国式现代化进程中赋能新时代国家治理现代化和国家发展现代化，为推进中国式现代化提供重要保障。

（二）建立健全现代预算管理制度促进国家治理现代化①

预算管理制度改革一直注重全面部署与重点突出的有机协调，更好发挥财政作为国家治理的基础和重要支柱作用，并不断推进国家治理体系和治理能力现代化，为实现中国式现代化提供制度和能力保障。

首先，增强财政统筹保障能力，为推进国家治理现代化奠定坚实基础。通过加强财政资源和预算统筹，将凭借行政权力、国有资源资产、政府信用获取的收入全部纳入政府预算管理，进一步统一预算分配权，提高预算管理统一性规范性，切实解决国家财力分配中的“散”和“软”的问题，增强财政统筹能力。在统筹税费租利债等各种形式财力的基础上，配合深化国资国企改革、完善管理监督体制机制，协同推进国有经济布局优化和结构调整，完善国有资本经营预算管理，改进国有资本预算项目的绩效评价制度，进一步增强财政对国家重大战略任务和基本民生服务的保障能力。

其次，增强财政规范管理能力，为推进国家治理现代化提供坚实支撑。以已经系统推出的旨在实现全面规范、公开透明，标准科学、约束有力，全面实施绩效管理的诸项改革为基础，在一些重点方面继续深化细化，深化零基预算改

① 参见樊丽明：《以深化财税体制改革推进中国式现代化》，《中国财政》2024 年第 16 期。

革，完善权责发生制政府综合财务报告制度，加强公共服务绩效管理，强化事前功能评估，进一步增强财政规范管理能力。

再次，增强国家财政宏观调控能力，为推进国家治理现代化提供坚实引领。强化对预算编制和财政政策的宏观指导，提高财政政策的科学精准水平，提高预算编制的科学规范水平，增强宏观政策间取向的一致性，实现科学的宏观调控和有效的政府治理。

最后，增强预算协同监督能力，为推进国家治理现代化提供坚实保障。在基本建立党的集中统一领导下的财会监督、人大监督、审计监督、党内监督和社会监督等构成的国家预算监督体系的基础上，通过完善预算公开和监督制度，强化人大预算决算监督和国资管理、政府债务管理监督，进一步完善国家预算监督体系，健全协同监督机制，以依法监督、协同监督促进有效监督。

增强财政治理能力是增强国家财政在宏观经济治理乃至国家治理体系中的基础和重要支柱作用的必然要求，更是全面推进中国式现代化的迫切需要。面对纷繁复杂、不确定性增强的国际政治经济环境，面对社会主义现代化建设新时期“五位一体”建设的繁重任务和现实挑战，只有建设强大、有力、有效的国家财力汲取体系和保障体系，全面规范统一的预算管理体系，上下贯通一致的财政宏观调控体系，协同有效的预算监督体系，不断增强相应能力，才能切实发挥国家财政的“压舱石”和“调节器”功能，才能确保国家有效履行各项职能，及时应对各种风险挑战，推进中国式现代化行稳致远。

二、建立健全现代预算管理制度促进国家发展现代化

预算管理不仅要利于市场在资源配置中发挥基础性作用、政府更好发挥作用，更加突出效率公平原则，同时着眼于国家改革开放、内政外交、国家安全大局，保障实现国家长治久安。

现代预算管理制度可以通过优化资源配置促进国家发展。通过全面预算管理，可以提前进行预算分配，根据不同部门和项目的需求进行资源配置，确保各个项目按照预期目标和策划得到充分的支持，最大程度上保证各项资源的利用效益；可以对资源的使用情况进行审查和评估，及时发现并调整和优化资源配置中的问题，如过度分配资源、资源浪费等，使得资源的使用更加高效和合理；可以强化对财政资金使用的约束和管理，并对预算执行情况的总结和评估，为下一轮预算编制提供经验教训，进一步优化资源配置。同时，鼓励和支持公众参与预算管理和监督过程，收集民间智慧和社会需求，使资源配置更加贴近民生实际需要。全面预算管理可以使得资源配置更加合理化和科学化，提高经济效益和社会

效益，为经济稳定与社会发展提供有力的支撑。

现代预算管理制度可以通过维护市场统一促进国家发展。全面预算管理有助于加强对财政收入的规划和管理，提高财政收入的稳定性和可持续性，给市场以稳定的预期；有助于财政支出的规划和分配进行精确的核算和调整，提高财政支出的合理性和针对性，让市场充分发挥决定性作用；有助于建立健全实时动态监控制度，对财政资金的使用情况进行实时监测和分析，及时发现并处理违规行为，确保每一笔支出都符合法律法规和政策目标，保障市场竞争的公平性；有助于通过对各项支出进行绩效评价，确保资金使用效率和效果，从而更有针对性地分配资源，支持公平竞争的市场环境；还能让公众充分了解政府的财政状况和政策取向，增强政府的信任度，并通过公众监督来提升资源的合理分配和使用效率，防止市场壁垒的形成。通过行之有效的预算管理手段，营造稳定透明可预期的市场环境，促进经济社会快速发展。

现代预算管理制度可以通过促进社会公平促进国家发展。全面预算管理有助于统筹使用财政资源，合理分配和公平竞争，确保资源的合理利用，为民众提供更多的公共服务，让社会资源得到更好的共享和利用，真正实现社会公正和社会平等；有助于确保公共资源在不同地区、不同群体之间得到公平分配，促进区域间的协调发展，提高弱势群体的生活水平，促进社会公平；有助于社会保障和福利的全面覆盖和持续发展，促进经济发展与社会发展的有机衔接，实现社会的全面进步和共同发展，还有助于防止腐败和滥用职权现象，提高政府公信力。建立健全预算管理可以通过调节国民收入分配，促进社会公平正义，调和不同社会群体之间的利益关系，化解社会矛盾和冲突，推动经济持续健康发展和社会大局稳定。

现代预算管理制度可以通过实现国家长治久安促进国家发展。全面预算管理有助于根据宏观经济形势及中长期国家发展规划确定未来几年的中期预算限额、预测财政收入，并以此为基础对财政支出、赤字、债务等实施总量控制，从而实现财政逆周期调节与跨年度预算平衡的双重目标；有助于根据国家发展战略及成本收益分析，将未来一定时期内的财政支出项目按照战略优先性进行排序，可在财政资源有限的前提下确保重点项目稳步落实；有助于跨年度进行财政资源配置并强调跨期预算平衡，能够以更加长远的视角化解财政收支矛盾；有助于为科技创新提供资金支持，鼓励民间投资和企业发展，提高国家的科技实力和竞争力，为国家的长治久安提供动力；有助于为国防和安全领域提供足够的资金支持，维护国家的主权和领土完整，保障国家的长治久安。通过科学合理的预算管理手段，保障国家政策高效落地，实现国家持续健康发展。

第三节 中国式现代化对现代预算管理制度发展的要求

现代化是近代以来人类文明进步的重要成果，也是各国人民的共同愿望。在党的领导下，中国人民经过艰苦卓绝的斗争，在理论和实践上创新突破，成功推进和拓展了中国式现代化。党的二十大报告提出以中国式现代化全面推进中华民族伟大复兴，同时指出中国式现代化既有各国现代化的共同特点，更有基于国情的中国特色。那么中国式现代化对现代预算管理制度的要求也是一般性和特殊性的有机统一。

一、中国式现代化对现代预算管理制度的一般性要求

中国式现代化具有各国现代化的共同特征，对现代预算管理制度的要求也具有一般性。根据典型国家的现代预算管理制度发展之路，发现各国预算管理制度的优化始终与政府改革、政府效率的提高紧密联系在一起。

（一）科学性

科学性贯穿预算前期基础数据采集、预算草案的制定、项目的充分论证、规模的总体平衡、执行过程中的实时把控和调整、决算的及时性、预算不平衡的调节机制、最终绩效评估等方面，覆盖了整个预算管理的全过程。提高政府预算管理的科学性有利于强化全口径预算管理，完善政府预算体系；有利于宏观经济调控，完善社会主义市场经济体制，促进国民经济稳定、健康、高效发展；有利于加强预算对政府行为的约束，提高预算的严肃性。预算管理要满足科学性要求，做到全面完整、规范统一、真实可靠。

（二）法治性

法治性是指通过预算立法、预算执法、预算司法和预算法律监督等一系列法律制度及机构的创建，使预算收支主体的预算行为纳入现代法治轨道，并一体有效遵行实施，实现依法预算收支的良性社会秩序状态。提高政府预算管理的法治性有利于使政府决策更加公正、合理和有效，提高政府的公信力和政府服务水平；确保财政资金的合理使用，防止滥用、挪用和浪费，提高财政资金的使用效益；促进经济结构调整，提高经济增长质量，从而推动经济持续健康发展。预算

管理要满足法治性要求，深化预算法治建设，将法治意识贯穿预算编制、执行、决算和监督全过程，确保财政资源使用的合规性。

（三）民主性

民主性要求一国成员能够公正、公平地参与国家社会政治生活，既是一种政治制度，也是一种政治过程。提高政府预算管理的民主性有利于增强公众的知情权和监督能力，使公众能够更好地了解政府的财政状况和政策方向；广泛征求各方面的意见，提高政策的科学性和合理性，减少决策失误；加强对政府预算执行的监督，确保预算按照法律规定和民意要求执行；更好地满足人民群众的需求，保障基本民生，促进社会公平正义。预算管理要满足民主性要求，体现在预算的编制、审批、执行和决算整个预算过程中，建立起具有约束和控制力的现代预算，实现财政资金筹集和使用上的公平与效率。

（四）有效性

有效性是指政府在财政活动中，通过合理的预算管理，实现国家财政资源的优化配置，提高公共服务的效率和质量，促进经济社会的健康发展。提高政府预算管理的有效性有利于确保公共资源得到最有效的使用，避免资源的浪费；确保有限的财政资源被分配到更有效、更有益的项目上；强化政策制定和执行，准确地评估政策效果并及时调整和完善政策措施，提高政策的适应性和有效性；更好地规划长期财政目标，确保财政政策的持续稳定。预算管理要满足有效性要求，推进预算绩效管理，提高资源配置效率和公共部门资金使用效益，保障经济健康、平稳和可持续发展。预算管理有效性是各国普遍关注的焦点，也是伴随着中国式现代化进程一直不断发展的。

二、中国式现代化对现代预算管理制度的特殊要求

以高质量预算管理护航中国式现代化实践，反映在中国式现代化时代特征中，主要体现为以下五个方面。

（一）人口规模巨大要求稳字当头

人口是国家发展的基础性、全局性、长期性、战略性要素，人口问题始终是我国面临的全局性、长期性、战略性问题，人口规模巨大是我国现代化建设过程中的基本国情。人口规模巨大的现代化要求政府预算管理聚焦社会服务需求和公共产品供给，在市场进行分散化决策的同时，维持社会稳定。人口规模巨大

可以形成超大规模市场、超大规模经济体，是我国的优势和机遇，但同时基本公共服务供给困难、生育率持续低迷、人口老龄化程度加深、城乡差距较大等风险与挑战给现代化建设带来难题。而政府预算管理始终围绕以人民为中心的根本立场，把在发展中保障和改善民生作为预算安排的首要任务[①]。因此，着力推动政府预算管理制度的稳定性，对人口与发展问题统筹决策，是缓解人口与资源环境关系紧张的方向所在。

政府预算管理制度中强调稳定性，要求政府在预算管理中加强政府性资金资产资源的统筹管理，以支持国家的战略目标和政策的实施。第一，加强统筹规划，完善人口发展战略。从战略的高度认识人口问题，准确识变、科学应变、主动求变。将人口发展纳入经济社会发展全局中前瞻性思考、全局性谋划、整体性推进，积极落实劳动力要素市场化配置体制机制改革，促进劳动力和人才自主流动。深入研究新科技革命背景下人口与经济社会发展的互动规律，改变简单地以人口多少判断经济社会发展前景的惯性思维，并以体制机制改革、政策制度建设为着力点，推动实现高质量发展。第二，加强预算管理，强化预算高效推进。聚焦民生福祉，优化预算支出结构，持续加大对基本公共服务领域的投入力度，在支出结构上优先考虑满足人民群众基本需求和利益最大化的项目，注重预算支出的公平性和效率性；重点保障基本民生，健全社会保障体系，加快健全覆盖全民、统筹城乡、公平统一、可持续的多层次社会保障体系；引导更多社会资本投向民生领域。不断改善营商环境，进一步推动民生建设领域对社会资本的开放，激发民间投资活力，丰富公共产品供给，提高公共服务效率。

（二）全体人民共同富裕要求兼顾效率和公平

共同富裕承载了新时代人民对美好生活的向往和期盼，实现全体人民共同富裕是中国特色社会主义的本质要求，也是一个长期的历史过程。全体人民共同富裕的现代化要求政府预算管理充分发挥预算调节分配职能，提高财政资金的分配效率和使用效益。党的十八大以来，推动区域协调发展，采取有力措施保障和改善民生，打赢脱贫攻坚战，全面建成小康社会，为新时代扎实推进共同富裕奠定了良好基础，而居民收入分配差距较大是制约和影响共同富裕的重要因素，为扎实推动全体人民共同富裕，需要重视发挥政府预算管理的积极调节作用[②]。因此，着力推动政府预算管理调节性改革，正确处理增长和分配关系，坚持在高质量发展中促进共同富裕。

---

① 马蔡琛、赵笛：《党的十八大以来预算制度改革的重要成就与展望》，《财政研究》2022 年第 8 期。

② 田祥宇、杜洋洋、刘书明：《推动实现共同富裕的财税改革研究——基于收入分配视角》，《宏观经济研究》2022 年第 11 期。

政府预算管理制度需要更加注重效率和公平，要求政府预算管理通过采取一系列措施，确保经济发展成果能够惠及每一个人。第一，在收入分配方面的调节作用，通过预算管理做好收入分配及转移支付工作，缓解中低收入人群支出压力，促进城乡协同发展及区域均衡发展，扎实推动共同富裕。第二，因地制宜安排预算资金，对重点扶持行业实行免征、减半征收、租金优惠等政策，维持税负在各行业各地区间相对公平。第三，健全基本公共服务体系，在教育、医疗、基础设施建设等仅依靠市场无法实现资源有效配置的领域，发挥预算资金引导作用，加强基本公共服务供给模式创新，提升基本公共服务的质量和效率。

（三）物质文明和精神文明相协调要求重视人的全面发展

人的生活需求包含物质和精神两个方面。追求物质文明和精神文明是人类社会繁荣进步的内在驱动力。物质文明和精神文明两者是互为条件、相互影响、相互促进、辩证统一的。物质文明和精神文明相协调的现代化不仅要实现物质层面的现代化，还要满足人民对预算管理的知情权和参与权等精神层面的需求，着力推动政府对民众期盼的充分回应和全过程互动。政府预算既反映着政府收支安排，也是接受社会监督的途径，它是政府与社会沟通的重要平台，有助于凝聚社会共识、提升财政资金使用效率和政府公信力[①]。

政府预算管理制度需要重视人的全面发展，综合考虑经济、社会、文化、环境等多方面因素，制定和执行全面、均衡、可持续的预算管理政策，回应公众诉求和社会关切，确保政府预算更好地服务于公共利益。第一，政府预算管理制度需要满足人的物质文明需求。在物质文明方面，通常包括基础设施建设、住房保障、医疗卫生、教育投资等领域，政府预算管理制度需要全面考虑和平衡各个方面的支出，确保预算的科学合理，以实现社会的和谐稳定和经济的持续发展。第二，政府预算管理制度需要满足人的精神文明需求。促进精神文明的发展，提高公民的生活质量，增强社会的文化活力和凝聚力。一方面，选举民主为实现满足人的精神需求提供了基础和保障。新中国成立以来，选举制度渐趋成熟完善，形成一套适合我国国情、具有鲜明中国特色的选举制度，保障了公民的选举权和被选举权，人大代表在预算的编制、审查、执行监督各方面发挥了积极作用，促进了预算民主的实现。另一方面，协商民主是我国社会主义民主政治中独特的、独有的、独到的民主形式，其科学性和实效性不断提高。在预算管理中，我国的人民政协制度履行了政治协商、民主监督和参政议政职能，政协委员在预算编制过程中的协商沟通和预算执行中的民主监督方面，发挥了重要作

① 吕冰洋：《现代财政制度的构建：一个公共秩序的分析框架》，《管理世界》2021 年第 10 期。

用。在实践中，我国一些地方政府进行参与式预算的探索，实施民生实事项目人大代表票决制（见专栏5-2），促使政府预算编制更加公开、透明、公平，强化预算监督，提高财政资金使用效率，促进公共利益最大化，助推了基层社会治理。

◇ 专栏 5-2

民生实事项目人大代表票决制

民生实事项目人大代表票决制，是指政府在广泛征求人大代表和人民群众意见建议基础上提出民生实事候选项目，经同级人大代表在人民代表大会全体会议上，以投票表决方式选择决定正式项目，交由政府组织实施，并接受人大代表和人民群众监督的制度。

2008年，浙江宁海县在力洋、大佳何两个镇探索试行乡镇政府“民生实事项目代表票决制”。从2009年起，宁海在全县14个乡镇推行票决制，2016年7月，浙江省人大常委会通过了《浙江省乡镇人民代表大会工作条例》，将宁海县的“票决制”经验做法写入地方性法规。2017年3月，浙江省人大常委会在我市召开全省人大推进“民生实事项目代表票决制”工作现场会。7月，浙江省委办公厅发文要求各市、县（市、区）全面推广民生实事项目人大代表票决制，在2018年实现市县乡的三级全覆盖。

作为一项在地方层面的制度创新，民生实事项目人大代表票决制最初只是在浙江省内实行，全国其他省市的票决制工作基本上是从2018年开始，在全国人大的推动下，浙江省的代表票决制经验由省内迅速推广至省外，在2018年这一年，全国就有近20个省份分别在乡镇、县区或者市级层面推行了代表票决制①。2022年9月，浙江省人大常委会对民生实事项目代表票决制进行了进一步规范，通过出台《浙江省民生实事项目人大代表票决制规定》，浙江省设区的市、县（市、区）、乡镇层面的代表票决制做法都有了法律根据。

资料来源：《人大代表如何决定政府为民做实事？》，新华网，2017年6月11日。

（四）人与自然和谐共生要求可持续发展

人与自然是生命共同体，要坚定不移走生产发展、生活富裕、生态良好的文明发展道路。人与自然和谐共生的现代化要求着力推进绿色发展、循环发展、低碳发展，通过建立绿色预算管理链条，将绿色理念融入预算管理全过程。政府预算管理以绿色发展为统领，逐步破解资源环境约束的突出问题，为高质量发展

① 周光辉、刘传明：《民生实事项目代表票决制：破解地方政府“民生难题”的制度创新》，《理论探讨》2023年第2期。

守好生态环境底线，为经济社会发展不断提供强大的绿色发展新动能。因此，着力推动政府绿色预算管理改革，正确处理资源有限性和社会效益性关系，实现经济发展与环境保护的双赢。

政府预算管理制度需要确保经济增长与环境保护相协调，在预算编制和执行过程中，充分考虑生态环境保护和可持续发展的需要。第一，确立理性的绿色预算目标，将环境等绿色发展相关目标在公共政策中凸显出来，而非“一刀切”地清除一切对目标不利的预算项目，为权衡如何实现公共资源的最优配置提供依据与参考。第二，选择绿色预算评估模式，以绿色标签法、事前评估法和中央预算支出作为评估方法、流程和范围，以尽可能低的财政和人力成本初步实施绿色预算。第三，形成绿色预算管理体制，以财政部为主导，生态环境部和自然资源部等协同组成的联合工作组推动绿色预算，打破部门间信息壁垒，保证绿色预算决策的科学性和效益性。第四，建立绿色预算与中期预算的衔接机制，强化年度预算之间的衔接，形成一种跨期约束，限制政府非必要的、非绿色的开支①。

（五）走和平发展道路要求立足国际格局

走和平发展道路，既是中国式现代化顺利推进的重要前提条件，也是其有效保障和有力支持；既反映出中国共产党对有利国际环境的主动战略塑造，更赋予中国式现代化宏阔世界眼光和强大道义力量。走和平发展道路的现代化要求政府预算管理服务构建新发展格局，积极为国际社会提供公共产品，共谋全球生态文明建设之路，主动融入国际税收治理。

政府预算管理制度需要立足国际格局进行预算管理，在进行预算管理时，不仅要考虑国内的经济状况和政策需求，还要充分考虑国际经济环境和全球发展趋势。第一，通过政府预算管理与税收制度的相互配合，进一步支持推进高水平对外开放，促进国内国际两个市场中商品、资本、劳动力和数据的自由流动，加大对国内产业链转型升级的支持力度，推动产业转型升级，持续提升产业链供应链现代化水平。第二，以“双碳”目标为契机，以构建“多税共治”的绿色税制体系为重要抓手，在全球气候治理、生态环境保护等方面提供惠及全人类的国际公共产品。第三，政府需要关注国际金融市场的动态、全球经济环境以及国际风险与挑战，如汇率波动、地缘政治冲突、全球经济不稳定因素等，可能对国家的经济和财政稳定产生影响，需要在预算管理中予以考虑。

---

① 石英华、刘彻：《绿色预算的理论内涵、国际借鉴与中国制度构建》，《经济纵横》2023 年第 8 期。

第四节 中国式现代化进程中现代预算管理制度的总体目标

在我国迈上全面建设社会主义现代化国家、全面推进中华民族伟大复兴新征程之际，健全现代预算管理制度要将高质量发展理念融入预算管理全过程，以健全现代预算管理制度为主要内容推动新一轮预算制度改革，既立足现实又着眼未来，加快推动建成全面规范、公开透明，标准科学、约束有力，全面实施绩效管理，加强统筹、防范风险为总体目标的现代预算管理制度，使政府预算管理更有效地服务于新发展格局，更全面地推动经济的高质量和可持续发展，更有力地促进国家和政府完善治理体系和增强治理能力。

一、全面规范、公开透明的现代预算管理制度

全面规范、公开透明的现代预算管理制度作为预算制度的重要目标之一，其内涵十分丰富，包括完善政府预算体系，实现全口径预算管理；规范财政收支和预算执行管理；建立权责发生制的政府综合财务报告制度；健全透明预算制度，严格信息公开要求等多个方面。全面规范、公开透明是一个系统工程，需要从顶层设计到日常操作的各个层面进行综合考虑和细致实施，并定期评估管理体系的效果，及时调整和完善，以适应不断变化的管理环境。

全面规范、公开透明的意义在于：

第一，这是推进预算民主建设的重要基础。预算管理坚持人民主体性，强调公共预算的权力属于人民，确保公共财政资金的使用符合人民的意愿、用于人民的需求。最大程度上保障公众的财产权、知情权、参与权、决策权、监督权，将政府预算的编制、审批、执行、决算过程都置于人民群众监督之下，不仅推动全过程人民民主制度化、规范化、程序化水平进一步提高，而且不断丰富人民精神世界，最大限度地促进人的全面发展。同时，拓展全体人民依法参与预算管理的途径，强化预算社会监督，从而提高预算监督效力和质量，进一步落实人民主体地位，充分体现政府预算制度的民主优势，提高公众对政府工作的信任度，促进社会和谐稳定发展。

第二，这是优化预算收支管理的重要手段。推进财政收入标准建设，科学评估地方财政收入能力，推动地方政府优化财政收入结构，提高财政收入管理的规范性和透明度。推进财政支出标准体系建设，确保各项支出都有明确的标准可

依，减少浪费和重复支出，规范“花钱”，打造公正公平的透明财政。调整财政支出结构，着力关键领域，对涉及民生支出的项目定额标准和支出定额标准管理较薄弱的部门行业，重点推进支出标准体系建设，同时加强对科技创新、环境保护等战略性领域的支持。注重部门联动，通过财政部门和各相关单位通力协作，针对各类专项支出标准制定工作实施方案和标准建设框架，有序有力推进标准编制工作。完善财政资金直达机制，确保财政资金能够快速、直接地到达最终受益对象，优化国库集中收付管理，降低资金闲置风险，提高资金使用效率。坚持与时俱进，健全动态调整机制，对已制定的支出定额标准，根据经济发展水平、物价水平变动，结合各单位的执行情况，及时修订完善，提高财政资金安排的科学性和有效性。

第三，这是提高预算管理信息化水平的重要途径。采用现代信息技术手段，推进预算管理信息贯通共享，夯实预算管理基础。在纵向上进一步促进中央和地方财政系统的信息贯通，在横向上进一步促进部门间预算信息的互联共享，运用信息化技术健全全覆盖、全链条的财政资金监控机制，实时记录和动态监控资金在下级财政、用款单位的分配、拨付、使用情况，形成多层次的综合监督体系，以提高预算编制、执行和监控的效率和效果。利用大数据、人工智能等先进技术，对预算数据进行深入分析，为预算编制提供科学依据；对预算执行情况的实时监控和分析，确保预算执行的合规性和效率性；简化预算申报、审批等流程，提高政府部门和公众的办事效率；对预算执行情况进行绩效评价，及时发现问题并进行整改，提高财政资金使用效益。

第四，这是增强政府公信力的重要举措。全面规范要求政府建立健全的法律法规体系，明确职责权限，加强内部管理和监督，防止权力滥用和腐败现象的发生，同时政府还应积极推进行政体制改革，优化权力结构，提高行政效率，为公众提供更加高效、便捷的服务。公开透明要求政府主动公开政务信息，包括政策文件、决策过程、执行结果等，让公众了解政府的工作情况和进展，还鼓励公众通过各种方式参与政府决策和监督工作，促进政府与公众之间的沟通和互动。全面规范和公开透明相辅相成，共同构成了增强政府公信力的基石。

二、标准科学、约束有力的现代预算管理制度

标准科学、约束有力的现代预算管理制度作为预算制度的重要目标之一，其内涵丰富，包括健全转移支付制度，推进基本公共服务均等化；推进支出标准体系建设，逐步建立国家基础标准和地方标准相结合的基本公共服务保障标准体系；完善预算管理控制，建立跨年度预算平衡机制等多个方面。标准科学、约束

有力通过对政府收支行为的规范和监督，确保财政资金的合理使用和有效配置，避免出现财政赤字和债务风险，保障经济社会健康发展。

标准科学、约束有力的意义在于：

第一，这是促进行政权力落实的重要基础。习近平总书记强调，高质量发展是“十四五”乃至更长时期我国经济社会发展的主题，关系我国社会主义现代化建设全局。按照标准科学的要求通过预算编制配置资金，加快预算执行进度落实各项政策，解决好人民群众普遍关心的就业、教育、医疗、居住、社保、环境和安全等突出问题，最大限度发挥财政资金效益。预算约束机制通过确立财政支出的上限，强化了政府的财经纪律，使政府在行使权力时必须考虑到财政的可持续性和效率。健全预算约束机制，促进行政权力的合理运用和落实，提高政府的责任感和效率，增强公众对政府工作的信任度，促进社会和谐稳定发展。

第二，这是贯彻预算法治建设的重要环节。预算法定是全面落实依法治国的突破口，也是推进国家治理体系现代化的主阵地。一方面体现为增强预算法律制度体系的科学性、完备性与严肃性，即所有预算活动有法可依、依法理财、执法必严，确保所有预算活动都在法律框架内进行。另一方面体现为各级政府部门都要深入学习贯彻预算法及实施条例，牢固树立预算法治意识，严守预算和财经纪律，不断增强现代财政治理效能，确保权力运行受到有效制约和监督。健全预算约束机制，使得政府收支活动受到预算制度的严格约束，财政每一笔收支、每一项决定都不能脱离法律、制度和公众的监督与问责，以法治为先决条件保证预算过程的良好运行。

第三，这是实现预算分配调控机制的前提条件。标准科学的预算编制体系会充分考虑各单位的实际需求，通过引入科学的预算编制工具和方法，如零基预算、绩效预算等，可以对各项支出进行量化分析，为预算分配提供更加科学、客观的决策依据，确保资金能够精准地投放到最需要的地方。健全预算约束机制可以规范和控制各经济主体的行为，维持正常的经济秩序，为预算收入的筹集和预算支出的安排提供基本条件，有效规范了预算分配秩序；为预算调控的实现提供有利条件，通过调整预算情况影响市场变量，进而引导微观主体经济行为，有助于解决资源配置效率低下和收入公平分配等问题，促进经济的稳定增长；也可以有效地保障统筹性、回应性、绿色预算管理的有效性，不仅能够提高预算管理的规范性和权威性，还能够促进资源的合理分配，提高政府的治理能力。

三、全面实施绩效管理的现代预算管理制度

全面实施绩效管理的现代预算管理制度作为预算制度的重要目标之一，其

内涵丰富，包括建成全方位、全过程、全覆盖的预算绩效管理体系，实现预算和绩效管理一体化；建成全方位预算绩效管理新格局；建成全过程预算绩效管理链条；完善全覆盖预算绩效管理体系及预算绩效管理流程；硬化预算绩效管理约束等多个方面。全面实施绩效管理是利用绩效管理理念、绩效管理方法等对现有预算管理模式的改革和完善，以“绩效目标实现”这一结果为导向开展工作，核心是强化支出责任，不断提高财政部门和预算部门的支出责任意识，将绩效目标管理、绩效运行监控、绩效评价实施、评价结果应用有机统一，形成预算管理闭环，为社会提供更多、更好的公共产品和服务，提高预算资金的使用效益。

全面实施绩效管理的意义在于：

第一，这是健全现代预算制度的组成部分。预算绩效管理是现代预算制度的重要组成部分，是财政科学化管理的重要内容。预算绩效管理要求在财政管理各个环节树立绩效意识、体现绩效要求，把有限的财政资金分配好、管理好、使用好，通过“花钱必问效，无效必问责”，从传统的关注财政资金的规范性转向关注财政收支的有效性，着力提高财政资源配置效率和使用效益，改变预算资金分配的固化格局，提高预算管理水平和政策实施效果，为经济社会发展提供有力保障。预算绩效作为深化财政改革、推进国家治理现代化的重要抓手，将是当前和未来一段时期的重要政策取向，健全预算绩效管理机制，对改进财政资金决策及使用效益，促进现代预算制度建设、国家治理能力提升具有重要意义。

第二，这是现代预算制度演化的发展趋势。由于政府事务对财政资源的需求总是远远超过可供给的，故财政资源是稀缺的，需要更有效地通过预算管理利用财政资源。综观现代政府预算的演化进程，总体上呈现出从“控制取向”逐步走向“绩效导向”的发展趋势（马蔡琛，2014）。绩效预算基于内部控制的有效性，降低交易成本，提高资金配置效率，使预算活动的各相关主体在互动中协调各自偏好，反映公众诉求，从而创造公共价值。通过预算绩效管理的动态反馈和追踪问效机制，优化绩效结果与预算资源配置结构，进一步提升公共资源的使用效果。健全预算绩效管理机制是增强政府自身能力建设的制动器，在有限的财政资源下调整结构，把钱花在更加符合国家重点领域改革和国家重大发展战略方面，通过调整财政资源配置、提高财政资源的配置效率，深化财政预算改革、加强完善预算监督，满足高质量和新发展理念的要求，同时促使各级政府对自身经济社会发展水平有更加清晰的认识，不断提升有限支出的无限潜能，有利于各级财政更加聚焦、更加精准地把钱花在刀刃上，加大对重点项目支出的投入。

第三，这是贯彻落实过“紧日子”要求的牵引器。习近平总书记反复强调要坚持艰苦奋斗、勤俭节约的思想，对党和政府过“紧日子”提出明确要求；李克强总理在政府工作报告中强调各级政府必须真正过“紧日子”，一定要把每一笔钱都用在刀刃上、紧要处。“过紧日子”和厉行节约、反对铺张浪费已成为当代主旋律，实施全面预算绩效管理可以有效解决财政资金低效无效、闲置沉淀、损失浪费问题及克扣挪用、截留私分、虚报冒领问题，对贯彻落实过“紧日子”要求和严肃财经纪律具有重要意义。

第四，这是构建高水平社会主义市场经济体制的重要支撑。党的二十大提出，构建高水平社会主义市场经济体制，充分发挥市场在资源配置中的决定性作用，更好地发挥政府作用。预算作为宏观经济治理工具，根据社会主义市场经济体制要求和宏观调控目标，引导优化市场资源配置，推动有效市场和有为政府结合。强化预算绩效管理，深化和拓展预算制度改革成果，进一步提高宏观经济治理能力，为更好理顺政府和市场关系、构建高水平社会主义市场经济体制提供支撑。

四、加强统筹、防范风险的现代预算管理制度

加强统筹、防范风险的现代预算管理制度作为预算制度的重要目标之一，其内涵也十分丰富，包括加大政府收入统筹力度，盘活各类国有资产存量；规范地方政府债务管理，严控债务风险等方面。加强统筹、防范风险通过研判和预防措施来降低财政危机发生的概率，可以有效识别和控制预算管理过程中可能出现的风险，提高预算管理的执行效果，确保财政资金的安全和高效使用。

加强统筹、防范风险的意义在于：

第一，这是坚持“党管财政”的应有之义。在财政领域将政治领导力、制度凝聚力、资源动员力和国家调控力等紧密结合，既强调了以“加强财政资源统筹”来进一步巩固党对财政工作的全面领导和统领把关，更是以“集中力量办大事”的显著优势为财政资源统筹提供了政治保证和制度支持（邓力平等，2021）。加强可用财力的统筹，提高财政资源配置的集聚效应，是实现党管财政的重要手段。通过全面加强预算管理，将分散的资金集中配置，用于落实中央和省的重大决策部署，体现了党的集中统一领导。健全财政资源统筹机制将党中央集中统一领导贯穿于政府预算编制、执行和监督全方面、全过程，深入践行党的战略意图和发展理念，使预算管理制度与中国式现代化保持内在联系和高度一致。

第二，这是应对财政紧平衡的重要抓手。当前和今后一个时期，在宏观税负保持基本稳定、财政相对处于紧平衡状态背景下，必须以财政资源统筹为抓手，立足当前，着力盘活用好沉淀和闲置的资金资产，充分发挥财政资金效益，着眼长远，建立健全优化财政资源配置的长效机制，提升财政预算管理水平，为社会提供更优质的公共服务，满足人民对美好生活的向往。加强财政资源统筹，

更好地连接消费、投资和储蓄等各个环节，并合理界定各类转移支付的边界和功能定位，确保专项转移支付根据实际情况安排，提高预算对落实党和国家重大政策的保障能力，确保有限公共资源能够更有效地支持政策目标的实现，集中力量办大事，提高资金使用的效果。

第三，这是优化财政政策的必由之路。当前发展仍处于重要战略机遇期，财政政策应增强站位意识和大局观念，综合考虑政治、经济和社会的相互影响，从系统全局统筹资源配置，建立和完善财政资源统筹机制，可以协调各方利益，增强政策的协同性和整体效应。在当前国内外经济环境日益复杂多变的背景下，健全的财政资源统筹机制能够组合使用多种政策工具，包括赤字、专项债、超长期特别国债、税费优惠、财政补助等，以保持适当的支出规模，促进经济持续回升向好，还能够更好地应对各种风险挑战，保持宏观经济的稳定。同时，改进财政宏观调控机制，提高民生保障水平，促进产业结构转型升级，统筹创新、协调、绿色、开放、共享的新发展理念，助力中国式现代化。

第四，这是防范财政风险的重要内容。一是防范财政自身运行风险。源于经济下行、减税降费、支出刚性等，我国财政紧平衡的总体态势还将延续，同时，伴随房地产市场长周期拐点向下，土地出让收入高歌猛进的时代结束，债务到期高峰陆续到来，总体上宏观税负过快下行、财政收支矛盾加剧。通过健全地方政府依法适度举债机制等，防范化解地方政府隐性债务风险、财政运行风险，加强资金风险防控管理工作，科学安排年度财政赤字规模和预算支出，合理确定政府债务规模，完善地方政府债务限额确定、偿债能力评估等机制，通过中期财政规划，提前识别和应对潜在的财政风险，同时通过预算绩效管理，评价预算执行的效果，及时调整不合理的预算安排，保证财政资金使用的安全性、规范性，增强财政的可持续性。二是防范经济社会风险财政化。近年来我国经济社会风险向财政风险传递的倾向在提高，财政客观上承担了为经济社会风险兜底的角色。加强预算风险防控，在经济社会风险与财政风险之间建立防火墙，当发生经济社会风险如房地产风险、金融风险时，首先在部门内解决问题，如促进房地产市场回暖，提振市场信心，先行垫付部分资金确保社会稳定，从而避免风险外溢，从源头上防范化解预算风险。

第六章

我国预算管理制度改革进程回顾

第一节　预算管理制度的改革背景与内在逻辑

党的十八届三中全会通过的《中共中央关于全面深化改革若干重大问题的决定》[①]明确指出，我国新时代全面深化改革的总目标是“完善和发展中国特色社会主义制度，推进国家治理体系和治理能力现代化”。有鉴于此，该决定对财政的职能重新定位，即“财政是国家治理的基础和重要支柱，科学的财税体制是优化资源配置、维护市场统一、促进社会公平、实现国家长治久安的制度保障”，财政制度改革的具体目标是，“完善立法、明确事权、改革税制、稳定税负、透明预算、提高效率，建立现代财政制度，发挥中央和地方两个积极性”，由此拉开了新时代建立现代财政制度的序幕。党的十九大报告进一步指出“加快建立现代财政制度”要求，明确财政制度改革任务，“建立权责清晰、财力协调、区域均衡的中央和地方财政关系”，“建立全面规范透明、标准科学、约束有力的预算制度，全面实施绩效管理”，“深化税收制度改革，健全地方税体系”等[②]。

具体到建立现代预算管理制度，其内在逻辑可从三方面进行分析[③]。

第一，这是国家治理现代化改革目标的内在要求。党中央将中国特色社会主义进入新时代的改革目标定为完善和发展中国特色社会主义制度，推进国家治理现代化，重在制度，切中要害，不仅丰富了中国式现代化的内涵，而且完全符合中国式现代化的理论逻辑和历史逻辑。预算是财政的核心，现代预算管理制度是现代财政制度的核心内容，是国家治理体系的重要组成部分。国家治理现代化旨在实现党和国家、社会各项事务治理制度化、规范化、程序化，这就要求必须建立现代预算管理制度。

① 《中共中央关于全面深化改革若干重大问题的决定，2013 年 11 月 12 日中国共产党第十八届中央委员会第三次全体会议通过》，人民出版社，2013。

② 《决胜全面建成小康社会　夺取新时代中国特色社会主义伟大胜利，习近平 2017 年 10 月 18 日在中国共产党第十九次全国代表大会上的报告》，人民出版社，2017。

③ 参见樊丽明：《健全现代预算制度：回顾与前瞻》，《财政研究》2022 年第 11 期。

第二，这是财政全新定位的要求。从国家财政到公共财政，使财政实现了从适应计划经济体制向适应社会主义市场经济体制的转型。从公共财政到国家治理财政，则将财政从一个经济范畴拓展为一个“事关国家治理体系和整个经济社会事务，牵动经济、政治、文化、社会、生态文明和党的建设等所有领域的基本支撑因素，作用更加广泛”，“意味着财政并非仅仅着眼于满足政府履行职能活动的需要，而是要着眼于包括政府、社会组织和居民个人在内的所有国家治理主体参与国家治理活动的需要”（高培勇，2014），进而将财政职能由资源配置、收入分配、经济稳定和发展等经济职能拓展至“优化资源配置、维护市场统一、促进社会公平、实现国家长治久安”。财政全新定位要求以更高的站位更宽的视域履行财政职能，唯有建立规范化、科学化、程序化的现代财政制度，财政才能发挥更强的支撑保障作用。预算管理制度作为财政制度的核心部分，必然立足国家治理的基础和重要支柱的定位，建立相应的现代预算管理制度。

第三，这是预算管理问题导向改革的必然选择。我国20世纪90年代前期确立社会主义市场经济体制，财政改革相应地进入了构建公共财政体制框架时期，实行部门预算改革，建立国库集中收付制度，推进政府采购制度建设，严格收支两条线管理，规范政府收支分类体系，推行全口径预算管理，预算管理制度取得历史性进步（见图6-1）。但在经济增长进入新常态、财政承担国家治理基础和重要支柱职能的背景下，如何加快财政法治进程，有效约束政府预算收支行为，实现全口径全过程预算管理，遏制债务无序膨胀防控风险，全面增强财力统筹能力和宏观调控能力，增进预算公开透明以利监督，立法机关预算监督加大力度提高效能等，都是预算管理制度改革亟待解决的重要问题。建立现代预算管理制度即解决这些突出问题的必经途径。

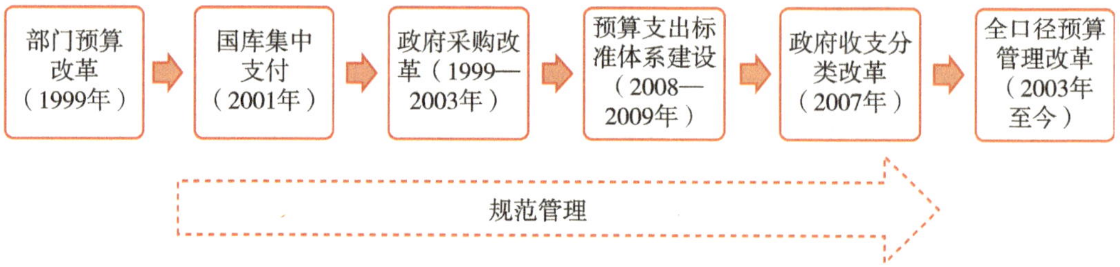

图 6-1 1999—2011 年建立现代预算管理制度改革进程

第二节 建立现代预算管理制度的改革脉络与重要内容

建立现代预算管理制度遵循党的十八届三中全会决定部署的“改进预算管

理制度”任务和“实施全面规范、公开透明的预算制度”的改革目标，遵循现代国家治理理念、划清市场与政府的边界、着力推进预算公开透明、坚持总体设计协同推进等原则展开[①]。

回顾党的十八大至十九大建立现代预算管理制度的改革进程，历经十年修订而出台新《预算法》和颁布《国务院关于深化预算管理制度改革的决定》（以下简称《决定》）是该阶段建立现代预算管理制度的最具标志性的事件。按照党中央国务院决策部署和新《预算法》规定，我国以“实施全面规范、公开透明的预算制度”为目标和核心任务，大力推进全口径预算管理、收支和结余规范管理、规范完善转移支付制度、规范地方政府债务管理、制定中期财政规划、建立政府综合财务报告制度、推进预算公开、加快实施预算绩效管理等一系列重大改革举措落地实施，为建立现代预算管理制度提供了基础条件，为实现国家治理体系和治理能力现代化起到了应有的基础和重要支撑作用（见图6–2）。但也应该看到，“当前和今后一个时期，财政处于紧平衡状态，收支矛盾较为突出，加之随着改革的逐步深入，预算管理中一些深层次问题逐步暴露出来，如预算统筹力度不足、政府过紧日子意识尚未牢固树立、预算约束不够有力、资源配置使用效率有待提高等，影响了财政资源统筹和可持续性，迫切需要通过进一步深化预算管理制度改革，规范管理、提高效率、挖掘潜力、释放活力。”[②]

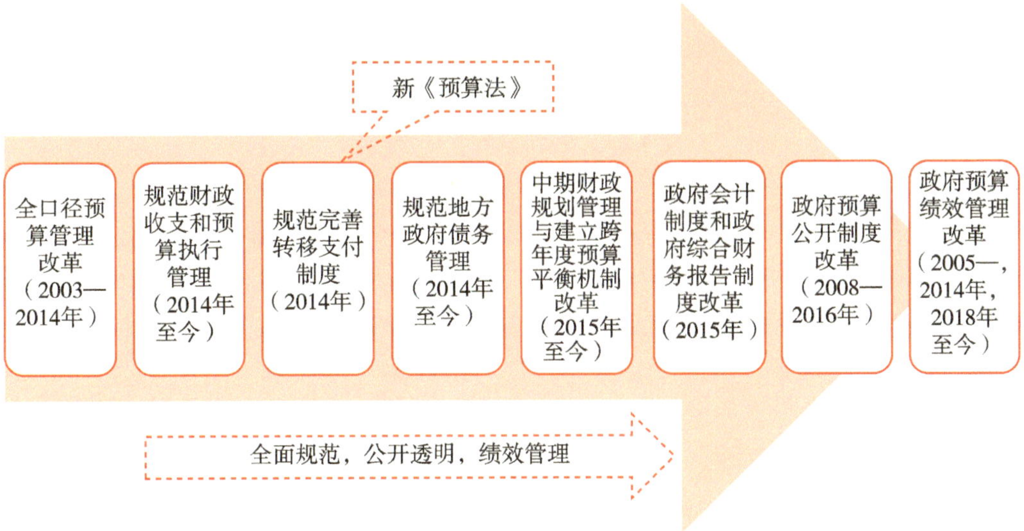

图 6–2　2012—2017 年建立现代预算管理制度改革进程

① 参见樊丽明、孙超等：《健全现代预算管理制度：改革分析与路径探索》，《财政研究》2024 年第 1 期。

② 财政部有关负责人就进一步深化预算管理制度改革有关问题答记者问，2021 年 04 月 28 日，中央人民政府网，https://www.gov.cn/zhengce/2021-04/14/content_5599490.htm。

党的十九大以来的现代预算管理改革主题，既保持了党的十八届三中全会以来改革的连续性，又按照党的十九大报告要求，着力“建立全面规范透明、标准科学、约束有力的预算制度，全面实施绩效管理”，建立现代预算管理制度的改革进一步深化细化。这一时期改革，一方面突出问题导向，积极应对当下财政收支的突出矛盾，力求解决政府过紧日子意识仍不牢固、预算管理统筹不够、预算约束不够有力、资源配置效率有待提高、预算公开范围和内容仍需拓展等问题；另一方面也突出了坚持目标引领、坚持系统观念、坚持底线思维的特点。这一阶段最具标志性的改革文件是，2020年12月30日习近平主持召开中央全面深化改革委员会第十七次会议审议通过、2021年4月国务院正式发布的《关于进一步深化预算管理制度改革的意见》（以下简称《意见》）。值得说明的是，2020年8月中华人民共和国国务院令第729号公布修订后的《中华人民共和国预算法实施条例》，自2020年10月1日起施行。该条例细化了新《预算法》有关规定，将近年来财税体制改革和预算管理实践成果以法规形式固定下来，对于巩固预算制度改革成果、推进建立现代预算管理制度起到了重要作用（见图6–3）。

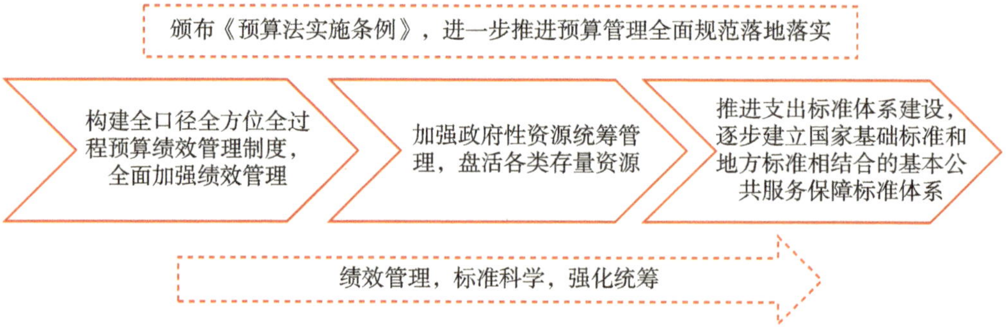

图 6–3 2017—2022 年建立现代预算管理制度改革进程

党的十八大以来，为加快建立现代预算管理制度改革进程，党中央围绕全面规范、公开透明，标准科学、约束有力，全面强化绩效管理以及强化统筹、持续安全四个方面制定系列改革措施，各项改革措施相互衔接、相互支撑，共同发挥作用。

一、建立全面规范、公开透明的现代预算管理制度

建立现代预算管理制度的首要前提是提高政府预算管理的全面性、规范性与公开性，换言之，政府预算管理的全面规范与公开透明是建立现代预算管理制度的基本要求。为此，完善政府预算体系、规范财政收支和预算执行管理、建立权责发生制的政府综合财务报告制度、健全透明预算制度成为改革重点。

（一）完善政府预算体系，实现全口径预算管理

政府预算体系是财政制度的基础性部分，构建符合国情、科学明晰的政府预算体系是现代预算管理制度的基本要求。因此，完善政府预算体系成为新时期财政制度改革的重点内容之一。依据新《预算法》和《决定》规定，政府全部收入和支出纳入预算，建立包括一般公共预算、政府性基金预算、国有资本经营预算、社会保险基金预算四本预算制度，同时，四本预算应当保持完整、独立，又相互衔接。具体而言，要加大政府性基金预算、国有资本经营预算与一般公共预算的统筹力度，建立将政府性基金预算中应统筹使用的资金列入一般公共预算的机制，加大国有资本经营预算资金调入一般公共预算的力度。加强社会保险基金预算管理，做好基金结余的保值增值，在精算平衡的基础上实现社会保险基金预算的可持续运行①。由此，适合中国社会主义经济制度、体现法治化民主化科学化要求、定位清晰又相互衔接的政府预算体系得以建立，实现了全部政府收支进入预算规范管理、全面监督的目标。

（二）规范财政收支和预算执行管理，提高财政资金绩效

第一，加强财政收入管理，清理规范税收优惠政策。一方面，切实加强税收征管，做到依法征收、应收尽收，不收过头税。另一方面，加强非税收入管理。继续清理规范行政事业性收费和政府性基金；加快建立健全国有资源、国有资产有偿使用制度和收益共享机制；加强国有资本收益管理，落实国有资本收益权。最后，全面规范税收优惠政策。除专门的税收法律、法规和国务院规定外，各部门起草其他法律法规、发展规划和区域政策都不得突破国家统一财税制度、规定税收优惠政策。

第二，清理财政支出挂钩规定。为了进一步增进财力统筹配置，《决定》明确提出“清理规范重点支出同财政收支增幅或生产总值挂钩事项，一般不采取挂钩方式。”2016年12月30日中央全面深化改革委员会第31次会议审议通过《关于清理规范重点支出同财政收支增幅或生产总值挂钩事项有关问题的通知》。该次会议进一步强调，清理规范重点支出同财政收支增幅或生产总值挂钩事项，是深化预算管理制度改革的重要内容，要坚持优化结构、精准扶持、量力而行，改进预算编制方式，完善重点支出保障机制，增强财政资金统筹能力，确保财政可持续，推进基本公共服务均等化，使重点领域财政投入同我国经济发展阶段和社

① 引自《国务院关于深化预算管理制度改革的决定》（国发〔2014〕45号），详见中央人民政府网，https://www.gov.cn/zhengce/content/2014-10/08/content_9125.htm。

会事业发展需要相适应[①]。

第三，改进结转结余资金管理。一方面，建立结转结余资金定期清理机制，加大结转资金统筹使用力度；连续两年未用完的结转资金，应当作为结余资金管理，其中一般公共预算的结余资金，应当补充预算稳定调节基金。另一方面，建立预算编制与结转结余资金管理相结合的机制，细化预算编制，提高年初预算到位率。最后，建立科学合理的预算执行进度考核机制，实施预算执行进度的通报制度和监督检查制度，有效控制新增结转结余资金。

第四，加强预算执行和国库管理。一方面，硬化预算约束，年度预算执行中除救灾等应急支出通过动支预备费解决外，一般不出台增加当年支出的政策，一些必须出台的政策，通过以后年度预算安排资金。另一方面，及时批复部门预算，严格按照预算、用款计划、项目进度、有关合同和规定程序及时办理资金支付；进一步提高提前下达转移支付预计数的比例，加快转移支付预算正式下达进度。最后，规范国库资金管理，提高国库资金收支运行效率。

（三）建立完善权责发生制的政府综合财务报告制度

我国长期实行的政府财政报告制度实行以收付实现制政府会计核算为基础的决算报告制度，主要反映政府年度预算执行情况的结果，对准确反映预算收支情况、加强预算管理和监督发挥了重要作用。但随着经济社会发展，仅实行决算报告制度，无法科学、全面、准确反映政府资产负债和成本费用，不利于强化政府资产管理、降低行政成本、提升运行效率，不利于提高财政透明度，不利于有效防范财政风险，难以满足建立现代财政制度、促进财政长期可持续发展和推进国家治理现代化的要求。而且，建立政府财务报告制度是顺应世界发展潮流的应有之义。目前，编制权责发生制政府综合财务报告已成为国际公共财政管理发展方向。据世行最新统计，国际上已有25%的国家和地区实施了这项改革。G20（20国集团）财政和央行会议上审议通过的数据缺口倡议（DGI）要求各成员国定期公布政府资产负债表和相关流量数据。IMF（国际货币基金组织）正在建立国际公共部门资产负债数据库，希望我国提供相关数据[②]。因此，必须推进政府会计改革，建立全面反映政府资产负债、收入费用、运行成本、现金流量等财务信息的权责发生制政府综合财务报告制度。

有鉴于此，新《预算法》新增第九十七条，规定“各级政府财政部门应当按年度编制以权责发生制为基础的政府综合财务报告，报告政府整体财务状况、

① 中央全面深化改革领导小组第三十一次会议，新华社 2016 年 12 月 30 日。

② 参见：《我国政府财务报告制度改革行稳致远》，《中国财经报》2021 年 9 月 22 日。

运行情况和财政中长期可持续性，报本级人民代表大会常务委员会备案。"《决定》就此项改革提出原则性意见。2014年12月，国务院发布《关于批转财政部权责发生制政府综合财务报告制度改革方案的通知》，全面阐释了该项改革的指导思想[①]、总体目标[②]和基本原则[③]，且部署了该项改革的时间表和路线图。鉴于该项改革的系统性、复杂性，该通知对分步骤稳妥推进改革进行了部署[④]。财政部持续推进政府财务报告制度改革，2021年起在全国范围内实现政府财务报告全覆盖。

第一，建立健全政府会计准则体系和政府财务报告制度框架体系。具体改革建设任务有制定政府会计基本准则和具体准则及应用指南、健全完善政府会计制度、制定政府财务报告编制办法和操作指南以及建立健全政府财务报告审计和公开制度。财政部于2018年印发《地方政府综合财务报告合并编制操作指南（试行）》，2019年修订印发《政府财务报告编制办法（试行）》（财库〔2019〕56号）《政府部门财务报告编制操作指南（试行）》《政府综合财务报告编制操作指南（试行）》，"一编制办法+三操作指南"的制度框架体系为改革初始阶段的政府、部门、单位编制财务报告提供了基本规范和遵循，发挥了重要作用。

随着改革实践的推进，以及新的财政总会计师制度的实施，政府财务报告制度有必要进行相应的改进完善。2023年10月的这次制度修订完善包括如下方

① 其指导思想是，认真贯彻落实党的十八届二中、三中、四中全会精神，高举中国特色社会主义伟大旗帜，以邓小平理论、"三个代表"重要思想、科学发展观为指导，按照党中央、国务院决策部署，加快推进政府会计改革，逐步建立以权责发生制政府会计核算为基础，以编制和报告政府资产负债表、收入费用表等报表为核心的权责发生制政府综合财务报告制度，提升政府财务管理水平，促进政府会计信息公开，推进国家治理体系和治理能力现代化。引自《国务院关于批转财政部权责发生制政府综合财务报告制度改革方案的通知》（国发〔2014〕63号），2014年12月31日发布。

② 总体目标是，通过构建统一、科学、规范的政府会计准则体系，建立健全政府财务报告编制办法，适度分离政府财务会计与预算会计、政府财务报告与决算报告功能，全面、清晰反映政府财务信息和预算执行信息，为开展政府信用评级、加强资产负债管理、改进政府绩效监督考核、防范财政风险等提供支持，促进政府财务管理水平提高和财政经济可持续发展。引自《国务院关于批转财政部权责发生制政府综合财务报告制度改革方案的通知》（国发〔2014〕63号），2014年12月31日发布。

③ 改革原则是，立足中国国情、借鉴国际经验，坚持继承发展、注重改革创新；坚持公开透明，便于社会监督；做好总体规划，稳妥有序推进。引自《国务院关于批转财政部权责发生制政府综合财务报告制度改革方案的通知》（国发〔2014〕63号），2014年12月31日发布。

④ 建立权责发生制的政府综合财务报告制度涉及面广，技术性、政策性、敏感性较强，宜逐步推进。政府会计规则尚未全面建立之前，在现行政府会计制度的基础上，暂按照权责发生制原则和相关报告标准，编制出反映一级政府整体财务状况的财务报告，为加强地方政府性债务管理、开展政府信用评级等提供信息支撑。与此同时，加快推进政府会计改革，建立审计、公开机制和分析应用体系，落实相关配套措施，力争在2020年前建立具有中国特色的政府会计准则体系和权责发生制政府综合财务报告制度。参见《国务院关于批转财政部权责发生制政府综合财务报告制度改革方案的通知》（国发〔2014〕63号）。

面：①政府财务报告编制制度框架体系的调整。政府财务报告制度框架体系改革调整为“一编制办法+二操作指南”，印发修订《政府财务报告编制办法》[①]和《政府部门财务报告编制操作指南》(财库〔2023〕22号)，原《政府综合财务报告编制操作指南（试行）》和《地方政府综合财务报告合并编制操作指南（试行）》合并为《政府综合财务报告编制操作指南》(财库〔2023〕23号)，统一规定本级和行政区政府综合财务报告的具体内容、编制方法和报表格式等。②编制方法的变化。主要变化是新的财政总会计制度实施后，编制综合财务报告直接从总会计账提取数据，无须再进行有关调整和抵销。③报告内容的变化。主要是根据管理需要增设相关补充报表，以增强报告的综合反映、风险防范等功能。一是在部门财务报告和综合财务报告中增加应付工程款情况表，反映应付工程款规模及变动情况，推动部门和单位加强应付工程款管理，防范债务风险。二是在综合财务报告中增加行政事业单位资产负债汇总表和收入费用汇总表，总体反映行政事业单位财务状况和运行情况，并针对不同单位类型进行分类统计，便于财政部门全面掌握行政事业单位财务数据。三是在部门财务报告和综合财务报告中增加本年预算结余与盈余调节表，反映财务报告中收入费用和决算报告中预算收支之间的主要差异。四是在综合财务报告中增加财政总会计资产负债表、收入费用表和现金流量表，以掌握各级财政总会计负责核算的资产、负债、收入、费用等信息[②]。由此标志着政府财务报告制度的健全完善推出新举措，进入新阶段。

第二，编报政府部门财务报告。政府部门财务报告由政府部门编制，主要反映本部门财务状况、运行情况等，为加强政府部门资产负债管理、预算管理、绩效管理等提供信息支撑。政府部门财务报告应当包括财务报表和财务分析。①财务报表包括会计报表和报表附注。会计报表主要包括资产负债表、收入费用表等。前者重点反映政府部门年末财务状况，后者重点反映政府部门年度运行情况。报表附注重点对会计报表作进一步解释说明，主要包括会计报表编制基础、遵循相关制度规定的声明、合并范围、重要会计政策与会计估计变更情况、会计报表重要项目明细信息及说明等事项。②政府部门财务分析主要包括财务状况分析、运行情况分析、财务管理情况等。

第三，编报政府综合财务报告。政府综合财务报告由政府财政部门编制，包括本级政府综合财务报告和行政区政府综合财务报告，分别反映本级政府整体

---

① 财政部：关于修订印发《政府财务报告编制办法》的通知（财库〔2023〕21号），2023年11月8日发布，财政部网站。

② 参见财政部国库司有关负责人就修订印发《政府财务报告编制办法》等三项制度答记者问，2023年11月8日，财政部网站，https://gks.mof.gov.cn/guizhangzhidu/202311/t20231107_3915058.htm。

和行政区政府整体财务状况、运行情况和财政中长期可持续性等，可作为考核地方政府绩效、开展地方政府信用评级、评估预警地方政府债务风险、编制全国和地方资产负债表以及制定财政中长期规划和其他相关规划的重要依据。

政府综合财务报告应当包括财务报表、财政经济分析和财政财务管理情况等[①]。①财务报表包括会计报表和报表附注。会计报表主要包括资产负债表、收入费用表等。政府财政部门应当以财政总会计报表、部门财务报表、土地储备资金财务报表等为基础编制政府综合财务报表。报表附注重点对会计报表作进一步解释说明。②政府财政经济分析应当包括财务状况分析、运行情况分析、财政中长期可持续性分析等。政府财务状况分析主要包括：资产方面，重点分析政府资产的构成及分布，对于长期投资、在建工程、公共基础设施、保障性住房等重要项目，分析各资产比重变化趋势以及对于政府偿债能力和公共服务能力的影响。负债方面，重点分析政府债务规模大小、债务结构以及发展趋势。通过政府资产负债率等指标，分析政府当期债务风险情况。政府运行情况分析主要包括：收入方面，重点分析政府收入规模、结构及来源分布、重点收入项目的比重及变化趋势，特别是宏观经济运行、税收政策等对政府收入变动的影响。费用方面，重点按照经济分类分析政府费用规模及构成、重点费用项目的比重及变化趋势，特别是政府投融资情况对政府费用变动的影响。通过收入费用率等指标，分析政府运行效率。财政中长期可持续性分析主要包括：基于当前政府财政财务状况和运行情况，结合本地区经济形势、重点产业发展趋势、财政体制、财税政策、社会保障政策、相关负债占 GDP 比重等，预测财政收支缺口，全面分析政府未来中长期收入支出等变化趋势。政府财政经济分析应当基于财务报表所反映的信息，结合经济形势状况和趋势、财政管理政策措施，对政府整体财务状况、运行情况以及财政中长期可持续性进行综合性分析。③政府财政财务管理情况，主要反映政府财政财务管理的政策要求、主要措施和取得成效等。

第四，完善相应配套措施。具体包括推动修订相关法律法规、修订完善相关财务制度、进一步完善决算报告制度、优化政府财政管理信息系统以及加强政府财务报告编报内部控制等措施。

（四）健全透明预算制度，严格信息公开要求

预算公开透明是实现政府预算规范管理有效监督的必要前提，是现代预算管理制度的必然要求，也是实现国家治理体系和能力现代化的重要手段。因为，

① 财政部：关于修订印发《政府财务报告编制办法》的通知（财库〔2023〕21 号）附件：政府财务报告编制办法，2023 年 11 月 8 日发布，财政部网站，https://gks.mof.gov.cn/guizhangzhidu/202311/t20231107_3915029.htm。

这是保障公民知情权、参与权、监督权，发展社会主义民主，促进社会和谐公平正义的需要，也是增强公民依法纳税意识的有效途径；这是促进财政依法管理、提高财政收支规范化、科学化、有效性的需要；这是监督政府依法行政、有效提供公共服务，建设廉洁高效、负责任的人民政府的需要，也是提升政府公信力的需要。正因如此，预算公开透明成为新时期预算管理制度改革的重头戏之一。新《预算法》专门增加了关于预算公开的条款和内容[①]，《决定》明确提出预算公开的细化要求，中共中央办公厅国务院办公厅《关于进一步推进预算公开工作的意见》则就进一步推动预算公开进程提出具体要求。

第一，进一步明确预算公开的意义和原则。各级政府认真贯彻落实党中央、国务院决策部署及相关规定，坚持"以公开为常态、不公开为例外""明确和落实责任""以公开促改革"为基本原则，围绕全面深化财税体制改革、建立现代财政制度，进一步推进预算公开，提高预算透明度，强化社会监督，促进依法理财，转变政府职能，规范政府行为，推动相关改革，推进国家治理体系和治理能力现代化。因此，新时代的预算公开不同于以往，它是着眼于实现国家治理体系和治理能力现代化，立足于以提高预算透明度促进依法行政、规范理财、深化改革的重要举措。

第二，进一步明确预算公开的具体要求。新《预算法》首次对预算公开的范围、内容、主体、时间等做出明确规定，《决定》则对此进行了深化细化，《关于进一步推进预算公开工作的意见》对预算公开的扩大范围、细化内容、加快进度、规范方式等提出了更为具体细致的要求。预算科目方面，政府预决算支出全部公开到功能分类的项级科目，专项转移支付预决算按项目按地区公开。公开范围方面，部门预决算公开范围扩大至中央和地方所有使用财政资金的部门，公开内容逐步细化至基本支出和项目支出。其中所有财政资金安排的"三公"经费都要公开。公开及时性方面，对于审批后的政府预决算及部门预算，除涉及国家秘密的以外，应按照规定及时公开相关信息[②]。

第三，明确预算公开的保障措施。《关于进一步推进预算公开工作的意见》就强化主动公开意识、做好相关配套工作、主动回应社会关切、完善公开工作考核机制提出具体要求，保障预算公开落地落实。

---

① 《中华人民共和国预算法》第十四条。

② 经本级人民代表大会或者本级人民代表大会常务委员会批准的预算、预算调整、决算、预算执行情况的报告及报表，应当在批准后二十日内由本级政府财政部门向社会公开，并对本级政府财政转移支付安排、执行的情况以及举借债务的情况等重要事项作出说明。经本级政府财政部门批复的部门预算、决算及报表，应当在批复后二十日内由各部门向社会公开，并对部门预算、决算中机关运行经费的安排、使用情况等重要事项作出说明。

我国近年来预算公开总体进展和2024年中央预算公开情况见专栏6-1。

◇ 专栏6-1

财政部有关负责人就2024年中央预算公开答记者问

一、近年来我国预算公开总体进展如何？

答：预算公开是深化财税体制改革、健全现代预算制度的重要内容，是强化预算管理、优化资源配置、硬化预算约束、加强财会监督的重要举措，是保障公众知情权、强化外部监督的机制性安排，对推动实现国家治理体系和治理能力现代化具有重要意义。

党中央、国务院历来高度重视预算公开工作。党的十九大提出“建立全面规范透明、标准科学、约束有力的预算制度”。党的十九届四中全会要求“完善标准科学、规范透明、约束有力的预算制度”。《国务院关于进一步深化预算管理制度改革的意见》（国发〔2021〕5号）明确“增强财政透明度”。党的二十大进一步提出“健全现代预算制度”。

近年来，财政部认真贯彻落实党中央、国务院决策部署，持续推动我国预算公开取得新进展。一方面，不断加强顶层设计，完善预算公开制度框架。通过推动修订预算法及其实施条例，报请国务院印发关于深化预算管理制度改革的决定、关于进一步深化预算管理制度改革的意见，建立预算公开的基本制度。报请中办、国办印发关于进一步推进预算公开工作的意见，明确预算公开主要任务、具体要求等。另一方面，持续加大工作力度，有序推进预算公开工作。通过细化要求、完善机制、加强考核等，组织做好中央预算公开，积极指导督促地方做好预算公开，持续提升预算公开的科学性、规范性和可获得性。

在中央预算公开方面。一是中央政府预算公开。2009年首次公开中央政府预算，包括中央财政收入预算表、中央财政支出预算表，中央本级支出预算表以及中央对地方税收返还和转移支付预算表等4张表。2010年，中央政府预算公开范围拓展至一般公共预算、政府性基金预算和国有资本经营预算等12张表。2018年，进一步将中央社会保险基金预算纳入公开范围。2019年，新增公开42个中央对地方转移支付项目分地区情况表。2022年，进一步扩大公开范围，公开46个中央对地方转移支付项目分地区情况表。二是中央部门预算公开。2008年，选择科技部等11个部门进行部门预算内部公开试点，将部门预算通过张贴、查阅等形式在单位内部公开。2010年，印发指导意见，要求中央部门落实预算公开主体责任，及时主动公开预算。当年共有78个中央部门公开部门预算。2011年，公开部门预算的中央部门增加到96个，并首次向社会公开中央部门“三公”经费预算。2013年，中央部门预算首次做到各部门集中在1天内公开。从2017年开始，将各部门在本部门网站上公开的部门预算，在财政部门户网站设立的“中央预决算公开平台”上进行集中展示。

在地方预算公开方面。一是省级政府预算公开。2008年5月1日，《中华人民共和国政府信息公开条例》正式施行。自此，各省级政府开始按照条例规定主动公开政府预算信息。目前，各省级政府预算都已主动公开。财政部在门户网站设立“省级预决算公开专栏”，将各省级预算公开平台或专栏汇集在一起，以地图链接的形式集中展示。二是省级部门预算公开。2008年，财政部出台《关于进一步推进财政预算信息公开的指导意见》，积极推进省级部门预算公开，各省级财政部门也加大组织指导。目前，各省均已向社会集中公开经省级财政部门批复的部门预算。三是省以下预算公开。2013年，财政部印发《关于推进省以下预决算公开工作的通知》，指导地方推动省以下预决算公开。目前，地方各级政府均已经形成较为完善的预算公开机制，每年组织向社会主动公开政府预算和各部门预算。四是财政部加强对地方的督促指导。从2015年起，连续多年在全国范围开展地方预决算公开检查。完善统计上报和考核机制。每年定期统计地方各级政府、各部门公开情况，并将统计结果纳入对地方财政的有关考核评价。目前，地方各级政府和各部门基本实现“应公开尽公开”。据统计，地方各级政府2023年预算和2022年决算公开率均为100%，省、市、县级部门2023年预算和2022年决算公开率均达到99%以上。

二、请介绍一下2024年中央预算公开的基本情况。

答：2024年是中华人民共和国成立75周年，是实施“十四五”规划目标任务的关键一年，做好预算公开工作意义重大，我们继续坚持以公开为常态、不公开为例外，依法依规认真组织开展预算公开。2024年公开的中央预算包括经十四届全国人大二次会议批准的中央政府预算和中央部门预算。中央政府预算由财政部公开。中央部门预算经财政部批复后，由各部门向社会公开。

中央政府预算公开内容涵盖中央四本预算情况、中央对地方转移支付分地区预算情况和有关说明。具体包括：一是中央一般公共预算、政府性基金预算、国有资本经营预算收支情况及其变动说明；二是中央社会保险基金收、支、余情况；三是政府债务余额限额情况；四是47个转移支付项目分地区情况及其说明。

中央部门预算公开内容涵盖部门总体收支预算情况、财政拨款收支预算情况以及重点事项说明等。具体包括：一是部门收支总表、部门收入总表、部门支出总表、财政拨款收支总表、一般公共预算支出表、一般公共预算基本支出表、政府性基金预算支出表、国有资本经营预算支出表、财政拨款预算“三公”经费支出表等9张报表。二是对预算收支增减变化、机关运行经费安排、“三公”经费、政府采购、国有资产占用、预算绩效管理、提交全国人大审议的项目等情况予以说明，并对专业性较强的名词进行解释。

此外，为使公众找得到、看得懂、能监督，各部门的部门预算除在本部门网站公开外，继续在财政部门户网站设立的“中央预决算公开平台”集中公开，方便人民群众监督政府财政工作。

资料来源：《财政部有关负责人就2024年中央预算公开答记者问》，新华网，2024年3月26日。

二、建立标准科学、约束有力的现代预算管理制度

建立现代预算管理制度的重要内容是提高政府预算管理的标准科学化水平，增强预算约束力。为此，完善转移支付制度、推进支出标准体系建设、建立跨年度预算平衡机制成为改革重点。

（一）完善转移支付制度，推进基本公共服务均等化

转移支付制度是现代财政制度的组成部分，也是政府管理的重要手段，是政府实现调控目标的重要政策工具，事关中央与地方以及各级地方政府财政关系的科学合理，事关政府职责履行和财政资金使用的绩效，因此必须沿着规范化、法治化、科学化的方向改革完善。原有分税制财政体制下转移支付制度存在的一般性转移支付的均等化功能弱化，专项转移支付"小、散、乱"、分配使用不够科学，地方配套压力较大、财政统筹能力较弱，转移支付管理不严、信息不够公开透明等问题，也亟待通过改革加以解决。因此，转移支付制度改革完善也成为建立现代财政制度的重要内容。新《预算法》增加了财政转移支付制度的相关规定[①]，《决定》明确了新时期转移支付制度的改革要点，2014年12月颁布的《国务院关于改革和完善中央对地方转移支付制度的意见》则对改革做出具体部署。

第一，进一步明确转移支付制度的主要目标，确立一般转移支付的主体地位。依据规定，财政转移支付应当规范、公平、公开，以推进地区间基本公共服务均等化为主要目标，形成以均衡地区间基本财力、由地方政府统筹安排使用的一般性转移支付为主体，一般性转移支付和专项转移支付相结合的转移支付制度[②]。以一般性转移支付为主，一方面是我国经济社会发展不平衡、区域协调发展任务繁重的国情所决定的，因为只有确立了一般性转移支付为主体，才能够真正实现中央对区域经济社会发展的统筹协调作用，充分体现转移支付制度的主要目标是推进地区间基本公共服务均等化；另一方面是科学的央地关系所要求的，也只有确立一般性转移支付的主体地位，大量的一般性转移支付没有规定具体用途，才能有利于地方政府因地制宜统筹安排支出，切实增强地方财政的统筹能力。

第二，以进一步合理划分中央和地方事权与支出责任为前提，确定两类转移支付的原则定位。改革完善转移支付制度的逻辑前提是进一步合理划分中央

① 《中华人民共和国预算法》第十六条。

② 《中华人民共和国预算法》第十六条。《国务院关于改革和完善中央对地方转移支付制度的意见》（国发〔2014〕71号），国务院公报2015年第5号。

和地方事权与支出责任，只有厘清了“干事”，才能相应地确立“分钱”的制度。具体而言，“属于中央事权的，由中央全额承担支出责任，原则上应通过中央本级支出安排，由中央直接实施；随着中央委托事权和支出责任的上收，应提高中央直接履行事权安排支出的比重，相应减少委托地方实施的专项转移支付。属于中央地方共同事权的，由中央和地方共同分担支出责任，中央分担部分通过专项转移支付委托地方实施。属于地方事权的，由地方承担支出责任，中央主要通过一般性转移支付给予支持，少量的引导类、救济类、应急类事务通过专项转移支付予以支持，以实现特定政策目标。”①由此初步构建起了“一般性转移支付+专项转移支付”的制度框架。2016年，国务院印发《关于推进中央与地方财政事权和支出责任划分改革的指导意见》（国发〔2016〕49号），从顶层设计的角度提出了财政事权和支出责任划分改革的总体原则。按照文件要求，财政部会同有关方面积极推进中央与地方财政事权和支出责任划分改革，出台了基本公共服务、外交、教育、科技等多个领域的改革方案。2019年，经国务院批准，财政部印发改革方案，根据财政事权和支出责任划分改革要求，理顺转移支付的功能定位、边界分类和管理机制②。目前总体上形成了以财政事权和支出责任划分为依据，以一般性转移支付为主体，共同财政事权转移支付和专项转移支付有效组合、协调配合、结构合理的转移支付体系③。

第三，完善一般性转移支付制度。一方面，清理整合一般性转移支付，建立以均衡性转移支付为主体、以老少边穷地区转移支付为补充并辅以少量体制结算补助的一般性转移支付体系。另一方面，建立一般性转移支付稳定增长机制。增加一般性转移支付规模和比例，改变均衡性转移支付与所得税增量挂钩的方式，确保均衡性转移支付增幅高于转移支付的总体增幅。最后，加强一般性转移支付管理。譬如，科学设置均衡性转移支付测算因素、权重，充分考虑老少边穷地区底子薄、发展慢的特殊情况，真实反映各地的支出成本差异，建立财政转移支付同农业转移人口市民化挂钩机制，促进地区间基本公共服务均等化。建立激励约束机制，采取适当奖惩等方式，引导地方将一般性转移支付资金投入到民生

① 《国务院关于改革和完善中央对地方转移支付制度的意见》（国发〔2014〕71号），国务院公报2015年第5号。

② 一般性转移支付主要用于均衡地区间财力配置，保障地方政府日常运转和推动区域协调发展；共同财政事权转移支付主要用于履行中央承担共同财政事权的支出责任，增强地方对基本民生和基本公共服务的保障能力；专项转移支付主要用于办理特定事项，引导地方贯彻落实党中央重大决策部署。

③ 刘昆：《国务院关于财政转移支付情况的报告——2023年8月28日在第十四届全国人民代表大会常务委员会第五次会议》，中国人大网，2023年9月1日。

等中央确定的重点领域等[①]。

第四，清理整合规范专项转移支付。一是取消划转整合专项。取消无必要实施的项目，取消部分竞争性领域专项；划转属于地方事权的项目进入一般性转移支付；整合确需保留的中央地方共同事权项目，以及少量中央委托事权项目及引导性、救济性、应急类项目中目标、方向和管理方式相近的项目，严控同一领域或方向的专项数量，建立健全定期评估和退出机制。二是严格控制新设专项。新设专项应有明确的政策依据、政策目标、资金需求、资金用途、主管部门和职责分工。规范专项资金管理办法，每一个专项只有一个资金管理办法。三是规范专项转移支付分配。专项转移支付可以采取项目法或因素法进行分配。譬如，对用于国家重大工程、跨地区跨流域的投资项目以及外部性强的重点项目，主要采取项目法分配；对具有地域管理信息优势的项目，主要采取因素法分配。同时，严格资金使用，加强对专项资金分配使用的全过程监控和检查力度，建立健全信息反馈、责任追究和奖惩机制，重点解决资金管理“最后一公里”问题[②]。

第五，强化转移支付预算管理。一是遵循新《预算法》规定规范编制转移支付[③]。二是加强与地方预算管理的衔接，及时下达预算，加快资金拨付，提高资金使用效率。三是及时公开转移支付信息。主动向社会公开一般性转移支付和专项转移支付的具体项目、规模、管理办法和分配结果等。四是完善转移支付绩效评价制度，科学设置绩效评价机制，合理确定绩效目标，有效开展绩效评价，提高绩效评价结果的可信度，并将绩效评价结果同预算安排有机结合。逐步创造条件向社会公开绩效评价结果。五是加强政府性基金预算和一般公共预算中一般转移支付的统筹力度，科学安排使用，避免重复低效。

近年来转移支付管理制度改革及其效能、进一步完善转移支付的考虑等见专栏6-2、专栏6-3。

◇ 专栏 6-2

近年来转移支付管理制度改革及其效能

近年来转移支付管理制度改革情况

按照党的十八届三中全会关于深化财税体制改革的部署，2014年，国务

① 《国务院关于改革和完善中央对地方转移支付制度的意见》（国发〔2014〕71 号），国务院公报 2015 年第 5 号。

② 同上。

③ 一般性转移支付按照国务院规定的基本标准和计算方法编制。专项转移支付应当分地区、分项目编制。引自《中华人民共和国预算法》第三十八条。

院印发《关于改革和完善中央对地方转移支付制度的意见》(国发〔2014〕71号),对转移支付制度改革作出全面部署。按照文件要求,中央财政增加一般性转移支付规模和比例,清理整合专项转移支付,规范专项转移支付分配和使用,加强转移支付绩效管理,推进转移支付信息公开,努力提高转移支付管理水平,更好服务党和国家发展大局。近年来,对标对表党的十九大及十九届历次全会、党的二十大精神,按照党中央、国务院决策部署,认真落实预算法规定和全国人大审议意见,纵深推进转移支付制度改革,进一步提升转移支付管理效能。

(一)健全转移支付制度顶层设计。 2016年,国务院印发《关于推进中央与地方财政事权和支出责任划分改革的指导意见》(国发〔2016〕49号),从顶层设计的角度提出了财政事权和支出责任划分改革的总体原则。按照文件要求,财政部会同有关方面积极推进中央与地方财政事权和支出责任划分改革,出台了基本公共服务、外交、教育、科技等多个领域的改革方案。2019年,经国务院批准,财政部印发改革方案,根据财政事权和支出责任划分改革要求,理顺转移支付的功能定位、边界分类和管理机制。其中,一般性转移支付主要用于均衡地区间财力配置,保障地方政府日常运转和推动区域协调发展;共同财政事权转移支付主要用于履行中央承担共同财政事权的支出责任,增强地方对基本民生和基本公共服务的保障能力;专项转移支付主要用于办理特定事项,引导地方贯彻落实党中央重大决策部署。

(二)建立财政资金直达机制。 2020年,为应对新冠疫情冲击,按照党中央、国务院决策部署,中央财政创设财政资金直达机制,在保持现行财政体制不变、资金分配权限不变和保障主体责任不变的前提下,建立了"中央切块、省级细化、备案同意、快速直达"的工作流程,推动资金直达市县基层、直接惠企利民。2021年起,常态化实施财政资金直达机制,直达资金范围由增量资金拓展到存量资金,基本实现了民生补助资金的全覆盖。鼓励地方通过自有财力安排的资金同步纳入直达管理,放大直达机制效果。从实施情况看,财政直达资金下达速度更快、资金投向更准、资金保障更足、使用监管更严,是保障基层"三保"和落实惠企利民政策的重要政策工具,有效促进了管理效能和资金效益的"双提升"。

(三)建立定期评估机制。 根据预算法规定,每年对共同财政事权转移支付和专项转移支付进行评估,重点评估项目是否符合党中央、国务院决策部署和法律、行政法规规定,是否与财政事权和支出责任划分相衔接,支出政策是否已经到期,政策目标是否已经实现等,根据评估结果调整支出政策和项目安排。对不符合党中央、国务院决策部署和法律、行政法规有关规定,已经到期或已经实现政策目标的,原则上予以取消;对政策目标、资金投向、资金管理方式接近的,予以整合。

(四)完善预算管理。 严格落实预算法和全国人大要求,优化转移支付预算编制,逐步提高年初预算落实到地区的比例。严格执行全国人大批准的预算，严控执行中预算调剂，确需追加预算的，按规定履行报批程序。按照一项资金制定一个管理办法的原则，要求每个转移支付项目均制定资金管理办法，明确实施期限、资金用途、分配办法等，并结合形势变化及时修订完善。从严控制新设转移支付项目。严格执行“先定办法，后分资金”的规定，未制定资金管理办法的，原则上不得下达预算，不得突破资金管理办法调整分配资金。加强资金分配测算基础数据管理，统一并规范转移支付测算分配数据来源，增强分配结果的公平性和准确性。

（五）切实强化绩效管理。贯彻落实《中共中央　国务院关于全面实施预算绩效管理的意见》，对共同财政事权转移支付、专项转移支付实施绩效管理。规范转移支付绩效目标管理，将绩效目标与转移支付预算同步下达，作为地方组织预算执行、开展绩效自评的依据。自2022年起，组织对部分新增或到期延续转移支付项目开展事前绩效评估，提高支出的科学性、精准性。加强转移支付重点绩效评价，聚焦党中央、国务院重大决策部署和民生重点领域，每年选取部分转移支付项目开展财政重点绩效评价。强化转移支付绩效评价结果应用，推动将绩效评价结果应用于预算安排、政策调整和改进管理，切实提高财政资源配置效率和使用效益。

转移支付政策效能不断提高

随着转移支付制度不断完善，转移支付的政策效能持续释放，为推动地区间财力均衡、推进基本公共服务均等化和保障国家重大政策落实提供了制度保障，在促进经济社会持续平稳健康发展中的作用日益显现。

（一）均衡地区间财力配置，推动区域协调发展。不断增加中央对地方转移支付规模，优化转移支付分配办法，通过财政困难程度系数等合理调节，促进更多资金流向欠发达地区和财政困难地区。对革命老区、民族地区、边疆地区和欠发达地区设立专门的转移支付项目，支持相关地区加快发展。在转移支付的调节下，地区间财力差距不断缩小。

（二）加大“三保”支持力度，保障基层财政平稳运行。以2005年起实施的“三奖一补”政策为基础，不断健全县级基本财力保障机制，引导带动地方政府下沉财力，合力做好基层“三保”工作。中央财政持续加大资金投入，县级基本财力保障机制奖补资金由2018年的2462.79亿元增加到2023年的4107亿元，年均增长10.8%。筑牢兜实基层“三保”底线。地方财政部门也积极采取措施，主动压实责任，多措并举增强基层“三保”能力。在各级财政部门共同努力下，基层财力水平持续提高，县级“三保”支出得到有力保障。

（三）引导加大基本公共服务投入，切实保障和改善民生。坚持以人民为中心的发展理念，通过完善转移支付管理机制，激励引导地方投入更多资源加快基本公共服务均等化进程，稳步提升基本公共服务供给质量和水平。巩固完善城乡统一、重在农村的经费保障机制，支持推进卫生健康体系建设，提高城乡居民基本医保人均财政补助标准和基本公共卫生服务经费人均财政补助标准，提高退休人员基本养老金，加强困难群众基本生活保障。

（四）强化国家重大战略财力保障，推动党中央决策部署落地落实。加大财政投入，支持如期打赢脱贫攻坚战，2016—2020年每年增加安排中央财政专项扶贫资金200亿元，五年累计安排5305亿元。支持巩固拓展脱贫攻坚成果同乡村振兴有效衔接，稳步增加中央财政衔接推进乡村振兴补助资金，支持联农带农富农产业发展，促进脱贫人口就业和持续增收。支持打好蓝天、碧水、净土保卫战，加强生态文明建设，持续改善生态环境，大气污染防治资金从2018年的200亿元增至2023年的330亿元，水污染防治资金从2018年的150亿元增至2023年的257亿元。围绕产业链供应链补短板集中发力，支持建设现代化产业体系，2020年整合设立产业基础再造和制造业高质量发展专项资金，2020—2023年累计安排402.49亿元，推动提升我国产业链供应链稳定性和竞争力。

（五）加强疫情防控经费保障，支持疫情防控取得重大决定性胜利。新冠疫情发生以来，中央财政加大疫情防控经费保障力度，2023年通过一般性转移支付安排财力补助资金1700亿元、使用2022年权责发生制结转资金300亿元，支持地方做好疫情防控等工作，重点向县级财政倾斜。支持新冠病毒疫苗接种，各级财政对医保基金负担的疫苗及接种费用给予补助。全力保障患者救治等疫情防控必要支出，对符合条件的一线医务人员和防疫工作者发放临时性工作补助。安排补助资金支持地方有效处置局部疫情，妥善解决受疫情影响人员的生活困难问题，支持边境地区稳边固边，加强边境疫情防控。

资料来源：刘昆：《国务院关于财政转移支付情况的报告——2023年8月28日在第十四届全国人民代表大会常务委员会第五次会议上》，中国人大网，http://www.npc.gov.cn/c2/c30834/202309/t20230901_431400.html。

◇ 专栏 6-3

进一步完善财政转移支付的主要考虑

完善财政转移支付制度是深化财税体制改革的重要内容，是党和国家大政方针落实的重要保障。按照党中央、国务院决策部署和全国人大有关要求，财政部将会同相关部门在推进中央与地方财政事权和支出责任划分改革、完善中央与地方财政收入划分的基础上，认真落实预算法要求，坚持问题导向，突出改革重点，进一步完善转移支付制度，促进转移支付项目设置更加规范、分配方法更加科学、管理手段更加有效、法律制度更加健全，更好发挥财政在国家治理中的基础和重要支柱作用，为推动高质量发展和扎实推进中国式现代化提供坚实的制度保障。

（一）推动完善转移支付法律制度。推动修改预算法，将共同财政事权转移支付单独作为一类管理，将实践证明行之有效的管理措施上升为法律，为深化转移支付改革提供法律支撑。适时研究制定财政转移支付条例等配套法规，对转移支付的功能定位、分类体系、设立程序、分配管理、退出机制等作出全面系统的规定。针对转移支付管理面临的突出问题，加强制度建设，强化监督，进一步规范转移支付预算编制、执行和资金使用、管理等行为。

（二）建立健全转移支付分类管理机制。根据各类转移支付的功能和特点，分类施策，精准发力，不断完善管理措施，提高科学性。一般性转移支付结合财力状况稳步增加，并向中西部财力薄弱地区倾斜，完善分配方法，促进地区间财力分布更加均衡。共同财政事权转移支付根据中央财政支出责任足额安排，探索实行差异化的补助政策，推进地区间基本公共服务水平更加均衡。专项转移支付根据党中央、国务院重大决策部署合理安排，资金定向精准使用，强化对地方的引导激励，并逐步退出市场机制能够有效调节的领域。

（三）改进转移支付预算编制。按照财政事权和支出责任划分，调整优化转移支付项目设置，更好地体现财政事权改革成果。加强财政资金统筹，清理规范支持同一战略、同一领域、同一行业的转移支付，减少交叉重复。完善转移支付定期评估机制，不断提高评估质效，促进转移支付项目有进有出、动态优化。保持合理适度的转移支付规模，加大支出结构调整力度，加强对重点领域的资金保障，提高对国家重大战略的支撑能力。细化转移支付预算编制，提高年初预算落实到地区的比例。

（四）加强转移支付分配使用和绩效管理。优化转移支付分配办法，完善支出成本差异、财政困难程度评价方法等工具，探索建立区域间均衡度评估机制及指标体系，合理确定支出标准和支出责任分担比例。加快转移支付资金下达进度，严格落实预算法规定，除据实结算等特殊项目外，一般性转移支付在全国人大批准预算后30日内下达、专项转移支付在90日内下达。优化直达资金管理，合理确定直达资金范围和规模，提高直达资金使用效率。改进转移支付绩效管理，稳步推进事前绩效评估，健全转移支付绩效指标体系，提高转移支付绩效目标质量，加大绩效评价结果运用力度，结合政策实施效果和形势变化，适时调整支出政策，确保将资金用在刀刃上。加快推进预算管理一体化系统应用，健全从源头到末端的转移支付管理体系，强化资金全过程、全链条、全方位监管。依法落实转移支付公开要求，提高透明度。

（五）进一步推进省以下转移支付制度改革。督促指导省级政府落实主体责任，清晰界定省以下财政事权和支出责任，理顺省以下政府间收入划分，完善省以下转移支付制度。推动省级结合财力可能加大对市县一般性转移支付力度，促进省内财力均衡。根据基本公共服务保障标准、支出责任分担比例、常住人口规模等，结合政策需要和财力可能等，足额安排共同财政事权转移支付，确保共同财政事权履行到位。规范专项转移支付管理，根据政策目标合理安排省以下专项转移支付项目。

资料来源：刘昆：《国务院关于财政转移支付情况的报告——2023年8月28日在第十四届全国人民代表大会常务委员会第五次会议上》，中国人大网，http://www.npc.gov.cn/c2/c30834/202309/t20230901_431400.html。

（二）推进支出标准体系建设，逐步建立国家基础标准和地方标准相结合的基本公共服务保障标准体系

预算支出标准体系建设是部门预算管理和改革的重要内容，是实施标准科学、约束有力预算管理制度的重要基础。加快推进预算支出标准体系建设，是规范部门预算管理、提高财政资金配置效率的现实需要，也是深入推进依法行政、依法理财的必然要求。预算支出标准体系包括基本支出标准①和项目支出标准②两大部分。

我国基本支出标准建设是配合部门预算改革而启动的，目标是建立内容完善、结构优化、定额科学、程序规范、修订及时的基本支出标准体系。2001年财政部选择农业部等10个部门试点基本支出定员定额管理方式。2002年财政部颁布《中央本级基本支出预算管理办法（试行）》，在中央部门全面推行基本支出定员定额试点。2007年财政部修订《中央本级基本支出预算管理办法》，明确了定额标准制定的原则和方法，基本支出预算的编制、管理及监督，进一步规范和加强了中央部门基本支出预算管理。经过20余年建设，基本支出标准已总体实现了与部门性质、职能、业务范围和工作任务相适应，保障了基本支出安排的公正合理，也提高了行政事业单位基本运转的资金保障能力。项目支出标准建设始于2009年。财政部于2009年11月发布的《中央本级项目定额标准管理暂行办法》正式提出编制项目定额标准，对标准编制的依据、原则、方法、程序等提出指导意见。2014年修订的新《预算法》提到预算支出标准和要求，同年国务院颁布《关于深化预算管理制度改革的决定》提出，进一步完善基本支出定额标准体系，加快推进项目支出定额标准体系建设，充分发挥支出标准在预算编制和管理中的支撑作用。2015年财政部发布《关于加快推进中央本级项目支出定额标准体系建设的通知》，部署了项目支出定额标准编制的重点工作，重点针对部门普遍使用、资金量大、实施期限长、适合标准化管理的项目制定标准，拓宽建设思路，合理运用绝对标准、相对标准、综合标准和分项标准等形式。应该说，经过20余年的努力，支出标准体系建设迈出了坚实步伐，但在中央与地方标准、基本支出与项目支出标准的建立健全和严格使用方面存在推进不迅速、工作不平衡、标准不精细、使用不规范问题，仍需加大改革力度。

2021年4月国务院发布的《关于进一步深化预算管理制度改革的意见》就支

---

① 主要包括人员支出标准和公用支出标准两部分。

② 主要包含基本建设、大型修缮、大型购置、大型会议、专项业务费等项目支出标准，由通用、专用和部门内部标准组成。

出标准的制订、修订及使用等方面进行了规定。

第一，推进支出标准体系建设。为实现“建立国家基础标准和地方标准相结合的基本公共服务保障标准体系”这一总目标，一方面，由财政部会同中央有关职能部门按程序制定国家基础标准；另一方面，建立健全地方支出标准是新时期建立现代预算管理制度的重点任务。地方结合公共服务状况、支出成本差异、财政承受能力等因素因地制宜制定地方标准，按程序报上级备案后执行①。而且，鼓励各地区结合实际在国家尚未出台基础标准的领域制定地方标准。各地区要围绕“三保”等基本需要研究制定县级标准②。

第二，建立支出标准动态调整机制。根据经济社会发展、物价变动和财力变化等动态调整支出标准。加强对项目执行情况的分析和结果运用，将科学合理的实际执行情况作为制定和调整标准的依据。加快推进项目要素、项目文本、绩效指标等标准化规范化③。

第三，严格支出标准体系使用。建立支出标准体系的意义在于使用，目的在于通过使用支出标准提高预算的规范化科学化水平，提高财政支出的绩效水平。《意见》强调，“将支出标准作为预算编制的基本依据，不得超标准编制预算。”④

（三）改进预算管理控制，建立跨年度预算平衡机制

进入新时期以来，我国经济社会面临的国内外环境错综复杂，财政收入增速下降，财政可持续发展面临较多挑战。因此，有必要改进预算管理控制方式，建立跨年度预算平衡机制，以提高财政政策的前瞻性、约束性、有效性和可持续性，有利于实现财政可持续发展，也有利于充分发挥财政职能作用，促进经济社会平稳健康发展。有鉴于此，新《预算法》将原有的预算收支平衡原则扩展为20字预算原则，即“各级预算应该遵循统筹兼顾、勤俭节约、量力而行、讲求绩效和收支平衡的原则”，且首次规定了“各级政府应当建立跨年度预算平衡机制。”《决定》就实行中期财政规划管理提出原则意见，2015年1月国务院发布《关于实行中期预算财政规划管理的意见》，同年，财政部印发《关于实行中央部门中期财政规划管理的意见》，就总体要求、主要内容、编制主体和程序、组织实施等进行了部署。自2016年起，各级政府陆续开始结合政府宏观政策目标，

---

① 《国务院关于进一步深化预算管理制度改革的意见》（国发〔2021〕5号），2021年4月13日发布，中央人民政府网 https://www.gov.cn/zhengce/content/2021-04/13/content_5599346.htm。

② 同上。

③ 同上。

④ 同上。

统筹编制中期财政规划并进行滚动管理，同时做好与跨年度预算平衡机制的衔接工作，持续提升预算可持续性，有效降低财政风险。

第一，实行中期财政规划管理。随着我国经济发展进入新常态，财政预算管理面临新的困难和突出问题：收入与支出刚性增长矛盾进一步加剧；现行支出政策考虑当前问题较多，支出结构固化僵化；地方政府性债务存在一定风险隐患；专项规划、区域规划与财政规划衔接不够，不利于预算统筹安排。这就需要从政策内容和运行机制上查找原因，提出解决问题的改革措施。中期财政规划是中期预算的过渡形态。通过实行中期财政规划管理，有利于统筹当前和长远，强化财政规划对年度预算的约束性，弥补年度财政预算的缺陷，减少政府短期行为，解决影响财政可持续发展的体制机制问题，提高财政政策的前瞻性和有效性，为实现经济社会可持续发展打下良好基础。

第二，改进年度预算控制方式。一方面，强化支出预算约束。一般公共预算审核的重点由平衡状态、赤字规模向支出预算和政策拓展。各级政府向本级人大报告支出预算的同时，要重点报告支出政策内容。预算执行中如需增加或减少预算总支出，必须报经本级人大常委会审查批准。收入预算从约束性转向预期性，根据经济形势和政策调整等因素科学预测。另一方面，加强债务余额管理。中央政府债务实行余额管理，中央国债余额限额根据累计赤字和应对当年短收需发行的债务等因素合理确定，报全国人大或其常委会审批。地方政府一般债务规模纳入限额管理，由国务院确定并报全国人大或其常委会批准。最后，加强政府性基金预算编制管理。政府性基金预算按照以收定支的原则，根据政府性基金项目的收入情况和实际支出需要编制；经国务院批准，地方政府性基金预算为有一定收益的公益性事业发展可举借专项债务，地方政府专项债务规模纳入限额管理，由国务院确定并报全国人大或其常委会批准。各省、自治区、直辖市在本地区债务限额内举借债务，报省级人大或其常委会批准。国有资本经营预算按照收支平衡的原则编制，不列赤字[①]。

第三，建立跨年度预算平衡机制。根据经济形势发展变化和财政政策逆周期调节的需要，建立跨年度预算平衡机制。中央一般公共预算执行中如出现超收，超收收入用于冲减赤字、补充预算稳定调节基金；如出现短收，通过调入预算稳定调节基金、削减支出或增列赤字并在经全国人大或其常委会批准的国债余额限额内发债平衡。地方一般公共预算执行中如出现超收，用于化解政府债务或补充预算稳定调节基金；如出现短收，通过调入预算稳定调节基金或其他预算资

① 《国务院关于深化预算管理制度改革的决定》（国发〔2014〕45 号），中央人民政府网，https://www.gov.cn/gongbao/content/2014/content_2764689.htm。

金、削减支出实现平衡。如采取上述措施后仍不能实现平衡，省级政府报本级人大或其常委会批准后增列赤字，并报财政部备案，在下一年度预算中予以弥补；市、县级政府通过申请上级政府临时救助实现平衡，并在下一年度预算中归还。政府性基金预算和国有资本经营预算如出现超收，结转下年安排；如出现短收，通过削减支出实现平衡[①]。

三、建立全面加强绩效管理的现代预算制度

全面实施预算绩效管理是推进国家治理体系和治理能力现代化的内在要求，是深化财税体制改革、建立现代财政制度的重要内容，是优化财政资源配置、提升公共服务质量的关键举措。2003年党的十六届三中全会明确提出“建立预算绩效评价体系”后，中央和地方财政开始探索预算项目事后绩效评价，预算绩效管理理念逐步树立，预算绩效管理改革破冰前行。党的十八大明确提出“创新行政管理方式，提高政府公信力和执行力，推进政府绩效管理”。党的十八届三中全会进一步要求，改进预算管理制度，建立现代财政制度。按照党中央国务院决策部署，2012年以来，我国预算绩效管理制度体系加快建立，预算绩效管理改革正式拉开帷幕（见图6–4）。

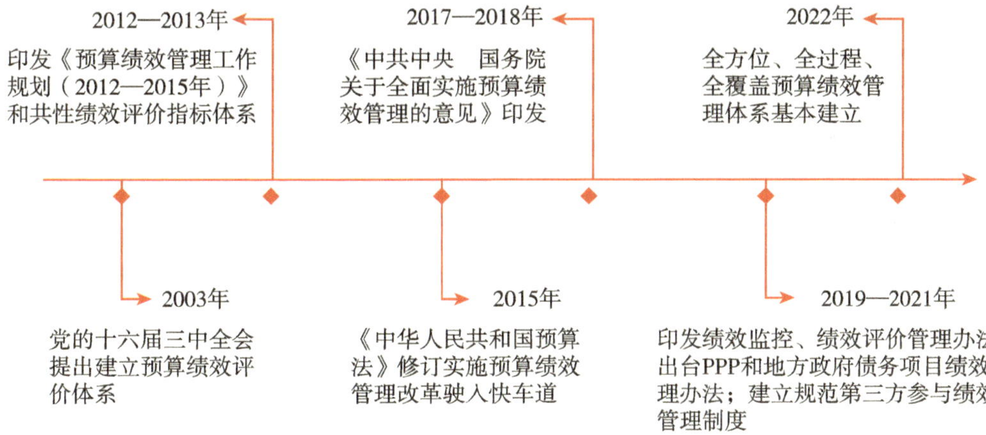

图 6–4　我国预算绩效管理改革历程[②]

第一，2012年财政部研究制定《预算绩效管理工作规划（2012—2015年）》，推动绩效管理从事后绩效评价向事前绩效目标管理拓展，逐年扩大中央部门项目绩效目标和绩效评价试点范围，建立预算绩效评价共性指标体系框架，推进预算

---

① 《国务院关于深化预算管理制度改革的决定》（国发〔2014〕45号），中央人民政府网，https://www.gov.cn/gongbao/content/2014/content_2764689.htm。

② 郑涌：《预算绩效管理改革这十年》，《中国财政》2022年第20期。

绩效管理规范化。

第二，2014年修订的新《预算法》在若干处新增了关于绩效管理的内容，明确将“讲求绩效”作为各级预算的基本原则之一[①]，对绩效目标和绩效评价做出明确规定，要求建立中央对地方转移支付评估退出机制，强调各级人大加强预算绩效审查监督[②]。《决定》则对健全预算绩效管理机制、全面推进预算绩效管理提出明确要求[③]。

第三，为落实新《预算法》要求，财政部加快完善预算绩效管理制度体系，中央部门绩效目标管理、中央对地方专项转移支付绩效目标管理制度相继出台，《预算绩效管理工作考核办法》修订实施，我国预算绩效管理改革驶入快车道。2016年中央财政全面推动全过程预算绩效管理各项措施扎实落地，我国预算绩效改革取得重大突破。一是绩效目标基本实现全覆盖。二是绩效监控和绩效自评迅速推开。三是重点绩效评价形成常态化机制。四是绩效信息公开取得历史性突破[④]。

党的十八大以来，在以习近平同志为核心的党中央坚强领导下，各地区各部门认真贯彻落实党中央、国务院决策部署，财税体制改革加快推进，预算管理制度持续完善，财政资金使用绩效不断提升，对我国经济社会发展发挥了重要支持作用。但是绩效意识弱化、绩效管理深度和广度不足、财政资金使用低效及绩效激励约束作用不强等问题依然突出。我国经济已由高速增长阶段转向高质量发展阶段，正处在转变发展方式、优化经济结构、转换增长动力的攻关期，建设现代化经济体系是跨越关口的迫切要求和我国发展的战略目标。发挥好财政职能作用，必须按照全面深化改革的要求，加快建立现代财政制度，建立全面规范透明、标准科学、约束有力的预算制度，以全面实施预算绩效管理为关键点和突破口，解决好绩效管理中存在的突出问题，推动财政资金聚力增效，提高公共服务供给质量，增强政府公信力和执行力[⑤]。因此，党的十九大之

---

① 《中华人民共和国预算法》1994 年版第三条规定，“各级预算应当做到收支平衡。”《中华人民共和国预算法》2014 修订版第十二条规定，“各级预算应当遵循统筹兼顾、勤俭节约、量力而行、讲求绩效和收支平衡的原则。”

② 《中华人民共和国预算法》第十二条、五十七条、十六条和十九条。

③ 逐步将绩效管理范围覆盖到各级预算单位和所有财政资金，将绩效评价重点由项目支出拓展到部门整体支出和政策、制度、管理等方面，加强绩效评价结果应用，将评价结果作为调整预算支出结构、完善财政政策和科学安排预算的重要依据。引自《国务院关于深化预算管理制度改革的决定》（国发〔2014〕45 号）。

④ 2016 年首次将部分重点项目绩效评价报告向人大报告、向社会公开，69 个中央部门在决算中首次公开预算绩效管理工作情况；2017 年中央财政首次公开项目绩效目标和绩效自评结果，受到社会公众的广泛关注和认可。引自郑涵：预算绩效管理改革这十年，《中国财政》2022 年第 20 期。

⑤ 参见《中共中央　国务院关于全面实施预算绩效管理的意见》，2018 年 9 月 1 日，新华社北京 9 月 25 日电。

后，2018年7月6日，中央全面深化改革委员会第三次会议审议通过《关于全面实施预算绩效管理的意见》，2018年9月1日起施行。这不仅显示了党中央以更大的决心和力度推进全面预算绩效管理，而且标志着我国进入了加快建成全方位、全过程、全覆盖的预算绩效管理体系，实现预算和绩效管理一体化，着力提高财政资源配置效率和使用效益的新阶段。

第一，全面实施预算绩效管理的改革目标和基本原则。本轮预算绩效管理改革的目标是，“坚持和加强党的全面领导，坚持稳中求进工作总基调，坚持新发展理念，紧扣我国社会主要矛盾变化，按照高质量发展的要求，紧紧围绕统筹推进‘五位一体’总体布局和协调推进‘四个全面’战略布局，坚持以供给侧结构性改革为主线，创新预算管理方式，更加注重结果导向、强调成本效益、硬化责任约束，力争用3—5年时间基本建成全方位、全过程、全覆盖的预算绩效管理体系，实现预算和绩效管理一体化，着力提高财政资源配置效率和使用效益，改变预算资金分配的固化格局，提高预算管理水平和政策实施效果，为经济社会发展提供有力保障。”为了实现这一目标，基本原则是，坚持总体设计、统筹兼顾，坚持全面推进、突出重点，坚持科学规范、公开透明，坚持权责对等、约束有力。

第二，构建全方位预算绩效管理新格局。一方面，实施政府预算绩效管理。将各级政府收支预算全面纳入绩效管理。另一方面，实施部门和单位预算绩效管理。将部门和单位预算收支全面纳入绩效管理，推动提高部门和单位整体绩效水平。最后，实施政策和项目预算绩效管理。将政策和项目全面纳入绩效管理，从数量、质量、时效、成本、效益等方面，综合衡量政策和项目预算资金使用效果。

第三，建立全过程预算绩效管理链条。首先，建立绩效评估机制。结合预算评审、项目审批等，对新出台重大政策、项目开展事前绩效评估，重点论证立项的必要性、经济性、合理性、可行性及合规性等，投资主管部门要加强基建投资绩效评估，评估结果作为申请预算的必备要件。各级财政部门要加强新增重大政策和项目预算审核，必要时可以组织第三方机构独立开展绩效评估，审核和评估结果作为预算安排的重要参考依据。其次，强化绩效目标[①]管理。全面设置部门和单位整体绩效目标、政策及项目绩效目标。各级财政部门要将绩效目标设置作为预算安排的前置条件，加强绩效目标审核，将绩效目标与预算同步批复下达。再次，做好绩效运行监控。各级政府和各部门各单位对绩效目标实现程度和

① 绩效目标不仅要包括产出、成本，还要包括经济效益、社会效益、生态效益、可持续影响和服务对象满意度等绩效指标。

预算执行进度实行“双监控”，发现问题要及时纠正，确保绩效目标如期保质保量实现。最后，开展绩效评价和结果应用。通过自评和外部评价相结合的方式，对预算执行情况开展绩效评价。健全绩效评价结果反馈制度和绩效问题整改责任制，加强绩效评价结果应用。

第四，完善全覆盖预算绩效管理体系。一方面，建立一般公共预算绩效管理体系。要加强一般公共预算绩效管理，同时积极开展涉及一般公共预算等财政资金的政府投资基金、主权财富基金、政府和社会资本合作（PPP）、政府采购、政府购买服务、政府债务项目绩效管理。另一方面，建立其他政府预算绩效管理体系。除一般公共预算外，各级政府还要将政府性基金预算、国有资本经营预算、社会保险基金预算全部纳入绩效管理，加强四本预算之间的衔接。

第五，完善预算绩效管理流程。一方面，围绕预算管理的主要内容和环节，完善涵盖绩效目标管理、绩效运行监控、绩效评价管理、评价结果应用等各环节的管理流程，制定预算绩效管理制度和实施细则。另一方面，健全预算绩效标准体系。各级财政部门要建立健全定量和定性相结合的共性绩效指标框架。各行业主管部门要加快构建分行业、分领域、分层次的核心绩效指标和标准体系，实现科学合理、细化量化、可比可测、动态调整、共建共享。创新评估评价方法，立足多维视角和多元数据，依托大数据分析技术，运用成本效益分析法、比较法、因素分析法等，提高绩效评估评价结果的客观性和准确性（见图6–5）。

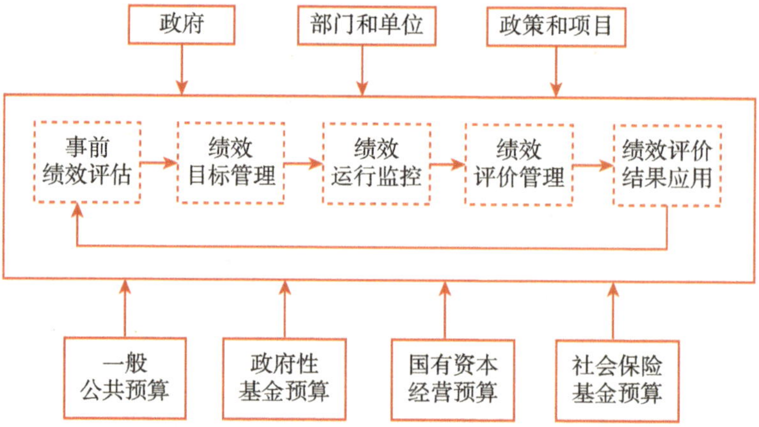

图 6–5　预算和绩效管理一体化流程简图

资料来源：推进全面实施预算绩效管理，http：//csty.changsha.gov.cn/zfxxgk/ztzl/sswtysyfzxyc/202011/t20201105_9468601.html。

第六，硬化预算绩效管理约束。一方面，明确绩效管理责任约束。要完善绩效管理的责任约束机制，地方各级政府和各部门各单位是预算绩效管理的责任主体。地方各级党委和政府主要负责同志对本地区预算绩效负责，各部门和单位主要负责同志对本部门本单位预算绩效负责，项目责任人对项目预算绩效负责，对重大项目的责任人实行绩效终身责任追究制，切实做到花钱必问效、无效必问责。另一方面，强化绩效管理激励约束。各级财政部门要抓紧建立绩效评价结果与预算安排和政策调整挂钩机制，将本级部门整体绩效与部门预算安排挂钩，将下级政府财政运行综合绩效与转移支付分配挂钩。

《意见》印发后，财政部又连续下发关于绩效监控、绩效评价管理办法，出台PPP和地方政府债务项目绩效管理办法，建立规范第三方参与绩效管理的制度等等，我国新时期全面预算绩效管理改革深入实施。总之，在党中央的统筹领导下，预算绩效管理改革步伐逐渐加快，推动实现财政高质量发展。迄今，全方位、全过程、全覆盖的预算绩效管理体系初步在中央部门和省级层面达成，对落实党中央国务院"过紧日子"要求，解决财政资源配置使用低效无效问题，增强政府预算透明度，强化政府责任取得了明显效果（郑涌，2022；马蔡琛等，2022）。

四、建立强化统筹、持续安全的现代预算管理制度

强化政府预算管理统筹与持续安全是现代预算管理制度的关键内容，为此，规范地方政府债务管理、加大政府收入统筹力度成为改革重点。

（一）规范地方政府债务管理，严控债务风险

地方债务管理制度改革是新时期预算管理制度改革的重要内容之一。回顾历史，主要有两次重大债务制度改革。其一是以1994年版《预算法》颁布为标志，从计划经济体制的"严禁举债"到适应建立社会主义市场经济体制的"中央建设适度举债、地方原则不许借债"的改革。这意味着实现了"中央举债搞建设"的突破，地方经中央批准也有可能发行债券。其二是以2014年版新《预算法》为标志，对地方债务"建立机制、全面规范、防范风险"的改革。新《预算法》对中央和地方政府债务规范管理要点予以规定，首次对地方债务限额管理、建立健全管理机制、明确落实管理责任予以规范。《决定》重点就地方政府债务管理的若干重要问题提出明确意见，几乎同期发布的《国务院关于加强地方政府性债务管理的意见》则就如上方面进行了详细规范。

第一，确立新时期地方债务管理的指导思想和原则。新时期加强地方债务管理的指导思想是，"以邓小平理论、'三个代表'重要思想、科学发展观为指导，全面贯彻落实党的十八大、十八届三中全会精神，按照党中央、国务院决策

部署，建立‘借、用、还’相统一的地方政府性债务管理机制，有效发挥地方政府规范举债的积极作用，切实防范化解财政金融风险，促进国民经济持续健康发展。”①坚持疏堵结合、分清责任、规范管理、防范风险、稳步推进的原则②。

第二，加快建立规范的地方政府举债融资机制。一是赋予地方政府依法适度举债权限。经国务院批准，省、自治区、直辖市政府可以适度举借债务；市县级政府确需举借债务的由省、自治区、直辖市政府代为举借。二是建立规范的地方政府举债融资机制。地方政府举债采取政府债券方式。三是推广使用政府与社会资本合作模式，鼓励社会资本通过特许经营等方式参与城市基础设施等有一定收益的公益性事业投资和运营。四是加强政府或有债务监管。剥离融资平台公司政府融资职能，融资平台公司不得新增政府债务。地方政府新发生或有债务，要严格限定在依法担保的范围内，并根据担保合同依法承担相关责任。

第三，对地方政府债务实行规模控制和预算管理。一是对地方政府债务实行限额管理，地方政府举债不得突破批准的限额。地方政府一般债务和专项债务规模纳入限额管理，由国务院确定并报全国人大或其常委会批准，分地区限额由财政部在全国人大或其常委会批准的地方政府债务规模内根据各地区债务风险、财力状况等因素测算并报国务院批准。二是严格限定地方政府举债程序和资金用途。地方政府在国务院批准的部分地区限额内举借债务，必须报本级人大或其常委会批准。地方政府举借债务要遵循市场化原则。地方政府举借的债务，只能用于公益性资本支出和适度归还存量债务，不得用于经常性支出。三是把地方政府债务分门别类纳入全口径预算管理。地方政府要将一般债务收支纳入一般公共预算管理，将专项债务收支纳入政府性基金预算管理，将政府与社会资本合作项目中的财政补贴等支出按性质纳入相应政府预算管理。

第四，控制和化解地方政府性债务风险。一是建立地方政府性债务风险预警机制。财政部根据各地区一般债务、专项债务或有债务等情况，测算债务率、新增债务率、偿债率、逾期债务率等指标，评估各地区债务风险状况，对债务高风险地区进行风险预警。列入风险预警范围的债务高风险地区，要积极采取措施，逐步降低风险。债务风险相对较低的地区，要合理控制债务余额的规模和增长速度。二是建立债务风险应急处置机制。要硬化预算约束，防范道德风险，地方政府对其举借的债务负有偿还责任，中央政府实行不救助原则。各级政府要制定应急处置预案，建立责任追究机制。地方政府出现偿债困难时，要通过控制项目规模、压缩公用经费、处置存量资产等方式，多渠道筹集资金偿还债务。地方

① 《国务院关于加强地方政府性债务管理的意见》（国发〔2014〕43 号），2014 年 10 月 02 日发布，中央人民政府政府网，https://www.gov.cn/gongbao/content/2014/content_2764686.htm。

② 同上。

政府难以自行偿还债务时，要及时上报，本级和上级政府要启动债务风险应急处置预案和责任追究机制，切实化解债务风险，并追究相关人员责任。三是严肃财经纪律。建立对违法违规融资和违规使用政府性债务资金的惩罚机制，加大对地方政府性债务管理的监督检查力度。

第五，完善配套制度。一是完善债务报告和公开制度。完善地方政府性债务统计报告制度，加快建立权责发生制的政府综合财务报告制度，全面反映政府的资产负债情况。建立地方政府性债务公开制度，加强政府信用体系建设。各地区要定期向社会公开政府性债务及其项目建设情况，自觉接受社会监督。二是建立考核问责机制。把政府性债务作为一个硬指标纳入政绩考核。明确责任落实，各省、自治区、直辖市政府要对本地区地方政府性债务负责任。强化教育和考核，纠正不正确的政绩导向。对脱离实际过度举债、违法违规举债或担保、违规使用债务资金、恶意逃废债务等行为，要追究相关责任人责任。三是强化债权人约束①。

（二）加大政府收入统筹力度，盘活各类国有资产存量

加强政府财政资源统筹管理是这一阶段预算管理改革的重点任务之一。近年来，面对复杂严峻的国内外环境和多重超预期因素叠加冲击，财政运行处于紧平衡状态。实现财政可持续发展的目标客观上要求不断深化预算制度改革，健全完善现代预算制度。从更深层次而言，我国实行的四本预算制度与全面加强预算管理的目标相比仍有一定的现实差距，新中国成立以来积累的国有资产数量庞大，种类繁多，在优化配置和高效使用方面亦有改进潜力。

首先，财政资源统筹仍存在短板弱项。党的十八大以来，我国在财政资金统筹方面逐步加力，“全口径”预算体系逐步健全，涵盖“四本预算”的政府预算体系初步建立；加大专项资金清理、整合、盘活力度，全面清理结余结转资金，着力提高财政资金使用效益；优化支出结构，“把钱花在刀刃上”，努力践行“基本民生支出只增不减，重点领域支出切实保障”。但也要看到，财政资源统筹方面依然存在不足，包括统筹能力弱、统筹层次低、统筹内容单一等，与国家治理现代化要求相比仍有不小差距。因此，切实需要按照党中央统一部署，进一步加大财政资源统筹力度，努力提升财政保障能力和可持续性②。

其次，盘活各类国有资产存量非常必要和及时。经过新中国成立以来70

① 该意见还对妥善处理存量债务和在建项目后续融资提出了具体意见。详见《国务院关于加强地方政府性债务管理的意见》（国发〔2014〕43号），2014年10月02日发布，中央人民政府网，https://www.gov.cn/gongbao/content/2014/content_2764686.htm。

② 参考于长革：《加大财政资源统筹力度》，《经济日报》2022年4月12日。

多年的投资建设，我国在行政事业、基础设施等领域形成了一大批国有存量资产，为推动经济社会发展提供了重要支撑（见专栏6–4）。有效盘活存量资产，形成存量资产和新增投资的良性循环，对于提升行政事业资产使用效率、提高基础设施运营管理水平、拓宽社会投资渠道、合理扩大有效投资以及降低政府债务风险、降低企业负债水平等具有重要意义。为深入贯彻习近平新时代中国特色社会主义思想，完整、准确、全面贯彻新发展理念，加快构建新发展格局，着力推动高质量发展，国务院连续发文，加大各类国有存量资产的盘活力度。

◇ 专栏 6–4

国有资产及其管理总体情况

（一）企业国有资产（不含金融企业）

2022年，中央企业资产总额109.4万亿元、负债总额73.7万亿元、国有资本权益21.8万亿元，平均资产负债率67.3%。2022年，地方国有企业资产总额230.1万亿元、负债总额145.0万亿元、国有资本权益72.9万亿元，平均资产负债率63.0%。汇总中央和地方情况，2022年，全国国有企业资产总额339.5万亿元、负债总额218.6万亿元、国有资本权益94.7万亿元，平均资产负债率64.4%。

（二）金融国有资产

2022年，中央国有金融资本权益19.1万亿元，中央金融企业资产总额261.6万亿元、负债总额234.7万亿元。2022年，地方国有金融资本权益8.5万亿元，金融企业资产总额139.3万亿元、负债总额123.5万亿元。汇总中央和地方情况，2022年，全国国有金融资本权益27.6万亿元，金融企业资产总额400.9万亿元、负债总额358.2万亿元。

（三）行政事业性国有资产

2022年，中央行政事业性国有资产总额6.5万亿元、负债总额2.0万亿元、净资产4.5万亿元。其中，行政单位资产总额1.4万亿元，事业单位资产总额5.1万亿元。2022年，地方行政事业性国有资产总额53.3万亿元、负债总额10.4万亿元、净资产42.9万亿元。其中，行政单位资产总额20.2万亿元，事业单位资产总额33.1万亿元。汇总中央和地方情况，2022年，全国行政事业性国有资产总额59.8万亿元、负债总额12.4万亿元、净资产47.4万亿元。其中，行政单位资产总额21.6万亿元，事业单位资产总额38.2万亿元。

（四）国有自然资源资产

截至2022年末，全国国有土地总面积52360.5万公顷。其中，国有建设用地1818.6万公顷、国有耕地1957.5万公顷、国有园地239.3万公顷、国有林地11261.0万公顷、国有草地19740.5万公顷、国有湿地2175.3万公顷。根据

《联合国海洋法公约》有关规定和我国主张，管辖海域面积约300万平方公里。2022年，全国水资源总量27088.1亿立方米。

资料来源：《国务院关于2022年度国有资产管理情况的综合报告——2023年10月21日在第十四届全国人民代表大会常务委员会第六次会议上》，中国人大网，http://www.npc.gov.cn/c2/c30834/202310/t20231027_432641.html。

因此，2021年4月国务院正式发布《关于进一步深化预算管理制度改革的意见》，对"加大预算收入统筹力度，增强财政保障能力"作出新的规定。2022年5月19日，国务院办公厅发布《关于进一步盘活存量资产扩大有效投资的意见》（国办发〔2022〕19号），集中就盘活基础设施等领域的资产存量提出重要意见。

第一，加强政府性资源统筹管理。一方面，将依托行政权力、国有资源（资产）获取的收入以及特许经营权拍卖收入等按规定全面纳入预算，加强预算统筹管理。另一方面，完善收费基金清单管理，将列入清单的收费基金按规定纳入预算。最后，合理确定国有资本收益上交比例①。

第二，强化部门和单位收入统筹管理。各部门和单位要依法依规将取得的各类收入纳入部门或单位预算，未纳入预算的收入不得安排支出。各部门应当加强所属单位事业收入、事业单位经营收入等非财政拨款收入管理，在部门和单位预算中如实反映非财政拨款收入情况。加强行政事业性国有资产收入管理，资产出租、处置等收入按规定上缴国库或纳入单位预算②。

第三，盘活各类存量资源。盘活国有存量资源，旨在充分挖掘释放各种闲置资源的潜力，最大限度地提高资源利用效益。总结近年来各地盘活财政资产行之有效的经验，根据新时期资金和资源配置和使用情况，《关于进一步深化预算管理制度改革的意见》特别强调了盘活财政资金存量和行政事业单位资产存量。譬如，盘活财政存量资金，完善结余资金收回使用机制；新增资产配置要与资产存量挂钩，依法依规编制相关支出预算；推动国有资产共享共用，促进长期低效运转、闲置和超标准配置资产以及临时配置资产调剂使用，有条件的部门和地区可以探索建立公物仓，按规定处置不需使用且难以调剂的国有资产，提高财政资源配置效益等③。

第四，进一步盘活基础设施等存量资产扩大有效投资。①聚焦盘活存量资产的重点方向。重点盘活存量规模较大、当前收益较好或增长潜力较大的基础设施项目资产；统筹盘活存量和改扩建有机结合的项目资产；有序盘活长期闲置但

① 《国务院关于进一步深化预算管理制度改革的意见》（国发〔2021〕5号），2021年4月13日发布，中央人民政府网，https://www.gov.cn/zhengce/content/2021-04/13/content_5599346.htm。

② 同上。

③ 同上。

具有较大开发利用价值的项目资产。②优化完善存量资产盘活方式。譬如，采用推动基础设施领域不动产投资信托基金（REITs）健康发展，规范有序推进政府和社会资本合作（PPP），积极推进产权规范交易，发挥国有资本投资、运营公司功能作用，探索促进盘活存量和改扩建有机结合，支持兼并重组等其他盘活方式。③加大盘活存量资产政策支持。包括积极落实项目盘活条件，有效提高项目收益水平，完善规划和用地用海政策，落实财税金融政策等。④用好回收资金增加有效投资。包括引导做好回收资金使用、精准有效支持新项目建设及加强配套资金支持等。

第三节 建立现代预算管理制度的几点分析

回顾我国新时代建立现代预算管理制度的进程，可以得出如下结论[①]。

一、改革方向：实现国家治理体系和治理能力现代化

党的十八届三中全会决定明确指出，“全面深化改革的总目标是完善和发展中国特色社会主义制度，推进国家治理体系和治理能力现代化。”“财政是国家治理的基础和重要支柱，科学的财税体制是优化资源配置、维护市场统一、促进社会公平、实现国家长治久安的制度保障。”[②]建立现代预算管理制度，不仅是现代财政制度的核心内容，而且是国家治理体系的重要组成部分。党的十八大以来的预算管理制度改革正是遵循《中共中央关于全面深化改革若干重大问题的决定》要求，坚持建立现代预算管理制度的目标，“全面规范、公开透明，标准科学、约束有力，全面加强绩效管理，强化统筹、持续安全”，旨在实现预算管理的规范化、法治化、民主化、有效化、可持续，提升预算综合治理能力，提高财政资源保障实施国家重大发展和安全战略、实现宏观政策目标的能力，以此完善国家治理体系，增强国家治理能力，提高国家治理效能。

我国预算管理制度改革遵循“必须更加注重改革的系统性、整体性、协同

① 参见樊丽明、孙超等：《健全现代预算管理制度：改革分析与路径探索》，《财政研究》2024 年第 1 期。

② 《中共中央关于全面深化改革若干重大问题的决定》（2013 年 11 月 12 日中国共产党第十八届中央委员会第三次全体会议通过），中央人民政府网，https://www.gov.cn/zhengce/2013-11/15/content_5407874.htm。

性”[①]的要求，在加强预算管理制度改革的系统性设计的同时，尤其注重与相关重要改革的协同推进。一是预算管理制度改革与分级财政体制改革的系统设计和协同推进，将资金直达方式改革、预算绩效管理改革等与各级政府之间事权划分、转移支付制度完善密切结合，加强资金规范管理，提高资金配置和使用绩效。二是预算管理制度改革与“切实转变政府职能，深化行政体制改革，创新行政管理方式，增强政府公信力和执行力，建设法治政府和服务型政府”[②]协同推进。建立预算信息公开制度、全面实施预算绩效管理、规范地方政府债务管理等改革，无一不与政府行政制度改革密切相关。三是预算管理制度改革与人大预决算审查监督和国资监督制度改革、预算审计监督制度完善协同推进，构建中国特色预算监督体系，提高预算监督效能。

二、改革模式：遵循一般原则与立足中国国情结合

我国建立现代预算管理制度的改革遵循现代预算管理制度规范性、法治性、有效性、可持续性等一般原则。它沿着“全面规范、公开透明，标准科学、约束有力，全面加强绩效管理，强化统筹、持续安全”的主题主线进行，遵循“全面规范—提高绩效—提升能力”的递进逻辑发展，以全面规范预算管理为切入点，以全面提高预算绩效为目的，以综合提升预算能力为新的着力点，逐步深化细化，预算治理体系和治理能力现代化水平逐步提高。

我国预算管理制度改革又是立足中国国情积极稳妥实施的。“全面深化改革，必须立足于我国长期处于社会主义初级阶段这个最大实际。……坚持解放思想、实事求是、与时俱进、求真务实，一切从实际出发，总结国内成功做法，借鉴国外有益经验，勇于推进理论和实践创新。”[③]

其一，采取压茬式、密集型改革模式。正如本文第一部分所述，预算管理改革发展的国际经验一般为先控制（规范）、后绩效，再通过放松控制[④]或改进政策过程提高政策质量以提高绩效，预算能力提升经历了较长的历史过程。与之比较，我国新时期预算管理制度改革在党中央集中统一领导下，审时度势，积极作为，协同推进，采取压茬式、密集型改革模式，历经20余年业已取得整体性历史性进步，目前进入全面规范和提高绩效并重、大力提升综合预算能力的

---

① 《中共中央关于全面深化改革若干重大问题的决定》（2013 年 11 月 12 日中国共产党第十八届中央委员会第三次全体会议通过），中央人民政府网，https://www.gov.cn/zhengce/2013-11/15/content_5407874.htm。

② 同上。

③ 《中共中央关于全面深化改革若干重大问题的决定》，2013 年 11 月 12 日中国共产党第十八届中央委员会第三次全体会议通过。

④ 参见艾伦·希克：《预算能力》，苟燕楠等译，中国财政经济出版社，2021。

阶段。

其二，采取“上下结合”的改革策略。立足中国国情，兼顾积极可行，“自上至下”的顶层设计、大力推进改革过程与“先行先试”的局部试点、总结推广有机结合、相互促进，逐步健全现代预算管理制度，降低制度改革的成本和风险。建立预算信息公开制度、推进预算绩效管理、实施政府财务报告制度、建立支出标准体系等，都是上下结合逐步推进改革的，总体成效比较显著。2021年以来，财政总预算会计制度、中央预算管理一体化建设、预算指标核算管理等改革陆续开展试点工作，力求在“中国式渐进改革”实践中总结经验，提升政策有效性。

三、改革成效：现代预算管理制度框架和预算治理体系已经建立

（一）我国现代预算管理制度框架已经建立

从历史的维度看，回顾二十余年尤其是近十年来我国现代预算管理制度建立的历程，可以说，我国预算管理制度改革取得历史性成效，预算管理制度体系的“四梁八柱”业已成型，与国家治理现代化相适应的现代预算制度框架基本建立，党的十八届三中全会和十九大提出的预算制度改革任务基本完成，预算管理的规范化、法治化、民主化、科学化程度明显提高，政府预算治理体系和能力明显增强，为下一步优化完善预算管理制度奠定了扎实基础（见图6–6）。

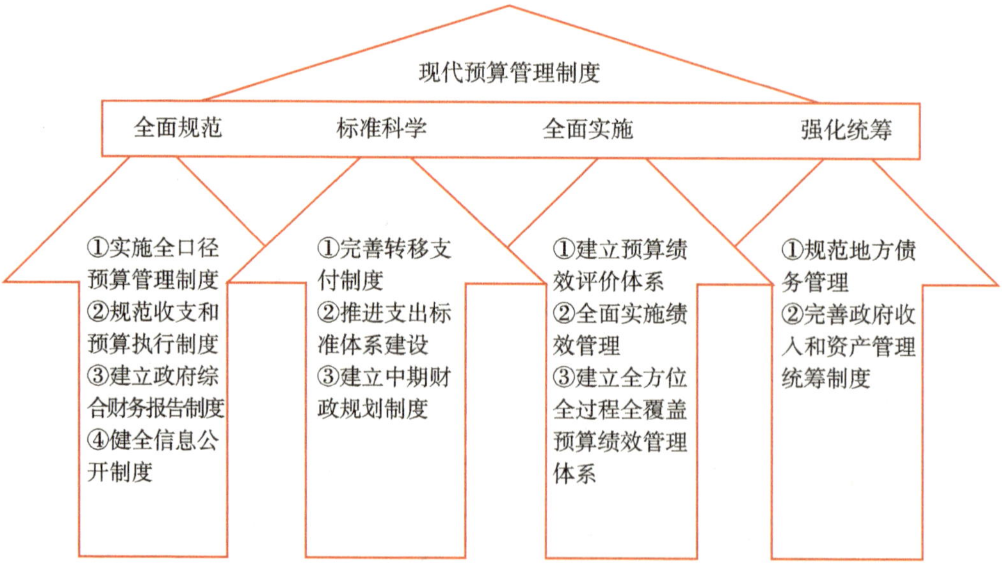

图 6–6　我国现代预算管理制度框架

（二）支撑现代预算制度运行的一体化管理系统也已建立

党的十八大以来，我国预算管理改革坚持制度创新与技术创新双轮驱动，既着眼于信息化智能化时代要求推进建立现代预算管理制度改革，也为现代预算制度的建立和实施提供更为高效的条件支撑。建立现代预算管理制度的改革已如前述，旨在强化财政资源保障能力，充分挖掘和激发财政资源的潜力和活力，全面提升预算综合治理能力。同时，各级政府着力技术创新，大力推动预算管理一体化建设，以信息化手段整合全预算管理流程。2020年以来，为加强顶层设计，财政部制定发布了全国统一的《预算管理一体化规范（试行）》《预算管理一体化系统技术标准V1.0》等文件，指导各地按照统一的规范和标准开展预算管理一体化建设。预算管理一体化系统是多元合一的集成体系，充分融合了预算支出标准、国库集中支付、预算指标管理等系统，打通了项目库管理、预算编制、预算执行、决算以及绩效评价等环节，实现了资金流与业务流的高度协调统一（马蔡琛等，2022）。

（三）中国特色政府预算治理体系已经构建

在国家治理体系和治理能力现代化总目标下，我国现代预算制度改革建设依照政府管理机构和预算监督机构为主的两条密切关联、相互作用、相辅相成的脉络展开，呈现出加速度态势，形成“双螺旋模式”。一方面是建立行政管理系统的现代预算制度（已如前述）。另一方面则是建立监督系统的现代预算制度。党的十八大至十九大阶段主要改革内容包括：建立完善预算监督民主参与机制、人大预算监督信息联网制度以及人大预算监督与审计监督协同制度，预算监督制度建设进入快车道[①]。党的十九大至二十大阶段预算监督制度建设呈现加速度特点，进一步深化细化。中共中央、全国人大常委会颁发多项《意见》《决定》，对新时代进一步加强人大预算审查监督和国有资产管理监督奠定了坚实制度基础[②]。人大预算监督制度改革重点在于，在党中央集中统一领导下，一方面预算监督逐步向广度深度拓展，由预算决算审查监督拓展到各种形态的国有资产管理

① 党的十八大至十九大召开，人大预算监督制度建设步伐加快，继新《预算法》颁布实施，中共中央办公厅转发全国人大常委会党组《关于改进审计查出问题整改情况向全国人大常委会报告机制的意见》（2015），全国人大常委会办公厅发布《关于建立预算审查前听取人大代表和社会各界意见建议的机制的意见》（2017），《关于推进地方人大预算监督联网监督工作的指导意见》（2017）。参见樊丽明等：《中国政府预算改革发展年度报告 2019：聚焦人大预算监督制度改革》，中国财政经济出版社，2020。

② 中共中央先后发布《关于建立国务院向全国人大常委会报告国有资产管理情况制度的意见》（2017）、《关于人大预算审查监督重点向支出预算和政策拓展的指导意见》（2018）、《关于加强地方人大对政府债务审查监督的意见》（2021），全国人大常委会发布《关于加强国有资产管理情况监督的决定》（2020）、《关于加强中央预算审查监督的决定》（2021）。

监督，监督重点由收支关系、赤字规模拓展到支出预算和政策；另一方面加强中央和全国人大常委会对地方人大预算监督工作的领导和指导，以相应的制度形式加以规范。

在国家治理体系和治理能力现代化总目标下，构建了中国特色的预算治理体系。党的十八大以来，我国不断深化预算治理改革，已经形成了统一领导、多元主体全面规范、权责分明、透明度和有效性逐步提高的中国政府预算治理体系（见图6-7）。

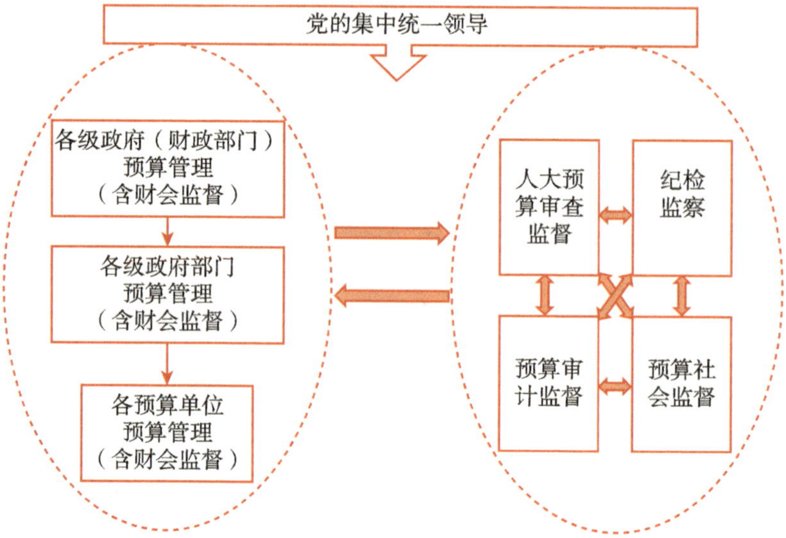

图 6-7　中国特色预算治理体系

第七章 现代预算管理制度存在的问题

第一节　全面规范、公开透明的预算管理制度有待健全

全面规范、公开透明是健全现代预算管理制度的基本要求，对实现国家治理现代化具有重要推动作用。当下，健全全面规范、公开透明的预算管理制度还存在诸多问题，亟待解决。

一、全面规范的预算管理制度有待健全

（一）全口径和全覆盖政府预算体系有待健全

1.全口径和全覆盖政府预算体系存在的问题

（1）部分资金尚未纳入预算管理范围。当前，财政专户资金、税式支出、事业单位的事业性收入、部分国有资本经营收益、政府债务收入等还未全部纳入预算管理。例如，关于政府债务收入，只将中央发行的国债和地方经批准的发债收入、财政部接收的国外贷款纳入了预算，政府的其他债务收入，如地方政府通过财政投融资平台筹集的资金均未纳入预算管理。据审计部门统计，2021年，14个部门和150家所属单位未将事业收入等34.36亿元纳入部门预算；8个部门未将24家所属单位收入7.26亿元纳入预算管理；5个部门和15家所属单位5.03亿元非税收入未上缴财政；58个部门所属679户企业未按规定纳入预算管理，抽查其中12户应缴国有资本经营收益3.59亿元[①]。

（2）“四本预算”规范程度有待进一步提升。一般公共预算与政府性基金预

① 侯凯：《国务院关于2021年度中央预算执行和其他财政收支的审计工作报告——2022年6月21日在第十三届全国人民代表大会常务委员会第三十五次会议上》，中国人大网，http://www.npc.gov.cn/npc/c2/c30834/202206/t20220622_318216.html。

算、国有资本经营预算的部分科目存在交叉重叠，给资金全面规范管理、统筹使用带来困难。一方面，政府性基金预算与一般公共预算的一些科目设置存在相同或错位情况。性质相同的专项收入分列政府性基金预算与一般公共预算，一些可放在一般公共预算中的科目放在政府性基金预算中[①]。如，用于重大基础设施、经济发展薄弱环节或战略性新兴产业发展等特定科目。另一方面，国有资本经营预算与一般公共预算也存在支出口径重叠，同类预算统计困难。如，国有资本经营预算支出中“反映用国有资本经营预算收入安排的公益性企业公共服务设施的投资支出”的“公益性设施投资支出”，其中包括交通运输设施支出，与一般公共预算中的交通运输支出重叠，这容易混淆国有资本经营预算与一般公共预算支出，造成二者衔接不畅。同时，部分国有企业的收益应缴未缴[②]，导致国有企业上缴红利转入一般公共预算比例仍存在提升空间，影响资金的全面规范管理。《国务院关于2022年度中央预算执行和其他财政收支的审计工作报告》指出了“一般公共预算与其他预算边界不够清晰”的问题。“预算管理改革要求建立定位清晰、分工明确的政府预算体系，强化四本预算统筹。但实际中，一般公共预算与其他预算边界仍待清晰。一是与国有资本经营预算支出交叉。一般公共预算、国有资本经营预算分别向46户央企安排支出634.4亿元、484.97亿元。二是与政府投资基金投向重复。17项转移支付与6支政府投资基金重复投向94户企业，共计163.66亿元。6支政府投资基金及子基金间重复投向50户企业，其中11家获得3支及以上基金投资。”[③]

2. 全口径和全覆盖政府预算体系存在问题的制度性原因

（1）全口径预算管理机制有待健全。一方面，财政部门的预算分配权被部分弱化。另一方面，《预算法》未对财政收支范围进行明确规定，财政收支边界尚不清晰，难以真正实现全口径预算管理。此外，各部门及其所属单位会计核算不够准确，少计或未按时上缴收入，这也是造成资金无法全部纳入预算管理的重要原因。

（2）“四本预算”衔接机制有待健全。四本预算的收入来源不同、支出目标各异、政策限定等固有差别制约了“四本预算”的衔接和全面规范管理。其中，

---

① 在保证支出用途不变且收入规模增加等条件前提下。

② 史耀斌：《第十三届全国人民代表大会财政经济委员会关于二〇二一年中央决算草案审查结果的报告——2022年6月21日在第十三届全国人民代表大会常务委员会第三十五次会议上》，中央人民政府网，https://www.gov.cn/xinwen/2022-06/25/content_5697692.htm。

③ 侯凯：《国务院关于2022年度中央预算执行和其他财政收支的审计工作报告——2023年6月26日在第十四届全国人民代表大会常务委员会第三次会议上》，中国人大网，http://www.npc.gov.cn/c2/c30834/202306/t20230628_430337.html。

政府性基金预算具备“特别政策性、被课征群体特定性、特殊的法律关联性、非对待给付性和专款专用性”等特征；而国有资本经营预算较为复杂，涉及国有独资企业、国有控股企业、国有参股企业等不同国有企业或国有资本类型，国有资本经营预算在执行中具有一定灵活性。并且，国有资本经营预算支出一般聚焦国家重大政策需要和国企改革任务，这与一般公共预算在支出目标存在很大差异，导致其衔接机制有待健全。

（二）支出项目管理制度有待健全

1. 支出项目管理制度存在的问题

（1）支出项目管理的主体协同程度较低。在项目报选入库阶段，部门之间的信息难以充分共享，项目申报标准不一致，容易出现同一项目或同样内容重复申报等情况。在项目手续审批阶段，从立项审批、土地报批、土地供应、施工许可、竣工验收到不动产产权办理，发改委、环保局、住建局、自然资源和规划局等相关审批部门之间也未能实现信息共享，各部门容易出现业务交叉、责任缺位等问题。据审计部门统计，2023年由于有关部门对任务量审核不协同，导致7省17县获得资金支持的造林任务比这些地区造林绿化空间的总面积还多23.51万亩[①]（见专栏7–1）。

（2）项目管理流程监管力度弱。完整的项目周期包括“谋划储备、招商签约、选报入库、立项审批、开工建设、投产达效及清理退库”七个阶段，大致可分为项目建设前期、中期和后期。在项目前期，缺乏有效统一的项目评审机制，导致重复备案、项目后期会出现停滞取消等问题，对企业资质、前期手续审核不严，导致项目方虚假骗取资金等问题。在项目建设过程中，工作进度台账没有形成常态化推进机制，部分责任部门责任意识有待增强。在后期建成阶段，政府相关部门多重视企业的硬件条件和客观环境的检查治理，对于企业内部经营管理、发展规划等软环境的监管近乎于无。政府虽然明确规定不符合条件需要退库的重点项目进行排查研判，但具体操作路径尚不清晰。

2. 支出项目管理制度存在问题的制度性原因

（1）多部门项目监管的协同机制有待健全。各部门有关项目的管理监督职权较为分散，不同部门在项目的管理上存在业务重叠交叉、监管责任缺位等问题。在项目谋划阶段，财政部门与预算单位尚未形成高效的项目申报、评审和论

① 侯凯：《国务院关于2023年度中央预算执行和其他财政收支的审计工作报告——2024年6月25日在第十四届全国人民代表大会常务委员会第十次会议上》，中国人大网，http://www.npc.gov.cn/c2/c30834/202406/t20240627_437805.html。

证的常态化工作机制；在项目选报入库阶段，财政部门尚未与发改部门、工信部门、住建部门形成信息共享机制和统一的项目申报标准；在项目审批阶段，财政部门未能与发改部门、预算单位建立从立项审批、土地报批、土地供应、施工许可、竣工验收到不动产办理的协同行动机制；在项目验收阶段，项目论证部门、立项审批部门和日常监管部门等相关主体尚未形成协同参与项目验收机制，难以有效确保验收项目质量。

（2）项目的督导考核体系有待健全。一方面，对项目的督导考核对象有待拓展。项目单位是项目建设主体，对项目单位的管理直接影响项目工期速度和建设质量。但是，现有项目督导考核体系的对象主要是针对项目本身，部分地方还缺少对项目单位、参评单位的评定考核，导致项目管理流程监管力度弱。另一方面，现有项目督导考核体系下的项目考核方式较为单一。对重点支出项目的目标任务考核多以官方评估为主，采取查阅资料、听取汇报、实地调研等方式，难以发现项目存在的真实问题。

◇ 专栏 7-1

2023 年度中央财政管理审计情况

2023 年，中央一般公共预算收入总量 107416.7 亿元、支出总量 149016.7 亿元，赤字 41600 亿元，与调整后的预算持平；中央政府性基金预算收入 4417.54 亿元、支出 5744.42 亿元；中央国有资本经营预算收入 2263.59 亿元、支出 1495.16 亿元；中央社会保险基金预算收入 3054.26 亿元、支出 3106.73 亿元，年末滚存结余 39.71 亿元。国家发展改革委管理分配中央财政投资 6800 亿元，其中安排中央本级支出 1800 亿元、对地方转移支付 5000 亿元，主要投向重大基础设施建设，重大战略、区域协调和生态文明建设，产业链供应链稳定安全等 7 个领域。

重点审计了税务和海关部门组织财政收入、转移支付和投资专项管理、积极的财政政策落实、中央决算草案编制、地方债务管理等 5 方面情况，发现的主要问题有：

（一）税务和海关部门组织财政收入不到位。审计税务和海关部门税费征管、进口监管等履职情况发现：一是征管不够严格和制度漏洞造成税款流失。税务部门应征未征个人所得税、消费税、房产税、增值税等 449.42 亿元；海关单位少征关税、反倾销税、进口环节增值税等 58.9 亿元。二是未全面落实减税降费政策。2.75 万户符合条件企业应享未享留抵退税、支持科技创新、小微企业等税费优惠 1273.77 亿元；2568 户条件不符企业违规享受留抵退税、小微企业等税费优惠 24.03 亿元；海关总署等 23 个海关单位对 1078 户企业未及时退还或多征收保证金、消费税、增值税等 65.47 亿元。三是人为调节征收进度影响财政收入真实性。有的税务部门为完成当年任务，多征收或提前征收企业所得税、消费税、土地增值税等542.9亿元；有的税务部门完成当年任务后，延压企业所得税、消费税、增值税等入库947.9亿元。

（二）转移支付体系仍不够健全完备。涉及财政部管理的38项转移支付和国家发展改革委管理的25项投资专项，发现的主要问题：

1.“体制结算补助”转移支付执行偏离设立初衷。该项转移支付本用于中央和地方机构划转、年终财政结算等事项；国务院2019年同意可用于解决一般性、共同财政事权和专项转移支付难以覆盖的特殊问题，并严控规模。2019—2023年，该项转移支付规模由1305.33亿元增加至3742.71亿元。目前包含的69个明细事项中，仅有7个（占10.14%）与机构划转、年终财政结算等事项相关；有16个（占23.19%）实际属于一般性、共同财政事权或专项转移支付。

2.部分转移支付分配下达管理薄弱。主要表现在2个方面：一是分配不协同不合理，涉及13项转移支付和15项投资专项。如“造林补助”等2项资金与“重点区域生态保护和修复”投资专项，均用于支持地方营造森林资源。由于有关部门对任务量审核不协同，7省17县获得资金支持的造林任务比这些地区造林绿化空间的总面积还多23.51万亩。二是下达不及时不科学，涉及8项转移支付和17项投资专项。如“重大品种推广补助”等2项转移支付，直至2023年9月才明确要求提供大豆等农作物的单产目标、种植记录，并以实际单产作为主要分配依据。但各地此时大豆等农作物已经收割，无法补录种植过程等并核实单产情况，资金分配缺乏依据，8省收到的16.25亿元只得结转。

3.绩效管理存在短板弱项。共涉及8项转移支付。一是目标设置不完整不合理。1项转移支付未按规定设置绩效目标；7项转移支付的15个绩效目标设置不合理，其中13个应量化未量化、2个设置过低，未能有效发挥引导作用，如“大气污染防治资金”转移支付的绩效目标仅为各省$PM_{2.5}$浓度应完成年度目标的90%。二是对自评结果审核不严格。在“水污染防治资金”转移支付绩效评价中，23省在明确上报项目均尚未完工的情况下，仍将“产出数量”“项目验收合规率”2项指标自评满分，财政部在审核中未予纠正。

（三）积极的财政政策落实中出现偏差。突出表现在两个方面：

1.促进稳外贸政策落实不够精准和严格。国家发展改革委、财政部、商务部未完整落实国务院2023年4月关于加快修订《鼓励进口技术和产品目录》的要求，7类产品已无需鼓励进口，未从目录中剔除；40类产品需鼓励进口却未纳入目录。资金分配小而散，14个地区的496户企业和2475个项目获得资金不超1万元。

2.扩投资相关举措未有效落实。中央财政投资项目推进不力，国家发展改革委安排的721个项目因进展缓慢等闲置资金413.5亿元，其中18个项目获得的中央财政投资和专项债资金，竟超出项目总投资2.71亿元。专项债项目安排不科学，国家发展改革委将283个未完成可研报告审批或不符合资本金比例要求的项目纳入准备项目清单，财政部将522个缺乏要素保障甚至已停工的项目纳入项目库。截至2023年底，其中522个项目279.24亿元债券募集资金当年即闲置或被挪用。部分专项债项目未发挥政府投资带动放大效应，52个地区597个获得2023年专项债资金的项目，至2023年底政府累计投资6006.34亿元，很少吸引民营资本。

（四）中央决算草案编制个别事项不准确不细化。一是基本建设支出决算列报不完整不细化。财政部编制的《2023年中央基本建设支出决算表》中，未列报财政部等部门分配的基本建设支出588.51亿元；列报的12个科目也未按规定细化列示重大投资项目。二是错列支出11.84亿元。财政部将应列入"资本性支出"的"国家科技成果转化引导基金"注资11.84亿元，错列入"商品和服务支出"。

（五）地方债务管理不够严格。按照党中央、国务院关于防范化解地方债务风险的决策部署，各地区全面摸查截至2023年3月底政府债务底数，认真制定化债举措并积极有序推进落实，取得阶段性进展。审计19省市发现，债务风险总体可控，但仍有两个方面隐患：一是违规举借债务尚未全面停止。24个地区所属国企通过在金融资产交易所违规发行融资产品、集资借款等方式向社会公众融资，至2023年底余额373.42亿元，主要用于支付到期债务、发放人员工资等，形成政府隐性债务112.58亿元。二是拖欠账款有所新增。10省市56个地区在按要求建立拖欠台账锁定存量后，2023年3月以来又新增拖欠76.31亿元，其中5个地区在无预算安排、未落实资金来源的情况下安排车站等项目建设，新增拖欠69.5亿元。此外，还有7省30个地区通过直接销账、将无分歧欠款改为有分歧欠款等方式，虚报2023年完成存量清偿53.28亿元。

资料来源：侯凯：《国务院关于2023年度中央预算执行和其他财政收支的审计工作报告——2024年6月25日在第十四届全国人民代表大会常务委员会第十次会议上》，中国人大网，http://www.npc.gov.cn/c2/c30834/202406/t20240627_437805.html。

二、公开透明的预算管理制度有待健全

（一）公开透明的预算管理制度存在的问题

1. 基本预算信息的公开质量有待提升

基本预算信息公开内容完整性不够，部分地方未公开政府性基金预决算、国有资本经营预决算等情况；预算信息公开内容细化程度欠缺，部门预决算未对"三公"经费增减变化原因等进行说明；预算信息公开形式单一，仅在国务院官网、财政部官网、各级政府官网以预算报表形式进行公开；预算信息公开的内容真实性有待提高，个别地方存在虚收空转问题，"三公"经费公开内容不真实。

2. 预算绩效信息公开范围有待拓展

目前，对预算绩效信息的公开的主要是一般公共预算项目和部门自评信息，较少涉及政府主导的基金项目和第三方绩效评价，部门自评信息公开也未能实现全体部门的覆盖。同时，部分关键预算绩效信息尚未公开。如，关于中央部门的绩效目标公开，绩效目标通常在年度预决算报表中公开，但只能看到部分项目设置的绩效目标和指标；地方上，通常会公开上一年度的绩效管理情况说明和项目评价报告等，但项目评价报告只包含选定的重点项目。

（二）导致公开透明的预算管理制度存在问题的制度性原因

1. 基本预算信息公开法律体系不健全

当下，《政府信息公开条例》是我国在政府信息公开方面位阶最高的文件，其中第三章第二十条规定，“行政机关应当依照本条例第十九条的规定，主动公开本行政机关的下列政府信息：（一）行政法规、规章和规范性文件；（二）机关职能、机构设置、办公地址、办公时间、联系方式、负责人姓名；（三）国民经济和社会发展规划、专项规划、区域规划及相关政策；（四）国民经济和社会发展统计信息；（五）办理行政许可和其他对外管理服务事项的依据、条件、程序以及办理结果；（六）实施行政处罚、行政强制的依据、条件、程序以及本行政机关认为具有一定社会影响的行政处罚决定；（七）财政预算、决算信息；（八）行政事业性收费项目及其依据、标准；（九）政府集中采购项目的目录、标准及实施情况；（十）重大建设项目的批准和实施情况；（十一）扶贫、教育、医疗、社会保障、促进就业等方面的政策、措施及其实施情况；（十二）突发公共事件的应急预案、预警信息及应对情况；（十三）环境保护、公共卫生、安全生产、食品药品、产品质量的监督检查情况；（十四）公务员招考的职位、名额、报考条件等事项以及录用结果；（十五）法律、法规、规章和国家有关规定应当主动公开的其他政府信息。”可见，虽然该法规有涉及预决算信息公开的部分规定，但因其并非专门针对预决算信息的公开法规，相关规定较为笼统，且由于其属于行政法规，其强制效力弱于法律，这难以有效保障和推动政府预算信息公开工作的有效进行。

2. 预算绩效信息公开制度尚未建立

虽然《中共中央　国务院关于全面实施预算绩效管理的意见》提出“大力推进绩效信息公开透明”，但该文件未明确预算绩效信息公开的内容、方式等方面的具体制度性规定。同时，建立预算绩效信息公开制度也受到预算绩效管理进程的限制。我国全面实施预算绩效管理工作的探索时间较短，经验十分有限，尚有诸多问题亟待解决，预算绩效管理制度本身的不健全也加大了预算绩效信息公开难度。

第二节 标准科学、约束有力的预算管理制度有待健全

提高预算管理的标准化和科学化水平，增强预算的约束能力是健全现代预算管理制度的重要内容。当前，健全标准科学、约束有力的现代预算管理制度仍存在以下问题。

一、支出标准体系建设有待推进

（一）支出标准体系建设存在的问题

1. 基本支出和项目支出的界限仍不清晰

厘清基本支出和项目支出的划分界限是预算支出标准设置的基础，但两类支出的边界长期混淆，在某种程度上影响了支出标准的效用与绩效管理中成本考核的真实性。某些部门单位存在项目支出预算中编报基本支出的情况，数额在几十万元到几千万元不等[①]。部分单位的经常支出较少，甚至“三公经费”为零，而日常支出却从项目预算中划拨，这种资金“变通”使用造成基本支出标准形同虚设。特别是在预算绩效管理的过程中，界限不清晰会使部门整体支出和项目支出的真实成本核算变得困难，导致绩效评价过程中成本数据的失真，无法达到提高资金使用效益、优化支出结构的目的。

2. 地方支出标准体系建设有待加快推进

不同地区的支出标准体系建设进度不一，整体上还未发挥支出标准对规范预算编制、提高预算绩效和减少资金浪费的积极作用。并且，由于经济发展水平等条件存在差异，各地在支出标准设置必然会存在差异，但政府缺乏对本地支出标准的具体解释，导致区域间预算安排缺乏比较的标尺和依据。

3. 支出标准调整不灵活

预算支出标准的修订和调整，应在严格控制部门支出的同时，根据经济发

① 《中央部门单位 2022 年度预算执行等情况审计结果》，审计署网站，https://www.audit.gov.cn/n5/n25/c10337349/part/10338044.pdf。

展需要、国家规范要求，尽可能缩短调整周期。较为复杂的修订流程会影响部门适时调整支出标准的积极性，同一标准使用的时间过长，在某种程度上也会影响支出部门的资金使用效果。

（二）支出标准体系建设存在问题的制度性原因

1. 预算支出标准分类管理机制不健全

基本支出和项目支出是通过资金的具体用途来划分的，基本支出主要包括人员经费和公用经费，项目支出经济分类的商品和服务支出类、对个人和家庭补助类支出中，也包括人员经费和公用经费的相关支出类别，加大了基本支出与项目支出的划分难度。

2. 预算支出标准的动态调整机制不健全

当下，尚未建立运转有效的支出标准调整机制。这是因为，支出标准的制定需要经历前期调研、资料收集、数据分析、拟定框架、征求意见、行政审批、发布实施等诸多环节，标准一经发布，短期不会反复修改。但是，由于经济形势、市场环境、物价水平等因素频繁变化，如果不能及时调整支出标准，其合理性和有效性会受到质疑。因此，支出标准的动态调整机制要平衡好“政策延续性”和“标准时效性”。

3. 支出标准体系建设的部门协同机制有待健全

支出标准体系建设是一项涉及多部门、多主体的综合性工作，理应由财政部门牵头，会同各相关部门和主体共同研究来推进实施。但是，当下尚未形成多部门有效协同的支出标准体系建设的推进机制，财政部门与各部门和主体之间缺乏有效的信息共享、资源互补和行动协调机制，导致各主体难以在较短时间内建立起导向明确、责任清晰、分工明确、切实可行的支出标准体系建设方案，这也是当下难以清晰划分两大类支出和无法及时调整支出标准等问题的重要制度性原因。

二、中期财政规划制度有待健全

（一）中期财政规划制度存在的问题

2015年起正式建立的中期财政规划管理制度，推动各级政府逐步开展中期财政规划编制工作，但其实质作用尚未有效发挥，还存在诸多有待完善之处。第一，中期财政收支预测的科学性和准确性有待提升。主要表现为：第一，尚未确立适合我国国情的科学预测方法，同时缺乏对宏观经济形势、各级政府收支和债务规模的详细分析。第二，中期财政规划与经济和社会发展规划衔接不足。国民经济和社会发展五年规划是确定中期财政政策目标的基础。但是两者的编制主体不同，编制内容不太协调。一方面，经济和社会发展规划多表现为粗线条的规划，与中期财政规划的精细化要求差距较大。另一方面，编制周期不匹配。五年规划难以与三年滚动财政规划实现完全时间上的对接，中期财政规划与经济和社会发展规划呈现“两张皮”现象。

（二）中期财政规划制度存在问题的制度性原因

1. 缺乏与中期财政规划相匹配的经济制度环境

一方面，当下的中期财政规划指导框架不够全面细致，对收支预测方式、宏观经济预测方法等方面未进行明确规定，导致地方政府在中期财政规划上缺乏可遵循的实施细则；另一方面，受经济形势和财税政策持续变动的影响，中期财政规划缺乏相对稳定性，这也影响财政收支预测的准确性。

2. 中期财政规划与经济和社会发展规划衔接的部门协调机制有待健全

中期财政规划是一项由财政部牵头，各部门按职责分工研究未来三年涉及财政收支的重大改革和政策事项并测算收支数额的复杂性工作[①]，而国民经济和社会发展五年规划是由国家发展和改革委员会起草的，以上两项工作还涉及人民银行、税务部门等多元主体。但是，目前尚未建立包含财政部门、发改部门、人民银行、税务部门等多部门的中期财政规划委员会或联席工作会议机制，这就无法有效协调财政、发改等部门的分工和合作，各部门难以明确项目投资计划及其资金需求，从而弱化了中期财政规划与经济和社会发展规划、年度预算的联动运行和协同对接程度。

第三节　全面预算绩效管理制度有待健全

全面实施预算绩效管理是国家治理现代化的内在要求，是健全现代预算制度、深化财税体制改革和建立现代财政制度的重要内容，有利于应对财政收支矛盾、优化财政资源配置和提升公共服务质量。当前，全面预算绩效管理制度仍有待健全。

---

① 《国务院关于实行中期财政规划管理的意见》（国发〔2015〕3号），中央人民政府网，https://www.gov.cn/gongbao/content/2015/content_2814785.htm。

一、全面预算绩效管理制度存在的问题

虽然全面预算绩效管理制度已取得一定进展，但在管理范围、过程、质量等方面仍存在诸多问题。

（一）预算绩效管理范围有待进一步拓展

预算绩效管理范围的拓展是提高财政资金使用效果和政府公共服务质量的关键措施。但是当下，预算绩效管理的广度尚未完全覆盖全部的预算收支，一些领域的资金使用仍未得到有效的绩效管理，如，政府投资基金、政府购买服务、政府和社会资本合作（PPP）项目等重点支出领域。预算绩效管理的深度探索不够，部分地区对绩效评价的重视程度不够，导致预算绩效管理工作浮于表面，无法深入到项目的具体执行和管理中。另外，不同部门和地区的预算绩效管理水平也存在差异，一些部门和地区的绩效管理体系不够完善，导致预算绩效管理的范围和效果受限。

（二）预算绩效管理的过程有待进一步完善

完善预算绩效管理的过程是一个系统工程，对于提升政府和组织的管理水平、增强公众信任、实现财政资金的有效使用等方面具有深远的影响。但是从过程视角来看，预算绩效管理在事前绩效评估和事后绩效结果应用均存在改进空间。就事前绩效评估而言，预算绩效管理对党中央的重大决策部署，尤其是新出台的重大政策、重点项目的事前绩效评估不足[①]。对预算绩效结果的应用也有待加强，绩效评价结果与下年度预算安排、政策调整和改进管理尚不能实现有效挂钩，如，《国务院关于2022年度中央预算执行和其他财政收支的审计工作报告》发现，36个投资专项管理办法未明确或专门提出运用绩效评估结果；5个项目绩效评价结果等级实际为“中”却评为“良”，也未按规定核减预算；有27个项目绩效评价结果出具时间较晚，无法用作下年度预算安排依据[②]。

（三）预算绩效管理的质量有待进一步提升

提升预算绩效管理质量是提高政府工作效率和加强政策执行力的关键所在。但是目前预算绩效管理质量有待提高，主要表现为：一是自评过程可能存在主观

① 侯凯：《国务院关于2022年度中央预算执行和其他财政收支的审计工作报告——在2023年6月26日在第十四届全国人民代表大会常务委员会第三次会议上》，中国人大网，http://www.npc.gov.cn/c2/c30834/202306/t20230628_430337.html。

② 同上。

性，财政部门预算绩效自评结果不够科学或评价结果“虚高”，影响评价的客观性和公正性。二是第三方预算绩效评价的结果良莠不齐，第三方机构构成来源复杂，执业资质参差不齐，且各级各地财政可获得的服务差异大等，影响了预算绩效评价质量。三是现有的绩效评价体系设置不够系统科学，定性指标多、定量指标少，数据不可或不易获得，指标与项目关联性不强，没有突出问题导向等，且不同行业、不同领域、不同层次的绩效评价指标体系尚未建立，缺乏对资金使用效果、效率和预算执行刚性约束等动态方面情况的具体、有针对性的考量，使得绩效评价质效降低。

二、导致全面预算绩效管理制度出现问题的制度性原因

（一）全覆盖预算绩效管理制度尚不完善

1.预算绩效管理意识不足

一方面，花钱问效的观念需进一步提升。由于我国预算绩效管理制度改革探索晚、时间短，加之长期以来，“重资金分配、轻项目管理”的观念在我国各级各地的预算单位早已根深蒂固，大多预算单位尚未牢固树立以结果导向的管理理念和部门支出责任意识，以至于现在各预算单位在制定、执行预算的过程中，难以真正贯彻“花钱必问效、无效必问责”的绩效观念。另一方面，绩效与预算的融合深度需进一步强化。对于行政事业单位工作人员而言，对预算绩效管理工作的理解仍然是单位利益层面而非国家利益层面，不是考虑如何把经费“真正地有效率利用”，而是“花出去并让上级觉得有效率”，致使“预算管理”与“绩效管理”分多合少，始终没有深度融合统一。基层预算单位的工作人员对预算绩效管理“应付”意识强、“进取”意识弱，与上级财政部门的预算绩效管理工作产生脱节现象，背离了预算绩效管理的本质，无法更好地发挥预算绩效管理对预算资源的优化以及预算安排的促进作用。

2.多方权责协同机制不健全

一方面，参与主体的协同机制不健全。由于政府投资基金、政府购买服务、政府和社会资本合作（PPP）项目等支出涵盖了各类非政府资本，涉及的利益主体较为复杂多元，预算绩效管理评价范围拓展至以上项目面临评价标准确定、评价方式选择等困难，导致全覆盖预算绩效管理制度的推行面临阻力。另一方面，预算部门和单位的因地制宜机制不健全。在制度的具体设计中，可能没有覆盖所有应纳入考量的绩效要素，或者未能针对不同层级、不同领域的特定需求进行细

化，导致实施预算绩效管理时缺乏可操作性或适应性。

（二）全过程预算绩效管理机制有待健全

1.事前绩效评估制度不健全

事前绩效评估制度在流程规范、数据收集、参与机制等多个方面不健全。如，事前绩效评价往往滞后于预算编制和审批流程，导致预算决策环节的科学性不足，降低了预算资金配置的有效性；事前绩效评估的数据信息不充分，或者数据收集和处理的方法不科学，影响评估的准确性和可靠性；事前绩效评估的利益相关者参与不足，未能充分调动和整合各利益相关者的意见和建议，降低了评估的全面性和有效性。

2.事后评价结果应用制度有待健全

预算评价结果往往不能有效反映下年度预算安排，降低了积极实施预算绩效管理部门的积极性。如，反馈机制不完善，事后评价结果的反馈机制存在缺陷，导致评价信息未能及时、有效地传达给决策者和执行者；结果应用指导不明确，缺乏明确的指导原则和操作流程，使得评价结果的应用过程中存在不确定性和随意性；预算绩效管理评价的实施周期较长，类似于事前绩效评价，本年度绩效评价结果往往滞后于下年度预算编制和审批流程，导致绩效评价结果得不到及时应用；监督和问责机制不严格，事后评价的监督和问责机制不够严格，存在走过场的现象，难以保证评价的严肃性和实效性。

（三）预算绩效管理质量的评估机制有待健全

1.财政部门自我评价机制有待健全

财政部门自我评价机制虽然能够更加灵活、及时、经济地提前识别潜在的风险和问题，从而采取预防措施，减少负面影响，但同时也会面临诸多问题。如，评价标准不明确，财政部门自我评价的标准和指标体系缺乏明确性，导致评价结果无法客观、准确地反映部门绩效；评价流程不规范，评价流程缺乏标准化设计，包括时间节点、责任分配和操作步骤等，未能形成统一的执行规范；专业人才配备不足，评价团队可能缺乏必要的专业知识和技能，导致评价工作无法达到预期的专业标准；财政部门出于部门利益考量，对本部门的预算绩效自评分数往往较高，这难以有效反映预算安排、执行、调整等方面的真实绩效情况。

2.预算绩效管理的第三方评价机制尚不健全

由于预算绩效管理是一项专业化程度较高的工作，往往需要委托第三方进行预算绩效评价。但现实中，由于第三方机构在准入环节、评价环节、报告环节均存在问题，影响了预算绩效评价质量。具体而言，准入环节目前存在的最大问题是准入门槛较低，导致引入的第三方机构参差不齐，绩效评价作为我国预算管理体制改革中的新兴事物，在规范管理和第三方机构资格要求等方面尚未形成明确、统一、规范的规定，导致聘用者在选聘过程中存在较多不确定性。评价环节目前存在的最大问题是第三方机构面对公共财政资金支出绩效及其评价标准的复杂性和非统一性所应具有的独立性与专业性不足，政府部门与第三方对预算项目的评价目标和评价标准不会完全一致，部分地区的第三方评价存在评价失实、结果偏误等问题。报告环节存在的最大问题是报告的提交缺乏应有的约束与问责机制，造成很多第三方机构钻制度漏洞，不仅将绩效评价报告作为一种咨询报告而不对其真实性及可靠性承担后果及责任，而且将评价报告的提交视为某项评价活动结束的标志，为各种人为操作评价结论的现象埋下了隐患。

3.绩效评价指标体系不完善

绩效评价指标体系是进行绩效评价的工具，体现了绩效评价主体对绩效的理解和追求。但目前预算绩效的共性指标存在口径不明确、数据不可或不易得、权重安排脱离实际等问题，分行业、分领域、分层次的个性指标体系也存在目标制定不科学、指标设定不规范等难题，导致财政部门难以对同类项目进行标准化绩效管理，这都是预算绩效评价质量不高的重要原因。

第四节　综合统筹、持续安全的预算管理制度有待健全

健全综合统筹、持续安全的预算管理制度对于提升政府治理效能、增强财政政策执行力、提高资源配置效率具有重要作用。通过深化改革，可以更好地发挥财政在国家治理中的基础和重要支柱作用，为全面建设社会主义现代化国家提供坚实保障。当前，综合统筹、持续安全的预算管理制度仍有待健全。

一、财政资源综合统筹制度有待健全

（一）财政资源综合统筹制度存在的问题

加强财政资源综合统筹是政府应对财政紧平衡状态、集中力量办大事的必然要求。当前，我国财政资源综合统筹尚存在诸多问题。

1. 财政资金闲置浪费现象依然存在

各级政府的存量资金潜力较大，财政资源统筹改革应当继续加强存量资金的统筹管理和综合使用。据国家审计署报告，2021年，12个地区36个项目直达资金使用效果不佳，导致17.67亿元财政资金闲置①。2022年，向建设进度滞后、资金闲置的5个项目继续安排投资，已下达31.63亿元，至2022年底结转21.16亿元②。2023年，在中央投资项目中，国家发展改革委安排的721个项目因进展缓慢闲置资金413.5亿元；在专项债项目中，522个项目279.24亿元债券募集资金当年即闲置或被挪用③。

2. 对国有资产及其收入的统筹力度有待加强

新中国成立70余年来，我国已形成规模十分可观的各类国有资产。但目前部分地区和部门存在长期低效运转、闲置和超标准配置的国有资产，也不能及时按规定处置不需使用且难以调剂的国有资产，导致国有资产及其收益难以统筹管理和调剂使用。以行政事业性国有资产及其收益管理为例。根据2024年第1号公告《中央部门单位2023年预算执行等情况审计结果》④，“行政事业性国有资产管理不够严格高效”。第一，基础性管理工作薄弱。主要表现为资产底数不清、闲置浪费和划转缓慢等，共涉及33个部门。17个部门少计漏记13.46万平方米房产、151.54亩土地、31.88亿元设备物资或无形资产等；12个部门的2.59亿元资产出租和处置收入未按规定上缴财政；4个部门的1.65亿元房产租金等应收未收。8个部门的19.46万平方米房产、874.14亩土地、405辆公务用车、1.04亿元办公家具及仪器设备等资产使用效率低下或闲置，最长达21年。1个部门自2018年机构改革以来涉及的336.33万元资产仍未划转。第二，违规使用和处置资产。主要表现为未经审批、无偿或低价出租出借等，共涉及16个部门，房产16.18万平方米，设备等资产9724.34万元，其中2个部门因低价出租国有资产，造成国有收益损失5056.57万元。如1个部门1132平方米底商房产长期未收回管理，由外部

---

① 《国务院关于2021年度中央预算执行和其他财政收支的审计工作报告——2022年6月21日在第十三届全国人民代表大会常务委员会第三十五次会议上》，中国人大网，http://www.npc.gov.cn/npc/c2/c30834/202206/t20220622_318216.html。

② 《国务院关于2022年度中央预算执行和其他财政收支的审计工作报告——2023年6月26日在第十四届全国人民代表大会常务委员会第三次会议上》，中国人大网，http://www.npc.gov.cn/c2/c30834/202306/t20230628_430337.html。

③ 《国务院关于2023年度中央预算执行和其他财政收支的审计工作报告——2024年6月25日在第十四届全国人民代表大会常务委员会第十次会议上》，中国人大网，http://www.npc.gov.cn/c2/c30834/202406/t20240627_437805.html。

④ 中华人民共和国审计署2024年第1号公告，《中央部门单位2023年预算执行等情况审计结果》，审计署网站，https://www.audit.gov.cn/n5/n25/c10423754/content.html。

单位及个人转租获利，造成国有资产收益损失。第三，部分政府信息化系统建管成效不佳。审计抽查的6部门52个政务信息系统中，有21个因功能缺陷等未达预期目标，个别系统建成后基本处于闲置状态。

3. 对国有资源资产有偿使用收入的统筹力度有待强化

国有资源资产有偿使用收入是指各级政府及其所属部门根据法律、法规、各级人民政府及其财政部门的规定，设立和有偿出让土地、海域、矿产、水流、无居民海岛，法律规定属于国家所有的森林、草原，无线电频率以及城市市政公用设施和公共空间等国有有形或无形资源的开发权、使用权、勘查权、开采权、特许经营权、冠名权、广告权等取得的收入。它包括土地出让金收入、新增建设用地土地有偿使用费、海域使用金、探矿权和采矿权使用费及价款收入、场地和矿区使用费收入；出租汽车经营权、公共交通线路经营权、汽车号牌使用权等有偿出让取得的收入；政府举办的广播电视机构占用国家无线电频率资源取得的广告收入；以及利用其他国有资源取得的收入等，是非税收入的重要组成部分，按照规定应纳入预算管理。

但由于对国有资源有偿使用的性质认识不清，管理体制不顺、管理制度不健全、征管措施不力等，致使国有资源有偿使用的范围还比较小，市场化配置率还比较低，国有资源的浪费现象在一些领域还比较严重，有偿使用收入流失隐患较多，收入部门化、福利化的现象在一些地方还比较突出，部分国有资源的有偿使用收入尚未完全纳入政府预算管理，未纳入财政部门统筹安排使用，部分地区的砂石、矿产等自然资源收益纳入自然资源管理部门自主支配使用。譬如，根据审计署2022年对6省市和自然资源部11名领导干部开展自然资源资产离任（任中）审计发现，5个地区370家单位取用水2.54亿吨未按规定缴纳水资源税费[①]。另据审计署2021年对9省市17名领导干部开展自然资源资产离任（任中）审计发现，资源和环境保护相关制度执行不严格，5省应征未征土地出让收入、水资源费等53亿元，4省市违规筹集和使用生态环保资金48亿元[②]。

关于国有资产资源统筹方面的问题，全国人大常委会在各类国有资产管理情况调研报告中也进行了阐述（见专栏7–2）。

① 《国务院关于2022年度中央预算执行和其他财政收支的审计工作报告——2023年6月26日在第十四届全国人民代表大会常务委员会第三次会议上》，中国人大网，http://www.npc.gov.cn/c2/c30834/202306/t20230628_430337.html。

② 《国务院关于2021年度中央预算执行和其他财政收支的审计工作报告——2022年6月21日在第十三届全国人民代表大会常务委员会第三十五次会议上》，中国人大网，http://www.npc.gov.cn/npc/c2/c30834/202206/t20220622_318216.html。

◇ 专栏 7-2

国有资产管理存在的问题

《全国人大常委会预算工作委员会、全国人大财政经济委员会关于行政事业性国有资产管理情况调研报告》（节选）

各级政府及其相关部门严格遵循“国家统一所有，政府分级监管，单位占有、使用和支配”的管理体制，认真履行行政事业性国有资产管理职责，积极推进改革创新，为保障国家政权有效运转和广大人民群众享有一定水平的基本公共服务发挥了重要作用。但调研也发现，一些部门、地方和单位政治站位不够高，对于党中央加强国有资产管理和治理的重大决策部署、对于事业性国有资产在社会建设和推进基本公共服务均等化中的关键支撑作用等认识不够到位，普遍存在“重资金、轻资产”“重购置、轻管理”等现象。在管理理念、体制机制、基础工作、规范管理和法制建设等方面，还存在不少突出问题，亟待研究解决。

《全国人民代表大会常务委员会预算工作委员会、全国人民代表大会财政经济委员会关于企业国有资产（不含金融企业）管理情况的调研报告》（节选）

党的十八届三中全会确定管资本为主的改革方向以来，国资国企改革发展取得了明显进展和成效，但与党中央的要求和人民群众的期待相比，仍然存在一定差距，突出表现在监管体制机制不够完善、国资国企改革有待深化、国有企业运行效率和质量仍需提高、治理体系基础仍较薄弱等，需要抓紧研究解决。

《全国人民代表大会常务委员会预算工作委员会、全国人民代表大会财政经济委员会、全国人民代表大会环境与资源保护委员会关于2020年度国有自然资源资产管理情况的调研报告》（节选）

在肯定我国自然资源资产管理工作取得巨大成效的同时，应该清醒认识到，国家资源和环境约束趋紧的压力还没有得到根本缓解，在落实生态文明建设理念、完善管理体制机制、加强基础工作、提升法治水平等方面存在不少亟待研究解决的问题和困难。

《全国人民代表大会常务委员会预算工作委员会、全国人民代表大会财政经济委员会关于金融企业国有资产管理情况的调研报告》（节选）

我国金融企业国有资产管理取得显著成效，对金融保持着绝对的控制力、影响力，抗风险能力不断增强，保障了我国经济社会发展基本的资金需求和金融安全。但同时，面对新的发展环境和经济社会高质量发展要求，竞争力不强、经营效率不高等问题依然突出，金融企业国有资产在服务质效、布局结构、管理体制机制、管理工作、治理效能等方面仍然存在短板和不足。

资料来源：相关调研报告，中国人大网。

（二）导致财政资源综合统筹制度存在问题的制度性原因

1. 闲置资金收回使用机制不健全

我国目前在资金配置中仍一定程度上存在着标准不全、执行不严等基础工作薄弱问题，闲置资金收回使用机制不健全，政府部门难以定期核查清理和及时评估部门沉淀资金，也未能及时收回和分类处置到期的民生保障、产业发展等政策资金。

2. 国有资产信息统计、共享和统筹盘活机制不健全

部门之间、单位之间尚未建立国有资产共享共用的制度机制。出于部门利益考量或信息可获得性，一些部门不具备有效的途径或机制将资产调剂给需要部门使用。并且，虽然预算管理一体化系统初步实现了预算管理各环节的衔接贯通，以及上下级财政部门和预算单位的业务协同和数据共享①，但财政部门及各单位“盘”清存量资产规模尚需时日，才能使系统真正发挥资产信息统计作用，当下还无法及时动态监督、统筹使用和及时清理存量资产。同时，尚未健全新增资产配置或下年预算安排与资产存量挂钩的预算编制制度。

3. 各类自然资源收益的统筹机制不健全

第一，权益分配机制不健全。虽然我国自然资源资产产权制度逐步健全，但公共资源交易平台等资源有偿使用制度尚未完全建立，无法对土地、海域、矿产等形态各异的有形资源和指标、规模、权益等无形资产实行市场交易、有偿使用和统一监管，导致国有资源收入也难以全面纳入政府预算统一管理。并且由于各类自然资源的收益往往分散在不同的政府部门或企业手中，缺乏统一的管理和协调，导致资源收益的分配和使用效率低下，无法充分发挥国有资源的整体优势。第二，市场机制不完善，在自然资源收益的配置和利用中，市场机制的作用尚未充分发挥，一些资源仍然通过行政手段进行配置，导致资源配置效率低下，无法满足市场需求。第三，缺乏战略规划，在自然资源收益的管理和使用中，缺乏长远的战略规划和布局，导致一些资源的开发利用缺乏前瞻性和可持续性，容易陷入短期行为和盲目开发。

---

① 截至 2023 年 2 月，中央及全国 36 个省、自治区、直辖市、计划单列市和新疆生产建设兵团已建设应用财政预算管理一体化系统。地方 3700 多个财政部门，60 余万预算单位已应用财政预算管理一体化系统开展预算编制、预算执行等业务，基本覆盖县级及以上行政区划和预算单位，初步实现了预算管理各环节的衔接贯通，以及上下级财政部门和预算单位的业务协同和数据共享。

二、债务风险防范化解制度有待健全

（一）债务风险防范化解制度存在的问题

健全债务风险防范化解制度是增强财政可持续性的应有之义。当下，我国财政可持续和安全运行面临较大挑战，主要是地方政府债务风险持续加剧。根据财政部公布的数据，截至2023年7月末，全国地方政府债务余额380234亿元，其中一般债务148593亿元，专项债务231641亿元，控制在全国人大批准的限额之内[①]，表明地方政府债务余额整体可控。但是，在政府显性债务之外，地方政府还负有金额巨大、形式多样隐蔽、债务关系复杂的隐性债务，尤其是地方政府通过融资平台公司以城投债形式融资的债务，其蕴含的财政风险更甚、监管更为困难，这成为债务风险防范化解的重中之重。并且，由于地方政府对城投债存在“隐性担保”和高度依赖，城投债形成了常态性、持久性和隐蔽性等特征。从总存量规模来看，城投债在十年间增长了4倍多。截至目前，全国各地的城投债余额在15万亿左右，在土地财政收入增速放缓甚至下降的背景下，部分城市的城投债面临的偿债压力不断加大（见图7–1）。

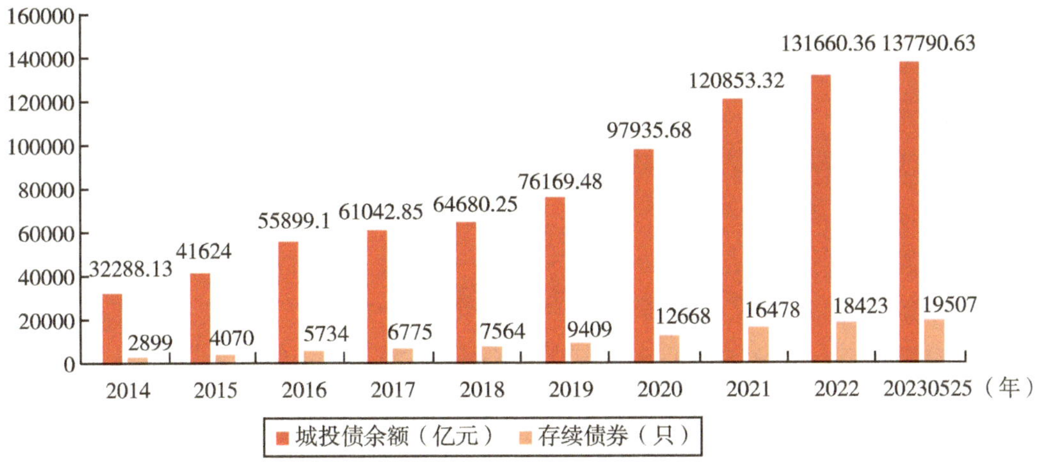

图 7–1　2014—2023 年我国城投债余额等债务指标的变化情况

数据来源：Wind数据库。

① 中华人民共和国财政部：《2023 年 7 月地方政府债务发行和债务余额情况》，https://yss.mof.gov.cn/zhuantilanmu/dfzgl/sjtj/202308/t20230829_3904518.htm。

（二）导致债务风险防范化解制度存在问题的制度性原因

导致上述问题出现的制度性原因是政府债务的风险预警机制和管理监督机制不健全。

1.政府债务的风险预警机制不健全

我国政府高度重视财政安全和债务风险的防控，建立了一套相对完善的债务管理风险预警机制，包括债务限额管理、债务风险评估等多个方面，旨在确保国家财政的健康稳定发展。但是地方政府债务尤其是隐性债务的管理制度、统计制度以及信息发布制度尚不健全。具体而言，管理制度中标准不明确，对隐性债务的认定标准不够明确和统一，导致地方政府和相关单位在操作中难以把握；责任划分模糊，使得一些本应由市场承担的债务也转由政府承担。统计制度中数据不完整，隐性债务的数据收集和统计不够完整，很多债务未能及时、准确地反映在统计数据中；信息共享不畅，不同部门和地区之间的信息共享机制不完善，导致债务数据的整合和分析存在困难；更新不及时，债务数据不能实时反映政府的债务状况，影响决策的准确性。信息发布制度中透明度不高，隐性债务的信息公开程度不够，公众和监管机构难以全面了解政府的债务情况；发布渠道有限，主要依赖官方渠道，缺乏多元化的信息传播途径；解释不充分，对于隐性债务的信息发布，往往缺乏充分的解释和说明，使得公众难以理解债务的具体内容和风险。这导致地区真实负债水平可能远高于账面规模，实际上弱化了地方政府债务风险预警能力，不利于政府建立科学有效的债务预警指标体系和预警机制，也难以及时实施有效的应急处置措施来防范化解债务风险。

2.政府债务的管理监督机制不健全

政府债务的管理监督机制是一个复杂而严密的体系，涉及规模控制、预算管理、监督问责等多个方面的制度安排和政策措施，主要目标是确保政府债务的可持续性和安全性，防范和化解财政金融风险，同时合理发挥政府债务在促进经济社会发展中的积极作用。但是我国政府债务的管理监督机制还需进一步完善：一是地方政府投融资制度尚不健全。由于地方投融资平台属于地方政府为发债而担保设立的为政府融资的特殊主体，其发债偿债等行为往往是政府意图的反映，导致债券市场形成非市场化、低法治化的债务发行、偿还和违约处置机制。二是专项债的管理监督机制尚待健全。地方政府债务存量尤其是专项债券的“借、用、管、还”还未能形成闭环管理机制，导致专项债风险不断积累。三是监督问责机制不健全。对于违规举债、超限额举债等行为，缺乏依法依规严肃处理的魄力，难以有效控制地方政府债务风险。此外，部分地区尚未形成节约型财政保障机制，这也是阻碍债务风险有效化解的重要制度性原因。

第八章

健全现代预算管理制度的总体目标和改革路径 I

第一节　健全现代预算管理制度的总体目标

健全现代预算管理制度愈发成为深化财税体制改革、推动国家治理体系和治理能力现代化的重要内容，也构成加快实现中国式现代化的重要制度动力。2023年，中央经济工作会议提出“要谋划新一轮财税体制改革”。2024年，以“进一步全面深化改革、推进中国式现代化”为主题的党的二十届三中全会，将“深化财税体制改革”作为“健全宏观经济治理体系”改革工作的重点内容，明确提出“健全预算制度，加强财政资源和预算统筹，把依托行政权力、政府信用、国有资源资产获取的收入全部纳入政府预算管理。完善国有资本经营预算和绩效评价制度，强化国家重大战略任务和基本民生财力保障。强化对预算编制和财政政策的宏观指导。加强公共服务绩效管理，强化事前功能评估。深化零基预算改革。统一预算分配权，提高预算管理统一性、规范性，完善预算公开和监督制度。完善权责发生制政府综合财务报告制度”①。财政是国家治理的基础和重要支柱，预算是财政的核心。因此，健全现代预算管理制度，不仅是建立现代财政制度的核心内容，而且是国家治理现代化的重要组成部分。尤其是，党的二十届三中全会部署的新一轮预算制度改革，更加注重从预算制度的规范管理、提高绩效向完善制度体系、增强治理能力发展。增强财政治理能力是增强国家财政在宏观经济治理乃至国家治理体系中的基础和重要支柱作用的必然要求，更是全面推进中国式现代化的迫切需要。面对纷繁复杂、不确定性增强的国际政治经济环境，以及新时代“五位一体”系统建设的繁重任务，只有建立健全强大、有力、有效的国家财力汲取体系和保障体系，全面规范统一的预算管理体系，上下贯通一致的财政宏观调控体系，协同有效的预算监督体系，才能切实发挥国家财

---

① 《中共中央关于进一步全面深化改革 推进中国式现代化的决定》，2024 年 7 月 18 日中国共产党第二十届中央委员会第三次全体会议通过。

政的“压舱石”和“调节器”功能，确保国家有效履行各项职能和及时应对各类风险挑战，全面推进中国式现代化行稳致远。可以说，当下时期的健全现代预算管理制度更加注重增强国家预算治理能力，以此更有效地支撑全面推进中国式现代化。

我国预算制度改革遵循目标导向与问题导向有机统一的内在逻辑，逐步推进、不断深化细化，预算制度的规范化、法治化、民主化、科学化程度逐步提升，为健全现代预算制度奠定了扎实基础。自1999年实行部门预算改革至今，尤其是党的十八届三中全会以来，我国在建立现代预算制度方面，一直坚持“全面规范、公开透明，标准科学、约束有力，全面加强绩效管理，强化统筹、持续安全”的改革目标，遵循现代预算管理制度规范性、法治性、有效性、可持续性等一般原则，遵循“全面规范—提高绩效—提升能力”的递进逻辑分步展开，以全面规范预算管理为切入点，以全面提高预算绩效为目的，以综合提升预算能力为新的着力点，逐步推进改革深化细化。同时，我国现代预算管理制度改革遵循目标导向和问题导向有机统一的内在逻辑，问题导向和目标导向的辩证统一也是健全现代预算管理制度的基本遵循。坚持目标导向就是以现代预算管理制度的总体目标为引领，及时将改革进展与既定目标对标，明确且切实地聚焦预算领域的关键问题，增强改革的主动性、前瞻性、方向性和计划性，严格执行改革的时间表和路线图。坚持问题导向是为了及时发现、科学剖析和正确解决预算管理制度存在的短板和不足，在既定目标下确定改革重点和改革方法，有针对性地有效解决预算管理制度存在的问题，在解决现实问题的过程中更好地实现改革目标（樊丽明等，2024）。迄今，党的十八届三中全会和十九大提出的预算制度改革任务基本完成，与国家治理现代化相适应的现代预算治理制度框架基本建立，预算治理的规范化、法治化、民主化、科学化程度明显提高，政府预算治理能力逐步增强，为健全现代预算制度奠定了扎实基础。然而，在全面推进中国式现代化进程中，现代预算管理制度作为国家治理现代化的重要组成，依然存在财政资源统筹不足、预算公开透明制度有待健全、支出标准建设有待推进、资金使用效益有待提升、财政可持续和安全性亟待增强等现实问题，这弱化了预算管理制度在中国式现代化进程的促进作用和制度效能。只有健全现代预算管理制度，才能更全面地推动经济社会的高质量和可持续发展，更有效地保障国家和政府完善治理体系和增强治理能力，更全面、持续、有效地推动中国式现代化。

在我国迈上全面建设社会主义现代化国家、全面推进中华民族伟大复兴新征程之际，应当遵循规范性、法治性、民主性、公开性、可靠性、有效性、可持续性等现代预算原则，以综合统筹、规范透明、标准科学、约束有力、讲求绩效、持续安全为健全预算管理制度的总体目标。要将高质量发展理念融入预算管理全过程，继续坚持目标导向和问题导向辩证统一的改革逻辑，既立足现实又着眼未来，以健全现代预算管理制度为主要内容推动新一轮预算制度改革、深化财税体制改革，以健全支出项目全生命周期管理制度、深化零基预算改革、大力推动预算公开透明、加快推进支出标准体系建设、推动中期财政规划体系建设、全面实施预算绩效管理、健全财政资源统筹机制和增强财政可持续性和安全性为改革的着眼点和着力点，加快推动建成以综合统筹、规范透明、约束有力、讲求绩效、持续安全为总体目标的现代预算管理制度，强化现代预算管理制度建构对中国式现代化的引导力、牵引力和推动力，使政府预算管理更有效地服务于新发展格局，更有效地防范化解国内外系统性风险，更全面地推动经济的高质量和可持续发展，更有力地促进国家和政府完善治理体系和增强治理能力，更加全面、持续、有效地推动中国式现代化的早日实现。

第二节　健全零基预算管理制度

零基预算（Zero-Based Budgeting）是从零开始编制预算的方法。与传统的增量预算不同，零基预算以零为基点，要求各部门在每个预算期重新审视和评估所有的预算需求和费用，打破预算支出基数，确保每项支出都有明确的理由和依据。采取这一方法后，每一项业务均分别视为一项“决策案”，用系统化的方法予以评估，并按其重要程度依次排列[①]。近年来，我国零基预算改革不断推进深化。2020年5月，第十三届全国人民代表大会财政经济委员会《关于2019年中央和地方预算执行情况与2020年中央和地方预算草案的审查结果报告》指出，要运用零基预算理念，打破支出固化格局，提高预算编制的科学性和准确性。2021年，国务院制定出台《关于进一步深化预算管理制度改革的意见》，该文件明确提出，要积极运用零基预算理念，打破支出固化僵化格局。2024年，党的二十届三中全会《中共中央关于进一步全面深化改革 推进中国式现代化的决定》进一步提出“深化零基预算改革”。由此可见，零基预算改革已成为健全现代预算管理制度、推进国家治理体系和治理能力现代化的重要内容。而深化零基预算改革要聚焦健全零基预算的制度体系与顶层设计、多部门协同合作机制、零基预算与绩效预算的融合管理机制以及常态化管理机制，推动预算活动的规范高效、预算资金的统筹使用和绩效提升。

① 零基预算是一种计划与预算的方法，要求每一位主管人员在申请预算时，应从计划的起点开始（故名为“零基”），且将审核工作交给各主管人员负责，由他们自行说明各项支出的理由（肖鹏，2024）。

一、健全零基预算的制度体系与顶层设计

零基预算改革是一项系统性工程，必须加强顶层设计和整体谋划，建立系统完备、科学规范、运行有效的零基预算制度体系，以此保障零基预算改革行稳致远。

2020年甘肃省印发《甘肃省省级部门实施零基预算管理工作方案》，2021年河南省财政厅印发《河南省推进省级部门支出零基预算管理改革方案》，广东省出台《广东省省级财政零基预算改革方案》《2016年省级财政零基预算改革试点工作实施细则》。同时，广西壮族自治区和安徽省也大力推动零基预算的制度体系建设。广西壮族自治区于2021年启动区本级改革试点，2022年选择自治区发改委、科技厅等10个单位实行零基预算改革，并明确2023年在所有区直部门全面推开（马蔡琛和孙小雪，2024）。

安徽省于2022年印发《安徽省全面实施零基预算改革方案》，要求从编制2023年预算起，在全省范围内全面实施零基预算改革。具体地，安徽省在编制2022年预算时，在产业、科技等领域先行试点，统筹81.1亿元设立省新兴产业引导基金。2022年6月，在总结试点经验的基础上，安徽省政府进一步出台全面实施零基预算改革方案，省财政厅随即配套印发项目竞争筛选、预算论证、绩效评价、事前公示4个工作指南。2023年5月，经安徽省政府同意，安徽省财政厅牵头建立统筹资金使用工作专班运行机制。至此，安徽省全面建立起“1+4+1”零基预算改革制度体系，建立起零基预算的工作推进和落实机制，为推进零基预算改革提供了重要遵循和制度保障，推进改革任务落细落实①（见专栏8–1、专栏8–2）。

二、健全多部门零基预算的协同合作机制

相较于传统方法，当前零基预算的落地模式更加强调程序控制和部门协同（李成威和杜崇珊，2020）。深化零基预算改革应当强化财政资金的核心纽带作用，通过健全多部门零基预算的协同合作机制，倒逼政策跨部门统筹、资金跨部

① 此外，贵州省以《贵州省人民政府关于进一步深化预算管理制度改革的实施意见》为引领，在“一个实施意见 +N 个办法 +N 个细则”的预算管理总体制度框架下，针对预算改革的侧重点，按照财政部的部署，结合省级实际，及时制定财政承受能力评估、项目全生命周期管理、支出标准建设等系列配套办法，全面系统理顺预算管理机制；针对预算管理不同层面的业务规范、工作程序、协调机制等，出台系列工作规程，规范预算单位和财政内部业务流程和操作（石化清，2022）。

门整合、工作跨部门协同，解决部门“各自为政”、资金“撒胡椒面”等问题。

仍以安徽省零基预算改革为例。2023年，安徽省探索创新“牵头+配合”财政统筹整合资金专班运作机制，将以往分散在110个部门使用的财政资金统筹整合为10个专项资金，并组建10个统筹资金使用工作专班。专班在健全会商研究、调度推进、监督评价等机制，集体研究确定资金分配方案、支持重点领域、项目申报评审流程，集中评估项目和预算等方面进行了积极探索。同时，安徽省在编制2024年预算时，聚焦汽车“首位产业”、和美乡村建设、肉牛产业发展、人才强省等领域，以深化跨部门、跨层级工作协同机制来深化零基预算改革，形成“10+5”统筹整合典型案例①。

三、健全零基预算与绩效预算的融合管理机制

首先，将事前绩效评估嵌入部门预算编制流程。将零基预算审查与事前绩效评估相结合，明确预算审查和事前绩效评估的项目范围，并将绩效评估结果作为新增项目申请入库和新出台重大支出政策预算安排的必要条件。对于开展事前绩效评估的项目，出具部门事前绩效评估报告，无需另行开展预算审查。对于部分重大支出或特别性支出事项，可以同时对其进行预算审查和绩效评估。例如，天津市财政局选择部分500万元以上项目，以及500万元以下具有可比性、代表性的项目，同时进行重点评审和事前绩效评估。

其次，制定重点政策和项目的绩效目标。零基预算的支出项目排序结果是预算资金安排的主要依据，而清晰明确的执行目标是零基预算进行支出项目优先排序的重要前提。应当结合年度重点保障事项建议清单，合理设置重大政策和重要项目绩效目标，并作为零基预算安排的前置条件，以此提高绩效目标编制质量，优化零基预算制度效果。

最后，强化绩效评价结果与预算资金安排挂钩。利用绩效评价结果分析各预算项目的轻重缓急，将其作为零基预算编制和安排财政资金的重要衡量标准，增强预算决策绩效（马蔡琛和孙小雪，2024）。例如，贵州省2022年根据绩效评价结果调减资金2.64亿元，结合项目实际需求增加资金2.3亿元。由此，形成从预算决策、执行到绩效评价和结果使用的管理闭环，有力提高预算资金使用效益，逐步构建“零基预算+绩效”的预算管理新模式。

① 《零基预算改革激发安徽高质量发展新动能》，安徽财政公众号，2024年7月15日。

四、健全零基预算的常态化管理机制

由于零基预算编制以实际需求为基础，从零开始编制预算，往往需要在获取大量数据基础上实施需求分析和优先序判断，不可避免产生较大工作量和较高的专业壁垒。针对零基预算编制工作量大、专业性强的问题，可通过严控项目监督数量、构建历史数据库等推动零基预算管理常态化。例如，广东省财政厅及部分地市财政部门通过历史数据库来大力推进零基预算常态化，包括支出标准化、项目库动态管理、预算绩效评价等，零基预算改革取得显著成效。美国新零基预算采用的“项目抽查”也是减少工作量的可行方案（廖逸儿和王湘宇，2023）。

同时，针对零基预算工作量大但效果不佳的问题，建议对不同金额、不同类型的项目有区别地进行审查。建议对中央部门1000亿元以上的支出项目轮流开展支出审查，1000亿元以下的项目按一定比例进行抽查，并按照“聚焦重点先行试点、形成经验全面推开”原则设计覆盖范围。尤其是，可优先聚焦社会关切的重要项目和资金。例如，法定支出以及产业发展、扶贫、公共卫生等支出，并对有可能妨碍公平竞争和市场效率的企业创新和产业升级扶持资金开展跨部门支出审查（李成威和杜崇珊，2020）。

◇ 专栏 8-1

安徽全面实施零基预算改革 集可用之财办发展大事

“以往安徽省级部门预算是以各部门上一年预算为基数，向上浮动。而零基预算改革，便是取消了这个基数，以零为起点，从实际需要出发来编制预算。”自2022年6月以来，省财政厅认真落实省委省政府工作部署，精心组织实施零基预算改革，打破“基数+增长”预算编制方式，构建“该保必保、应省尽省、讲求绩效”的资金安排机制，以创新“涟漪”激起高质量发展澎湃春潮。这项改革获财政部肯定并通过简报向全国推介。

改革由问题倒逼产生，又在解决问题中深化。针对财政支出政策分散、项目重复、资金固化等问题，安徽省顶格推进零基预算改革，打破预算安排和资金分配的基数依赖，所有预算支出均以零为基点，以党委、政府决策部署和事业发展目标为导向，以政府当年可用财力为基础，根据资金实际需求、项目轻重缓急、绩效评价情况等统筹核定。

据悉，改革全面清理省级185项支出政策，清退长期存续已到期、已完成任务的25项政策。同步清理省级预算部门项目，2023年项目数量较改革前减少482个，下降18.1%。“压减主要是为了将财政资金更好地用在刀刃上、要紧处，让钱花得更高效。”省财政厅相关负责人介绍，2023年预算，围绕民生、科技创新、新兴产业、重大基础设施关键领域，编制省级公共服务、产业扶持、重点建设3类共95项756亿元的重点保障事项清单。其中，在科技创新方面，整合原来分散在科技、发展改革、工业和信息化等部门的科技攻关资金，建立科技创新攻坚计划专项资金，规模达10亿元，将支持方向由40个凝练为22个，单个项目平均支持强度提高到改革前的5.7倍。2023年全省财政科技支出535.3亿元，占一般公共预算支出6.2%，占比居全国第3位，助推科技创新能力迈入全国第一方阵。

这种整合建立专项资金并非是改革面向科技领域的特有做法，2023年，安徽创新“牵头+配合”的财政统筹整合资金专班运作模式，在产业、科技、民生等多个领域，将以往分散在110个部门使用的财政资金统筹整合为10个专项资金，组建10个资金使用工作专班。由分管省领导任专班组长，牵头部门负责，相关部门配合，一改过去“各管一块”传统思维，让工作变得协同起来。比如，将原分散在近90个部门“小而散”的信息化资金，整合为“数字安徽”专项资金，由省数据资源局牵头统一实施，预计到2025年至少可节约资金30%。又如，涉及多个省直部门的档案管理系统，省检察院、省档案局、省供销社等分别申报资金共4735万元，经评审论证，由省档案局统建项目、其他部门共享使用，项目资金仅需1336万元、节约3399万元。

有专家表示，安徽省零基预算改革看似是财政改革的一小步，实则是政府协同治理的一大步，创新了政府公共管理领域多元主体协同治理的新模式。

“该财政保障的坚决保障，能市场化的尽量市场化”。省财政厅相关负责人一语中的指出了改革“提绩效”的创新打法。在推进零基预算改革中，安徽省通过转变财政资金分配使用、部门审批方式，进一步提高了政策资金的供给效率和市场主体的获得感。

资料来源：安徽财政，2024年07月16日。

◇ 专栏8-2

一场从内到外的改革——安庆零基预算取得阶段性进展

新一轮城区财政体制改革得到时任省委省政府主要领导多次点名表扬和重要批示；信息稿件《安庆坚持“123”工作法 深化零基预算改革》被财政部财政信息（2023年第7期）和省政府办工作要情采用；创新绩效工作办法，在全省做经验交流；省人大专题调研安庆零基改革情况……安庆深入推进零基预算改革交出漂亮“成绩单”。

再看一组数据同样让人振奋——积极争取上级资金，联合组织部出台《安庆市争取上级资金考核管理办法》，2023年，全市争取上级资金320.2亿元，增长14.4%，再创历史新高；注重涵养税源，收入量质同升，2023年全市一般公共预算完成193.5亿元，增长10.7%、税收占比72.9%，收入增幅全省第二、税收占比全省第二；全市一般公共预算支出548.3亿元，增长3.2%，民生支出占比达到86.3%，民生支出保障有力……财政工作多次得到省财政厅，和市委、市政府领导肯定和表扬。

只有“刀刃向内”，方能彻底革新——2023年1月6日，安庆市举行零基预算改革“头脑风暴”活动，聚焦创新财政资金分配方式、提高资金使用绩效开展专题讨论。“要坚决贯‘破基数、促统筹、保重点、提绩效’的改革原则，一切从安庆发展实际出发，平衡好当前和长远的关系、政策和制度的关系、民生与发展的关系，强化财政资源统筹，做到该减的一定减、该保的一定保，集中力量推进重大战略、重要任务、重点改革”，在会上，安庆市市委副书记、市长张君毅的发言吹响了全市零基预算改革的号角。

“在当前经济社会发展的关键时期及财政收支紧平衡的背景下，我市需通过零基预算改革、加强财政政策资金统筹，进一步提高公共财政投入效率，集中财力保障重大决策部署有效落实”，市财政局主要负责人说。实践证明，一年来，安庆零基预算改革成效明显。

零基预算怎么改？从何处改？

面对记者的提问，市财政局预算编制办负责同志回答道，“零基预算最大特点就是破基数、促统筹，安庆坚持以‘三个统筹’为抓手，有力推进了我市零基预算改革”。所谓“三个统筹”，指的是统筹政策、统筹资金、统筹绩效，财政资金实现跨部门整合，有效避免部门“各自为政”、资金“撒芝麻盐”等问题。

首先是统筹政策，信息化经费和人才发展专项就是典型的例子。改革前，11个部门都有预算信息化资金，资金分散、难以管理。改革后，这些“小而散”的资金一并整合。“将城市大脑运维费、政务云等项目整合形成信息化专项资金0.3亿元，由市数据资源局牵头管理。人才发展专项也是如此，将人才强市、党政干部储备干部工作经费等25个项目整合形成人才发展专项资金1.8亿元，由市委组织部牵头管理，财政资金的整合，让钱花得更高效了”，市财政局行政政法科负责同志说。

预算编制办负责同志说道，“聚焦预算项目，全面清理现有预算项目，2023年市本级预算部门项目数较上年减少122个、下降12%。全面清理现有奖补政策，将已到期、目标已完成的政策全部清理退出，对于尚未到期的政策，分类逐项予以退出、保留、整合，为支出政策‘瘦身’”。

其次是统筹资金，包括上级转移支付资金、部门间预算资金、财政存量资金三部分。“2023年，我们将上级转移支付资金13.4亿元纳入市本级预算盘子统筹使用，有效增加资金供给。整合支持方向相同、扶持领域相关的资金1.9亿元，全口径清理盘活各类财政存量资金30亿元，收回财政存量资金2.9亿元，资金的使用效率大大提升”，市财政局预算编制办负责同志介绍道。

行政政法科负责同志接受采访时说，“2023年，我们制定‘过紧日子’20条举措，市本级预算编制中审减非重点、非刚性项目支出预算4213万元。同时我们首次将‘过紧日子’作为安排预算的重要参考因素，累计压减资金0.27亿元，用政府的‘紧日子’换老百姓的‘好日子’，财政支出结构更加合理”。

最后是统筹绩效，实现资金管理的闭环。记者了解到，今年以来，安庆市财政局绩效科创新开展“事前绩效评估+预算评审”融合的预算绩效管理模式，将其融合嵌入到部门预算编制流程，将预算绩效理念融入零基预算改革中去。“既解决了‘干不干’的可行性问题，又解决了‘给多少’的资金量问题，为财政支出事前决策上了‘双保险’”，预编办（绩效科）负责同志介绍道。

零基预算的本质在于支出结构的优化，做到“小钱小气、大钱大方”。市财政局各科室积极参与，力求建立科学规范的支出标准。

综合科负责同志说道，“2023年，我们规范调整我市机关事业单位住房公积金基数，2024年预算编制规范市直单位人员公积金0.2亿元”。

经建科负责同志介绍道，“2023年，我们联合市交通局、第三方运营机构对城区范围内中北巴士运营产生的运营成本进行合理界定，重置我市中北巴士运营补贴成本，核定成本0.9亿元，核减成本0.3亿元”。

行政政法科负责同志告诉记者，2023年，通过成本核算方法，合理界定运行费用规模，核定东部新城写字楼综合运行费用1936万元，核减246万元。

“下一步，我们将结合安庆实际，联合安庆师范大学、绩效领域专家三方携手开展产学研合作，并依托安庆师范大学平台，拟开设一门预算绩效管理相关方面选修课，培养预算绩效管理人才，实现预算绩效实践基地本土化，教材本土化，人才本土化”，预编办（绩效科）负责同志介绍道。

“一花独放不是春，百花齐放春满园”。零基预算不仅是财政内部的整合，而且倒逼政府工作的整合，发改、科技、交通等各主管部门通力协作，推动提升政府部门工作的系统性、整体性、协同性。

市发改委相关负责同志说道，“充分利用零基预算思维,坚持先谋事、后排钱，加快了项目研究论证,有力保障重点项目有序推进”。2023年，全市开工省重点项目392个、竣工275个，累计完成投资1102亿元、超年度计划9个百分点，百聚化工投产，振宜二期开工，引江济淮安庆段通航，华阳河蓄滞洪区等一批批项目有力推进。目前，全市已谋划储备各类项目1041个、总投资超4000亿元，争取一批项目列入国家和省相关规划，桐城抽蓄电站列入国家“十四五”规划、安庆海口长江大桥获批公铁两用、安庆石化轻烃资源综合利用项目列入省部战略合作项目、安庆电厂三期获省级核准。

市交通局相关负责同志提到，“运用零基预算思维，优化支出标准，合理界定了公交企业各项运营成本范围，明确了公交企业在运营过程中应承担的各项成本，确保了公交财政补助的科学性和合理性。同时按行政区划所对应的公交线路实际里程，建立起相关城市公交线路规制补贴分级承担机制”，目前，已开通圆梦新区循环公交205线、经开区城乡公交204线、高新区城乡公交503线，有效便利城区居民出行。

市科技局相关负责同志说，“零基预算的内在机理在于政策和资金的整合，集中财力办大事。市本级拟安排专项资金2.4亿元，支持我市产学研合作事业发展”，目前，我市已与浙江大学共建浙大安庆未来产业技术研究中心，与合肥工业大学共建合工大安庆汽车及装备制造产业研究院，建成水污染控制、大气污染控制、土壤污染控制、工业智能控制与优化、设施农业等5个科研平台，城市创新能力稳步提升。

“当前，我市正处于打造‘五大宜城’、实现‘进百强、上台阶’目标的关键时期，做好财政资金保障工作意义重大”，市财政局负责人指出，“下一步，安庆市将进一步巩固拓展零基预算改革成果，保持‘咬定青山不放松’的定力，‘不破楼兰终不还’的拼劲，和‘直挂云帆济沧海’的魄力，积极探索预算绩效管理改革新路径，加强财政资源统筹、健全预算支出标准体系、提高财政资金配置效率和使用效益，为安庆高质量发展提供坚实财政保障”。

资料来源：安徽财政，2024年06月29日。

第三节 健全支出项目全生命周期管理制度

健全支出项目全生命周期管理制度是全面规范的现代预算管理制度的重要要求。支出项目的全生命周期是投资项目经历产生、发展、成熟、衰亡的发展过程。在项目的立项、实施、竣工以及后续管护各阶段具有不同的任务和目标，总目标就是获得项目的远期收益。加强支出项目全生命周期管理，就是要严格项目的预算控制、核算和决算，完整反映预算资金流向和项目全生命周期情况，形成从预算编制、项目开展到项目终止的完整、清晰、可追踪、可回溯的项目管理链条。支出项目全生命周期管理对推动预算编制规范化、促进预算收支精确化以及提高资金跨期使用效益具有重要意义。当下，支出项目全生命周期管理仍存在主体协作程度低、流程监管力度弱以及考核体系不健全等问题。未来应牢牢把握“全生命周期管理”的改革主线，将支出项目作为部门预算管理基本单元，实行预算项目的全生命周期管理，搭建财政预算资金的项目管理库，重点围绕项目的立项、入库、实施、竣工以及后续管护的各阶段开展全过程管理监督，实现从预算编制、项目开展到项目终止的全流程追踪。同时，进一步健全财政部门与预算单位协同监管项目的体制机制，清晰完整地掌握预算资金流向和项目全生命周期的真实情况，从而规范政府支出项目的资金配置、执行和调整等全过程。

一、健全支出项目入库审查机制

建立健全项目入库评审和滚动管理机制，储备项目按照轻重缓急、项目成熟度等排序，突出保障重点。

一方面，科学论证项目的可行性。项目必须具有明确的立项依据、实施期限、支出标准、绩效目标和预算需求，以此为主要内容，审查论证项目的可行性。财政部门要推动预算单位结合部门事业发展规划提前谋划项目，常态化开展项目申报和评审论证，根据实际情况完善项目建库，包括项目前期谋划、项目储备、预算编制、项目实施、项目终止、项目清理等。纳入预算项目库的项目应按规定完成可行性研究论证、制定具体实施计划等各项前期工作，实现预算一经批准即可实施。有关部门负责安排的建设项目要同时纳入部门项目库和预算项目库，并根据各类预算支出性质和用途将预算项目分为人员类项目、运转类项目和特定目录类项目。

另一方面，以零基、滚动、优选为原则实施项目排序，实现各项支出可增可减、可进可退。财政部门要根据项目的政策依据和重要紧急程度，按照统筹兼顾、优先保障基本支出和重点支出的原则，对项目支出进行预算安排。财政部门审核通过后储备入库，预算编制坚持“先有项目再安排预算”“资金跟着项目走”，按照优先次序从项目库中选取项目。经常性项目、延续性项目及当年未安排的储备项目，自动滚入下一年度，确保预算编制准确、高效。对于未入库的项目不允许有预算支出。例如，可在政府投资基础设施项目领域实施滚动遴选，推动重大项目“竣工一批、在建一批、开工一批、储备一批”，保证有充足项目可安排资金、资金安排即可形成支出和实物工作量。

二、健全支出项目的过程管理与评估制度

首先，健全全过程管理信息汇总机制。预算管理各环节均以预算项目为基本管理单元，预算编制到项目、执行到项目、总会计和单位会计均核算到项目，各类预算报表基于项目明细数据自动汇总生成，动态反映项目全生命周期的预算管理信息。

其次，实施项目滚动管理机制。定时审查清理项目库，将已完成项目与未进行预算安排达三年以上的项目清除，实行覆盖项目全生命周期的管理机制。

再次，部门要按程序编制预算，结合项目中长期绩效目标和总投入，根据成本效益原则从储备项目中挑选。

最后，完善预算执行中期评估机制，及时合理动态修正公共财政资源配置，拓展项目考核范围、考核主体和考核模式。财政部门要建立对项目单位和参建单位的奖惩机制，优化对重点项目的目标任务考核办法，在查阅资料、听取汇报、实地调研等考核方式的基础上，积极组织社会公众、中介组织和专业机构参与项目考核评估，集中财力保障中央和省、市新定重大决策项目。

此外，要在事前通过成本效益法对各项目开展初步的绩效评价，在事中根据项目类型的不同特性设计合理实用的绩效指标体系，动态跟踪绩效表现以实现对项目的动态调整，在事后以绩效评价结果为依据实施奖惩，并与后续预算资金安排建立相关联系（见专栏8–3、专栏8–4）。

三、健全部门协同管理监督支出项目的制度机制

当下，各部门的项目管理职权较为分散，导致项目管理存在业务重叠交叉、监管责任缺位、申报审批程序繁多等问题。因而，在项目谋划阶段，财政部门要指导和督促预算单位结合部门事业发展规划，提前谋划项目并形成项目申报、评审和论证的常态化工作机制，并经财政部门审核后储备入库。在项目选报入库阶段，财政部门应当与发改部门、工信部门、住建部门充分共享项目信息，形成统一的项目申报标准，尤其在项目筛选申报前期进行充分沟通，防止同一项目或同样内容重复申报的情况①。项目审批阶段，财政部门应当与发改部门、预算单位从立项审批、土地报批、土地供应、施工许可、竣工验收到不动产办理进一步实现信息共享与协同行动。在项目验收阶段，项目论证部门、立项审批部门和日常监管部门等相关主体协同参与项目验收，从而有效确保验收项目质量。如，山西省长治市黎城县加强项目全生命周期管理，通过建立多部门联审制度、发挥多部门监管作用、发挥部门联动作用，规范项目立项原则、高质量推动项目实施、高质量实现项目验收②。

◇ 专栏 8–3

广东省惠州市财政局：打造“四全”新模式 探索实现全生命周期管理

为持续深化涉农资金统筹整合改革，惠州市财政局聚焦提升数字化能力，对接“数字财政”系统，打造“四全”新模式，探索创新推进涉农项目全生命周期管理，构建“制度＋技术”监督框架，进一步加强财政资金使用“跟踪

① 发改委负责固定资产投资项目库、省市重点项目库、专项债项目库等，工信部（局）负责工业项目和新技术改造项目入库管理，住建部（局）负责基础设施改造项目入库。

② 资料来源：http://sn.mof.gov.cn/gzdt/caizhengjiancha/202207/t20220729_3830785.htm。

问效”。

一、建立“全参与”机制，实现“联动+共享”全面协同。

制定《惠州市涉农项目全生命周期动态管理实施办法》，明确部门职责分工，健全完善工作机制，规范操作流程，畅通信息渠道，构建起财政、发改、税务、统计、纪检监察、审计及业务主管部门信息共享、协同合作的工作格局，完善权责匹配、相互协调、上下联动、步调一致的涉农资金统筹整合长效机制，夯实深化改革制度基础。

二、实行“全覆盖”管理，实现“资金+项目”全面融合。

认真落实“先谋事再排钱”理念，建立分设“储备库、拟建库、在建库、完工库”四个层级、各有侧重的全生命周期管理项目库，做到环环相扣、库库连接，实现“一张网”监管；同时，将中央、省、市下放审批权限和县级安排的涉农资金项目一并纳入统一库管理，进一步加大资金安排和项目储备统筹力度，更好推动“资金统筹”和“项目统筹”全面融合。

三、贯通“全周期”监管，实现“要素+表单”全面监管。

项目库贯通涉农项目储备申报、立项、遴选、启动、实施、资金预算、资金执行、竣工验收、考核评价、审计检查等环节，涵盖项目入库前期工作至项目竣工验收完成的全生命周期内产生的所有信息要素，通过编制完善项目库要素和表单，实行全过程信息采集归集，为实施全过程项目监管夯实数据基础。

四、启动“全动态”监控，实现“跟踪+预警”全面反馈。

探索开发建设信息管理系统，与“数字财政”系统相衔接，运用大数据手段加强跨部门、跨层级、跨年度涉农项目资金数据的联通和共享。在对项目实施和资金使用情况进行常态化跟踪和信息互通的基础上，嵌入异常信息识别和预警功能，实现覆盖全流程的动态监控和预警反馈，解决项目实施过程中的存在问题。

资料来源：财政部官网，2022年07月20日，http://www.mof.gov.cn/zhengwuxinxi/xinwenlianbo/guangdongcaizhengxinxilianbo/202207/t20220712_3826555.htm。

◇ 专栏 8-4

浙江省湖州市长兴财政：严把“六关”实现数字化项目全生命周期闭环管理

为切实抓好数字化项目统筹管理，长兴县在2020年5月初步实现项目数字化管理的基础上，于今年年初开始对原项目管理系统进行迭代升级，开发建设“长兴县数字化项目全生命周期管理”应用场景，实现数字化项目全生命周期闭环管理，推进跨科室、跨部门流程再造、业务协同和数据共享，重塑和优化政府投资数字化项目管理机制。2020年以来，共有184个项目实现线上线下全流程闭环管理，涉及项目总投资5.87亿元，经严格审核把关后对62个不符合国家及省市数字化改革要求的项目建议暂缓或停建，核减总投资达3.53亿元、核减率高达60.13%，有效提高项目建设质效、避免重复建设、降低建设成本。

一、严把项目“准入关”

2018年11月制定出台《长兴县政府投资信息化项目管理办法》，规定全县各机关事业单位总投资5万元以上的信息化项目必须报县大数据局会同财政、网信等相关部门审核和专家评审，经县大数据局立项后的项目才能实施。今年年初数字化改革实施以来，该县专门制定《全县数字化改革项目三方会商要点清单》，明确县数字化改革领导小组办公室、县大数据局和五大系统牵头单位审核要点，各单位新建、续建、升级改造类数字化项目经会商通过后，再由县大数据局组织相关部门和专家进行评审，县大数据局立项后才能组织实施，县财政局凭县大数据局流转的《项目采购联系单》方能同意项目业主单位进行政府采购，确保项目符合数字化改革精神，避免重复建设。今年以来，通过三方会商将上报的46个数字化改革项目建设方案进行审核完善，并对39个不符合省市数字化改革要求的项目予以暂缓或停建，核减总投资达2.32亿元。

二、严把事项“集成关”

依托浙政钉将原信息化项目管理系统升级为数字化项目全生命周期管理系统，将申报、评审、立项、建设、变更、验收申请、验收、绩效评价等八个主要环节整合成为“一件事”，实现事项跨科室、跨部门联办，除评审、验收和绩效评价个别事项需工作人员现场踏勘和审核外，其余事项均“一站式”全流程网上办，有效避免项目业主单位“重复填”“多次跑”等问题。目前，该县各类相关办事材料从原来的42份减少到7份，办事材料精简率达83.33%；相关事项申请手续由最少33个工作日缩减至5个工作日，办理时间压缩率84.84%。

三、严把过程“监测关”

建立项目、业主单位和承建单位的“三色预警”监管评价体系，对项目建设进度、建设质量，以及业主单位管理情况和承建单位建设情况进行过程监测管理，根据项目不同阶段推进情况自动呈现“红、黄、绿”监测状态，对业主单位项目规范管理情况进行“红、黄、绿”三色评价，对项目承建单位推进速度、建设质量、服务水平等进行“红、黄、绿”三色评价，并与次年项目安排、年度考核、政府采购等相结合，倒逼承建单位加快建设进度、提高建设质量，推进业主单位认真抓好项目管理。2021年以来，100余个项目、近50个相关部门和30余家承建单位（运维单位）全面纳入“三色预警”监管，其中有5个项目、3家承建企业、2家业主单位在实施过程中被红灯预警。

四、严把项目“验收关”

对各单位稳定试运行1个月以上需进行验收的数字化项目，由县大数据局对项目是否落实评审意见、数据共享、上办上钉、是否入云、安全保障等情况进行审核，审核通过后才能对项目进行验收。县财政局凭县大数据局流转的《资金拨付确认书》拨付财政资金给业主单位，确保对验收和资金拨付环节进行严格把关。2020年以来，已对36个项目进行验收审核，完成整改各类问题113个，有效确保项目建设不走样、数据安全有保障。

五、严把绩效“评价关”

2019年3月制定下发《长兴县政府投资信息化项目绩效评价管理办法（试行）》，并科学制定项目绩效评价算法模型，对项目申报、立项、建设、验收、应用效益等相关数据实现系统自动抓取，并依托该县一体化智能化公共数据平台和湖州市政务云平台长兴节点等相关系统，实时获取和展示全县已建项目相关运行数据、云平台资源使用等情况，为项目绩效评价提供实时的数据支撑，基本实现系统自动开展项目绩效评价，使项目绩效评价更为客观公正、精准科学。2019年以来，已对21个符合条件的项目进行绩效评价，共评出等级为“优”的项目9个、等级为“良”的项目7个，等级为“合格”的项目5个，并将项目绩效评价结果与业主单位年终考核、次年项目预算安排等相结合，倒逼业主单位规范项目管理，提高项目应用效益。

六、严把信息“共享关”

建立待评审项目库、项目库、专家智库、组件清单库、承建企业库、知识政策库等“六大库”，推动信息共享、专家共享、组件共享、知识共享，为项目立项、项目建设提供数据参考和专家支撑，避免项目重复建设、提高建设效率、提升业务能力。截至目前，共计共享省市各级专家信息70余条、省市各类学习资料30余份，共享文明诚信评价、“两慢病”预警等10余种算法模型，为县内数字化项目建设提供算法模型参考和支撑。下一步，该县将根据省大数据局一体化数字资源系统（以下简称IRS系统）标准规范，实现与省大数据局IRS系统互联互通、项目全生命周期管理系统与IRS系统组件信息双向共享，进一步提高项目管理效率和质量。

资料来源：财政部官网，2022年4月12日，http://www.mof.gov.cn/zhengwuxinxi/xin wenlianbo/zhejiangcaizhengxinxilianbo/202204/t20220412_3802411.htm。

第四节　健全公开透明的预算管理制度

预算公开的实质是促使政府行为透明规范，让政府接受社会监督，控制政府权力边界，规范政府权力运行，促进政府依法理财、依法决策、依法行政（马海涛，2016）。近年来，各级政府的预算公开范围不断扩展、内容不断完善、形式不断优化，预算透明度和预算信息可获得性持续提升。党的二十届三中全会报告要求，“统一预算分配权，提高预算管理统一性、规范性，完善预算公开和监督制度”。[①]但当下的政府预算公开仍存在诸多有待改进的方面。尤其是，预算

① 《中共中央关于进一步全面深化改革 推进中国式现代化的决定》，2024年7月18日中国共产党第二十届中央委员会第三次全体会议通过。

基本信息的公开制度尚不健全，预算绩效信息的公开制度尚未完全建立。未来应从健全基本预算信息公开制度、建立预算绩效信息公开制度两方面着手，加快建立健全符合现代预算要求的预算公开透明制度。

一、健全基本预算信息公开制度

政府预算体现的就是政府为社会以及全体纳税人提供公共服务的数量和质量。既然预算资金是取自于民，用之于民，就需要接受作为纳税人的公众进行监督。实行预算信息公开能够更好地保障人民群众的知情权，实现公共财政“取之于民、用之于民”的目标。

（一）全面细化预算信息公开内容

坚持“以公开为常态，不公开为例外”，结合部门预算公开实际，对部门及其所属单位预算公开的及时性、完整性、细化程度、公开方式以及数据的真实性等方面作出具体规定。预算公开文件应当图文并茂且说明详细，并全面清晰地公开重点财政收支政策的执行情况、收支形势和重点财政收支政策以及政府预算“四本账”，尤其要对社会关注度高的“三公”经费增减变化原因、专业性较强的名词解释等内容进行说明，使公开内容更加完整细化，让人大、审计、公民等主体切实了解且读懂预算信息。例如，在2022年中央部门公开预算时，大幅增加了一般公共预算、政府性基金预算和国有资本经营预算项目支出绩效目标公开数量。统计显示，82家部门公开了131个项目的项目文本，比2021年增加27个项目；100家部门公开了727个项目的绩效目标，比2021年增加599个项目。2022年3月24日，财政部、国家统计局等部门公布2022年度部门预算。

（二）全面规范预算信息公开内容

一方面，推动预算公开内容标准化。建立标准规范的绩效信息公开管理准则，加快推动不同地区和部门进一步细化预算信息公开内容，实现同一部门在不同年限间的自评信息有效可比，统一部分预算核心术语、评价方法等的使用，将部门及其所属单位预算公开报告、报表等制定统一的样式，逐步实现预算公开标准一体化、规则一体化、管理一体化。另一方面，在部门内部建立上级部门与所属单位间预算公开报送、检查、整改等工作联动机制；在财政内部明确预算、绩效、信息、监督等业务处室的预算公开职责分工。预算一经批复，责任主体即刻公开本级预算。

（三）健全项目支出预算信息公开制度

项目支出预算是部门支出预算的重要部分，要逐步加大项目支出预算公开力度，使项目支出预算更加透明。公开项目内容包含项目概述、立项依据、实施主体、实施方案、实施周期、年度预算安排等（见专栏8-5、专栏8-6）[①]。

◇ 专栏 8-5

预算公开细致　花钱更加透明

2022年3月24日，随着财政部、国家统计局等部门公布2022年度部门预算，一年一度的中央部门预算拉开大幕。据统计，当日共有102家中央部门集中“晒预算”。翻阅各中央部门“账本”可以发现，此次公开的部门预算包括部门收支总表、财政拨款收支总表等9张报表，更加全面、真实反映部门收支总体情况和财政拨款收支情况。

一、坚持政府过紧日子

“预算公开是预算管理制度改革的核心要求，也是政府信息公开的重要内容，对实现国家治理体系和治理能力现代化具有重要推动作用。”财政部有关负责人表示。

今年的《政府工作报告》提出，要坚持政府过紧日子，更好节用裕民。大力优化支出结构，保障重点支出，严控一般性支出。“过紧日子”依旧是今年中央部门预算的重要关键词。在公开预算时，102家部门全部说明了贯彻落实过紧日子压减支出等情况。“三公”经费在近年来一压再压的基础上，今年继续下降。统计显示，2022年安排中央本级“三公”经费财政拨款预算53亿元，比2021年同口径减少0.59亿元，下降1.1%。

压减支出是做好今年中央部门预算工作的主线。中央财经大学财税学院院长白彦锋表示：“今年，我国经济发展面临需求收缩、供给冲击、预期转弱三重压力。在这种情况下，中央部门在保障重点支出的前提下，继续严控一般性支出，节用裕民，就显得尤为重要。”商务部今年机关运行经费财政拨款预算为20248.87万元，比去年减少645.55万元，下降3.09%；国家林业和草原局行政运行今年预算为15701.54万元，比去年执行数减少1237.05万元，下降7.3%。

财政部有关负责人表示，今年推进中央部门预算公开，对加强和改进预算管理、全面实施预算绩效管理、深化财税体制改革、强化社会监督、推进国家治理体系和治理能力现代化具有重要意义。

二、项目预算更加透明

项目支出预算是部门支出预算的重要部分。今年中央部门预算公开的一

① 2022年中央部门在公开预算时，继续对提交全国人大审议的项目等情况作出说明。

个重要亮点，就是加大了项目支出预算公开力度，使项目支出预算更加透明。“中央部门预算公开的重点瞄准了部门预算支出的重要部分——项目支出预算，这体现了跨周期调节背景下中期预算规划与年度预算安排之间的有效衔接。”白彦锋表示。

今年中央部门在公开预算时，继续对提交全国人大审议的项目等情况作出说明。公开项目内容包含项目概述、立项依据、实施主体、实施方案、实施周期、年度预算安排等。国家发展改革委对“完善宏观调控体系和经济运行调节项目”作了说明。该项目是一个长期延续项目，共涉及7个二级项目，主要包括创新和完善宏观调控与推动高质量发展工作，去杠杆、信用建设和中小微企业融资监测工作，价格调控和价格监管工作等内容，2022年拟安排该项目一般公共预算为3178.49万元。

财政部有关负责人表示，推进项目支出预算公开，有利于督促各部门改进预算编制、优化支出结构、提高资金使用效益。“项目支出预算公开透明具有重要意义”，中国财政科学研究院研究员白景明认为，项目支出预算在部门支出预算中占比较大，详细的预算公开能使公众对各部门项目支出有更完整、更清晰的了解，也能得到公众更好监督。此外，加大项目预算公开的透明度，可以更好地了解项目的实施是否与现行积极财政政策相吻合，使每一笔钱都能花在刀刃上。

三、绩效目标范围扩大

绩效目标是预算绩效管理的基础和起点。推进绩效目标公开，是深化预算绩效管理改革的内在要求。近年来，中央部门推动预算绩效管理改革，重点项目绩效目标公开范围逐年扩大。

财政部有关负责人介绍，今年组织中央部门公开预算时，大幅增加了一般公共预算、政府性基金预算和国有资本经营预算项目支出绩效目标公开数量。统计显示，今年有82家部门公开了131个项目的项目文本，比2021年增加27个项目；有100家部门公开了727个项目的绩效目标，比2021年增加599个项目。“今年绩效目标公开的数量大幅度增加，体现出中央部门实施预算绩效管理覆盖全面并向纵深挺进。”白景明认为，预算公布的绩效目标数量越多、内容越详细，就越有利于社会监督，从而推动绩效目标设置更加合理。

此外，今年预算“晒”得更细，也更加可读。财政部有关负责人表示，各部门对预算收支增减变化、机关运行经费安排、“三公”经费、政府采购、国有资产占用、预算绩效管理、提交全国人大审议的项目等情况也予以说明，并对专业性较强的名词进行了解释。同时，为使公众找得到、看得懂、能监督，各部门预算除在本部门网站公开外，继续在财政部网站设立的“中央预决算公开平台”集中展示。

“今年的预算公开可谓是‘一站直达’，使社会公众‘找得到’，而今年大幅增加的项目支出绩效目标公开数量，则实现了对中央部门预算的‘工笔数描’，再加上对专业性较强名词的解释，使得社会公众看得全也看得懂，从而

实现对中央部门预算支出质量和效益的全面监督。”白彦锋说。(经济日报记者武亚东)

资料来源：青瞳视角，2022年03月26日，https://baijiahao.baidu.com/s?id=1728317249372671639&wfr=spider&for=pc。

◇ 专栏 8-6

甘肃省多措并举推进预算公开工作 让财政“账本”更加透明

甘肃省财政厅贯彻落实中央“健全现代预算制度”和甘肃省委、省政府“抓学习促提升，抓执行促落实，抓效能促发展”部署要求，将预算公开工作作为进一步深化预算管理改革的“先手棋”，推进政务公开的“重头戏”，不断丰富公开形式、细化公开内容、完善公开模板、明确公开职责、强化公开检查，让财政“账本”更加透明，有效保障公民的知情权、参与权、表达权、监督权。

一、拓宽渠道，让公开信息更“易查”

持续推进部门和单位预算信息“双公开”，即部门和单位在其门户网站公开的同时，在省财政厅政府信息公开平台再同步公开，做到部门和单位预算公开的持续稳定。公开后，省财政厅在统一公开平台设置部门及其所属单位预算公开目录，链接所有预算部门和单位的公开网址，便于人大、审计、社会公众等对预算公开信息的监督检查和查询使用。

二、细化内容，让公开信息更“易读”

坚持“以公开为常态，不公开为例外”，结合部门预算公开实际，制定印发《关于进一步做好全省预算和绩效目标公开工作的通知》，对部门及其所属单位预算公开的及时性、完整性、细化程度、公开方式以及数据的真实性等方面作出具体规定。省级预算公开时，图文并茂详细说明，并对社会关注度较高的“三公”经费增减变化原因、专业性较强的名词解释等内容做了硬性要求，使公开内容更加完整细化，让社会公众能够读懂预算信息，了解公开内容。

三、统一模板，让公开格式更“规范”

在总结往年预算公开工作的基础上，充分利用预算管理一体化系统，将部门及其所属单位预算公开报告、报表等制定全省统一的样式，并在预算公开报告的关键点进行数据和逻辑关系核验，部门根据实际情况在系统中填报完善。部门单位填报的内容不完整或不规范时，系统会自动提示错误信息和问题的具体位置，帮助修改完善，逐步实现全省预算公开标准一体化、规则一体化、管理一体化。

四、明确职责，让公开工作更“高效”

持续完善预算公开工作衔接运行机制，形成公开工作“事前有人管，事中有人查，事后有人改”的模式。在部门内部，建立起上级部门与所属单位间预算公开报送、检查、整改等工作联动机制；在财政内部，明确了预算、绩效、信息、监督以及相关业务处室的预算公开职责分工。预算一经批复，责任主体第一时间公开本级预算，提高了预算公开工作效率，形成各负其责、齐抓共管的良好局面。

五、强化考核，让公开理念更“深入”

全省财政部门采取交叉审核、实地检查与浏览网站等多种方式对预算公开内容进行检查。将公开情况列入省级部门年度预算绩效管理考核评分体系，对公开内容不规范、数据不准确的部门和单位，扣减分数，并压减下一年度预算资金。同时，将公开情况纳入市县财政管理考核，对公开检查中存在问题的市县财政部门，予以约谈或通报问责，并扣减相关转移支付资金。使公开理念更深入，着力推动全省预算公开工作向着“全面、规范、透明”的目标不断迈进。

资料来源：财政部官网，2023年04月03日，https://m.thepaper.cn/baijiahao_22558119。

二、建立预算绩效信息公开制度

绩效信息公开是预算公开的重要组成部分。《中共中央 国务院关于全面实施预算绩效管理的意见》明确将公开透明作为全面实施预算绩效管理的基本原则之一，要求大力推进绩效信息公开透明。《财政部关于贯彻落实〈中共中央　国务院关于全面实施预算绩效管理的意见〉的通知》（财预〔2018〕167号）提出具体要求：一是加大绩效信息公开力度。大力推动重大政策和项目绩效目标、绩效自评以及重点绩效评价结果随同预决算报送同级人大，并依法予以公开。探索建立部门和单位预算整体绩效报告制度，促使各部门各单位从“要我有绩效”向“我要有绩效”转变，提高预算绩效信息的透明度。二是推动社会力量有序参与。引导和规范第三方机构参与预算绩效管理，加强执业质量全过程跟踪和监管。搭建专家学者和社会公众参与绩效管理的途径和平台，自觉接受社会各界监督，促进形成全社会“讲绩效、用绩效、比绩效”的良好氛围。《财政部关于印发〈项目支出绩效评价管理办法〉的通知》（财预〔2020〕10号）指出，各级财政部门、预算部门应当按照要求将绩效评价结果分别编入政府决算和本部门决算，报送本级人民代表大会常务委员会，并依法予以公开。2023年《关于2022年中央和地方预算执行情况与2023年中央和地方预算草案的报告》将“强化预算绩效管理”作为财政改革八大任务之一，提出“积极推进绩效信息公开，主动接受社会公众监督”。

实践中，从中央层面来看，预算绩效信息公开逐步形成常态化机制，连续多年加大中央部门项目支出绩效目标公开力度。2023年，中央部门公开绩效目标比例较上年又有所提高，除涉密、敏感信息外，原则上公开部门预算的中央部门，将一般公共预算一级项目、政府性基金预算项目、国有资本经营预算项目绩效目标表按照不低于项目数量60%的比例向社会公开。从地方层面来看，预算绩效公开进展迅速，省级层面绩效信息公开机制基本建立，部分地方积极探索绩效信息公开新模式，市县层面绩效信息公开取得新突破，绩效信息公开正持续加力中。在社会公众不仅关心各部门公开的预算“账本”是否详细，还关心“账本”各项支出是否花得有效的情况下，财政部门应更加重视公开预算绩效管理等相关信息，不仅要公开财务类和资源投入类信息，而且与产出或结果相关的非财务类信息，特别需要关注与生产、收集、提交和分析与任务项目相关的成本类信息。通过在财务预算资源投入与其结果绩效之间建立逻辑自洽的关系，并利用绩效评价方法对这种关联程度以及影响绩效程度的因素进行分析和论证，形成评价结果后，通过内部公开或对社会公开的方式激励财政资金使用方更谨慎和有效地使用有限的公共财政资源。

（一）增强预算绩效信息公开完整性和规范性

1.扩大预算绩效信息的公开范围

中央要求一般公共预算、政府性基金预算、国有资本经营预算、社会保险基金预算绩效管理全覆盖，那么其绩效信息公开也应该全覆盖“四本预算”。同时，完整系统地公开重点项目绩效评价报告内容，尤其要公开与预算同步下达的绩效目标和指标信息，以及涉及项目绩效管理等方面的信息，并要公开预算绩效评价成本信息，以及预算绩效的改进方案和后续项目的相关整改反馈信息，使公众充分了解政府预算项目绩效情况。信息公开内容不仅要包含项目绩效应有立项目标、预算规模、预算执行绩效等基本信息，还应增加阐述项目绩效结果与部门履职成效之间关系的说明。事前的绩效目标批复，事中项目、政策和部门整体支出的进展，以及事后评价报告及结论，均须公开。公开内容不仅要有问题分析和改进建议，还要有对项目或政策执行成本的分析，通过对项目成本与结果之间的关联性分析，探索同等绩效产出下成本更优的改进路径。例如，北京市海淀区除预算信息公开说明材料和收支总表等13张报表外，2023年部门预算信息公开较2022年新增部门整体支出绩效目标申报表。

2.增强绩效信息公开的可读性

在地方政府在公布绩效管理相关信息的基础上，重点公开项目前期绩效评估、中期绩效跟踪和后期绩效评价方面形成的阶段性和关键性信息，公开部门整体绩效信息以及跨年度项目的总体情况或往年绩效信息，增强以上信息的可获得性、完整性、及时性和连续性。同时，为进一步增强绩效资料的可读性，应重点增加年度中央政府部门预算绩效评价的宏观背景介绍，可以由财政部统一发布年度部门预算绩效评价工作背景和标准的解释说明，包括核心概念解析、自评标准和流程等，以及预算绩效管理的关键词、核心工作、操作办法等，使公众可以读懂和理解完整的绩效公开信息，让公众从绩效信息的“旁观者”转变为绩效管理的“参与者”。此外，推动预算绩效公开内容的标准化。要建立标准规范的绩效信息公开管理准则，加快推动不同地区和部门进一步细化绩效信息公开内容，实现同一部门在不同年限间的自评信息有效可比，统一部分绩效核心术语、评价方法等的使用。例如，江苏省常州市通过预算绩效管理“说明书”来解决公众不了解预算绩效管理的问题，市财政局印发市级预决算公开工作方案，详细解析了预算绩效管理的关键词、核心工作、操作办法，进一步增强绩效资料的可读性，让公众从绩效信息的“旁观者”转变为绩效管理的“参与者”（见专栏8-7）。[①]

◇ 专栏 8-7

常州财政：深化预算绩效信息公开，让政府预算更透明

近年来，社会公众对政府部门预算绩效的关注趋热，2022年起，常州市财政局扩围绩效信息公开内容，优化规范公开形式，进一步敞开了社会各界了解政府履职的“窗口”。

一是全面推进预算绩效信息公开，写好预算绩效管理“说明书”。为解决社会公众对预算绩效管理“不了解、不清楚”的问题，常州市财政局印发市级预决算公开工作方案，其中详细解析了预算绩效管理的关键词、核心工作、操作办法，进一步增强绩效资料的可读性，让社会公众看得懂、读得透，从绩效信息的“旁观者”转变为绩效管理的“参与者”。

二是从项目内容拓展到部门整体类型，提高绩效公开“厚度”。除继续在部门预决算中公开相关预算绩效情况，2022年还将重点项目绩效目标、部门整体支出绩效目标和部门自评价结果进行公开。其中，已选取科学技术、市场监管、城市管理和文旅发展等领域共5个部门的重点项目绩效目标，随部门预算草案同步提交常州市人大审议并向社会公开，推进基本支出和项目支出预算的“目标化”管理走深走实。

三是进一步规范公开形式，确保绩效信息“找得到”“看得全”。进一步明确预算绩效信息公开形式，按照“谁申请、谁编制、谁公开”“谁使用、谁负责、谁自评”原则，要求各一级预算部门把全部非涉密项目绩效目标、评价结果随部门预决算在“江苏省预决算公开统一平台”公开，方便社会公众知情和监督，更清晰展现财政资金投入的“任务单”与“效果图”。

① 资料来源：http://www.mof.gov.cn/zhengwuxinxi/xinwenlianbo/jiangsucaizhengxinxilianbo/202204/t20220414_3802971.htm。

下一步，常州市财政局将以预算绩效信息公开为抓手，强化绩效责任约束，推动各部门从“我要有绩效”向“我要优绩效”转变，积极搭建专家学者和社会公众参与绩效管理的途径和平台，推动社会力量积极参与预算绩效管理工作，促进形成全社会“讲绩效、用绩效、比绩效”的良好氛围。

资料来源：财政部官网，2022年04月14日，http://www.mof.gov.cn/zhengwuxinxi/xinwenlianbo/jiangsucaizhengxinxilianbo/202204/t20220414_3802971.htm。

（二）构建预算绩效自评结果公开机制

坚持既亮“报账单”，也晒“成绩单”，以公开倒逼部门提升资金使用绩效。江苏省南通市海门区要求区直预算部门对所有纳入预算绩效管理范围的预算项目绩效目标完成情况和部门整体支出绩效目标完成情况进行全覆盖自评，其中，2022年自评范围覆盖全区814个预算项目支出绩效和233个部门整体支出绩效。预算项目绩效自评结果和部门整体绩效自评结果全部随同部门决算同步公开，督促资金使用单位强化预算支出主体责任，改进预算管理和提高资金使用效益。在此基础上，将绩效信息公开纳入政府信息公开的考核范畴。预算信息公开要责任到单位，单位到个人。信息公开情况要纳入财政工作考核范围，对各部门信息公开的及时、完整、规范、准确、真实性等要素进行全方位考核，解决好“谁来公开”和“公开什么”的问题。

（三）建立绩效目标信息公开制度

绩效目标是预算绩效管理的基础和起点，推进绩效目标公开是深化预算绩效管理改革的内在要求。近年来，财政部在绩效目标管理方面，着力规范绩效目标设置、提高绩效目标质量、推动绩效目标向社会公开。要进一步加大部门项目支出绩效目标公开力度，除涉密、敏感信息外，公开部门预算的部门应将一般公共预算一级项目、政府性基金预算项目、国有资本经营预算项目绩效目标表按照不低于项目数量60%的比例向社会公开。例如，江苏省南通市海门区财政局要求所有区直部门将本部门除涉密以外的所有项目相关绩效目标、部门整体绩效目标全部随同部门预算一并公开，主动接受有关部门和社会各界监督。同时，区财政每年选择部分重点政府专项随同政府预算同步公开政府预算项目的年度绩效目标，将专项资金的分配依据、项目预算额度、产出数量、产出质量、产出成本、产出时效以及效果、满意度等具体指标内容、指标值、指标权重也全部予以公开[①]。

---

① 通过预算绩效目标公开，引导部门强化“花钱问效、无效问责”的绩效管理理念和支出责任，提高财政资金配置科学性、合理性和有效性。

三、建立公众参与的预算信息公开制度

预算公开是现代预算制度建设的基础，仅靠政府自身的透明是不充分的，还必须有公众的有效参与（王银梅等，2018）。公众参与是预算公开的重中之重，它既是预算公开的“内生变量”，又是其“外生变量”。公众参与预算公开的前提条件是充分易懂可靠的预算信息、通畅的参与渠道、及时有效的反馈机制、较强的参与意识、高涨的参与热情、足够的参与能力等。我国目前公众参与预算公开的程度和效果不容乐观，应当健全预算绩效信息公开的监督问责机制。只有协同社会公众、舆论媒体的外部监督问责机制和政府各部门内部的监督问责机制，积极搭建专家学者和社会公众参与绩效管理的途径和平台，推动社会力量有序参与预算绩效管理工作。打通监督的“最后一公里”，才能有效履行对预算绩效信息全覆盖的有效监督。一方面，通过将全部非涉密项目绩效目标、中期监控报告、事后评价报告等随部门预算在部门门户网站、财政和人大门户网站的预算绩效专栏上公开，方便财政部门、人大、专家学者和公众进行监督。另一方面，可以考虑搭建信息交流反馈“云平台”，确保公众、第三方机构和专家学者都能在一个畅通有效的反馈交流平台上对公开的绩效信息反馈意见，推动政府部门以公开促改进，以改进保实效（见专栏8–8）。

◇ 专栏 8–8

金昌财政：统筹“四个坚持”做好“四个突出”

积极打造预算信息公开新模式

预算公开是党中央的一项重大决策部署，是预算管理制度改革的核心要求，也是现代财政制度的基本特征。近年来，金昌市按照中央和省的要求，从强化部署、业务指导、完善制度等方面入手，将财政预算公开作为政府信息公开的重要环节和主要载体，全面贯彻落实好《预算法》及其实施条例关于预决算公开各项规定，着重围绕2022年、2023年预算公开工作，探索建立了规范有效的制度体系，采取了务实有力的措施方法，细化公开要求，拓宽公开渠道，强化监督检查，实现了预算公开制度化、规范化。

坚持公开制度化，公开责任突出“严”。根据中央、省市政务信息公开条例和财政预决算公开的相关要求，今年3月印发了《关于进一步做好市级部门预算和绩效目标公开工作的通知》，对预算公开的主体、时间、方式、范围、内容等提出了具体要求，加强部门预算公开业务性指导，有效规避同类型问题反复出现。充分利用预算管理一体化系统，制定了统一的部门预算公开模板，

涵盖了文字说明及预算报表，统一了公开内容、口径和格式，从源头上规范公开工作，逐步实现预算公开标准一体化、规则一体化、管理一体化。印发了《关于进一步加强和完善市级预算执行管理工作的通知》，按照“谁编报，谁公开”的原则，要求部门（单位）严格履行预决算公开的主体责任和义务，推行“口径、时间、内容、方式”四统一的信息公开制度，保证预决算公开的真实性、准确性、完整性、及时性和公开方式合理合规。

坚持公开全面化，公开内容突出“细”。严格遵循“以公开为常态、不公开为例外”的总体原则，全口径公开了一般公共预算、政府性基金预算、国有资本经营预算和社会保险基金预算等四本预算收支情况。参照省级财政公开模板和方式，更新了涵盖部门收支、基本支出、“三公”经费、会议费、培训费、机关运行、转移支付等11张附表，所有附表均可通过预算管理一体化系统导出，既减轻了单位工作量，又确保了公开数据的真实性和准确度。要求部门对单位职责、机构设置、部门收支总体情况、一般公共预算情况、部门“三公”经费、培训费、会议费、资产采购、预算绩效管理情况等进行说明，并对专业性较强的名词进行解释，以便于社会公众理解部门预算信息。目前，市级68个一级预算单位、39个二级预算单位公开了2022年、2023年预算情况，覆盖率达到100%。此外，在编印预决算报告、草案的同时，采用通俗易懂的文本，图文并茂地解析编制政府预算解读，通过门户网站、报刊、网络等渠道公开预算信息，公开载体更加多样全面，方便社会公众查阅和监督。

坚持公开及时性，公开时效突出“快”。为保证预决算公开时效性，按照《预算法》及其实施条例规定要求，统一公开时间，在人代会及其常委会批准政府预算、调整预算、决算后20日内，及时向社会公开。财政部门批复部门预决算时，批复文件明确要求在20日内公开本部门预决算，并督促所属单位在部门批复预决算后20日内公开预决算。在2022年、2023年预算公开过程中，在规定时限范围内，适当提前了部门、单位公开时间，并在统一时间节点集中公开。探索新的预算公开方式和平台，积极对接市大数据管理中心，在预决算公开栏目下搭建了统一的预算公开平台，按照经费管理归口设置了简明、直观的公开目录，涵盖并区分了所有一级部门和二级单位。此外，在省级财政要求的“双公开”基础上，要求部门在本单位网站、财政统一公开平台和政府门户网站同步公开。目前，自身有门户网站的88个市级一、二级预算单位全部实现“三站公开、同步进行”，没有门户网站的19个市级预算单位，在财政统一公开平台和政府门户网站实现了“双公开”。

坚持公开责任化，公开质效突出“实”。严格履行预算公开主体责任，要求各部门（单位）指定专人具体负责，设置预算信息公开专栏，所有公开的部门预算、“三公”经费预算及绩效目标等公开内容，一经公开要永久保留，不得修改或删除。完善预决算信息内容审核发布机制，实行“单位自审、部门初审、财政经费归口管理科室复审、预算科抽查审核”的“四方”联审机制，合力推动预决算公开提质增效。同时，积极引用预决算公开考核评价结果，实行预算公开评价结果与预算资金安排挂钩机制，2023年预算安排时，在应用预算绩效评价结果的同时，对未按规定做好预决算公开工作的部门（单位）按照一定比例核减了预算资金，充分发挥管好用好财政资金、提升预决算管理的导向和激励鞭策作用。

资料来源：金昌财政公众号，2023年05月23日，https://mp.weixin.qq.com/s?__biz=MjM5NDg2NjU0NQ==&mid=2454472992&idx=1&sn=024dc1c96efb8c522aa5f7993574249d&chksm=b139dd3e864e5428574e08f816a81d0f62c4064c7a3345375ce08754044d01a471282d5ef818&scene=27。

第九章

健全现代预算管理制度的改革路径Ⅱ

第一节　推进预算支出标准体系建设

标准是规范之基，规范是治理之要。预算支出标准是预算管理标准化的重要基础[①]，是指对预算事项合理分类并分别规定的支出预算编制标准，包括基本支出标准和项目支出标准[②]。尤其是，预算支出标准和预算绩效管理作为现代预算制度建设的重要内容，在制度演进中不断融合，共同发挥着优化预算决策的重要作用（马蔡琛和赵笛，2022）。当下，发挥预算支出标准对预算编制的基础性作用，持续推进支出体系标准化已成为健全现代预算管理制度的重要内容[③]。党的十九大报告将“标准科学”纳入预算制度建设的整体要求，党的十九届四中全会《决定》将这一要求前置，提出完善“标准科学、规范透明、约束有力的预算制度”。预算支出标准体系和全口径预算管理是政府预算标准化和统筹管理的重要基础，而预算支出标准体系建设已经成为一套同时包括基本支出和项目支出的综合性体系。现实中，支出标准体系建设存在基本支出和项目支出的界限不清晰、支出标准的设置和调整机制不完善、缺乏支出标准体系建设的部门协调机制等问题。鉴于此，健全预算支出标准体系建设应聚焦基本和项目支出标准的差异、部门协同与主体责任、控制性与灵活性等关系，以及推进地方预算支出标准的问题，分类别、分步骤、分地区加快推进支出标准体系建设，实现支出标准与预算管理有机融合，预算编制、审查、执行、调整和决算都要以支出标准作为前提。

---

① 对于预算支出标准而言，基本支出标准的试点起步相对较早，2009 年项目支出定额标准体系建设全面启动之时，中央部门基本支出定员定额试点已初见雏形。

② 基本支出是指各部门、各单位为保障其机构正常运转、完成日常工作任务所发生的支出，包括人员经费和公用经费；项目支出是指各部门、各单位为完成其特定的工作任务和事业发展目标所发生的支出。

③ 《财政部关于加快推进中央本级项目支出定额标准体系建设的通知》（财预〔2015〕132 号）。

一、健全基本支出和项目支出的具体标准体系

（一）持续完善基本支出标准体系

当前基本支出的定额标准体系已初步形成，未来的重点是持续完善基本支出标准体系。在“零基”理念指导下，运用支出标准测算公用经费和人员经费。完善基本支出定员定额和实物费用定额标准体系，以及机关运行经费实物定额和服务标准。基本支出实行综合限额与分项标准结合。对公用经费实行综合限额管理，首先对同级部门设定综合限额上限和下限标准①，基本支出中的人员经费应按国家统一的工资和津补贴政策足额保障到位。对公用经费实行综合限额管理，首先对同级部门设定综合限额上限和下限标准，即“限高”和“托底”，综合限额标准主要解决不同部门公用经费支出保障水平相对均衡化问题。同时，可参照部门前三年公用经费支出平均标准，结合部门工作职能，确定部门新一年度公用经费具体限额标准，部门执行预算支出还要符合具体分项支出标准规定。并且，对一些在基本支出和项目支出中都存在的商品或服务支出，如水电费、会议费、培训费等，应明确规定其支出内容和边界划分，防止基本支出和项目支出的混淆和挤占。此外，考虑以政府收支分类支出经济科目为基础进行分类管理。先按照支出经济分类建立一级预算支出标准，再根据不同部门的职责任务，在一级支出标准的基础上建立二级支出预算标准。

（二）继续健全项目支出标准体系

按照急用先行原则，继续健全项目支出标准体系②。拓展项目支出标准覆盖范围。项目支出应全部以项目形式纳入预算项目库，实行项目标准化分类，规范立项依据、实施期限、支出标准、预算需求等要素。依托大数据和人工智能技术，根据支出政策、项目要素及成本、财力水平以及预算单位需求等因素，建立不同行业、地区、分类分档的项目支出标准，加快推进项目要素、项目文本、绩效指标等标准化规范化，明确标准建设的流程。项目支出实行总量控制与分项标准相结合。由于短期对大部分项目全部支出内容实现标准化不现实，可采取先估算设定项目总量支出标准，具体执行时严控已有标准的分项支出，从而达到综合控制支出标准的目的。同时要注重标准的可操作性，明确规定标准内容，清晰界定标准适用范围。此外，进一步厘清基本支出和项目支出的边界，防止混淆和相

① 综合限额标准主要解决不同部门公用经费支出保障水平相对均衡化问题。

② 编制综合项目定额标准难度较大的，可先对项目支出中容易量化管理的部分制定标准。

互挤占。可以进一步细化基本支出定员定额标准，对办公费、邮电费等公用经费根据支出方向进行细分，防止基本支出挤占业务类项目支出。对于项目支出而言，应通过科学规范的数字化标准来有效划分“资产运行维护”和“信息化运行维护”项目，明确项目支出的具体范围，已在基本支出中通过公用经费划拨的资金，就应严禁其列支在运转类项目经费之中。

二、建立支出标准体系的部门协调机制

支出标准体系建设是一项系统工程，需要整体统筹谋划，仅根据单一部门提供的资源、信息和能力难以准确设立支出标准。支出标准体系建设需要由财政部门、预算单位以及政府内外部主体协同完成，在财政部门的协调下使各预算单位达成一致，至少应包括有关实际和计划支出的准确信息，使得建立的标准体系能够获得部门间的共识。总体原则是，由财政部门统一制定基本支出和通用项目的支出标准，部门专项业务支出标准由财政部门和业务主管部门共同制定[①]。财政部门要强调预算支出标准的规范性，可以通过指导性文件或指导手册的形式，进一步明确标准内容、适用范围以及相关部门职权责任等。在此基础上规定支出标准设置的具体流程，规范标准设置的方法，尤其要注重标准数据、标准文本以及相关指标等在格式上的统一。以课题研究经费为例，财政部门要针对不同部门、科研类型、研究方式的课题项目，建立不同的支出标准和绩效标准。同时，压实预算部门建立专项任务类支出标准的主体责任。可通过强化支出标准评价结果应用和绩效奖惩来倒逼预算部门落实主体责任。最后，对“碎片式”支出标准进行整合。基于全成本口径，运用成本核算方法梳理项目的成本内容、成本结构和历史成本等数据，通过标杆分析和趋势分析剔除历史成本中的不合理因素，建立成本定额标准。在此基础上，结合成本定额标准和成本效益分析结果，将各项标准串联形成支出标准体系。以课题经费项目为例。财政部门应在项目绩效评价基础上，牵头梳理各部门的课题类型、支出内容以及课题产出、结果应用等情况，将项目绩效目标的数量、成本指标等与经费测算依据和明细对比，打破原有按一般、重大、特别重大维度划分经费标准等不符合部门编制课题预算需求的做法。

---

① 如，经常性支出项目按“两个级次、四项标准、六个维度”分类，即，预算项目分为工程类、信息化类、专业服务类、公用事业类、医疗教育类和产业发展类等六个领域；结合项目库管理规程进一步分成一级、二级，分级分类后的预算项目建成“四项标准”。

三、推动各地因地制宜健全支出标准体系

省级政府要参照中央本级推进项目支出定额标准建设的做法，由各省财政厅牵头制定预算支出标准体系建设的政策指导意见，明确工作总体目标、方向、推进计划和实施要求等，同时由省本级和各市县按照统一的政策指导意见，结合本级实际情况，在统一政策框架下研究制定本级预算支出标准体系，逐步形成省市（县）联动推进的工作格局。

具体地，根据各地区经济、民生和社会事业发展规划、承担相应职能的各部门各单位阶段和年度实施目标，区分预算支出的性质和用途，综合考虑要素成本和财力水平，鼓励地方探索建设支出标准体系。一方面，由于经济发展水平、环境差异及部门的职能不同，地区和部门在标准设置上会存在差异，各地应公开标准并解释，为部门和地区间预算安排比较提供标尺和依据。同时注重各类标准的可操作性，明确规定标准内容，清晰界定标准适用范围。实践中，部分地区将预算支出标准分为通用标准、专用标准、部门内部标准和部门预算支出标准等，预算评审和项目入库过程中强化了对支出标准的运用。另一方面，加快建立国家基础标准和地方标准结合的基本公共服务保障标准体系。由财政部会同有关部门制定国家基础标准，地方结合经济民生和社会事业发展规划、承担相应职能的各部门各单位阶段和年度实施目标、公共服务状况、支出成本差异、财政承受能力等，制定地方标准。

此外，国家基础标准应加强同国家中长期战略规划、中期财政规划等政策的契合。可以参考部分国家的设置方法，将支出标准区分为中长期标准以及年度标准，对于具有较强财政可持续特征的支出，可选择中长期标准约束，对于具有较高年度变化特征的项目则设置年度标准。在国家标准的基础上，各地可以因地制宜制定地方标准，并对标准进行公开和解释，在此基础上对具体预算条目下的测算方式加以说明，使公众深入了解预算编制的具体信息，为部门和地区间预算安排的横向比较提供标尺和依据。

就地方实践而言，河南、江西等地在支出标准体系建设上卓有成效。如，河南省大力推进预算支出标准建设，至2022年共形成覆盖政务信息化、大型会展和招商、公益场馆布展及运维等领域的16项省级项目支出标准。具体而言，省财政重点针对涉及面广、资金量大、实施期限长、适合标准化管理的项目，加快推进标准体系建设。支出标准明确各类项目的适用范围，规范各部门在申报项目预算时需要说明的情况、填报的内容，分类分项分档规定具体限额标准，充分满足相关领域项目预算编制和审核的需要。同时，以支出标准强约束增效益。标

准制定严格剔除不合规不合理的支出，明确规定有关标准为最高限额控制标准，同步设置绩效目标切实硬化支出约束，挤压资金水分。并且，选取开封市、鹤壁市、济源示范区试点开展标准建设，采取现场调研、业务指导、视频培训等方式，引导市县根据支出政策、项目要素、财力水平等科学制定标准，不同行业、不同地区、分类分档的项目支出标准体系正逐步建立[①]（见专栏9–1）。江西省从2022年起，部门在申报项目入库时，项目文本中未说明和上传经费测算标准的项目不得纳入项目库。省财政厅印发《省级预算项目支出标准体系建设三年行动方案（2023—2025年）》，对今后三年省级项目支出标准建设作出部署和安排，主要明确"定标准、定方向、定考核""三定"思路，实现"分类别、分项目"建设，"有计划、有指引"编制，"重评价、重运用"激励[②]（见专栏9–2）。此外，广东省财政厅自2018年以来，初步建立了省级项目支出预算标准建设工作制度和编制论证规范，形成包含9个一级分类，48个二级分类，96个开支范围体系结构，基本涵盖部门预算所有支出，先后印发了省级政务信息化、省属高校建设、法院系统基础设施维修修缮等领域14项标准（王艳芳，2023）。贵州省龙里县不断强化预算支出标准建设，明晰预算支出标准，按8个档次核定公用经费定额标准，明确通用办公设备购置费预算标准、办公家具配置标准等[③]。

◇ 专栏 9–1

河南财政：建立支出标准制度"四梁八柱"助力财政治理现代化

今年以来，河南省财政厅坚决落实党政机关习惯过紧日子要求，深入推进预算管理制度改革，加快项目支出标准体系建设，推动过紧日子制度化常态化，着力构建支出标准工作"1+2+N"制度体系，为助力财政治理现代化筑牢基础支撑。

加强制度设计，优化方案规划。着眼标准体系长远建设，研究制定《省级项目支出标准体系建设实施方案》，进一步明确下一阶段的总体规划、工作任务及保障措施，为统筹有序、系统推进标准体系建设奠定基础。特别是，要求将财政标准作为预算编报、审核和安排的依据，凡标准适用范围内的项目支出，省直部门应在标准限额内编制项目预算；对于适用于综合标准和分项标准

---

① 目前，鹤壁已印发标准5项、修订1项，济源已印发1项、启动3项，开封即将出台2项。资料来源：https://www.henan.gov.cn/2022/04-12/2429978.html。

② 到2023年底，先行完成一批项目支出标准编制工作，强化支出标准在预算编制中的应用；到2025年底，基本建成数量适度、结构合理、科学规范的支出标准体系，部门"重标准、懂标准、用标准、守标准"在预算管理中得到全面体现。

③ 资料来源：http://www.mof.gov.cn/zhengwuxinxi/xinwenlianbo/guizhoucaiZhengxinxi lianbo/202309/t20230915_3907391.htm.

的项目，预算实行分项核定、总额控制，各分项间可统筹使用。

加强过程控制，规范业务流程。建立《项目支出标准体系建设厅内联席会议制度》，压实成员单位责任，每年定期召开会议，总结工作、讨论问题、研究计划，有效发挥议事协调作用，促进科学谋划、凝聚合力。出台《省级项目支出标准制定操作规程》，明确标准的制定依据、程序、方法步骤等内容，切实规范标准编制流程，为标准制定提供指导遵循。

加强精细管理，完善标准制定。进一步加强标准制定分阶段、分类型管理，在各项标准制定前，结合实际研究制定具体可行的工作方案，从前期准备、制定标准、审核发布等3个阶段对工作内容进行细化安排，切实提高标准制定的计划性和条理性。截至目前，先后制定涵盖办公用房维修及装修、政务信息化建设及运维、大型会展和招商活动、公益场馆布展及运维等领域的支出标准21项，不断完善过紧日子制度体系，强化项目支出预算管理。

资料来源：中国财经报网，https://www.cfen.com.cn/xw/cz/202408/t20240812_841750.html。

◇ 专栏 9-2

江西分三年建立支出标准

近日，省财政厅印发《省级预算项目支出标准体系建设三年行动方案（2023—2025年）》（以下简称《行动方案》），对今后三年省级项目支出标准建设作出部署和安排,主要明确“定标准、定方向、定考核”等“三定”思路，实现“分类别、分项目”建设，“有计划、有指引”编制，“重评价、重运用”激励。到2023年底，先行完成一批项目支出标准编制工作，强化支出标准在预算编制中的应用；到2025年底，基本建成数量适度、结构合理、科学规范的支出标准体系，部门“重标准、懂标准、用标准、守标准”在预算管理中得到全面体现。

定标准，分类别、分项目建设

紧扣预算管理需求，充分发挥支出标准在预算编制和管理中的基础支撑作用，加快预算项目支出标准建设，建立健全以定额标准和编制规范相结合的项目支出标准体系。项目支出标准按照成熟度及适用范围等，分为财政标准（包括通用和专用两个标准）和内部标准。内部标准成熟后，可上升为财政标准。

一是通用标准建设。通用标准适用于共性预算项目，由省财政厅牵头制定。2023年完成省直机关差旅费支出标准修订。2023—2025年，修订信息系统建设及运维支出标准，研究制定宣传活动（宣传片等）支出标准、劳务费（评审、咨询等）支出标准等通用标准。

二是专用标准建设。专用标准适用于特定部门或专项项目，由相关部门牵头制定。2023年开展渔政执法巡护船艇运维支出标准、生态环境人工监测支出标准等12项专用标准建设。2024年开展航道养护经费支出标准、地形级实景三维建设支出标准等15项专用标准建设。2025年开展船闸运行管理经费支出标准、省级自然资源调查监测项目支出标准等15项专用标准建设。

三是内部标准建设。内部标准由部门负责编制、印发执行，并报省财政厅备案。各部门应聚焦重点工作任务、重大延续性项目，合理谋划未来三年的部门内部标准建设任务。未承担通用标准、专用标准建设任务且有项目支出的部门，每年应至少新制定一项内部标准。有关部门应优先选择与部门核心职能相关、适合标准化管理、业务工作急需、实施期限长的项目制定内部标准。如编制综合定额标准难度较大，可先对项目支出中容易实行标准化管理的部分制定定额标准，或制定编制规范。

定方向，有计划、有指引编制

支出标准高低，直接决定财政资金分配，直接影响项目完成质量，科学性尤为重要。为此，方案同步下发《省级预算项目支出标准编制指引》，以及《项目支出标准主要内容》《项目支出标准编制说明》等参考模板，详细解释项目支出标准的编制程序和方法。

一是编制支出标准。各部门参照《省级预算项目支出标准编制指引》开展相关工作，按照"项目—任务活动—子任务—成本要素"层次细化项目，通过成本要素分析，科学测定要素的标准单价，结合完成项目必要工作量，提出支出标准建议。

二是审核支出标准。省财政厅对部门提交的相关支出标准进行测算和审核，重点审核定额标准的测算方法和过程，并将实际执行情况作为制定和调整支出标准的依据。对专业性较强的支出标准，可委托中介机构或邀请行业专家参与审核。

三是发布支出标准。对取得一致意见拟发布的财政支出标准,由省财政厅会同省直部门印发执行。省财政厅将归集现有各类标准或编制规范，依托预算管理一体化系统集中统一发布，便于标准查询及引用。部门内部标准文件报省财政厅备案。

定考核，重评价、重运用激励

坚持高位推动，压实责任分工、注重考核评价，强化结果运用，确保支出标准建设各项工作如期完成。

一是组织领导"强"。为强化督促指导，省财政厅成立工作专班，具体推进支出标准体系建设工作。各部门加强组织领导，强化政策衔接、信息沟通，及时解决支出标准建设中遇到的问题，发挥财务和规划的统筹作用，落实工作职责，有序推进支出标准建设。各部门编制的项目支出标准涉及其他部门的，在编制过程中充分征求相关部门意见。同时，增强时间节点意识，妥善平衡好资金与业务的关系，按时提交支出标准建设成果。

二是项目编制"准"。为提高标准建设的科学性、合理性，各部门制定的标准应符合实际，切实可行，与我省经济发展水平、财力状况以及预算安排情况相衔接，不得与法律法规以及财政标准等相抵触，项目文本要做到内容完整、格式规范、结构合理。在标准制定过程中，充分利用预算评审、部门决算、绩效管理等环节信息资料，不断改进标准制定方法。

三是结果运用"实"。为进一步调动各部门开展支出标准建设的积极性，《行动方案》将各部门支出标准建设情况纳入省直单位综合考核中绩效管理指标评价范围，对支出标准建设进度快、成效好的部门予以加分。按新标准计算的年度项目支出预算建议与以前年度该项目同口径实际安排数保持大体平衡，不得以标准制定倒逼财政增支。

资料来源：赣州财政公众号，2023年6月28日，https://mp.weixin.qq.com/s?__biz=MzIyNTYwNjcyMw==&mid=2247503449&idx=2&sn=9d1431ace3bfb413cc6f79cecb7e6ee6&chksm=e87fa375df082a63556827e01ab6162068a8c6c2df4874e0570ac1f68bf26bf6942ca35f6f91&scene=27。

四、建立健全基于支出标准的绩效管理机制

将预算支出标准应用于绩效评价，在预算执行中实现绩效目标和支出标准"双监控"。一方面，将支出标准应用于预算绩效管理全过程。将绩效管理关口前置，发挥支出标准对预算编制的指导作用，强化标准对事前绩效评估的支撑作用，促进预算编制标准化；同时，完善标准体系于事中监控和事后评价。针对预算执行问题、绩效目标偏离情况以及事后评价发现的资金经济性、效率性和效益性等问题，可适当借鉴部分国家将其与中期财政规划匹配的做法[①]。另一方面，将支出标准与绩效考核结果挂钩，将成本定额控制与成本绩效奖励挂钩。聚焦重大政策和重点项目，通过多维度多层次的成本效益分析，比较不同部门在相同领域编制、执行预算以及预算绩效管理的结果，测算如购买服务、购置设备等项目的支出成本，确定公共服务标准和成本定额标准，作为项目支出标准和绩效评价标准建设的依据，破解预算投入产出分离导致的效益"虚化"（沈洋，2023）[②]。预算安排与部门绩效考核挂钩后，绩效考核结果可直接反映部门工作量，预算项目以此进行编制更有绩效。围绕支出标准化体系，健全评价结果应用和绩效奖惩机制，倒逼预算部门落实主体责任。

五、适度提高预算支出标准的灵活程度

推进预算支出标准化建设以及不断推进预算支出标准的动态调整和管理，

---

① 澳大利亚年度预算限额是在对未来3年支出项目成本估算的基础上确定的，法国的年度预算目标也是由多年期（一般为5年）预算框架决定。

② 如，部分部门借助外脑项目偏好将项目外包，容易导致资金低效使用。

已经成为后续预算管理制度改革的重要内容。预算支出控制过于宽松可能产生铺张浪费，过于严格则会导致资金流动滞缓。一方面，有选择地放宽年度支出标准。支出标准会限制预算的灵活性，尤其是涉及多部门或跨年度的大型项目，相关部门往往在项目开始若干年前就设定了年度预算支出标准，而事前设定标准要求财政部门在资金使用前要控制资金投入和使用过程，这需要赋予支出部门自主使用资金的空间，以应对可能的资本支出不足。因而，年度预算支出标准体系可以适当宽松[①]，其结转可不计入下一年度的预算支出标准，且结转可跨越多年度。也考虑将支出标准周期延长，具有较强财政可持续的支出选择中长期标准，较高年度变化特征的项目设置年度标准。另一方面，要建立健全支出标准的动态调整机制。由于经济发展水平、技术更新水平、物价水平和财政状况不断变化，需要对支出标准的范围与内容定期调整。对于已有的项目标准，可以加大运行监管的力度，采取大数据等新兴技术实现动态控制，定期开展评估讨论会，以项目实际执行情况作为主要依据，对支出标准进行调整与改进，使得标准具有更强的实用性。同时，加强对项目执行情况的分析和结果运用，将预算执行情况作为制定和调整标准的依据。预算支出标准的动态调整应考虑价格、成本的变化、部门的政策调整以及项目实际执行情况，定期修订相关标准，不断增强标准时效性和完整性，且调整的幅度、范围均须论证考察，防止支出部门过度提高标准（见专栏9–3）。

◇ 专栏 9–3

预算支出标准体系建设的浙江经验

近年来，浙江省财政厅积极推进预算支出标准体系建设，逐步构建了商品和服务支出类的完整标准体系。其主要经验做法如下：

一、明确划分支出分类体系。浙江省财政厅从经济分类入手，在原有的款级分类基础上，结合实际支出的商品和服务内容，将商品和服务支出进一步划分为53类，然后分别对每一类别确定支出标准。将办公费进一步细分为五类——日常办公用品、书报杂志、办公耗材、办公用茶、其他。并且对每一种分类所包含的商品都作出了详细的描述，厘清了各个分类之间的界限。同时，对同一类商品服务支出中的基本支出和项目支出的边界进行明确，防止双方之间的混淆和挤占。

二、采集与分析历史支出数据。支出标准的制定主要依据历史支出数据，采用全面调查和重点调查相结合的方式，对各单位前三年各类支出数据进行搜集和整理，并应用专门开发的大数据分析软件进行数据处理和数据挖掘，掌握

① 对于宽松的定义，应由财政部门经考察估计后作出相应规定。

各单位所有分类支出的历史数据，为确定支出标准奠定基础。通过厘清日常公用支出及专项公用类项目支出边界，建立列入日常公用经费预算经济科目的支出标准，建立了302“商品和服务支出”经济科目下的办公费、印刷费等16个款级经济科目支出标准，并在办公费、邮电费、其他交通费用3个经济科目下细化了项级支出标准，共计设定了25个具体的支出标准。对于应列项目支出的也规定了列支的内容，采用一事一定的方式编制并审核。

三、科学设定标准参数和调整权限。根据支出类型的不同，设定了人均标准、物均标准、比例标准、限高标准等四种形式，对属于不具普遍性的零星支出，如：手续费、税金及附加费用等，暂不设标准，由单位发生支出时从“其他商品和服务支出”科目中调整使用。考虑到各单位的实际情况，针对不同的支出类别设置了一定的调整权限，调整权限的设置分为可增可减、不增不减、可增不减、不增可减，不增不减的主要是采用比例标准的经济科目，如工会经费、福利费；可增不减的主要是零星支出，暂不列标准的经济科目；不增可减的主要是与车辆经费、个人车补相关的经济科目。

资料来源，江苏省财政厅官网，2018年12月6日，原标题《推进预算支出标准体系建设的思考》（节选），http://czt.jiangsu.gov.cn/art/2018/12/6/art_7948_7946346.html。

六、通过全成本预算绩效管理设置支出标准

在投入成本与产出效益相匹配的基础上，通过全成本核算、成本效益分析等方式，剔除历史成本中的不合理因素，为预算支出标准编制和动态调整提供依据。成本的真实和清晰是保证绩效评价结果真实合理的基础，而预算支出标准则是核算和考察成本的首要步骤。在全成本预算支出标准建设中，各地不断利用大数据等新兴技术，提高支出标准设置的科学性与先进性。例如，湖南省慈利县搭建了便于采集、分析的动态公共产品与服务成本绩效信息管理数据库，增强成本绩效信息的共享共用。在当前全国尚未建立统一、规范的分行业成本指标体系的情况下，将财政资金支持的方向和领域，按类别、行业、领域进行细分，并通过对试点项目成本效益的系统分析来核定财政支出定额标准，有助于项目成本定额标准、财政支出标准和公共服务标准的进一步统一。

七、以预算管理一体化推动支出标准体系建设

预算管理一体化作为预算制度执行的主要支撑手段，通过制定科学的支出标准，切实硬化预算约束，全面规范预算管理，有效控制政府、部门、单位之间

预算资金运转，加强对各项资金和资产的统筹管理，进一步实现财政支出科学标准、制度实施规范透明、预算执行约束有力的预算制度改革要求和改革效果。作为加强预算管理标准化、自动化的信息手段，应进一步推进预算管理一体化与大数据、人工智能等新技术的融合。当前，预算管理一体化系统主要作为预算编制、监督和管理的线上平台，已实现在不同层级和部门之间的数据联通，可以将大数据和人工智能等信息化技术深度融入其中，通过预算管理政策库、项目库、绩效指标库、支出标准库等数据库的建设，实现对预算项目政策的有效筛选和优先级排序，这样不仅有利于项目和政策间的横向比较，也可以防止项目交叉重叠。同时，辅之以人工智能的自动学习技术，通过筛选历史指标、评价标准、政策数据的形式，实现对预算执行情况的绩效监督以及自动化的绩效评价。此外，未来的预算管理一体化改革应当细化管理规范，控制支出规模，完善支出标准，提高系统操作的便利性；培养、用好懂预算业务又懂信息技术的复合型人才；推进一体化系统与预算实际业务深度融合（见专栏9–4、专栏9–5）。

◇ 专栏 9–4

“预算管理一体化”专版，来了！

2021年3月，国务院印发《关于进一步深化预算管理制度改革的意见》，明确了中央和地方预算管理一体化建设的时间表和路线图。目前，预算管理一体化建设已取得突破性进展和显著成效，整合了原有各个独立系统，打通了信息孤岛，减轻预算单位多头报送、审核对比、重复录入的工作量，极大地提升了预算管理效率。同时，解决了各级预算管理“车不同轨、书不同文”的问题，实现了预算数据的自动汇聚和转移支付资金自动追踪，为更好统筹财政资源、调整优化支出结构和完善常态化财政资金直达机制提供了有力抓手，在财政发展历史上具有里程碑意义。预算管理一体化建设运用信息化手段推进预算管理现代化，不是零敲碎打调整，也不是碎片化修补，而是在历次预算改革基础上的系统集成，对于将制度优势转化为治理效能，推进国家治理体系和治理能力现代化具有重要意义。

全线跑通“一体化”科学管理见成效
——中央预算管理一体化试点部门建设纪实

道阻且长，行则将至。2021年8月，财政部办公厅应用一体化系统完成第一个项目申报入库；9月，组织部门所属60多家预算单位完成第一次预算上报；2022年1月，完成第一笔资金支付和会计记账；2月，完成第一件资产入账和处置；3月，完成第一单政府采购业务……伴随着诸多“第一次”的实现，财政部一步一个脚印，单轨运行，全线跑通了“一体化”系统，实现了全流程的高效管理。

为全面贯彻《国务院关于进一步深化预算管理制度改革的意见》，在中央预算管理一体化建设业务组统一部署下，财政部作为中央部门中的一员，勇当“急先锋”，同住房和城乡建设部、中国地震局等4家部门一道开展试点工作，测试系统，探索经验，为一体化系统在中央部门范围内全面推广“打头阵”。不得不承认，任何改革都会面临阵痛和压力，但只要坚定信念，以钉钉子精神落实党中央、国务院决策部署，就一定能完成改革任务，收获成功果实。

精心组织，当好改革攻坚排头兵

接到试点任务后，财政部高度重视，积极落实。办公厅将其视为提升部内预算财务管理的难得契机，当作头号中心工作来抓，成立了预算管理一体化试点工作领导小组，办公厅主任任组长，分管预算财务工作的副主任任副组长，小组成员由财务一处和财务二处的业务骨干组成，同时建立了部内预算、财务、资产、采购、人事、房管部门的联合协调机制。

在一体化系统筹备阶段，办公厅与一体化建设业务组就开始了密切配合，指定专人长期驻点参与专项工作，派出预算、执行、资产、采购等各环节业务骨干多次参加业务组召开的专题研讨，就业务需求和系统功能积极建言献策。在系统上线伊始，办公厅组织部属单位召开座谈会，学习贯彻中央精神，统一思想认识，深刻领会预算管理一体化建设在落实党中央、国务院关于党政机关坚持“过紧日子”要求、加强财会监督、提高财政资金使用效益等方面的重要意义。组织部属单位全体财务人员参加业务培训，协调各单位提前做好软硬件准备、设备联网、基础数据收集等工作。通过各方努力，财政部上下一心，为一体化改革试点做好了充分准备。在系统运行过程中，工作组的同志24小时为部属单位进行实时辅导、解疑释惑，纾解应用新系统、适应新流程带来的各种压力。在财政部党组和办公厅领导班子的坚强领导下，各预算单位齐心协力，应用一体化系统完成2022年部门预算“两上两下”编报工作，按计划全面开展2022年预算执行工作。在预算执行环节，财政部是唯一实行单位资金预算执行控制、在线会计核算、启用工资模块的试点部门。

多措并举，将一体化建设与内部管理融为一体

预算管理一体化建设以建立完善标准科学、规范透明、约束有力的预算制度为目标，统筹预算制度改革和财政工作数字化转型，用信息化手段推进预算管理现代化。办公厅在试点工作中依托一体化系统，多措并举，积极探索将一体化建设与内部管理融为一体的方式方法。

完善基础信息，夯实改革之基。一体化系统的基础信息包括单位信息、人员信息、资产信息、支出标准、绩效目标等，以往这些信息分散在各职能部门，未能有效地进行集中统一利用。办公厅在试点期间，将原各个系统中的基础信息进行了对比分析，整理汇总核实了单位、人员、资产等基础信息十万多条、支出标准数百项，并将这些信息一次性导入一体化系统。今后，预算单位在此基础上对基础信息进行统一登记和更新维护，在预算管理各环节可直接使用，不需要重复填报，极大地减轻了单位工作量，大大提升了基础信息管理的规范程度，也保证了基础信息各环节一致性。基础信息的规范、统一，为提高预算编制的科学性和准确性、确保实现“数出一源、规范管理”筑牢了基石。

加强制度建设，改进内部管理。一体化系统将若干信息孤岛有机整合，内嵌预算财务制度规定和内部控制要求，实现预算管理信息共建、共管、共享，对各单位已有管理模式提出新的挑战。办公厅坚持将一体化规范融入预算财务管理日常工作中，建立健全规章制度，优化整合业务流程，结合自身实际先后研究制发有关工作通知和规定，将提高预算编制质量、坚持过紧日子、促进资源节约循环利用、加强财务内控等要求落实到内部管理过程中，不断提高部属单位财务资产管理的科学化、标准化、规范化水平。

经过试点，参与人员深刻感受到，作为深化预算管理改革的重要一环，如果把一体化系统比作骨骼，那么部门和单位的内部管理就是肌肉，只有两者协同配合，才能融为一体。一体化管理理念是这一工作的灵魂，贯穿在整个改革过程中，必须一以贯之，方能行稳致远。

成效初显，预算财务管理水平再上新台阶

近一年来，财政部以最多的预算单位、最广的业务面、最全的流程稳步完成了有关试点工作，也促进自身预算财务管理水平再上新台阶。

系统集成高效化。一体化系统整合替代原有独立的预算编制、预算执行、会计核算、资产管理等信息系统，打通信息孤岛，实现集中部署和统一控制，减轻了单位多头报送、审核对比、重复录入的工作量。例如，预算执行模块与会计核算模块衔接后，一笔账款支付出去，系统就能自动生成机制凭证，无需再像以往一样进行手工录入，节约了大量时间。信息化水平的提升直接缓解了基层财务人员的工作压力，提高了工作效率。

预算编制科学化。一体化规范要求预算项目要实施全生命周期管理，做实做细项目库。财政部各部属单位在编制2022年预算时，感受到最明显的变化就是项目金额需要以“支出标准×数量/频次”的计算方式进行测算，很大程度上杜绝了“拍脑袋”决策的情况，以系统控制将“先谋事后排钱”的理念深植人心，切实提高财政资金使用效益，把钱花在刀刃上。各单位最终要报送的预算报表由项目信息自动提取生成，无法手动修改，这也进一步要求项目实施主体做好事前谋划，提高预算编制水平。

执行监管透明化。一体化系统为部门和单位加强预算执行全过程监管提供了有力支撑。系统内置了较为强大的查询、分析功能，部门、单位可以实时查看预算执行、采购进度、资产存量等情况，对每一笔支出向上可以追溯到预算指标，向下可以跟踪到资金去向，对每一笔采购业务可以掌握实时进展，对每一件资产实行“增、用、修、废”全流程管理，消除监管盲区，一改以往部门执行监管不及时、不全面、不透明的被动局面。

预算约束刚性化。预算编制与预算执行上下联动、无缝衔接，彻底解决“两张皮”问题。系统设置了若干规则，对有疑点的业务自动提醒，不符合规定的业务自动阻断，一方面杜绝了未经批准在不同科目项目间调剂支出、账实不符等问题；另一方面层层传导压力，倒逼单位提高预算编制质量，从源头上管住、管好。同时，系统将国有资产管理和政府采购的全流程业务与预算编制、预算执行有机融合，切实加大了制度执行的刚性约束。

千里之行，始于足下。当前，财政部应用一体化系统全面提升预算财务管理水平的探索仍在继续。在全线跑通基本业务流程的基础上，财政部将继续带头试点系统新功能、新模块。同时，着力练好内功，系统梳理现有部门和单位内部业务流程、管理办法、支出标准等制度规定，查漏补缺、及时修订，积极开展部门和单位整体支出绩效评价试点、政府购买服务改革试点等工作，推进预算管理改革成果落地生根。

资料来源：中国财经报，2022年4月21日。

◇ 专栏 9-5

陕西预算管理一体化改革取得新成效

陕西省财政厅立足实际、坚持创新、大胆实践，开发建设了基于全面云化架构、全省同步上线的财政预算管理一体化系统，支撑了全省财政预算管理业务顺利开展。“陕西经验”为全国预算管理一体化建设提供了参考，“陕西系统”为跟从建设的中央和兄弟省份提供了选择。

“云计算架构是当前信息领域的先进技术，按照《预算管理一体化规范》（以下简称《规范》）要求，陕西财政云预算管理一体化系统要对财政管理业务进行重塑和流程再造，实现新技术和新业务的深度融合，是一个不小的挑战。”陕西省财政厅厅长丁云祥说。

为此，陕西财政厅一方面对照《规范》完成业务需求整理和管理模式调整，将《规范》的业务管理要求和控制规则嵌入系统；另一方面，以《预算管理一体化技术标准》为技术指南，引入总集、监理等对系统建设的技术路径、程序质量和数据结构实行全域跟踪和监督，形成业务需求—顶层设计—开发测试—上线运行的开发管理模式；同时，协调人民银行、商业银行等外部机构完成系统改造和联调，确保系统各个功能模块在2021年1月陆续全面上线。

陕西预算管理一体化系统已在全省148个财政区划全面上线，2.8万家预算单位、8.3万多用户在线开展预算管理业务。从运行情况来看，陕西预算管理一体化系统已度过改革实施的“适应期”和系统上线的“阵痛期”，系统总体平稳运行。系统日均访问量10万人次，高峰时期并发用户达到1.4万人，日平均最高并发7000人左右。

“我省财政云预算管理一体化系统，是在2019年全省一体化系统全面上线基础上精准对标改造建设的，面临第二次的全省业务对标上线，容错空间很小，我们一边是充满信心，一边是慎之又慎，采取了各种措施确保稳定运行。”陕西省财政厅一级巡视员王范儒说。

2021年，陕西省省长赵一德在省财政厅调研时，充分肯定了陕西预算管理一体化建设所取得的成效。系统上线至今，整体平稳运行，用户满意度达到95%，得到了各级财政、预算单位的普遍认可，陕西预算管理一体化改革呈现出崭新的局面。

健全的管控规则，形成了全生命周期动态监控机制。陕西预算管理一体化系统严格按照《规范》要求，将预算项目作为预算管理的基本单元，构建了项目全年度申报、全流程审核、跨年度滚动的管理机制，并以项目为主线进行全生命周期管理。

"陕西预算管理一体化系统的全面应用，给财政管理模式从'经验管理'过渡到'数字管理'提供了可能性。借助系统一体化和业务规范化优势，陕西已经着手进行大数据资源的挖掘利用，目前正研究建设大监控平台和数据分析展示平台。"陕西省财政厅国库处处长尚海涛说，一方面，探索建成覆盖全业务流程的大监控平台，在资金分配、拨付、使用的同时，自动同步记录和反馈监控信息，夯实财政监督职能；另一方面，利用数字化、可视化展示方式，建立大数据分析展示平台，实时动态反映全省财政收支、财力保障、债务管理和资金监控等情况，逐步汇入人行、税务、统计等部门数据，实现数据的"一站式"展示和"穿透式"钻取，为各级管理者提供数据分析、趋势研判、预警提醒等决策支持，为领导规划决策提供参考。

资料来源：中国财经报，2022年4月21日。

第二节　健全中期财政规划体系

随着财政收支矛盾日益突出，预算编制逐渐关注预期性和长期性，如何推进跨年度预算的统筹协调，从中长期的角度保证财政可持续成为预算管理改革的重点。这需要加强跨年度预算平衡，将中长期支出事项、跨年度项目等纳入中期财政规划管理，与年度预算加强衔接（刘昆，2022）。中期财政规划是根据经济社会发展形势，对财政收支进行动态预测，并结合政府施政目标，对政府年度预算进行指导和修正的财政计划，有利于实现财政资源的优化配置和提高政府决策的有效性（王胜华，2021）。中期财政规划体系包括多年度财政收支预测、中长期预算规划与财政收支可持续性测算以及跨年度项目预算管理、预算支出标准与中期财政规划结合。立足新时代可持续发展理念，中期财政规划的编制应加强科学性和公开性，围绕以上三大主要方面开展。在此基础上，随着中期财政规划制度进一步完善，可以逐步将中长期宏观财政目标转化为预算总量和支出计划，并通过设计中长期绩效目标、开展中长期绩效评价的形式，从“投入控制”逐步过渡到“产出和结果控制”，使中期财政规划向中期预算乃至中期预算绩效管理过渡。

一、建立科学高效的中期财政规划制度体系

目前，我国尚未建立多年度财政收支预测、中长期预算规划与财政收支可持续性测算相关预算管理制度，中期财政规划对财政收支预测的研判能力不足，预测的准确性和科学性均有待提升。未来应当从短期跨年度预算平衡入手，逐步建立预算收支可持续制度，设定明确的短、中、长期预算规则。在这一过程中，需要精心设计预算规则①，在中期规划体系中引入绩效预算、权责发生制会计等制度安排，形成标准科学的中期财政规划体系。同时，严格执行跨年度预算平衡机制，增强中期财政规划对年度预算编制的约束性，改革重点应该关注如何通过编制中期财政规划来确定具有约束力的预算总额，尤其是在地市及区县的政府预算中怎样解决这个问题。并且，中央层面要提出财政收支预测的方法体系，给予地方政府具体预测指导。财政部可以考虑进一步细化中期财政规划中央范本，适当借鉴发达国家中期财政规划的有益经验，也总结部分地区实施中期财政规划的经验，对收支预测、项目库及选择标准等提出具体建议，进一步完善中央对中期财政规划编制工作的顶层设计、框架和方案实施细则，提高经济财政收支预测的准确性。并且，由于中期财政规划是一项十分复杂的专业技术性工作，可以考虑在其设计过程中吸收跨领域的专家、学者或第三方机构等“外脑”力量，充分利用计量和统计模型进行相关指标的预测。如，成立宏观经济和财政收支预测委员会来为政府部门的财政经济预测工作提供指导和帮助，切实提高政府对经济财政形势的预测和管理水平（闫坤和鲍曙光，2021）。

二、健全跨年度项目的预算绩效管理机制

中期预算和绩效预算两种预算管理关注的核心问题均是基于政策和战略的优先性，来广泛地重新分配预算资源，实现财政资金的合理有效配置（崔惠玉和周伟，2020）。未来改革应当加强跨年度项目预算管理，对跨年度项目实行滚动预算管理，公布其预算编制、执行以及绩效信息，并将历年来的预算安排与结转结余资金等信息也全部向社会公开。

一是对所有纳入中期财政规划项目库的项目，根据不同层级的绩效目标设

① 所谓预算规则，就是对政府财政收支的预算总量进行数量限制，从而形成对政府收支的约束，这是各国和许多经济组织通常使用的保障财政规则有效实施和确保债务可持续性的做法。

置明确的、可衡量的绩效指标，用于考核与量化项目的绩效表现。通过绩效管理体现中期财政规划的约束性和全过程监督管理项目，强化支出的结果导向。并且，要将项目的绩效目标根据短期、中期和长期进行不同层级的细化，且分别由不同部门负责，短期内具体的绩效目标由各部门或项目执行单位制定，中长期的绩效目标由财政部门管理。在此基础上，应当健全完善中期预算绩效评价指标体系，加快构建定量与定性相结合、共性与个性相结合、分行业分领域分层次、与基本公共服务标准和项目支出标准相匹配、横向纵向可测可比、动态可调整的绩效评价指标体系。

二是健全中期问责机制。对于跨年度项目，在中期问责机制的实际运行中，应注意不能仅以年度的绩效评价为依据，而需考察立项以来其整体绩效目标的实现，将整体绩效评价作为考核指标。具体而言，应以绩效目标为标准，对项目实施整体评价，将评价结果纳为安排后续年度滚动预算的重要考量因素。例如，青岛市坚持滚动安排。统筹支出需要与财力可能、当前投入与长远发展之间的关系，加强中长期支出事项管理，强化财政承受能力评估，在保持适当支出强度的同时，通过实行一次性安排与滚动安排相结合的方式，对可分年度安排的支出实行分期保障，提高财政预算安排的科学性和精准性[①]。

三是实现预算支出标准与中期财政规划相结合。从国际视野来看，OECD国家大多会编制至少涵盖预算年度后两年的中期财政规划，部分国家在编制中期预算时将预算支出标准一并制定。当然，中期规划视角下支出标准的覆盖范围有所差异。部分国家的中期财政规划仅包括两年的预算支出标准，如意大利的中期财政战略中具有约束力的标准仅覆盖预算年度及其后一年；部分国家会建立较长周期的预算支出标准，如新西兰的预算支出标准为三年，芬兰为四年，而瑞典的中期战略支出标准在若干年内具有约束力。

三、建立中期财政规划与经济发展规划衔接的部门协调机制

在中期财政规划视域下，政府财政收支年度内预算平衡不再是硬性要求，而是通过跨年度调节来考虑预算安排，以增强政府预算计划与国民经济和社会发展规划之间的同步性、衔接性，通过中期财政规划将党和政府重大战略决策和发展目标落实到具体预算上，将资金落实到项目上，进而优化财政资源配置，提升财政服务经济社会发展的能力和水平。当下，最要紧的是建立中期财政规划与国民经济发展规划衔接的多部门协调机制。在国务院主导下编制中期财政规划，建

① 《关于青岛市 2022 年预算执行情况和 2023 年预算草案的报告》。

立包含财政、发展改革委、人民银行、税务等多部门的中期财政规划委员会或联席工作会议，有效协调财政、发展改革委等部门的分工和合作，通过建立部门协作机制来促进中期财政规划与经济社会发展规划、年度预算联动运行。同时，建立中期财政规划管理的部门协调机制，可以推动财政和发展改革委等部门进行充分沟通、论证并达成基本共识，依托制度化部门沟通机制推进年度经济社会发展规划与预算的全面对接，提升专项规划和中期财政规划编制质量，明确清晰的项目投资计划及其资金需求，加强在编制时间、项目生成上与中期财政规划的衔接，增强对接能力（闫坤和鲍曙光，2021）。最终，通过强化中期财政规划与经济社会发展规划的衔接程度，将政府预算安排与中长期政策目标有机结合起来，使财政资源配置更具前瞻性、计划性、科学性，更符合项目实施的现实需要。

四、推动中期财政规划向中期预算和中期预算绩效管理过渡

世界银行将中期支出框架划分为中期财政框架、中期预算框架、中期绩效框架三个发展阶段。我国当前实行的中期财政规划是处于中期支出框架的初级发展阶段，是中期预算的过渡形态[①]。

改革应当逐步引入中期预算框架。中期预算框架能够在预算的确定性和适应不断变化的经济环境灵活性之间进行平衡，特别是在对中央和地方政府债务的预算管理中突出基于中期预算框架的中央地方协调、协同推进及动态平衡管理。财政部门应当同时编制年度预算和多年度预算，且中期预算框架应将约束预算收支的财政纪律和对冲击做出财政反应结合起来，涵盖进行规划、解释和传达财政调整的相关内容以提高政策有效性，并赋予紧急情况时预算收支变动的灵活性，从而可对中期预算框架和预算规则进行应对性调整[②]。

可逐步将中长期宏观财政目标转化为预算总量和支出计划，并通过设计中长期绩效目标、开展中长期绩效评价的形式，从“投入控制”逐步过渡到“产出和结果控制”，使中期财政规划向中期预算乃至中期预算绩效管理过渡。改革重点应关注如何通过编制中期财政规划来确定具有约束力的预算总额，尤其是在地市及区县政府预算中解决此问题。可进一步构建中期预算绩效评价体系，过程参照不同地区具体绩效评价对象确定各地个性指标，如财政支出自给率、财政供养率、财政支出拉动系数、财政支出贡献等指标（见专栏9-6）。

---

① 《国务院关于实行中期财政规划管理的意见》（国发〔2015〕3 号）。

② 2015 年国务院《关于实行中期财政规划管理的意见》对中期财政规划的主要内容和编制程序作出详细说明。

◇ 专栏 9-6

惠州惠阳：强预算增效益深谋划防风险 区财政局组织编制2023—2025年中期财政规划

中期财政规划是指按照深化预算管理制度改革要求，通过科学合理研判未来三年重大财政收支情况，采取逐年更新滚动管理方式，强化财政规划对年度预算的约束性。为推动我区经济高质量发展，实现中长期发展目标，增强政府统筹能力，区财政局坚持问题导向、兼顾当前长远，结合现行财税政策和各项收支实际情况，深入分析我区未来三年财政经济形势，会同区有关部门编制了《惠阳区2023—2025年中期财政规划》，进一步强化预算约束机制，提高预算前瞻性、精准性及可持续性，实现增效益、深谋划、防风险等多重目的。

一是加强统筹，把“全区一盘棋”作为中期财政规划管理的协调方法。实施中期财政规划管理涉及研究分析各项财政收支政策、统筹财力配置、防控财政风险，需要全区各部门凝聚共识、协调推进。区财政局作为区本级中期财政规划的编制主体，负责统筹制定中期财政规划相关工作，年初研究部署中期财政规划编制的工作重点和具体要求，并会同区发改、税务、自然资源、国资、社保等部门谋划规划期内经济形势发展、财税收入预测分析等工作，共同加强中期财政规划管理，推动构建集中财力办大事财政政策体系。

二是保障重点，把“财为政服务”作为中期财政规划管理的根本遵循。牢固树立“以政领财以财辅政”理念，紧紧围绕区委、区政府重大决策部署，集中财力办大事，坚决贯彻落实市财政预算报告、区“十四五”规划、区委区政府工作报告等文件精神，做好中期财政规划与国民经济和社会发展规划、政府投资项目三年滚动计划等工作的衔接，保障中央、省、市和区确定的财政刚性支出事项以及重大改革、重要政策资金需求，提高基本公共服务保障水平，切实兜牢“三保”底线。

三是精准谋划，把“跨年度预算平衡”作为中期财政规划管理的主要目标。统筹当前和长远，科学预测财政收入，合理确定一个时期的财政收支政策和重大项目资金安排，并根据年度中心工作，对政策体系年度间的资金安排进行调整，实行逐年滚动管理，构建跨年度预算平衡机制，促进财政可持续发展。结合我区未来三年财政收支仍呈现紧平衡状态的形势，需通过充分调入预算稳定调节基金和积极申请债券资金支持，增强财政保障能力。

四是强化约束，把“规划落地生效”作为中期财政规划管理的重要抓手。要强化中期财政规划对年度预算编制的约束，第一年的年度预算编制需和中期财政规划保持基本同步，后两年规划指引相应年度预算，确需调整的，须有充分的政策依据并按预算报批程序执行。在三年规划期内，区财政局将逐步强化规划约束，促进财政规划转化为政策、资金和项目，逐一抓好落实，使中期财政规划渐进过渡到真正的中期财政预算，推动财政可持续发展。

资料来源：惠州市惠阳区财政局，2023年7月3日，http://www.huiyang.gov.cn/hzhyczj/gkmlpt/ content/5/5022/post_5022747.html#8693。

第三节 健全全面预算绩效管理制度

党的二十届三中全会《决定》对深化改革、健全全面预算绩效管理提出明确要求，“完善国有资本经营预算和绩效评价制度，强化国家重大战略任务和基本民生财力保障。”“加强公共服务绩效管理，强化事前功能评估。”[①]本研究认为，全面实施预算绩效管理是提高财政资金使用效益的主要且有效的抓手。目前，我国已初步建立起以绩效目标为核心，覆盖预算编制、审批、执行、调整、决算全过程的预算绩效管理链条，为促进财政资金效益和提升财政政策效能奠定了基本制度。但鉴于我国预算绩效管理改革的时间不长和经验有限，全面实施预算绩效管理仍然存在预算与绩效一体化管理机制不健全、预算绩效管理范围不全，事前事后绩效评价质量不高，绩效评价结果应用不充分，绩效管理制度机制不健全等问题。为此，要针对性地改革完善预算绩效管理制度，需要健全预算与绩效一体化管理机制，进一步扩大绩效管理评价范围、延伸绩效管理评价链条以及健全预算绩效管理制度机制；在此基础上，要更加关注预算绩效评价的质量，实现“对预算绩效评价的评价”。

一、健全预算与绩效一体化管理机制

健全全面预算绩效管理制度的重要基础性工作是健全预算与绩效一体化管理机制，加快形成从预算编制到预算执行，再从预算执行到决算的绩效一体化管理，持续推动事前绩效评估、事中绩效监控、事后绩效评价与预算编制、执行、结果运用的全流程融合。具体地，可以在预算一体化信息系统的基础上，以预算绩效提升为目标和主线，推动优化整合现有不符合全面绩效管理要求的预算流程和环节，推动预算绩效目标与预算同编同审同下达、支出进度与目标“双监控”、绩效结果与预算编制相挂钩，形成“事前绩效评估融入预算编制—事中绩效监控融入预算执行—事后绩效评价融入预算结果应用”的全链条预算与绩效一体化管

① 《中共中央关于进一步全面深化改革 推进中国式现代化的决定》（2024年7月18日中国共产党第二十届中央委员会第三次全体会议通过），新华社北京7月21日电，中央人民政府网，https://www.gov.cn/zhengce/202407/content_6963770.htm?sid_for_share=80113_2。

理机制，从而全面提升预算绩效实施效能。

首先，健全预算编制与事前绩效评估融合的制度机制。可以考虑在预算一体化系统中设置绩效目标并进行事前绩效评估，全面推进以绩效为导向的预算项目库建设。在绩效评估内容上，要实现事前绩效评估对预算项目的全覆盖，确保所有新增项目必须进行事前绩效评估，如新增的重大政策和基建投资项目必须开展可行性、必要性论证和财政可承受能力评估，或者明确开展事前绩效评估的投资项目范围、重点自评项目逐年轮流数量、财政绩效抽评比例，并从项目立项的必要性、投入的经济性、方案的可行性、目标的合理性以及筹资的合规性等多维度进行分析。在绩效评估方法上，可以运用成本效益分析等方法对预算编制环节开展绩效评估，各部门在预算一体化系统中完成项目支出绩效评价和部门整体支出绩效评价填报。在绩效评估指标上，要健全分层次、分领域的预算绩效评估标准、指标体系、评价框架和评价方式，最终以事前绩效评估促进预算编制的完整科学有效。

其次，推进预算执行和事中绩效监控融合。将预算绩效全过程管理情况纳入预算绩效运行监控范围，对预算执行进度和绩效目标实现程度实施“双监控”，通过实施财政专项资金绩效运行监控，及时跟踪绩效目标执行情况，发现问题及时反馈整改，确保预算执行不偏离目标。可以考虑建立预算执行过程的红黄蓝灯绩效预警监控机制，将监控结果作为预算安排、资金分配、政策调整的重要依据，纳入政府对部门年度考核指标，倒逼各部门主动加强预算绩效监控，利用绩效监控强化预算约束，优化项目管理和加快预算执行进度。其中，对资金执行率过低或使用过程偏离绩效目标的，要求资金使用单位分析原因并纠正、调整或暂缓拨付，实现以绩效监控强化预算执行约束。并且，尝试将纳入专项转移支付动态监管系统、扶贫资金动态监管系统、直达资金监管系统的资金全部纳入预算绩效跟踪监控范围。

最后，推动预算结果应用和事后绩效评价融合。一方面，利用事后绩效评价结果来优化部门预算方案、绩效目标等内容，通过问题整改、项目库优化、政策完善、与预算安排挂钩、结果论证、问题纠察、绩效问责等方式，督促部门改进预算编制和优化预算执行过程，切实发挥预算绩效管理和评价的实效。另一方面，通过大力推动预算公开来提升预算绩效，畅通和拓展人大代表、政协委员、第三方机构和社会公众对预算绩效结果的参与渠道，以此充分发挥事后绩效评价结果对预算管理的激励约束和指导促进作用。

此外，预算与绩效一体化管理是对预算项目、绩效目标、支出事项、绩效评价指标等复杂数据信息进行归集、分析、融合、共享的过程，其前提在于预算管理与绩效管理信息系统的融合。因而，健全预算与绩效一体化管理机制必须加快绩效管理信息化平台建设，破解“信息孤岛”“数据壁垒”难题，加速财政部门以及各预算单位的信息互联共享，实现绩效信息实时动态监控、绩效数据日常维护、绩效结果自动生成与共享、绩效评价指标归集整合，以此增强预算绩效数据比对分析能力，推动预算绩效评估更加精准科学，以适应绩效信息日渐庞大、绩效数据日趋繁多、绩效指标复杂多样的需要（见图9–1、专栏9–7）。

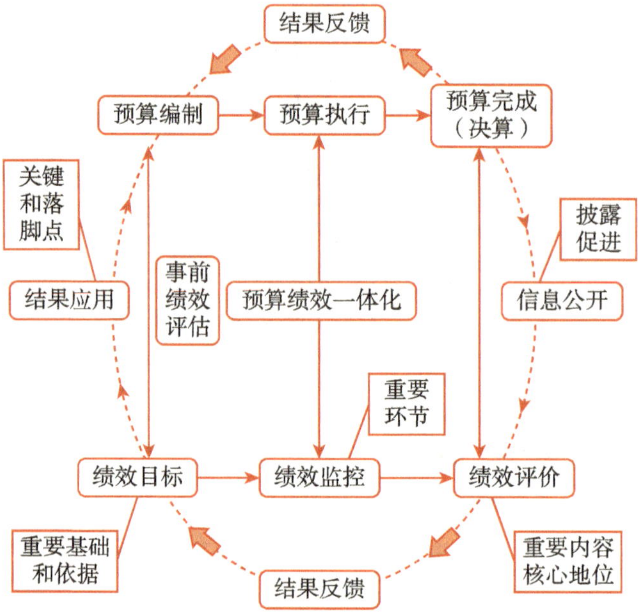

图 9–1 预算与绩效管理一体化

资料来源：https：//news.sohu.com/a/794532751_121365034。

◇ 专栏 9–7

湖南省衡山财政：聚焦预算绩效一体化 构建全方位绩效管理体系

衡山县财政局紧紧围绕关于全面实施绩效管理的总体要求和目标任务，坚持以预算和绩效管理深度融合为抓手，探索建立完善全方位、全过程、全覆盖的预算绩效管理体系，切实提高财政资源配置效率和使用效益。

一是推动预算和绩效深度融合。严格落实“无绩效不预算”的要求，把事前绩效评估作为项目入库和预算安排的前置环节，切实做到“三个同步”：“谁申请资金，谁编制目标”绩效目标与预算同步申报；“谁审核预算，谁审核目标”做到同步审核；“谁批复预算，谁批复目标”进行同步批复。对没有按要求开展绩效评估、评估报告不符合要求或未能通过评估的项目，不予安排预算。

二是深入开展事前绩效评估。建立健全"部门日常监控+财政重点监控"管理体系，明确预算单位作为项目主体，定期报送项目实施情况，在此基础上，财政部门将重大政策和项目，以及巡视巡察、审计、有关监督检查和日常管理中发现问题较多的财政资金，纳入财政重点绩效监控范围，对绩效目标完成、预算资金执行等情况实施监控和管理。

三是扩大绩效评价覆盖范围。结合预算一体化管理系统，搭建绩效监控监管平台，通过线上填报的方式对预算执行进度和绩效目标实现程度实施"双监控"，努力构建全方位、全过程、全覆盖的预算绩效管理体系。选择10个项目开展单位自评和部门评价抽查复核工作，覆盖部门整体支出、财政运行情况、社会保险基金、政府债券项目等内容。

四是强化绩效管理结果运用。针对发现问题，组织进行复核，对未完成整改的问题逐个明确整改完善目标、措施、时限和责任人，确保全部整改到位。评价结果与预算安排进行挂钩，对年中绩效监控存在绩效目标完成较差、预算执行进度落后的项目，在调整当年预算的基础上，压减下一年度预算20%以上。对部门预算绩效管理各项工作情况进行年度考核打分，考核结果纳入综合考评，评价等级为"中"和"差"的项目原则上在下年度预算中不再安排，促进部门绩效意识进一步提升。

资料来源：财政部网站，2024年02月20日，https://www.mof.gov.cn/zhengwuxinxi/xinwenlianbo/hunancaizhengxinxilianbo/202402/t20240219_3928805.htm。

二、健全预算绩效管理的范围全覆盖机制

扩大绩效管理评价范围的总体思路是，从绩效改革的项目绩效评估开始，提高到对各部门整体支出进行绩效评估，对地方政府的支出绩效进行整体评估，实现对全部财政资金的绩效管理全覆盖。除一般公共预算外，要将政府性基金预算、国有资本经营预算和社会保障预算全部纳入绩效管理范围[①]。尤其要将落实党中央、国务院重大决策部署作为预算绩效管理重点，加强对新出台重大政策、项目事前绩效评估，增强政策可行性和财政可持续性。对政府投资基金、政府购买服务、政府和社会资本合作项目等重点领域实施全面绩效管理。在"四

① 针对一般公共预算，可依据预算功能分类的差异，重点辨析不同类型公共收支的共性绩效特征与功能上的个性绩效差异，分别探求相应的绩效目标体系、绩效标准尺度、评价方法、指标框架构建与应用、指标权重设置、绩效结果应用等。国有资本经营预算可以考虑采用企业会计核算系统来进行相应的考核管理。政府性基金预算和社会保险基金预算可以考虑运用基金会计（fund accounting）进行绩效测评，借鉴国际上有关政府基金会计的经验，以政府性基金和社会保险基金为报告主体，对其单独编制基金财务报告。针对国有资本经营预算、政府性基金预算、社会保险基金预算，可建立类似于杜邦财务分析体系（DuPont Analysis Model）的评价体系，实现预算绩效管理全覆盖（马蔡琛，2020）。

本预算”绩效评价时，收入方面要重点关注收入结构、征收标准、征收效率及优惠政策的实施结果，支出方面要重点关注支出结构、支出投向及支出使用效益等，尤其要评估重大政策、重点支出和重大投资项目的实施效果。如，开展政府与社会资本合作（PPP）项目、政府债务、政府采购、政府购买服务等项目的绩效评估，逐步形成重点民生政策和重大专项支出绩效评价机制。如，山东省烟台市实现了将所有市直部门纳入部门整体绩效管理，建立“财政牵头组织、压实部门责任、实行重点抽评”的管理模式，推动部门自评与财政抽评相结合①。

三、健全预算绩效评价的全过程管理机制

延伸绩效评价链条主要从推进事前绩效评估与事后评价结果应用两方面着手。

首先，建立“部门自评估+财政重点评估”的事前绩效评估机制。通过部门自评、财政重点评价、第三方机构参与的多层次绩效评价做法，建成“预算编制有目标、预算执行有监控、预算完成有评价、评价结果有反馈、反馈结果有响应”的全过程绩效管理链条，全面提升绩效评估质量和权威性，从源头上有效防控财政资源配置低效无效。全面开展预算执行、绩效目标和成本运行多重监控，实行“红、黄、绿”分级预警，推动“四本预算”绩效评价全覆盖，形成项目、政策、部门整体、政府预算全方位绩效评价格局。例如，山东省泰安市级基本建成“全方位、全过程、全覆盖”的预算绩效管理体系，并在全省率先建立预算绩效指标库，首批开展项目全成本绩效管理试点，出台事前评估、绩效目标、绩效监控、绩效评价、结果应用和信息公开6个环节的管理办法，特别是强化结果应用，市级通过事前绩效评估和预算评审，全年审减资金8.1亿元；通过绩效目标实现程度和预算执行进度“双监控”，收回低效预算指标10.8亿元②。山东省青岛市首次建立全过程成本绩效管理机制，选取城市运维等43个项目开展试点，打造“预算安排核成本、预算执行控成本、绩效评价降成本、预算管理提质效”的绩效管理新模式，促进紧平衡下财政资金提质增效③。

其次，建立预算绩效评价结果与预算安排挂钩机制。充分运用绩效评价结果，将评价结果作为调整支出结构、改进预算管理、完善财政政策的重要依据，从预算编制源头提高科学性有效性精准性。优先保障绩效评价好的项目，督促

① 资料来源：http://czt.shandong.gov.cn/art/2021/1/25/art_10522_10285886.html。

② 《关于泰安市 2021 年预算执行情况和 2022 年预算草案的报告》。

③ 《关于青岛市 2022 年预算执行情况和 2023 年预算草案的报告》。

并限期整改绩效评价一般的项目，调整重复交叉的项目，取消或削减低效无效的项目资金，收回长期沉淀的部门单位资金，由财政部门统筹安排到民生亟需领域。同时尝试通过预算编制流程再造，将事前预算绩效评价过程整合到预算编制的规范流程中，避免出现本年度事前绩效评价滞后于预算编制和审批流程的情况。

再次，将绩效评估结果纳入政府绩效及干部业绩考核体系。通过绩效考核结果通报制度及激励约束机制，充分调动各级官员履职尽职的积极性，最终形成项目、政策、部门整体、政府预算全方位绩效评价格局。此外，加大对重大战略、重点规划、重点项目的保障力度。提高转移支付预算指向性和精准性，推动本级财力和上级资金统筹安排，实现上下级转移支付预算紧密衔接。构建“专项资金目录+重大事项保障清单”预算编制模式，打破部门基数概念和支出固化僵化格局。

此外，财政部门要及时公开预算绩效信息，重要预算绩效评估结果要与预决算草案同时报送人大并同步向社会公开，主动搭建人大代表和社会各界参与预算绩效监督的渠道和平台。

四、建立健全预算绩效管理质量的评估机制

提高预算绩效质量的关键是完善预算绩效指标体系。

首先，完善共性绩效指标框架。比照已有预算指标体系，借助信息化手段分析支出项目信息，基于不同项目评审结果以完善共性指标体系，并建立同类项目的标准化管理模式。

其次，完善分行业领域绩效指标和标准体系。科学的绩效标准既要遵循预算编制基本规律，又要考虑经济社会发展目标、国家宏观调控要求和行业发展需要等因素。根据预算支出的领域地域，在共性指标基础上构建分行业、分领域、分层次的指标体系和标准体系，指标设计细分到具体支出用途，且指标要体现规范合理、细化量化、可测可比、动态调整以及共建共享等原则，并加强不同项目的共性与个性指标的评价结果间的可比性。

最后，财政部门和支出部门要提高绩效管理能力和创新绩效评估方法。财政部门和支出部门要确保绩效目标指标科学合理，及时对预算执行情况进行监督和自评，防止绩效自评结果不科学或评价结果“虚高”。同时，以大数据、云计算等信息化技术为支撑，运用成本效益分析法、因素分析法及社会公众评判法等方法，科学确定各部门、各行业评价指标权重。如，构建以绩效为核心的预算数据综合应用信息平台。财政部门、预算单位、第三方评价机构等主体均可在平台

上按程序操作，从而降低预算绩效评价成本（见专栏9-8）。

此外，增强绩效信息在预算决策中的规范性。部分地区存在绩效结果评定标准差异以及对同一评价等级在下一年资金核减上的差异，这种双重差异导致预算绩效结果应用存在区域异质性。可考虑统一评价等级设置及结果应用标准，提高绩效信息在预算决策中的规范性。

◇ 专栏 9-8

四川成都：构建“大财政、大预算、大绩效”格局

近年来，四川省成都市启动实施了以绩效为导向的预算管理制度改革，在深入贯彻中央、省加快建立现代财政制度、深化财税体制改革、全面实施预算绩效管理等系列改革要求的基础上，坚持落实上级部署和结合成都实际相统一、完善体制机制和深化改革创新相统一、宏观顶层设计和微观实践操作相统一，创新实施富有成都特色的“全领域、全方位、全系统”预算绩效改革路径，着力构建“大财政、大预算、大绩效”深度融合管理格局，形成了层次清晰、要素完备、功能明确的制度框架，有效提升了财政资金资源配置效率、使用效益和放大效应，财政作为国家治理的基础和重要支柱作用充分发挥，现代财政制度建设成效逐渐凸显。

（一）“全领域”优化财政资源配置，增强财政支撑大事要事保障能力，构建“大财政”格局

一是财政统筹能级全面提高。在不折不扣贯彻落实减税降费政策的基础上，加强政府四本预算的统筹管理、有机衔接，充分发挥上级补助和本级财力、自身收入和地方政府债券协同作用，五年累计落实减税降费总额超2700亿元，全市一般公共预算收入跨上1700亿元台阶、超过100亿元的县（市、区）达到4个，民生支出占比保持在2/3以上，产业发展、城市建设支出大幅增加，集中财力办大事制度优势充分显现。二是财政管理体制不断完善。实施新一轮财政管理体制改革，以调整市区两级税收收入和土地收入为主要路径，强化市级财政支撑全域发展统筹能力，持续推进市与县（市、区）分领域财政事权和支出责任划分改革，2022年一般性转移支付比重提高到80.6%，研究出台企业迁移、总部迁入、合作共建、协作招引等系列跨区域财税利益分享办法，促进中心城区、城市新区和郊区新城一体化竞相发展。三是财政投入方式持续创新。五年争取并发行新增地方政府债券2678.2亿元，建立健全政府投资基金体系，设立规模为400亿元的重大产业化项目投资基金，组建中西部首家市级融资再担保公司，财政出资设立“资金池”支持创新“壮大贷”“农贷通”“蓉易贷”“蓉采贷”等政策金融工具，截至2022年底，全市纳入财政部PPP综合信息平台管理库项目共计59个，总投资2755.2亿元，财政资金引导撬动作用不断强化。

（二）“全方位”推进预算制度改革，促进预算管理更加精准有效可持续，构建“大预算”格局

一是“能进能出、有增有减”预算分配机制基本形成。紧扣中心工作谋划财力分配和预算格局，严格落实过紧日子要求，一般性支出和“三公”经费连续多年下降。大力推行零基预算改革，五年累计清理预算项目1.38万个、收回预算资金99.5亿元、调整优化专项资金43项，确保财政资金向补齐财政收支缺口和保障重大战略任务精准聚焦。二是“标准科学、规范透明”预算管理体系逐步完善。完善基本支出定员定额和实物费用定额标准体系，以规范课题经费管理、出台机关办公用房租金标准等为突破口探索建立项目支出标准体系，以预算项目为抓手实施项目全生命周期管理，上线运行全省统一的预算管理一体化系统，积极打通预算编制、执行、监督管理链条，深入推进财政预决算信息和绩效信息公开，财政透明度在多项城市政府财政透明度排名中名列前茅。三是“刚性约束、动态修正”预算控制方式不断改进。坚持依法理财，严格预算程序，完善预算追加和调整审批管理机制，建立一年2次预算执行中期评估调整机制。制定出台预算稳定调节基金管理办法，加强跨年度预算平衡，建立预算执行分析、考评、通报和问责机制，从严从紧控制预算项目结转，财政支出进度逐年提高到95%左右。

（三）“全系统”实施预算绩效管理，推动绩效理念方法实质融入预算，构建“大绩效”格局

一是预算绩效管理链条基本建成。建立“部门自评估＋财政重点评估”相结合的事前绩效评估机制，构建资金执行和绩效目标的双维度跟踪监控机制，创新部门自评、财政重点评价、第三方机构参与的多层次绩效评价机制，基本建成“预算编制有目标、预算执行有监控、预算完成有评价、评价结果有反馈、反馈结果有响应”的全过程绩效管理链条。二是预算绩效管理范围不断拓展。建立健全绩效管理制度体系，管理范围从单一的部门项目绩效管理，拓展到财政政策、部门整体绩效管理，已覆盖所有财政资金，在全省范围内率先建成预算绩效管理信息化系统和预算绩效专家库，探索形成分行业、分领域绩效指标2.1万个，创新应用“五维评审法”，五年累计编审绩效目标10843个。三是预算绩效责任约束持续强化。健全绩效管理与预算安排挂钩机制，推进绩效结果的深度广泛应用。五年累计财政重点评估项目74个，累计监控项目1.46万个，调减项目预算34.9亿元，财政重点评价规模累计达1217.2亿元，实施市区两级绩效管理考核，建立预算绩效管理跟踪问效“两书一函”制度，切实做到“花钱必问效、无效必问责”。

资料来源：四川省成都市财政局党组书记、局长丨高翔，2023年，DOI:10.14115/j.cnki.zgcz。

第四节　健全财政资源的综合统筹制度

党的十九届五中全会提出“加强财政资源统筹”，“十四五”规划将“加强财政资源统筹”放在建立现代财税体制的首要位置。2021年中央经济工作会议提出，面对当前百年变局加速演进的复杂风险和挑战，必须“加强统筹协调，坚持系统观念”，2024年党的二十届三中全会也提出“加强财政资源和预算统筹，把依托行政权力、政府信用、国有资源资产获取的收入全部纳入政府预算管理”。而“坚持系统观念，加强财政资源统筹，集中力量办大事”“加强财政资源和预算统筹”也是深化预算管理制度改革的重要原则。当前和今后一个时期，要保持宏观税负基本稳定，财政相应处于紧平衡状态，必须加强资源统筹，集中财力办大事（刘昆，2022）。党的二十届三中全会《决定》明确把健全财政资源的综合统筹制度列入下一步健全预算制度改革的目录清单。

在减税降费大背景下，财政在当前和今后一个时期会处于紧平衡状态，全面统筹各类财政资源是缓解财政收支矛盾的有效做法。但在预算管理过程中，财政资源统筹仍有诸多不足，突出表现为“四本预算”的衔接程度不足、预算流量资金与存量资金的统筹不足以及预算安排与资产管理的衔接不足等，这不仅导致部分预算资金未能得到有效使用，也加大了政府债务规模和系统性风险。因此，未来的预算管理制度改革必须加强全面统筹各类财政资源的力度，树立大财力观，在财政资源的规模、结构、政府层级以及不同时期等层面统筹管理，基于“资金→资产→资源”的统筹思路，围绕统筹“四本预算”、盘活存量资金和闲置资产、深入统筹自然资源收益三方面来协同发力，逐步构建大财政、大预算、大资产的管理格局，以进一步推动财政收入增加、财政资金配置效率提升以及财政可持续性增强，为重大决策和重点投资项目提供充足的财力保障，使人民群众充分享受改革发展红利，不断增强群众的获得感和幸福感，推动中国式现代化早日顺利实现①。

① 如何从财政收支两翼“开源节流”是深化财政资源统筹管理的改革方向。要推进部门资金的统筹使用，涉及预算分配权、部门内部资金、各部门间资金、部门职责四个方面，具体要求包括完善预算分配权的统一建设、推进部门内部与部门间的资金统筹使用、加快各部门职责的梳理和部门间职责的整合［《国务院关于印发推进财政资金统筹使用方案的通知》（国务院〔2015〕35号）］。

一、健全“四本预算”的综合统筹机制

2014年《预算法》从法律角度明确了“四本预算”的统筹衔接方式；2015年，国务院下发《关于印发推进财政资金统筹使用方案的通知》(国发〔2015〕35号)，《推进财政资金统筹使用方案》明确了四本预算间的衔接机制，强调了预算编制和预算执行的统筹协调；2017年，《国务院关于印发划转部分国有资本充实社保基金实施方案的通知》(国发〔2017〕49号)发布。从实践情况看，“四本预算”的统筹管理近年来取得了很大进步。2015年以来，19项政府性基金预算转列一般公共预算，且按照政府性基金预算结转资金规模超过该项基金当年收入30%的部分应补充预算稳定调节基金统筹使用的原则，将部分中央政府性基金补充预算稳定调节基金；2015—2020年，国有资本经营预算调入一般公共预算的比例由16%升至30%[①]，完成了“到2020年国有资本收益的上缴公共财政比例提高到30%”的目标，主要用于保障和改善民生支出。但是，由于“四本预算”收入来源不同、支出目标各异、政策限定存在差别，制约了“四本预算”的衔接，降低了预算资源统筹效率，“四本预算”的统筹管理仍有较大改革空间。在“四本预算”格局短期难以改变的现实下，未来应当在清晰划分“四本预算”基础上，以一般公共预算为核心实施预算资金的统筹机制改革，建立相互配合、相互协调的资金衔接机制。

(一)继续加大政府性基金调入一般公共预算的力度

政府性基金预算具有明显的过渡性预算特征，未来应将规定范围的政府性基金逐步调入一般公共预算或补充预算稳定调节基金并统筹使用，由政府统筹使用的政府性基金项目转列一般公共预算[②]，以减少预算资金的交叉重叠并最终实现政府性基金预算与一般公共预算的统一。一方面，由于文化、教育、公益等支出具有较强的公共属性，将相关具有税收性质的政府性预算资金逐步转入相应税收，纳入一般公共预算统筹。另一方面，将不具有专款专用属性的资金统筹进入一般公共预算，经由立税、清费、整合等措施以实现合法统筹。尤其是，将专用

① 中央国有资本经营预算调入一般公共预算比例和金额，2016年调入比例为19%，调入金额246亿元；2017年调入比例为22%，调入金额257亿元；2018年调入比例提高到25%，调入金额321亿元；2019年调入比例提高到28%，调入金额390亿元；2020年调入比例提高到30%，调入金额578亿元，5年累计调入金额达1792亿元。参见李忠峰，预算管理制度改革取得丰硕成果丨回眸“十三五”，中国财经报2020年10月27日第1版。

② 政府性基金预算的征收对象特定、使用范围特定，实践中多为部门所有，是部门的权力利益所在。在统筹资金中规定将部分政府性基金预算转列或调入一般公共预算，在实践中财政部门却不能按照一般公共预算的收支方式对其进行规范的征收、分配和使用。

政策效果不理想、调控能力差但符合成本补偿原则的基金统筹到一般公共预算，建立起收费项目的核定、收费标准的定期评估和动态调整机制。

（二）一般公共预算支出应逐步退出国有资本经营领域

由于国有资本经营预算支出多用于解决特定体制条件导致的国有企业历史遗留问题以及针对这些问题的改革成本支出、用于国有企业的资本金注入及政策性补贴等，一般公共预算支出应逐步退出国有资本经营领域[①]。并且，从支出科目设置来看，国有资本经营预算与一般公共预算也存在支出口径重叠，同类预算统计困难等问题。例如，由于国有资本经营预算支出中"反映用国有资本经营预算收入安排的公益性企业公共服务设施的投资支出"的"公益性设施投资支出"包括交通运输设施支出，与一般公共预算中的交通运输支出重叠，应当进一步明确国有资本经营预算支出中"反映用国有资本经营预算收入安排的公益性企业公共服务设施的投资支出"的"公益性设施投资支出"与一般公共预算中的交通运输支出项目的支出范围差异。同时，国有资本经营预算作为政府预算的重要组成部分具有区别于其他预算的特殊性，但从收入来源来看，部分国有资本经营收益还存在于其他预算中，如部分金融企业上缴的国有资本经营收益还未纳入国有资本经营预算，而存在于一般公共预算的非税收入之中，应当将一般公共预算的非税收入中的部分金融企业上缴的国有资本经营收益纳入国有资本经营预算。

（三）调整国有资本经营预算的收入结构和划转比例

一方面，细化国有企业分类，根据各类型企业再投资的需要划定利润上交比例范围。未来至少可以划分为以实现国有资产保值增值为主要目标的"商业类国有独资企业"和以提供公共产品和服务为主要目标的"公益类国有独资企业"。而在商业类企业内部，又可以根据企业所处行业和领域的不同，分为主业处于充分竞争行业和领域的"一般竞争型国有独资企业"，和主业处于关系国家安全、国民经济命脉的重要行业和关键领域，以及主要承担重大专项任务的"特许经营性国有独资企业"（包少卿，2023）。另一方面，适当提高各类国有企业利润上缴国有资本经营预算的比例，适当提高国有资本经营预算划入一般公共预算的比例。在确定国资预算资金调入一般公共预算的比例时，可以一般公共预算的资金缺口情况为自变量，以国资预算资金调入一般公共预算的比例为因变量，以国资预算的收入增长情况、公共财政支出需求的增长情况、社保基金预算的资金缺口等相关因素为系数，设计具体、科学的资金调入比例计算公式（包少卿，2023）。

---

① 《国务院关于印发推进财政资金统筹使用方案的通知》（国发〔2015〕35号）。

（四）统筹社会保险基金预算和国有资产经营预算

继续划拨国有资本充实社保基金，以实现财政负担的可控、安全、可持续性以及代际公平；继续完善养老保险基金中央调剂制度，平衡省际养老保险基金的负担压力。此外，可通过PPP新机制来发挥国有资本在各类基础设施等建设方面的引导作用，支持民营企业参与特许经营新建（含改扩建）项目清单①。

二、健全存量资金资产的盘活机制

当下，各级政府的存量资金资产潜力较大，财政资源统筹改革应当继续加强存量资金和资产的统筹管理和综合使用②。

（一）完善结余资金收回使用机制

定期核查清理和及时收回部门沉淀资金和财政专户存量资金。实行新增资产配置与资产存量挂钩、存量资金与下年预算安排挂钩，依法依规编制相关预算；对于到期的民生保障、产业发展等政策资金，经评估后采取延续执行、调整或取消等分类处理。如，可及时对结转超过一年的结余资金和政府采购资金以及不具备实施条件或不急需的结余资金进行清理，统筹收归总预算用于产业链供应链创新、产业发展升级等经济社会发展亟须领域。

（二）建立健全国有资产共享共用机制

1.健全行政事业单位国有资产共享共用机制

将依托行政权力、国有资源资产获取的收入等全面纳入预算管理；新增资产配置要与资产存量挂钩，依法依规编制相关支出预算；严格各类资产登记和核算，所有资本性支出应当形成资产并予以全程登记；各级行政事业单位要将资产使用管理责任落实到人，确保资产安全完整、高效利用；有条件的地区和部门可以建立健全公物仓制度，将长期低效运转、闲置和超标准配置资产以及临时配置资产统筹管理和调剂使用，按规定处置不需使用且难以调剂的国有资产。例如，黄山市徽州区政府设立公物仓盘活闲置资产，积极推进国有资产共享共用和统筹整合。2022年11月24日，行政事业单位闲置资产大管家——公物仓正式试点运

① 国务院办公厅转发国家发展改革委、财政部《关于规范实施政府和社会资本合作新机制的指导意见》的通知（国办函〔2023〕115号）。

② 《国务院办公厅关于进一步盘活存量资产扩大有效投资的意见》（国办发〔2022〕19号）对有效盘活存量资产、形成存量资产和新增投资的良性循环提出了具体要求。

营，首次接纳12台空调和9台相机入公物仓完成。设立公物仓运行管理平台，公物仓分实体仓和虚拟仓两种仓储形式运行，实行统一管理、统一调配、统一处置。其中，实体仓管理办公自动化通用设备、专用设备等资产，区级公物仓管理机构负责日常管理；虚拟仓管理房产、土地使用权和大型不便移动运输的资产，委托原单位暂时保管。公物仓中资产能够满足单位使用需求的，一律从公物仓调剂解决；区级行政事业单位申请配置资产时，优先通过区级公物仓调剂；大型会议、普查、调查等活动所需资产和临时机构或阶段性工作所需资产以及因人员挂职、借用等原因需临时配置资产优先向公物仓借用①。杭州市余杭区启用公物仓、公益仓，打通行政事业资产捐赠通道的探索，对于开阔思路，有效调剂利用多类国有资产提供了崭新思路（见专栏9–9）。

◇ 专栏 9–9

杭州余杭启用公物仓、公益仓，打通行政事业资产捐赠通道

为盘活行政事业单位闲置国有资产，打通行政事业资产向社会捐赠的通道，发挥国有力量在公益慈善事业中的引导作用，共建杭州余杭共同富裕，6月14日，浙江杭州余杭区“公物仓”“公益仓”启用暨公益物资集中捐赠仪式活动，在余杭区公物仓举行。

活动现场，余杭区机关事务服务中心、区财政局介绍了余杭区公物仓、公益仓相关建设情况，区机关事务服务中心以创建浙江省标准化试点项目为契机，在原区级政府公物仓建设经验基础上，迅速启动余杭区区级政府公物仓2.0版建设。以政府智慧公物仓平台为依托，紧抓数字化改革契机，推动公物仓“智”理向深向实发展，对行政事业单位闲置、处置、超标资产以及临时机构的资产等进行统一管理、统一调配、统一处置。基于现有的余杭公物仓集约化管理中心，采用“线下集约化物资集中管理中心”+“线上智慧物资管理一张网”的模式，集公益仓物资管理、机关档案物资管理、涉案罚没物资管理、报废物资管理于一体，协助政府各级机关对公共物资管理从粗放式、分散式、传统式转型为精细化、智慧化、节约化和透明化。

为推进各单位及个人捐赠公益物资管理线上线下融合，满足公益组织各类捐赠物资管理以及仓储和调度需求，提高公益物资管理的绩效，带动社会各方力量参与公益事业，更好地推动公益事业发展。市财政局决定在余杭区政府公物仓基础上，进一步拓展功能，将余杭区作为“浙里公益仓”杭州市试点单位，力争形成可在全市推广复制的经验做法。“浙里公益仓”依托“公物仓”平台功能，对“公物仓”中周转率不高的闲置资产和报废淘汰资产中尚有使用价值的资产，进行收纳、维修、保养，并用于后续慈善捐赠。

① 资料来源：https://czj.huangshan.gov.cn/zxzx/qxdt/9076502.html。

“浙里公益仓”不仅限于国有资产公益捐赠，鼓励行政事业单位公职人员带头参与公益活动，“浙里公益仓”接受个人和企业社会闲置资产捐赠，从而带动全社会各方力量参与公益事业，提出鼓励引导高收入群体和企业家向上向善、充分发挥第三次分配作用、探索各类新型捐赠方式等新要求。第三次分配列入基础性制度安排，为公益慈善事业赋予了新的历史使命与更高的定位，公益慈善迎来重大发展机遇。

余杭区“公物仓”“公益仓”启用揭牌仪式后，12位企业代表对余杭区防疫事业、困难群体进行捐赠。截至目前，区级公物仓累计入库物资6912万件，出库物资5028万件，库存物资1884万件。初步实现资产在各区级单位、部门间的流通使用，提高资产利用率，同时高效保障区级隔离点物资迅速到位。

接下来，余杭将继续积极推进数字化改革，赋能社会治理，发挥余杭列为全省公益仓试点地区带头和示范作用，全面提升群众获得感、幸福感、安全感，努力在杭州“奋进新时代、建设新天堂”打造六大“城市之窗”中处处展示余杭风景，高质量发展建设共同富裕示范区。

资料来源：通讯员高晓玲、单莹、姚立芸，新民晚报记者吕倩雯，新民晚报，2022年6月15日。

在各级政府十余年来积极探索公物仓建设和运行、形成经验的基础上，2024年7月国家市场监督管理总局、国家标准化管理委员会批准发布政府公物仓建设和运行国家标准，即《行政事业单位公物仓建设与运行指南》（GB/T 44127–2024）。该指南主要明确了行政事业单位公物仓的资产来源、基本功能、公物仓建设、运行管理以及监督与评价的建议，为开展公物仓建设与运行提供了指导和参考，对各地区、各部门落实坚持勤俭办一切事业要求，通过公物仓盘活用好房屋、土地、车辆、设备、家具等各类国有资产，提升资产使用效率和管理效能具有重要意义（见专栏9–10）。

◇ 专栏 9–10

国管局资产管理司有关负责人就《行政事业单位公物仓建设与运行指南》答记者问

近日，《行政事业单位公物仓建设与运行指南》（GB/T 44127–2024，以下简称《指南》）经国家市场监督管理总局（国家标准化管理委员会）批准发布实施。记者就相关问题采访了国管局资产管理司有关负责同志。

问：请介绍一下制定出台《指南》的背景和意义。

答：党的二十大指出，要在全社会弘扬“勤俭节约精神”，“实施全面节约战略，推进各类资源节约集约利用”。习近平总书记对机关事务工作作出的重要指示强调，坚持勤俭办一切事业，在厉行勤俭节约、反对铺张浪费上做表率。《行政事业性国有资产管理条例》要求，“建立健全国有资产共享共用机制，采取措施引导和鼓励国有资产共享共用，统筹规划有效推进国有资产共享共用工作”。中共中央办公厅、国务院办公厅印发的《关于创新政府配置资源方式的指导意见》指出，“对行政事业单位超标准配置、低效运转或长期闲置的资产，要建立完善的调剂机制，有效盘活存量资产，实现高效利用”。近年来，国管局和各级机关事务管理部门深入贯彻落实党的二十大和习近平总书记关于机关事务工作的重要指示精神，坚持勤俭办一切事业，聚焦盘活用好存量资产，以公物仓建设为切入点，着力提升国有资产管理效能，指导带动党政机关、事业单位习惯过紧日子。

《指南》的出台，将有助于推进各类资源节约集约利用，推动资源有效整合、信息互联互通、规则协同一致，促进存量资产在更大范围内有序流动和合理配置，进一步提升国有资产使用效率和管理效能，为各地区、各部门开展公物仓建设、运行管理和监督与评价等工作提供指引和参考。

问：请介绍一下《指南》的主要起草思路。

答：起草过程中，我们严格按照《标准化工作导则 第1部分：标准的结构和编写》（GB/T 1.1）有关要求拟定标准结构和编写规则，注重从全面性、指导性和规范性等方面做好国家标准编制工作。一是体现全面性。我们结合中央行政事业单位公物仓试点、全国公物仓应用服务平台建设、公物仓创新试点建设等工作，系统梳理公物仓各项应用功能及日常管理的业务流程规范，调研汇总现有公物仓信息平台建设情况，聚焦共性需求，寻求“最大公约数”，最大限度涵盖公物仓涉及的基本功能、建设方式、运营管理和监督评价等内容，尽可能做到内容丰富、覆盖全面、适用广泛。二是彰显指导性。我们注重总结实践经验，提炼形成统一操作指南、统一数据标准，为各部门、各地区开展公物仓建设运营提供原则性、通用性的建议，后续还考虑制定业务流程规范、信息平台建设指南等配套标准，进一步提供细化指导。三是突出规范性。我们全面综合机关事务管理、国有资产管理、政府会计制度、政府采购、罚没财物管理等方面的法律、法规、办法、标准和相关规范性文件，为标准具体内容提供权威依据，并将上述文件列入规范性引用文件和参考文献，便于标准使用者进一步深入学习。

问：《指南》主要包含哪些内容？

答：《指南》共分8章，主要包括范围、规范性引用文件、术语和定义、资产来源、基本功能、公物仓建设、运行管理、监督与评价等方面的内容。

在范围中，明确了《指南》的主要内容和适用对象。在规范性引用文件中，列出了《指南》直接引用的标准信息。在术语和定义中，给出了包括公物仓、实体公物仓、虚拟公物仓的界定和解释。在资产来源中，给出了行政事业单位公物仓的7种主要资产来源类型。在基本功能中，给出了行政事业单位公物仓宜具备的资产调剂、资产共享、资产租赁保障、资产周转使用、专项资产管理5项功能。在公物仓建设中，分别就实体公物仓与虚拟公物仓，给出了相应的建设建议。在运行管理中，结合公物仓运行的全流程，给出了公物仓运行的建议，具体包括账户管理、资产入仓、在仓资产管理、资产出仓、资产退仓、财务核算以及档案管理等。在监督与评价中，给出了行政事业单位公物仓管理和监督、评价与改进的建议。

《指南》作为公物仓建设管理领域首个国家标准，突出体现了坚持勤俭办一切事业和习惯过紧日子要求。公物仓建设方面，《指南》提出，公物仓主管部门宜统筹建设公物仓，推动不同层级虚拟公物仓之间、相关资产管理信息系统等互联互通，汇聚信息资源，避免重复建设，体现了“节俭建仓”理念。公物仓运行方面，《指南》提出，资产入仓宜应纳尽纳，在仓资产要及时盘活，资产出仓要综合考虑成本，实现公物仓节约高效运行，体现了“节俭用仓”原则。监督与评价方面，《指南》提出，公物仓宜纳入节约型机关评价指标体系，使用信息化手段对资产调剂利用率、资产配置计划节约率、资金配置节约量等指标进行统计分析和绩效评价，不断改进提升公物仓建设与运行水平，体现了“节俭评仓”导向。

问：为提升行政事业单位公物仓建设与运行效能，做了哪些针对性的工作？有哪些经验或成效？

答：近年来，我们在稳步推进中央行政事业单位公物仓建设的基础上，统筹推进公物仓全国“一张网”建设，坚持将中央行政事业单位公物仓作为全国公物仓“一张网”的有机组成部分，同步谋划，齐头并进。一方面，坚持突出重点、打好样板，在中央行政事业单位“主战场”深耕细作。一是加强政策衔接，在《关于提高中央行政事业单位国有资产管理效能 坚持勤俭办一切事业的实施意见》、党和国家机构改革相关通知中提出公物仓相关工作要求，并在资产配置计划批复、日常处置事项审核、年度绩效评价等工作中，强化与公物仓工作的衔接。二是加大盘活力度，截至《指南》发布实施前，中央行政事业单位公物仓资产累计入仓13.16万件、原值9.28亿元，出仓5.76万件、节约购置经费3.89亿元。三是注重规范管理和信息化提升，制定《中央行政事业单位公物仓集中仓资产账务管理工作规程（试行）》，完成公物仓信息平台3.0改造提升，实现基于资产信息卡片的业务流程再造，加强数据汇聚融合、分析应用。另一方面，坚持统筹谋划、顶层设计，加快构建跨部门、跨地区、跨层级的现代公物仓体系。一是注重标准规范，牵头编制《行政事业单位公物仓建设与运行指南》国家标准，以标准化助力公物仓建设和运行节约、规范、高效。二是强化创新引领，指导国家发展改革委、北京市机关事务管理局等42家单位完成公物仓创新试点建设，在公物仓应用功能拓展、信息平台建设、运行机制优化、集中统一管理、全域推进等领域形成一批可复制、可推广的经验做法。三是完善信息化支撑，上线全国公物仓应用服务平台，实现中央行政事业单位公物仓信息平台与全国公物仓应用服务平台的无缝衔接，推动各地区省级公物仓和市级公物仓统一接入，为推动全国范围内待盘活资产信息“一网汇聚”和业务“一网通办”提供技术支撑。

问：对于推动《指南》实施应用，下一步有何考虑？

答：通过公物仓盘活利用资产是贯彻党的二十大和习近平总书记关于机关事务工作的重要指示精神，落实《机关事务管理条例》《行政事业性国有资产管理条例》等法规制度的重要举措，是行政事业单位盘活存量资产、提升国有资产管理效能的重要途径。国管局将会同有关部门积极开展国家标准实施宣贯，推动《指南》落地见效。一是做好宣传推广。通过各类媒体平台广泛宣传公物仓国家标准，扩大公物仓工作参与度和影响力，推动调剂共享理念深入人心。二是开展解读培训。通过现场会、研讨会、业务培训等方式，对国家标准进行政策解读、工作部署和实践指引，推动公物仓相关管理人员学标准、懂标准、用标准。三是完善配套支撑。聚焦公物仓建设和运行重点环节，指导各级公物仓管理部门结合实际开展标准建设，推动构建以国家标准为统领，相关配套标准为支撑的“1+N”标准体系。

资料来源：中央政府网，2024–07–17，https://www.gov.cn/zhengce/202407/content_6963309.htm 。

2. 健全经营性国有资产统筹使用机制

国有企业经营性资产是国有资产的重要组成部分。健全财政资源综合统筹机制既要健全行政事业单位国有资产共享共用机制，同时应当健全经营性国有资产统筹使用机制。未来的经营性国有资产统筹使用机制改革应当分情况、分类型统筹盘活各类经营性国有资产。

一方面，健全分类盘活经营性国有资产的资源统筹机制。首先建立全覆盖国有资产盘活工作台账，在此基础上按照市场化、法治化原则，引入央企、优质民企和上市公司等，鼓励国有企业依托国有资本投资、运营公司，通过协议转让、无偿划转、资产置换、联合整合、产权规范交易、并购重组、混合所有制改革、债转股等方式参与国有资产改造运营，以此盘活存量国有资产。其中，对长期闲置但改变功能定位并实施改扩建后可产生较大经营空间的国有资产，如废弃或老旧厂房、废旧场馆园区、交通枢纽空间、保障性租赁住房等，采取授权国企运营、委托专业企业运营、招商运营等存量改扩建方式，或推广污水处理厂下沉、地上地下空间综合开发等模式，提高资产综合利用价值[①]。对产生持续现金流的国有资产，如收费公路、轨道交通、供水电气热等，通过基础设施领域不动产投资信托基金（REITs）、政府和社会资本合作（PPP）等方式盘活，并将回收资金用于新项目建设。对产权梳理难度大但可通过经营盘活的资产，如集体所有的土地、房产、林场和供销社资产等，采取资产租赁等方式进行盘活。对项目收入能覆盖建设投资和运营成本，如交通运输、市政工程、环境治理、水利、能源、体育、旅游、智慧城市/农业/交通、城市更新等领域项目，可以采取特许经营模式（如BOT、ROT、TOT等）。对权属清晰、历史资料完整但经营能力不

① 尤其是对城市老旧资产资源特别是老旧小区改造等项目，可通过精准定位、提升品质、完善用途等丰富资产功能，将老旧厂房改造为康乐园、人才公寓等，提升物业品质和资产价值。

足的国有资产，如闲置土地和房屋、基础设施资产、国有林场的林地林木使用权等，采取资产出售等统筹方式。此外，鼓励行业龙头企业通过资本注入、股权置换、兼并重组、股权划转等方式重整低效国有资产。

另一方面，健全经营性国有资产统筹使用的保障体系。一是建立经营性国有资产盘活管理平台，实时动态反映资产盘活情况。建立“待盘活资产清单”和“重点任务清单”，精准高效实施盘活。考虑通过发行债券等方式，为符合条件的国有资本投资、运营公司盘活存量资产提供中长期资金支持。二是建立国有资产盘活工作评价体系，压实相关部门和国有企业责任，加大对盘活资产效率高的国有企业的预算安排、项目建设支持。三是将盘活存量资产纳入国有企业考核评价体系。以适当方式激励盘活存量资产成效突出的地区或单位，约谈或问责对资产长期闲置、盘活不力的地区或单位，并将当年盘活国有存量资产相关情况纳入地方政府年度国有资产报告。四是健全统筹经营类国有资产的推进机制。分解盘活经营性国有资产的目标任务，完善工作体系、政策体系、评价体系，明确实施路径、时间节点、阶段性目标，聚焦管理机制重塑、公司重组转型、产业布局优化、质量效益提升等精准发力，通过盘活经营性国有资产以提升国有资产配置效率和使用效能。需注意的是，在经营性国有资产的统筹过程中，尤其要引导支持基础设施存量资产多、建设任务重、负债率较高的国有企业，把盘活存量资产作为国有资产保值增值以及防范债务风险、筹集建设资金、优化资产结构的重要手段。更要鼓励民营企业参与盘活国有存量资产，将回收资金用于再投资，降低企业经营风险[①]。

（三）建立存量资金资产的实时监控机制

盘活存量资金和资产的关键在于“活”，如何加强资金和资产的利用则是资金使用的关键所在。可以应用信息技术完善存量资金和资产的线上台账和实时监控机制，通过大数据和信息技术完善存量资金资产的线上台账，利用通过预算一体化系统来“盘”清存量资金与存量资产规模，实现存量资金资产的动态监督和及时清理，保证监管所需数据的及时性、真实性、全面性，从而加强对资产和资金的“活”用。此外，依托于信息化系统的资金资产的实时监控机制可以对部门预算资金、转移支付资金的预算执行全过程进行监控，可以及时发现问题并予以纠正，以加强预算执行监管、提高政策措施的有效性。

（四）加强对统筹财政资源的制度设计

一方面，推动各类财政资源综合统筹制度的顶层设计。考虑到我国政府级

① 《关于做好盘活存量资产扩大有效投资有关工作的通知》（发改办投资〔2022〕561 号）。

次的复杂性，中央层面应完善预算资金统筹管理的顶层设计，使下级政府明确预算资金统筹的改革方向。中央可通过出台或修订法律法规的做法，逐步取消限制资金统筹相关规定，形成存量资金收回、使用、调整等方面的指导政策以及可操作性指导意见细则。下级部门应加快落实有关资金统筹的相关法律规定，减少因法律依据滞后而可能导致的统筹效果不佳等现象。另一方面，推动跨部门的财政资源综合统筹制度设计。财政存量资金统筹需打破部门间利益格局是影响和制约部门协同治理的关键因素。推进部门资金的统筹使用涉及预算分配权、部门内部资金、各部门间资金、部门职责四个方面，必须推动预算分配权的统一建设、部门内部与部门间的资金统筹使用以及整合各部门职责的梳理和部门间职责。在现有的政府部门层级上，依托自上而下的行政协调机制，优化平级部门的统筹协调，以实现政策制定的一致性，实现“1加1大于2”的资金效果。例如，在不改变现有政府机构设置条件下，建立跨部门的专业委员会或联席会议，协商资金整合和统筹安排财政资金的使用，避免重复交叉或相互脱节，淡化部门概念和打破部门隔阂，实现财政资源的综合全面统筹。

三、健全各类自然资源收益的统筹机制

一是建立完善公共资源交易平台。对土地、海域、矿产等有形资源和指标、规模、权益等无形资产，实行市场交易、有偿使用、统一监管。二是将国有资源收益进一步全面纳入预算。将依托行政权力、国有资源（资产）获取的收入以及特许经营权拍卖收入等按规定全面纳入预算。如，在自然资源管理部门相关文件[①]的基础上，财政部门要进一步健全统筹自然资源收益的财政制度设计和具体政策安排，尽快将涉及砂石、矿产等各类自然资源的应得收益全部纳入财政账户及其相应预算科目[②]。如，矿业权出让收益纳入一般公共预算管理[③]（见专栏9-11）。

---

① 《自然资源部办公厅关于加强国土空间生态修复项目规范实施和监督管理的通知》（自然资办发〔2023〕10号）。资料来源：http://gi.mnr.gov.cn/202303/t20230306_2777533.html。

② “凡涉及剩余废弃土石料对外销售的，由县级人民政府组织纳入公共资源交易平台进行销售，不得由项目承担单位、施工单位或个人直接销售，销售所得收益纳入本级人民政府财政账户，全部用于本地区生态修复”。节选自《自然资源部办公厅关于加强国土空间生态修复项目规范实施和监督管理的通知》（自然资办发〔2023〕10号）。资料来源：http://gi.mnr.gov.cn/202303/t20230306_2777533.html。

③ 矿业权出让收益是国家基于自然资源所有权，依法向矿业权人收取的国有资源有偿使用收入。矿业权出让收益包括探矿权出让收益和采矿权出让收益。矿业权出让收益为中央和地方共享收入，由中央和地方按照4∶6的比例分成，纳入一般公共预算管理。节选于《矿业权出让收益征收办法》财综〔2023〕10号（2023年4月颁布，5月1日开始实施）。

◇ 专栏 9–11

乳山市探索砂石资源管理新模式 助力财力高质量增长

近年来，乳山市深入贯彻落实习近平总书记“绿水青山就是金山银山”发展理念，探索加强财源建设有效途径，坚持保护与开发并重，积极推行“资源统筹开发、市域一体监管、国企统一经销、项目重点保障”的扎口管理新模式，探索出一条砂石资源高效集约管理促进财政增收的新路径，实现砂石资源管理从“包袱”到“财富”的根本性转变。自推行扎口化管理模式以来，截止到2023年底，增加税费0.46亿元、累计增加政府收益9.8亿元，为实现财政收入高质量增长打下坚实基础①。

一、健全管理体系，降低治理成本

以第四轮矿产资源总体规划和乳山市国土空间规划为基准，与自然资源局共同制定出台绿色矿山建设实施方案，将绿色发展理念融入矿产资源规划、勘查、开发利用与保护全过程，变矿山“事后治理”为“全过程治理”，配套推出绿色矿山建设相关政策标准、制度和奖励措施，引导矿山企业绿色转型发展，矿山生态综合治理成本下降了30%，为推动砂石产业成为财政收入新的增长点打下基础。

二、集中扎口管控，规范交易合同

组建乳山市金岭自然资源资产运营有限公司，有效盘活全市矿山、河砂等自然资源，统筹负责砂石资源的扎口营销和统一监管，统一保障重点项目和工程建设需要，实现国有砂石资源价值最大化。针对存量砂石、新增砂石、罚没砂石、拟开发等各类砂石资源实行“一类一策”，与乳山市金岭自然资源资产运营有限公司协同制定开采、加工、直销、代销、经销等5类扎口管理协议，与砂石产业链上下游企业签约，与审验合格的车辆签订运输服务承诺书，实现对砂石资源从开采到应用的全链条管控，保障了砂石资源综合效益实现最大化。

三、强化流程监管，夯实收入基础

将各类工程产出的砂石资源统一纳入公共资源交易平台依法公开处置，合法生产加工企业或建设施工单位均可参与竞拍，促进收益最大化。同时，研发砂石资源智慧监管平台，开发砂石款项支付、货物交割、税费缴纳功能模块，实现砂石合同、销售、采购、价格一体化管理、全流程监管。积极谋划和涵养矿山、砂石等资源型财源，加快推进闲置资产盘活利用，推动资源、资产变资

---

① 乳山市财政局在培植壮大财源基础上，通过强化税源管控、完善征管机制、优化收入结构，促进财政收入健康发展。发挥协同治税专班作用，完善工作调度协调机制，形成财税部门合力，对全市砂石实行扎口管理，推进资源性税费源头管控，实现税收3100万元。坚持“以票管费”（即依托财政电子票据，加强对财政关键收费环节的廉政风险防控），加强非税收入征管和城市基础设施配套费征缴，政府性基金收入57.32亿元。其中，国有土地使用权出让收入53.86亿元，城市基础设施配套费收入1.88亿元。资料来源于乳山市人民政府官网，http://www.rushan.gov.cn/art/2023/11/16/art_51337_4122987.html。

金，不断夯实财政收入底子。

四、有序投放市场，助力财政增收

建立砂石市场动态共享机制，精准掌握砂石资源需求和供给现状，科学投放资源、合理调整价格，避免恶性竞争。针对重点项目、重大工程需求，优先保障供给、稳定供货价格，有效铲除砂石开发经营领域行业乱象的“滋生土壤”，实现了砂石管理、效益双提升。完善砂石资源有偿使用收入征收有关政策，推动河道砂石资源的有序开采和收入征管工作的正常开展，确保财政增收质量高、可持续性强。

资料来源：樊丽明、孙超：《政府自然资源监管模式的实践创新与现实意义——以乳山市砂石资源“扎口管理”改革为例》。

四、健全全口径预算管理机制

高培勇（2023）认为，将所有政府收支纳入预算，实行“全口径”预算管理是对政府预算管理的最基本、最核心、最具普遍意义的要求。健全现代预算制度要从其基础工程——全面实行“全口径”预算管理做起，各级人民代表大会在立法层面对同级政府所有收支的“全口径”控制和财税部门在行政层面对同级政府所有收支的“全口径”管理。在当前的中国，健全现代预算制度的要害处和关键点，就是以“全口径预算管理”为基本目标，以将所有政府收支关进“统一”的制度笼子为重心，全面规范政府的收支行为及其机制。这是将政府收支运作纳入“公共轨道”，进而让政府收支运作回归“公共规范”的最基本、最现实的路径选择。

健全全口径预算管理机制应从以下方面着手：第一，将目前尚未纳入预算管理的财政专户资金、税式支出、行政或企业事业单位的部分事业性收入以及其他财政性收入等逐步全部缴入国库和纳入预算管理：应当统筹安排的统一纳入公共预算，具有专款专用性质且不宜纳入一般公共预算的资金纳入政府性基金预算。第二，将全部政府债务收支纳入政府预算管理[①]，特别是要将地方政府通过财政投融资平台筹集的资金纳入预算管理。第三，健全转移支付资金的监管机制。清理名目繁多的专项转移支付，试编转移支付预算，按照各转移支付类别编列到各下级政府，无法编列的要说明原因、列出项目和数额。第四，强化财政拨款收入和非财政拨款收入统筹。各部门和单位依法依规将取得的事业收入、事业

① 目前，国债和地方经批准的发债收入、财政部接收的国外贷援款已纳入预算，政府其他债务收入未纳入预算，如，地方政府通过投融资平台筹集的资金。

单位经营收入等纳入预算管理，在非财政拨款收入可以满足支出需要时，原则上不得再申请财政拨款。在强化收入统筹基础上，优化支出结构保障“国之大者”。加大对教育、科技、就业和社会保障、卫生健康、农业农村、生态环保等重点领域的保障力度，确保重大决策部署落地见效。

第五节　健全财政风险防范化解制度

习近平总书记强调，健全现代预算制度，要深刻把握我国经济社会发展面临的复杂性艰巨性，牢固树立底线思维，平衡好促发展和防风险的关系，既注重壮大财政实力，为宏观调控提供充足资源保障，也把握好预算支出时度效，增强风险防范化解能力（刘昆，2022）。当下和未来一个时期财政处于紧平衡状态，加之国内外经济政治形势的剧烈变化，财政运行面临的不确定性和风险在逐步增加，财政面临收入增速放缓、支出压力增大的新问题（李燕和彭超，2017）。健全现代预算管理制度要兼顾当前和长远、考虑国内和国外、把握经济和政治形势，兼顾当前和长远，把防范化解财政风险、增强财政可持续摆在更加突出位置（刘昆，2022）。具体而言，当下财政运行风险主要体现为两方面：一是政府债务规模不断膨胀，其累积的债务风险持续加大，尤其是不断累积的隐性债务蕴含着巨大的风险隐患；二是财政紧平衡状态下节约型财政保障机制尚未完全建立。未来应当从健全政府债务管理监督制度和健全节约型财政保障机制两方面着手，逐步有序地防范化解财政风险。

一、健全政府债务预警和管理监督制度

从风险防范的角度来看，财政部门应健全政府债务数据库，构建债务风险预警机制。首先要收集与整理政府债务相关文件与报表等，提取政府债务基础数据，全面把控债务的期限与规模等，同时动态监控债务信息。如，利用大数据技术实现债务数据的实时分析，对债务余额与偿债情况等信息进行动态监测。在此基础上，加强债务风险预警机制建设。债务风险预警的核心是债务风险评估指标体系，科学合理的债务风险评估指标体系是测算地方政府偿债能力的基础。构建债务风险评估指标体系，要结合地方实际财力状况与地方金融环境，将债务率作为主要指标，更多关注债务结构与比例。在此基础上明确各项指标的预警等级，根据不同情况设置应急处置措施，及时化解债务风险（见专栏9-12）。

从政府债务监管流程来看，要从政府债券发行前、发行中、发行后三方面防范化解债务风险。在发行前，重在防范风险产生，这需要健全政府偿债能力评估机制。财政部门提前谋划，完善以债务率为主的政府债务风险评估体系，加强风险评估预警结果应用，有效前移风险防控关口。同时，根据财政政策逆周期调节需要以及财政可持续要求，合理确定政府债务规模，尤其要完善地方政府债务限额确定机制，一般债务限额与税收等一般公共预算收入相匹配，专项债务限额与政府性基金预算收入及项目收益相匹配，有效前移风险防控关口。在发行中，完善政府债券发行管理机制，构建管理规范、责任清晰、公开透明、风险可控的地方政府举债融资机制，优化国债和地方债券品种结构和期限结构。推动国债市场健康发展和对外开放，健全及时反映市场供求关系的国债收益率曲线，更好发挥国债利率的市场定价基准作用。健全项目管理机制，按时足额还本付息，确保法定债券不出任何风险，严禁“以拨代支”“一拨了之”等。在发行后，实施举债问责闭环管理和集中公开机制。要强化督查审计问责，严格落实政府举债终身问责和债务问题倒查机制。健全地方政府债务信息披露机制，促进形成市场化、法治化融资自律约束机制。目前，地方政府债券信息公开平台作为统一公开平台，仅公开了债券概况、发行安排及结果、还本付息等内容，未来应以该平台为基础，扩大公开范围并实现披露内容的规范化，包括地方政府债务的结构、层级与债权人等信息，覆盖全部参与主体与机构。

从政府债务内容来看，重点化解隐性债务风险和强化专项债绩效导向。一方面，化解隐性债务风险。完善政府债务常态化监控机制，不允许通过新增隐性债务上新项目、铺新摊子。硬化预算约束，全面加强项目财政承受能力论证和预算评审，涉及财政支出的全部依法纳入预算管理。强化国有企事业单位债务监管。依法健全地方政府及其部门向企事业单位拨款机制，严禁地方政府以企业债形式增加隐性债务。开发性、政策性金融机构等必须审慎合规经营，综合考虑项目现金流、抵质押物等审慎授信，严禁向地方政府违规提供融资或配合地方政府变相举债。推动地方政府融资平台分类转型发展。逐步剥离融资平台的政府融资功能。健全市场化、法治化的债务违约处置机制，坚决防止风险累积形成系统性风险。强化跨部门协作监管，压实各方责任，从资金需求端和供给端阻断新增隐性债务路径，坚决遏制隐性债务增量。例如，山东省淄博市健全规范政府举债融资机制，积极化解存量隐性债务，强化专项债券“借、用、管、还”闭环管理，有序推进融资平台市场化转型，全市政府综合债务率继续保持在合理区间。严格实行债务预警提示和隐性债务风险等级通报制度，确保按期偿还到期债券本金和利息。另一方面，强化专项债的绩效导向。作为地方政府债券的“主力”，专项债带动投资的作用愈发突出，必须强化绩效导向，加快推进政府专项债券项目绩效评价的建立。地方专项债发行继续保持较大力度，充分发挥带动社会资金的作用，保障重点项目资金需求，扩大有效投资，坚持“资金、要素跟着项目走”，支持在建项目后续融资。同时发挥民间投资的重大项目牵引和政府投资撬动作用，完善相关支持政策，充分调动民间投资积极性。并且，财政部门会同发改部门，加快专项债券项目推进和资金支付进度，切实发挥债券资金使用效益。同时，加强专项债券投后管理，严禁“以拨代支”“一拨了之”等行为。

从政府层级来看，要发挥省级政府债务风险评估作用，强化地方政府债务风险管控和属地管理的主体责任。一方面，压实省级政府的主体责任，完善央地两级风险管理架构，避免风险向企业、地方金融机构甚至社会公众转移。督促省级政府加强风险分析研判，定期监审评估，加大对市县工作力度，逐步降低债务风险水平，稳妥化解隐性债务存量。决不允许通过新增隐性债务上新项目、铺新摊子。另一方面，强化地方政府债务风险管控主体责任和属地管理责任。市县级政府应用好再融资债券政策，缓解基层政府债务还款压力，加强政府债务风险管控，牢牢守住不发生系统性、区域性债务风险的底线。同时，进一步完善对地方债务风险的动态监测方式方法，压实省级政府的主体责任，完善央地两级风险管理架构，避免风险向企业、地方金融机构甚至社会公众转移。山东省淄博市兜牢政府融资平台债务风险底线，建立全市统一的政府融资平台信息管理系统，自2023年起对融资平台实行动态调度、集成管理、报表化分析，实施融资总量和负债率“双约束”，推动市场化转型发展[①]。

◇ 专栏 9–12

财政部厦门监管局：“四个坚持”防范化解地方政府债务风险

厦门监管局坚决贯彻落实党中央、国务院关于防范化解地方政府债务风险重大决策部署，严格落实财政部党组监管工作要求，充分发挥就近就地优势，认真履行地方政府债务监管职责，着力探索建立债务管理全过程、资金运行全链条、风险防控全方位的常态化监督机制，推动防范化解地方政府债务风险取得显著成效。

一、坚持政治引领，高站位谋划地方债务监管工作

厦门监管局始终坚持以政领财、以财辅政，把讲政治的要求贯穿债务监管工作全过程各方面。一是提高政治站位，把准正确方向。提高政治站位，树立大局意识，深入学习领会习近平总书记关于地方政府债务风险防控工作的重要指示批示精神，深刻领会加强和完善地方政府专项债券管理对提升积极财政政策效能，妥善应对内外部冲击和经济下行压力的重要意义，切实扛起“守土有

① 《关于淄博市2022年预算执行情况和2023年预算草案的报告》。

责、守土负责、守土尽责”的责任担当，确保债务监管工作始终方向不偏、思路不乱、重点不散。二是强化业务学习，认真领会精神。结合当前正在开展的主题教育，通过个人自学、业务能手领学、集体研讨、案例分析等多种形式，认真研读党中央、国务院的各类监管监督重要文件，结合近年来监管实践和属地实际，深入学习财政经济金融领域相关知识，主动搭建地方财政监管知识体系框架，牢固树立底线思维、系统思维和忧患意识，为开展具体监管工作做好思维能力和知识储备。三是深入贯彻落实，积极谋划推进。厦门监管局认真贯彻落实全国财政工作会议等精神和工作要求，将地方政府债务监管工作列入年度重点，深化宏观监管思路，全面谋划工作重心，细化监管方法举措，结合厦门地方实际，将债务监管、地方财政运行监控、金融监管有机结合，建立对地方政府债务全过程、全链条、全方位、穿透式监管机制，牢牢守住不发生区域性、系统性风险的底线，确保财政经济稳健运行、可持续。

二、坚持问题导向，高质量推进债券资金常态化监管

坚持问题导向，建立日常监测和现场核查相结合的监管模式，有效发挥债券资金日常监控纠偏作用，切实做好债券资金“借、用、管、还”全方位全流程的监管。一是“抓早”，充分依托监测平台逐月开展债券资金动态监控，着重跟踪重大项目的专项债券资金使用进度和支出的规范性，形成监控月报。做到早发现、早预警、早干预，确保提高资金使用效益。二是“抓实”，开展2022年地方专项债券使用管理情况专项核查，及时发现新增专项债券管理使用存在专项债券资金沉淀等问题，强化深挖细研，形成并上报优化地方专项债券管理的工作建议。三是“抓常”，将是否违规为地方政府举债融资作为财会监督核查的一项重要内容，对纳入财会监督范围的重点企业开展财会监督分析和重点核查，通过各业务职能的立体交叉监管，延伸监管触角，实现对地方政府违规举债融资的全覆盖监管。

三、坚持底线思维，高标准摸查化解地方融资风险

强化风险意识，坚持底线思维，紧紧围绕防范化解重大风险核心任务，突出重点领域和关键环节，将防范化解风险关口前移，及时发送风险提示，有效化解债务风险隐患。一是实行项目“全生命周期”监管。在强化日常监管的基础上，对专项债券项目实行穿透式监测，紧紧围绕资金和项目运作两个流向，从申报立项、资金筹集、项目实施、效益评估、政府责任等各个节点，确保对项目生命周期全过程、无死角监管。二是关注项目收益与融资平衡情况。在对政府债券项目以及属地各级政府投资项目的排查中，把项目收益和融资平衡作为一项重要内容，评估项目偿债缺口，有效甄别由此产生的政府债务风险。三是聚焦重点国有企业融资风险。对市、区等所属重点国有企业融资风险情况开展全面排查，重点关注国有企业承担政府投资项目的资金来源情况以及国有企业偿债能力情况，针对属地部分国有企业融资规模快速增长等风险问题，及时向地方政府提示风险并提出建议，防范国有企业债务风险向地方财政风险转化，切实推动化解部分国有企业偿债风险。

四、坚持系统观念，高效能强化部门协调联动监管

厦门监管局持续加强与金融监管部门、地方财政部门、地方国资部门、金融机构的协调联动，构建对地方国有企业违规举债的立体监管机制，提升联合监管效能。一方面，做好与地方财政、国资等部门的沟通协调和信息共享，加强规范债务管理对策的联合研究，督促地方政府进一步压实化债主体责任，妥善处理化解存量债务，密切跟踪和监控债务变动情况，及时发现并妥善处置债务化解过程中存在的问题。另一方面，加强与国家金融监督管理总局、人民银行等监管部门的沟通协调和监管协作，探索建立地方政府债务监管联合工作机制，夯实地方政府债务监管基础。

资料来源：财政部厦门监管局，2023年7月28日，http://xm.mof.gov.cn/caizhengjiancha/202307/t20230727_3898653.htm。

二、健全节约型财政保障机制

健全现代预算制度，要把艰苦奋斗、勤俭节约作为预算收支安排的基本原则。要尽力而为、量力而行，把保障和改善民生建立在经济发展和财力可持续的基础之上，重点加强基础性、普惠性、兜底性民生保障建设。习近平总书记强调，党和政府带头过紧日子，目的是为老百姓过好日子。受经济下行压力和新冠疫情的影响，当前财政收入增长放缓、财政支出增速下降的财政空间紧运行已然成为重要趋势，如何为重点财政支出政策创造更多的财政空间，成为当前最紧要的财政问题。因此，政府“过紧日子”成为预算安排的长期指导思想，这也是让百姓“过好日子”的重要基础。具体而言，节约型财政体制建设的主要手段是控制非必要支出。

一是把牢预算管理、资产配置、政府采购等关口。不该上的项目不上，不该花的钱不花，把更多的财政资源腾出来用于稳增长、稳就业、稳物价。同时，督促地方和部门加强资金和项目管理，坚决防止挪用、违规使用财政资金。

二是进一步压减非必要支出。一方面，各级政府通过压减非刚性、非重点项目支出和公用经费支出的形式，将有限资金投入到重点领域。例如，可以按10%继续压减公用经费定额，“五项经费”等一般性支出只减不增，财政开支继续实施预警机制。同时，大力推行零基预算改革，清理收回相关预算项目和预算资金并调整优化专项资金，确保财政资金向补齐财政收支缺口和保障重大战略任务精准聚焦。近年来，中央本级支出连续两年负增长，中央部门财政拨款“三公经费”连年压减，从2019年的81.07亿元减少到2021年的51.87亿元，累计下降36%。在此基础上，出台涵盖严禁、压缩、严控及统筹等事项举措，为科学精细地压减一般性支出打下基础。另一方面，通过加强预算绩效管理，根据绩效评价结果，一定比例核减甚至取消预算完成率、资金执行率较低的项目，优化支出结构。

三是严控一般性支出。全面分析部门支出情况，结合财力、项目、政策等方面，拟定差异化压减方案。对于部门确需安排的增支，原则上通过压减其他支出解决。同时，从严从紧核定"三公"经费预算[①]，取消无实质内容的因公出国（境）、公务接待等活动；巩固公务用车制度改革成果，加强保留车辆使用管理，严格控制车辆报废更新，切实降低公务用车运行成本。贵州省龙里县严格落实党政机关过"紧日子"要求，分别按不低于上年预算数20%的幅度压减非刚性、非重点、一般性项目支出，按15%的幅度压减公用经费及公务用车运行维护费，压减资金统筹用于"三保"、乡村振兴、防范化解债务风险及其他重点领域[②]。

四是建立健全财政承受能力评估机制。出台涉及增加财政支出的重大政策和实施重大政府投资项目前，按规定进行财政承受能力评估，防止过高承诺、过度保障（见专栏9-13、专栏9-14）。

◇ 专栏 9-13

苏州出台"过紧日子要求十条措施"（节选）

苏州市机关事务管理局近日印发《苏州市深化落实党政机关习惯过紧日子要求十条措施》（以下简称《措施》）。

《措施》明确，党政机关原则上不得新增租用办公用房和业务用房，已经租用的，机关事务管理部门会同使用单位结合实际明确逐步退出的办法。易地交流干部、挂职干部有满足相应居住条件周转房的，不得安排在宾馆、招待所等居住（含6个月过渡期），已安排周转房的或通过市场租赁方式周转的，要在一周内腾退其他住处。

公务用车使用年限未达到10年和行驶里程未达到10万公里原则上不予更新，更新购置新能源汽车占比原则上达到100%，高铁沿线公务出行原则上不安排公务用车和租车保障。公务接待安排在机关食堂的，原则上要提供同餐次职工餐菜品，常态化开展党政机关食堂反食品浪费工作成效评估和通报工作。

同时，推进低效运转资产集中管理、统筹使用，闲置土地、房产等要采取置换、出租、拍卖等深化盘活利用。各单位和各市（区）巡视巡察组、临时机构、工作专班、重大活动等所需共性资产优先由公物仓统一提供、周转使用。

---

① 统计显示，2022年安排中央本级"三公"经费财政拨款预算53亿元，比2021年同口径减少0.59亿元，下降1.1%。资料来源：https://baijiahao.baidu.com/s?id=1728317249372671639&wfr=spider&for=pc。

② 资料来源：http://www.mof.gov.cn/zhengwuxinxi/xinwenlianbo/guizhoucaiZhengxinxilianbo/202309/t20230915_3907391.htm。

维修改造项目拆除的设施设备、装饰材料等要深化再利用，年底前各级机关事务管理部门要全面建立资产修旧利废服务体系。年底前，党政机关集中和相邻办公区之间会议室、公共服务设施要全面共享共用，具备条件的机关停车位、室外卫生间及活动场所等要积极向社会开放，应开尽开。

澎湃新闻注意到，今年以来，江苏、陕西、安徽、湖南等地相继制定进一步厉行节约、过紧日子的举措。如安徽要求推行无纸化办公，确需印刷的文件、资料一律双面印刷；加强公务接待管理，严禁同城接待，优先选择单位食堂作为接待场所，陪餐人数不超过3人；同一时段同一地区的差旅任务原则上合并进行，减少出差频次和人数等。湖南明确2024年省本级办公用房维修经费压减40%；除安全原因外，更新公务用车须同时达到使用年限超过8年、行驶里程超过25万公里的条件，仍能继续使用的继续使用；2024年力争全省公务接待经费下降10%。

资料来源：澎湃新闻记者邱海鸿：《苏州出台"过紧日子要求十条措施"》，光明网，https://m.gmw.cn/2024-07/10/content_1303787091.htm。

◇ 专栏 9-14

延安市人民政府：进一步厉行节约坚持过紧日子若干措施

为深入贯彻落实习近平总书记关于党政机关习惯过紧日子重要指示精神，坚持厉行节约、勤俭办一切事业，进一步降低行政运行成本，集中有限财力保障基本民生和市委、市政府重大决策部署实施，制定以下措施。

一、强化"三公"经费管理

（一）严控因公出国（境）。严格落实出国（境）计划和预算审批制度，对于无实质内容的一般性因公出国（境）一律不得安排预算。严格控制出国（境）团组人数、国家数和在外停留时间，不得以任何理由携带家属子女和与公务活动无关的人员。严格将出国（境）费用控制在预算审批金额内，预算不足时优先通过降低国际旅途乘坐交通工具座舱等次和住宿、伙食等标准予以解决。

（二）严控公务用车购置及运行。严格实行公务用车编制和限额管理，达到更新年限仍能继续使用的，应当继续使用，确需新购公务用车应优先推行新能源汽车，禁止为公务用车增加高档配置或豪华内饰。严格控制公务用车使用频次和范围，在公务交通补贴区域内的普通公务出行，不得使用公务用车；跨区域办理公务，原则上应当乘坐公共交通工具。

（三）严控公务接待。党政机关要严格控制接待范围、压缩接待数量和支出标准。建立公务接待审批控制制度，对无公函的公务活动不予接待。严格按标准安排接待对象住宿，不得额外配发洗漱用品等，不得在接待费中列支应当由接待对象承担的费用。用餐应当突出地方特色和风味，不得提供烟酒和高档菜肴。严禁以举办会议、培训为名列支、转移、隐匿接待费开支。

二、严控一般性支出

（一）压减办公经费。倡导无纸化办公，除涉密文件外，原则上通过电子政务系统实行公文流转、报签管理。确需印刷的，应采用双面打印，并严格控制打印数量和分送范围。办公区提倡使用节能灯，白天应充分利用自然采光，减少开灯。合理设置空调温度，电脑、打印机等设备较长时间不用应自觉关闭，减少待机能耗。节约办公用水，用水后自觉关闭水龙头，严禁长流水。

（二）严控会议费。严格控制会议数量、规格，提高会议质量和效率。加强对会议内容相近、参会人员范围相同的会议统筹，严格控制各类会议规模，简化办会形式，合理确定参会人员范围。能够发文部署的工作，原则上不召开会议部署。提倡采用线上方式召开会议，确需线下对接的会议，原则上在内部会议室或通过集中办公区调剂举行。严格执行会议用房标准，不得安排高档套房，会议代表随行工作人员、司机一律不安排食宿。精简纸质会议材料，禁止发放公文包、笔记本、笔等各类办公用品以及借会议名义组织会餐、宴请或发放纪念品。

（三）严控培训费用。严格执行外出培训审批程序和培训费管理规定，控制培训规模、时间、开支范围及标准，对未经批准的市外培训，财政部门不予安排相应费用。提倡采用网络、视频等信息化手段开展培训。除必要的现场教学外，常规性培训择优选择党校、行政学院、干部学院、部门行业所属培训机构、高校培训基地以及组织、人社部门认可的培训机构举行。严禁借培训名义安排公款旅游以及列支公务接待费、会议费等支出。严禁使用培训经费购置电脑、复印机、打印机等固定资产以及与培训无关的其他费用。

（四）加强差旅费管理。严格执行差旅审批制度，减少出差频次、人数和天数，能合并的差旅任务尽量合并。创新工作方式，充分运用大数据、云计算等信息化手段开展工作，减少现场出差。出差应优先使用经济便捷的公共交通工具，减少各级随行工作人员陪同。在限额标准内从严审核报销差旅费，未经批准出差以及超范围、超标准开支的费用不予报销。

（五）严管办公场所修缮。各单位因调剂需要搬迁新址办公用房的，原则上要以该办公用房现状入驻，不得安排装修。确需维修改造的，要严格履行审批程序，执行维修改造等建设标准，改造项目要以消除安全隐患，恢复和完善使用功能为重点。

（六）严控各类规划和课题研究经费。明确由同级党委、政府、上级部门交办或由单位自主开展的规划或课题，原则上由承办单位承担，不单独安排专项经费。确因本单位力量无法开展的，报经市政府批准后可按政府购买服务、政府采购有关规定委托外部力量实施，且要加强系统内部资源统筹和数据共享，从严从紧控制经费总额。

（七）严控展会招商节庆活动支出。严格举办会展、赛事、文艺汇演、论坛等的数量、规模及报批程序，未经审批一律不得安排资金。对举办频次较高、内容相近、对象相似的活动，原则上应当固定地点，做到材料设施循环利用，避免重复投资和损失浪费。鼓励通过市场化方式举办展会、峰会、创新创业大赛等活动。对涉及范围广、活动成本高、社会影响大的活动，必要时采取事前绩效评估和成本管控。

三、严格预算管理

（一）硬化预算约束。坚持推行零基预算，一切从实际需要出发，打破基数概念和支出固化格局，结合财力状况、轻重缓急、绩效结果等，在综合平衡的基础上编制预算。严格对标国家和省上基本公共服务范围和标准，突出保障重点，清理规范政策项目，对超过国家标准的、过期的政策予以清理规范。坚持先有预算后有支出，不得超预算、无预算安排支出。未经财政可承受能力评估，严禁出台和实施新增当年支出的政策和项目。

（二）规范政府采购和政府购买服务行为。加强政府采购电子卖场商品上架审核，开展框架协议采购工作，规范预算单位政府采购行为。严格按照政府集中采购目录和限额标准编制采购预算，不得擅自调整采购项目和财政资金来源，落实“无预算不采购、超预算不采购、超标准不采购”。要严控过度实施政府购买服务，一律不得将应由自身承担的党建工作、核心业务、行政决策、行政执法、政策制定、保密事项等，转嫁给事业单位或社会力量承担，防止“边养人、边花钱买服务”。

（三）加强非财政拨款收入管理。财政部门要进一步加强财政资源统筹，强化教育和培训等非财政拨款资金管理，鼓励支持教育和有培训费收入的部门单位优先使用非财政拨款收入安排支出预算，财政部门根据实际成本予以核定，结余资金收回财政统筹使用。在非财政拨款收入满足单位支出需求时，除保障“三保”、履职尽责及其他按规定需要安排的支出外，一般不再安排财政拨款。

（四）强化资产管理。要对照资产配置标准及资产存量，严格审核资产配置计划，严禁无预算、超标准及重复购置。办公设备和家具配置应当符合能耗低、维修便利、简朴实用的要求，不得配置高端设备和豪华家具。机构改革中涉改单位资产应优先通过调剂解决。严格履行资产处置报批程序，对处置完毕的资产及时进行账务核销，确保账实相符，对资产处置收入，严格实行“收支两条线”管理。

（五）加大资产盘活力度。健全公物仓管理机制，将闲置、低效运作、临时活动或临时机构等资产纳入公物仓，集中管理、调配使用，对于需求量大、周转频率高的资产由财政部门集中采购扩充公物仓，定期更新公物仓清单，扩大共享共用范围。会议、临时活动、临时机构及行政事业单位配置资产，优先从公物仓调剂解决。严格执行办公用房核定制度，优化办公用房配置，盘活闲置房产，行政事业单位原则上不得租赁办公用房，确需租赁的，应严格履行审批程序并执行租赁标准。

（六）加强政府投资项目管理。市级政府投资项目应严格按照批准的计划实施，加强全流程管控，实施“概算控制预算，预算控制决算”。严格执行工程变更和概预算调整，确需变更调整的按照《延安市政府投资管理实施细则》等有关规定和要求履行变更调整程序，经市政府审定后予以办理，未按照规定程序履行审批手续的，一律不予解决项目资金。

四、加强过紧日子评估问效

（一）加强绩效管理。将绩效管理要求贯穿预算编制、执行全过程，真正做到花钱必问效。严格新增和到期延续重大政策、项目等事前评估和成本管控，坚持无效益的不办、不紧迫的缓办，能市场化的一律市场化。将“落实过紧日子”要求纳入全市绩效管理考核体系，加强绩效评价结果应用，让有限财政资金发挥更大效益。

（二）强化监督问责。严格执行财经法律法规和规章制度，强化资金使用全过程监督。审计部门要加强审计监督，依据重点任务清单对各单位支出压减的真实性、合规性进行审计检查。对落实中央、省市要求不到位，存在违法违规违纪行为的，严格按照《中华人民共和国预算法》《财政违法行为处罚处分条例》等有关法律法规追责问责。

资料来源：延安市人民政府关于印发《进一步厉行节约坚持过紧日子若干措施》的通知（延政发〔2024〕10号），2024年5月8日，延安市政府网，http://www.yanan.gov.cn/zzms/zcwj/1788841104993427458.html。

主要参考文献

［1］艾伦·罗宾. 公共预算中的政治. 收入与支出，借贷与平衡［M］. 叶丽娟，马骏，译. 北京：中国人民大学出版社，2001.

［2］艾伦·希克. 预算能力［M］. 苟燕楠等，译. 北京：中国财政经济出版社，2021.

［3］包少卿. 国有资本经营预算与一般公共预算衔接法律制度构建问题研究［J］. 财政科学，2023（03）：80–90.

［4］财政部国库司. 建立现代财政国库管理制度 推动实现国家治理体系和治理能力现代化［J］. 中国财政，2021（10）：10–13.

［5］曹堂哲，罗淋. 公共价值框架：英国政府预算绩效管理的新发展［J］. 财政科学，2023，（05）：129–142+160.

［6］陈工. 政府预算与管理［M］. 北京：清华大学出版社，2004.

［7］陈志斌. 澳大利亚政府绩效预算管理及借鉴［J］. 中国财政，2012（09）：71–73.

［8］陈智华，黄京菁. 疫情冲击下的美国财政政策及思考［J］. 中国财政，2022（04）：77–79.

［9］程一江，陈雯雯，杨涵灵. 构建金融业财会监督横向协同机制探讨［J］. 财政监督，2023（13）：14–18.

［10］崔惠玉，周伟. 中期视野下预算绩效管理改革的思考［J］. 财政研究，2020，443（01）：87–95.

［11］丁煌. 西方行政学说史［M］. 武汉：武汉大学出版社，2017.

［12］2022年中国财政政策执行情况报告［R/OL］. 中央人民政府网，https：//www.gov.cn/xinwen/2023–03/21/content_5747677.htm.

［13］樊丽明. 健全现代预算制度：回顾与前瞻［J］. 财政研究，2022（11）：8–13.

［14］樊丽明. 以深化财税体制改革推进中国式现代化［J］. 中国财政，2024（16）：17–20.

［15］樊丽明，曲静雅. 现代预算管理制度：发展进程、改革动向与经验借鉴［J］. 中央财经大学学报，2024（11）.

［16］樊丽明，李一花，汤玉刚，石绍宾. 中国政府预算改革发展年度报告

2019：聚焦人大预算监督制度改革［M］.北京：中国财政经济出版社，2020.

［17］樊丽明，孙超，丁文文，等.健全现代预算管理制度：改革分析与路径探索［J］.财政研究，2024（01）：3–15.

［18］高培勇.论国家治理现代化框架下的财政基础理论建设［J］.中国社会科学，2014（12）：102–122+207.

［19］高培勇.论健全现代预算制度的基础工程［J］.中国工业经济，2023，418（01）：5–18.

［20］高翔.四川成都：构建“大财政、大预算、大绩效”格局［J］.中国财政，2023（03）：38–40.

［21］苟燕楠.规避竞争——公共预算支出决策中的策略行为研究［J］.贵州大学学报（社会科学版），2007（04）：23–27.

［22］郭春丽.中国式现代化的中国特色和世界意义［N］.经济日报，2023–11–29，http：//theory.people.com.cn/n1/2023/1129/c40531–40127897.html.

［23］郭小聪，程鹏.政府预算的民主性：历史与现实［J］.东南学术，2005（01）：56–62.

［24］国家互联网信息办公室.数字中国发展报告（2022年）［EB/OL］.中国网信网，2023年05月23日，https：//www.cac.gov.cn/2023–05/22/c_1686402318492248.htm.

［25］国务院关于2022年度国有资产管理情况的综合报告——2023年10月21日在第十四届全国人民代表大会常务委员会第六次会议上［EB/OL］.中国人大网，http：//www.npc.gov.cn/c2/c30834/202310/t20231027_432641.html.

［26］国务院关于2021年度中央预算执行和其他财政收支的审计工作报告——2022年6月21日在第十三届全国人民代表大会常务委员会第三十五次会议上［EB/OL］.中国人大网，http：//www.npc.gov.cn/npc/c2/c30834/202206/t20220622_318216.html.

［27］国务院关于2022年度中央预算执行和其他财政收支的审计工作报告——2023年6月26日在第十四届全国人民代表大会常务委员会第三次会议上［EB/OL］.中国人大网，http：//www.npc.gov.cn/c2/c30834/202306/t20230628_430337.html.

［28］国务院关于2023年度中央预算执行和其他财政收支的审计工作报告——2024年6月25日在第十四届全国人民代表大会常务委员会第十次会议上［EB/OL］.中国人大网，http：//www.npc.gov.cn/c2/c30834/202406/t20240627_437805.html.

［29］国务院关于进一步深化预算管理制度改革的意见（国发〔2021〕5号）［EB/OL］.（2021–04–13），中央人民政府网，https：//www.gov.cn/zhengce/

content/2021-04/13/content_5599346.htm.

［30］何文盛，蔡明君，王焱，等.美国联邦政府绩效立法演变分析：从GPRA到GPRAMA［J］.兰州大学学报（社会科学版），2012，40（02）：94-99.

［31］侯思佳.成本效益分析法在财政项目支出定额标准的应用研究［J］.经济研究参考，2017，2827（51）：45-51.

［32］侯旭坤.当代英国经济解析：产业结构、财税管理与外部环境［M］.广州：世界图书出版广东有限公司，2013.

［33］胡明霞.基于财会监督视角防治财务舞弊——以瑞幸咖啡为例［J］.财务与会计，2021（18）：44-47.

［34］胡晓东，刘兰华.美国联邦政府公务员绩效评价及其启示［J］.中国行政管理，2012（02）：99-103.

［35］黄群慧.推进“新四化”同步实现　建成现代化经济体系［N］.光明日报，2020-11-24（11）.

［36］黄严.新LOLF框架下的法国绩效预算改革［J］.公共行政评论，2011，4（04）：101-128+180.

［37］加强对审计查出突出问题整改情况的跟踪监督　切实推动审计查出问题整改工作制度化长效化——全国人大常委会预算工作委员会负责人就《关于改进审计查出突出问题整改情况向全国人大常委会报告机制的意见》答记者问［EB/OL］.中央人民政府网，https：//www.gov.cn/zhengce/2015-12/26/content_5028153.htm.

［38］姜竹.论预算绩效理念植入中期财政规划的必要性［J］.经济研究参考，2017，2826（50）：10-16.

［39］邝艳华.公共预算决策理论述评：理性主义、渐进主义和间断均衡［J］.公共行政评论，2011，4（04）：145-162+181-182.

［40］廖逸儿，王湘宇.零基预算：美国实践、地方探索与经验启示［J］.财经智库，2023，8（06）：119-134+143-144.

［41］李成威，杜崇珊.零基预算：从方法到理念演进的要件分析［J］.中央财经大学学报，2020（10）：3-9.

［42］李红霞，周全林.中期预算框架下预算绩效改革：逻辑起点与路径选择［J］.当代财经，2019，410（01）：27-35.

［43］李亮，徐怡.欧盟财政可持续性评估经验及对我国的启示［J］.地方财政研究，2022（02）：100-112.

［44］李璐.新公共管理运动对美国政府绩效审计的影响及其启示［J］.管理世界，2009（10）：180-181.

［45］李雯睿.新公共管理运动与绩效预算改革的互动：一个国际比较的视角［J］.四川师范大学学报（社会科学版），2017，44（03）：88-94.

［46］李欣.英国财政风险和可持续性分析［Z/OL］.（2023-10-24）.https：//internationalbudget.org/open-budget-survey/country-results/2021/united-states.

［47］李燕，彭超.加大财政资金统筹使用 促进财政可持续发展［J］.财政监督，2017，396（06）：5-10.

［48］李燕.政府预算［M］.北京：经济科学出版社，2012.

［49］刘昆.健全现代预算制度［M］.党的二十大报告辅导读本，北京：人民出版社，2022.

［50］刘舒杨，王浦劬.中国式现代化视域中的国家治理现代化［N］.光明日报，2021-11-02.

［51］刘扬，马蔡琛，管艳茹.论我国预算管理制度改革的进一步深化［J］.地方财政研究，2021（06）：10-16.

［52］刘宇飞.当代西方财政学［M］.北京：北京大学出版社，2003.

［53］吕冰洋.现代财政制度的构建：一个公共秩序的分析框架［J］.管理世界，2021，37（10）：100-111.

［54］马蔡琛.政府预算［M］.大连：东北财经大学出版社，2018.

［55］马蔡琛，潘美丽.中期支出框架视角下的预算绩效管理改革［J］.广东社会科学，2021（01）：34-42.

［56］马蔡琛，赵笛.党的十八大以来预算制度改革的重要成就与展望［J］.财政研究，2022，474（08）：40-52.

［57］马蔡琛.2020后的预算绩效管理改革前瞻［J］.人民论坛·学术前沿，2020，198（14）：38-44.

［58］马蔡琛.构建中的全面预算绩效管理体系［J］.中国财政，2019（10）：19-21.

［59］马蔡琛.现代预算制度的演化特征与路径选择［J］.中国人民大学学报，2014，28（05）：27-34.

［60］马蔡琛，孙小雪.基于绩效考量的地方零基预算改革研究［J］.经济纵横，2024（02）：107- 115.

［61］马海涛.建立公开透明的现代预算制度［J］.中国财政，2016，724（23）：1.

［62］马海涛.新时代深化预算管理制度改革的思考［J］.财政监督，2022，520（10）：24-27.

［63］马海涛，肖鹏，姜爱华.新时代中国预算管理制度改革研究［M］.北

京：中国财政经济出版社，2022.

［64］［美］肯尼斯·约瑟夫·阿罗.社会选择与个人价值［M］.陈志武，译，成都：四川人民出版社，1987.

［65］［美］西蒙.管理决策新科学［M］.李柱流，等译，北京：中国社会科学出版社，1982.

［66］［美］西蒙.管理行为：管理组织决策过程的研究［M］.杨砾等，译，北京：北京经济学院出版社，1991.

［67］马骏.公共预算原则：挑战与重构［J］.经济学家，2003（03）：73-81.

［68］马骏.中国公共预算面临的最大挑战：财政可持续［J］.国家行政学院学报，2013（05）：19-30.

［69］马骏.中国公共预算改革：理性化与民主化［M］.北京：中央编译出版社，2005.

［70］欧阳康.中国式现代化视域中的国家制度和国家治理现代化［J］.中国社会科学，2023（04）：48-62+205.

［71］彭健.政府预算理论演进与制度创新［M］.北京：中国财政经济出版社，2006.

［72］全国人民代表大会常务委员会关于加强国有资产管理情况监督的决定（2020年12月26日第十三届全国人民代表大会常务委员会第二十四次会议通过）［EB/OL］.中国人大网，http：//www.npc.gov.cn/npc/c2/c30834/202012/t20201226_309466.html.

［73］全国人民代表大会常务委员会关于加强中央预算审查监督的决定（1999年12月25日第九届全国人民代表大会常务委员会第十三次会议通过 2021年4月29日第十三届全国人民代表大会常务委员会第二十八次会议修订）［EB/OL］.中国人大网，http：//www.npc.gov.cn/c2/c30834/202104/t20210429_311296.html.

［74］任博，孙涛.异责与共治：大城市政府职责纵向解构研究［J］.内蒙古社会科学（汉文版），2017，38（05）：47-51.

［75］神野直彦.财政学［M］.彭曦等，译，南京：南京大学出版社，2012.

［76］沈洋.以成本效益分析法推动财政支出标准体系建设初探［J］.财政监督，2023，537（03）：45-48.

［77］石化清.因势而谋、应势而动、顺势而为持续深化零基预算改革［J］.中国财政，2022（11）：33-36.

［78］石英华，刘彻.绿色预算的理论内涵、国际借鉴与中国制度构建［J］.经济纵横，2023（08）：107-116.

［79］田祥宇，杜洋洋，刘书明.推动实现共同富裕的财税改革研究——基于

收入分配视角［J］.宏观经济研究，2022（11）：26-38.

［80］王会金.国外新公共管理运动与我国政府绩效审计发展创新研究［J］.会计研究，2014（10）：81-88.

［81］王绍光.从税收国家到预算国家［C］.“国家治理与公共预算”国际学术研讨会论文集.北京：中国财政经济出版社，2006.

［82］王胜华.推进中期财政规划改革对财政可持续发展意义深远［J］.新理财（政府理财），2021（09）：55-56.

［83］王淑杰.英国政府预算制度［M］.北京：经济科学出版社，2014.

［84］王银梅，陈志勇.加强地方政府性债务预算管理的思考［J］.当代财经，2016，382（09）：32-42.

［85］王银梅，黎昕，翟晓琳.政府预算公开中的公众参与问题研究［J］.地方财政研究，2018，160（02）：11-20+28.

［86］王雍君.公共预算管理［M］.北京：经济科学出版社，2010.

［87］威廉姆·A·尼斯坎南.官僚制与公共经济学［M］.王浦劬，译，北京：中国青年出版社，2004.

［88］吴旭东，张果.我国政府性基金的性质、规模与结构研究［J］.财经问题研究，2014（11）：23-28.

［89］习近平.决胜全面建成小康社会　夺取新时代中国特色社会主义伟大胜利——习近平2017年10月18日在中国共产党第十九次全国代表大会上的报告［M］.北京：人民出版社，2017。

［90］向梁欢，兰瑞，青逸群，等.加快建立现代国库制度的思考［J］.预算管理与会计，2022（03）：32-37.

［91］肖鹏.美国政府预算制度［M］.北京：经济科学出版社，2014.

［92］许耀桐.“第五个现代化”独特内涵与历史轨迹［J］.人民论坛，2014-04-01.

［93］闫坤，鲍曙光.中期财政规划管理的困境摆脱［J］.改革，2021（08）：1-11.

［94］杨伯江.日本研究报告.2021：新冠疫情剧烈冲击下的日本［M］.北京：社会科学文献出版社，2021.

［95］杨华.日本政府预算制度［M］.北京：经济科学出版社，2016.

［96］于长革.加大财政资源统筹力度［N］.经济日报，2022-04-12.

［97］岳红举，单飞跃.政府性基金预算与一般公共预算统筹衔接的法治化路径［J］.财政研究，2018（01）：101-111+123.

［98］邹靖，梁永晋，王晓培.美国政府绩效预算对我国预算绩效改革的启

示［J］. 财政研究，2015（07）：107-110.

［99］张绘. 预算管理一体化改革实践、挑战与优化路径［J］. 财会月刊，2023，44（04）：115-122.

［100］郑涌. 预算绩效管理改革这十年［J］. 中国财政，2022（20）：42-45.

［101］郑涌，郭灵康. 全面实施预算绩效管理：理论、制度、案例及经验［M］. 北京：中国财政经济出版社，2021.

［102］中共中央办公厅印发《关于人大预算审查监督重点向支出预算和政策拓展的指导意见》［EB/OL］. 中央人民政府网，https：//www.gov.cn/zhengce/2018-03/06/content_5271524.htm.

［103］中共中央办公厅国务院办公厅印发《关于进一步加强财会监督工作的意见》［EB/OL］. 中央人民政府网，https：//www.gov.cn/gongbao/content/2023/content_5743630.htm.

［104］中共中央关于全面深化改革若干重大问题的决定（2013年11月12日中国共产党第十八届中央委员会第三次全体会议通过）［EB/OL］. 中央人民政府网，https：//www.gov.cn/zhengce/2013-11/15/content_5407874.htm.

［105］中共中央关于坚持和完善中国特色社会主义制度 推进国家治理体系和治理能力现代化若干重大问题的决定（2019年10月31日中国共产党第十九届中央委员会第四次全体会议通过）［EB/OL］. 新华社北京11月5日电，中央人民政府网，https：//www.gov.cn/zhengce/2019-11/05/content_5449023.htm.

［106］中共中央关于进一步全面深化改革 推进中国式现代化的决定（2024年7月18日中国共产党第二十届中央委员会第三次全体会议通过）［EB/OL］. 新华社北京7月21日电，中央人民政府网，https：//www.gov.cn/zhengce/202407/content_6963770.htm?sid_for_share=80113_2.

［107］中共中央关于建立国务院向全国人大常委会报告国有资产管理情况制度的意见（2017年12月30日）［EB/OL］. 中央人民政府网，https：//www.gov.cn/zhengce/2018-01/14/content_5256573.htm.

［108］中共中央国务院印发扩大内需战略规划纲要（2022—2035年）［R/OL］. 国务院公报，2023年第1号.

［109］中国工业互联网研究院. 中国工业互联网产业经济发展白皮书（2023年）［R/OL］. 2023（12）.

［110］周光辉，刘传明. 民生实事项目代表票决制：破解地方政府“民生难题”的制度创新［J］. 理论探讨，2023（02）：44-54.

［111］周振. 人大预算审查监督与财会监督协同联动路径探析［J］. 财政监督，2023（16）：16-21.

［112］邹靖，梁永晋，王晓培.美国政府绩效预算对我国预算绩效改革的启示［J］.财政研究，2015（07）：107-110.

［113］Caiden，Naomi. A new perspective on budgetary reform. Australian Journal of Public Administration［J］. 1989，48（1）：53-60.

［114］Caiden，Naomi. Patterns of Budgeting. Public Administration Review［J］. 1978，38（6）：539-544.

［115］Central Digital and Data Office. Data Maturity Assessment for Government［EB/OL］. https：//www.gov.uk/government/publications/public-value-framework-and-supplementary-guidance.

［116］HM Treasury. Public Value Framework and supplementary guidance［EB/OL］. https：//www.gov.uk/government/publications/public-value-framework-and-supplementary-guidance.

［117］J. WilnerSundelson. Budgetary Principles. Political Science Quarterly［J］. 1935，50（2）：236-263.

［118］Key，Valdimer O. The lack of a budgetary theory. American Political Science Review［J］. 1940，34（6），1137-1144.

［119］Mabel L. Walker. Municipal Expenditures［M］. Baltimore：The Johns Hopkins Press. 1930.

［120］Meyers R T. Is there a key to the normative budgeting lock. Policy Sci 29［J］.1996：171-188.

［121］OECD（2024）. General government deficit（indicator）［J/OL］. doi：10.1787/77079edb-en（Accessed on 13 January 2024）.

［122］Pallot，June. New public management reform in New Zealand：the collective strategy phase［J］.International Public Management Journal，1998，1（1）：1-18.

［123］Pigou，A. C. Producers' and consumers' surplus. The Economic Journal［J］. 1910，20（79），358-370.

［124］Robinson M. Budget reform before and after the global financial crisis［J］. OECD Journal on Budgeting，2016，16（1）：29-63.

［125］Smith Harold D. The Budget as an Instrument of Legislative Control and Executive Management［J］. Public Administration Review，1944，4（3）：181-188.

［126］Thompson F. Reforming the federal budgetary process：A symposium commemorating the 75th anniversary of the executive budget. Policy Sci 29［J］.1996：167-170.

[127] 後藤. 第 5 回記者会見要旨：令和 5 年会議結果 [EB/OL] .https：//www5.cao.go.jp/keizai-shimon/kaigi/minutes/2023/0426/interview.html.

[128] 内閣府です. 中長期の経済財政に関する試算 [EB/OL] . https：//www5.cao.go.jp/keizai2/keizai-syakai/shisan.html.

后　记

预算是财政的核心，它反映政府的活动范围和方向，体现国家的战略和政策，是实现国家现代化的重要保障，是国家宏观调控的重要手段。现代预算管理制度则是现代财政制度的重要组成部分，是国家治理体系和治理能力的基础性支撑性部分。因此，建立健全现代预算制度是建立健全现代财政制度的应有之义，更是实现国家治理体系和治理能力现代化、全面推进我国现代化进程的必然要求。自20世纪末实行部门预算改革开始，我国即拉开了建立现代预算制度的序幕。2014年8月十二届全国人大常委会第十次会议通过了《全国人民代表大会常务委员会关于修改〈中华人民共和国预算法〉的决定》，重新颁布修订的《预算法》开宗明义指出，"建立健全全面规范、公开透明的预算制度。"党的十九大依据国家治理体系和治理能力现代化的总体要求，明确提出要"建立全面规范透明、标准科学、约束有力的预算制度，全面实施绩效管理。"党的二十大根据我国现代预算制度改革发展的实际，进一步提出"健全现代预算制度"。党的二十届三中全会决定再次强调，"深化财税体制改革。健全预算制度。"可以说，建立健全现代预算制度是我国在实现社会主义现代化进程中必须解决的重大问题，因此成为财政经济学界亟待研究的重大课题。

山东大学财政学团队历来以服务国家重大战略需求为己任，与时俱进确定重点研究方向，近年来将预算治理理论与实践作为重点研究方向之一，围绕建立健全我国现代预算制度这一重要课题，开展了一系列工作。第一，建好队伍，搭建平台。我们组建了预算治理研究的核心团队，山东大学与山东省人大常委会共建了人大预算监督研究中心，并在省内多个地市和县区设立了研究基地，为合作开展一线调研、总结预算治理改革经验、丰富中国预算治理理论奠定基础。基于前期良好的理论研究和资政育人基础，去年成为全国人大常委会预算工作委员会确定的联系点。第二，突出重点，持续研究。近年来，我们团队陆续获批了教育部和山东省的多项重大招标和委托课题，也承接了全国人大常委会预算工委、财政部、山东省人大常委会的多项委托研究课题，并着眼长远选择一些基本理论和长期趋势的问题开展自主研究，先后就建立健全我国现代预算制度、我国人大预算审查监督基本理论及历史回顾、我国人大国资管理监督回顾与展望、地方人大预算监督的机理机制及绩效评估、地方债管理监督制度及实践问题等形成了一些阶段性成果，得到了学界同道们和政界领导的关注和肯定。其中，《中国政府预算改革发展年度报告》已连续出版5册，形成一定的社会影响，部分成果已转化成资政报告，或获得了教育部高等学校科学研究优秀成果奖（人文社科类）。第三，服务同道，促进交流。为了更好地加强多学科同仁的交流合作，共同推进预算治理研究走向深入，我们与学界同仁一道组建了中国预算治理研究联盟，每月主办一次国家预算治理大讲堂，每年出版一册《国家预算治理大讲堂》，每年主办一次预算治理高端论坛，不定期举办预算治理研讨会，2024年参与承办纪念人民代表大会制度七十周年暨人民代表大会制度理论与实践创新学术研讨会，主办预算法实施专题研讨会。第四，育人为本，教学相长。我们始终坚持科学研究与人才培养相结合，理论学习与实地调研相结合，思想引领与业务精进相结合，师生共同学习，相互切磋，多位博士硕士研究生聚焦国家预算治理相关主题进行研究，得到了很好的锻炼成长，有的学位论文经认真修改完善已出版专著。

本书是团队合作的成果，是在承担教育部哲学社会科学研究重大课题攻关项目“健全现代预算制度研究”（23JZD010）、山东省哲学社会科学重大委托项目“中国政府预算治理理论与制度体系研究”（23AWTJ04）和财政部年度委托课题“优化完善现代预算管理制度”研究任务的基础上形成的。写作大纲由樊丽明拟定。初稿撰写分工为：第一章，汤玉刚；第二章，石绍宾；第三章，李一花；第四章，曲静雅、樊丽明；第五章，丁文文；第六章、后记，樊丽明；第七章，曲静雅；第八章，孙超、樊丽明；第九章，孙超、樊丽明。研究生于倩、刘叶繁、王明中、张全飞、张秋莹、钟烨、赵敬可、李兆辉、王一迪等帮助收集部分资料。全书由樊丽明、石绍宾负责总纂定稿。

期待读者们的讨论、指正。

樊丽明

2024年9月于山东大学